발터 카스퍼 추기경의
자비

WALTER KARDINAL KASPER Barmherzingkeit
- Grundbegriff des Evangeliums - Schlüssel christlichen Lebens
by WALTER KARDINAL KASPER

ⓒ Verlag Herder GmbH, Freiburg im Breisgau 2012

발터 카스퍼 추기경의 자비

2015년 10월 20일 교회 인가
2015년 12월 8일 초판 1쇄 펴냄
2016년 2월 4일 초판 3쇄 펴냄

지은이 발터 카스퍼
옮긴이 최용호
펴낸이 염수정
펴낸곳 가톨릭출판사
편집 겸 인쇄인 홍성학
디자인 자문 위원 이창우
편집장 이현주 편집 김은미, 정주화, 김혜원
디자인 정해인 마케팅 강시내

본사 서울특별시 중구 중림로 27
지사 경기도 고양시 일산동구 노첨길 65
등록 1958. 1. 16. 제2-314호
전자우편 edit@catholicbook.kr
전화 1544-1886(대) / (02)6365-1888(영업국)
지로번호 3000997

ISBN 978-89-321-1422-4 03230

값 20,000원

인터넷 가톨릭서점 http : //www.catholicbook.kr
직영 매장 명동대성당 (02)776-3601, 3602/ FAX (02)776-1019
         가톨릭회관 (02)777-2521/ FAX (02)777-2520
         서초동성당 (02)313-1886
         서울성모병원 (02)2258-6439, (02)534-1886/ FAX (02)392-9252
         절두산순교성지 (02)3141-1886/ FAX (02)3141-1886
         분당성요한성당 (031)707-4106
         미주지사 (323)734-3383/ FAX (323)734-3380

가톨릭의 모든 도서와 성물을 '인터넷 가톨릭서점'에서 만나 보실 수 있습니다.

성경 · 교회 문헌 ⓒ 한국천주교중앙협의회

이 도서의 국립중앙도서관 출판예정도서목록(CIP)은 서지정보유통지원시스템 홈페이지(http : //seoji.nl.go.kr)와 국가
자료공동목록시스템(http : //www.nl.go.kr/kolisnet)에서 이용하실 수 있습니다. (CIP제어번호: CIP2015030044)

이 책은 저작권법에 의해 보호를 받는 저작물이므로 무단 전재와 무단 복제를 금합니다.

발터 카스퍼 추기경의

자비

"이 책은 제게 큰 도움이,
정말 큰 도움이 되었습니다."
프란치스코 교황

발터 카스퍼 지음
최용호 옮김

가톨릭출판사

머리말

이 책의 내용은 제가 수행했던 일련의 피정 강의를 토대로 한 것입니다. '하느님의 자비'를 주제로 한 저의 강의는 이렇다 할 성과를 내지 못했지요. 그 주제에 관한 저의 신학적 연구는 피정 참가자들에게 별 도움이 되지 못했습니다. 이후 몇 년 동안 저는 그 주제에 관해 많은 생각을 했습니다. 그런 숙고와 연구를 통해 하느님에 관한 교회의 가르침과 참그리스도인의 모습을 되돌아보게 되었습니다. 그와 더불어 오늘날 조직 신학에서 성경의 핵심 주제인 '자비'를 거의 다루지 않거나 푸대접하고 있음을 발견했습니다. 조직 신학을 포함하여 대학에서 가르치는 신학 과목들은 그리스도교의 영성과 신비주의를 훨씬 많이 다루고 있지요. 그런 까닭에, 이 책에서 저는 '자비'에 관한 신학적 고찰을 영성적 · 사목적 · 사회적 숙고와 연결하고자 합니다.

이 책의 내용 대부분은 새로운 것이라 할 수 없습니다. 그럼에도 저는 젊은 신학도들이 이 책의 내용에 고무되고, 하느님에 관한 교회의 가르침과 그에 따른 실제적 결론을 새롭게 숙고하여, 그들에게 신학과 교회의 삶에 꼭 필요한, 하느님 중심적인 사고로의 전환이 일어나기를 기대해 봅니다. 그와 더불어, 이 책을 통해 학문으로서의 신학과 실제 신앙생활 사이의 괴리를 극복할 수 있기를 바랍니다.

원고 교정과 편집에 도움을 준, 독일 팔렌다르Vallendar 소재 카스퍼 연구소 소장 조지 아우구스틴Dr. George Augustin 신부님과, 슈테판 라이Stefan Ley, 미하엘 비닝거Michael Wieninger 선생에게 깊은 감사를 드리며, 책을 펴내는 데 도움을 준 헤르더 출판사에도 진심 어린 감사를 드립니다.

2012년 사순 시기, 로마에서
발터 카스퍼 추기경

목차

머리말   5

제1장 자비: 이 시대에 필요하지만 잊힌 주제   13

1. 자비를 갈망하는 목소리   13
2. 자비: 21세기의 기본 주제   22
3. 자비: 무책임하게 경시된 주제   28
4. 이념으로 여겨지기도 하는 자비   35
5. 공감과 '컴패션compassion': 자비의 새로운 이해   40

제2장 자세한 고찰   47

1. 철학적 사고의 출발점   47
2. 종교사적 자취 찾기   68
3. 공동 기준점인 황금률   75

제3장 **구약 성경이 전하는 하느님의 자비**   81

  1. 성경의 언어   81
  2. 혼돈과, 죄로 인한 재앙에 대한 하느님의 대응   86
  3. 하느님 이름의 계시는 그분의 자비를 드러낸 사건   89
  4. 하느님의 고유한 신비와 절대성을 드러내는 자비   97
  5. 하느님의 자비와 거룩함, 정의, 신의   101
  6. 생명과 가난한 이들을 우선시하시는 하느님   107
  7. 시편이 전하는 찬미   111

제4장 **예수님이 전하는 하느님의 자비**   115

  1. 이사이의 그루터기에서 햇순이 돋아나리라   115
  2. 성부의 자비를 전하는 예수님의 복음   123
  3. 자비로운 성부에 관한 예수님의 비유 말씀   131
  4. 우리와 모든 이를 위한 예수님의 현존   136
  5. 하느님의 자비와 정의, 우리의 삶   146

제5장 조직 신학적 고찰 　　　　　156

1. 하느님의 기본 속성인 자비　　　　　156
2. 삼위일체의 반영인 자비　　　　　170
3. 하느님께 가는 여정의 출발지이자 목적지인 그분의 자비　　　　　182
4. 하느님의 보편적 구원 의지　　　　　191
5. 하느님의 자비를 드러내는 예수 성심　　　　　209
6. 자비로운 마음에서 함께 고통을 겪으시는 하느님　　　　　219
7. 무죄한 고통과 관련한 하느님의 자비에 대한 희망　　　　　226

제6장 행복하여라, 자비를 베푸는 사람들 　　　　　242

1. 그리스도교의 으뜸 계명인 사랑　　　　　243
2. 원수 사랑의 계명, "서로 용서하여라."　　　　　253
3. 자비의 육체적·영적 활동　　　　　260
4. 자유방임하는 거짓 자비를 조심하기　　　　　266
5. 가난한 이들 안에서 그리스도를 만나기　　　　　271
6. 그리스도교적 대속 실존인 자비　　　　　275

제7장 자비를 잣대로 삼는 교회   284

1. 사랑과 자비의 성사인 교회   284
2. 하느님 자비의 선포   289
3. 자비의 성사인 고해성사   295
4. 교회의 실천과 자비의 문화   301
5. 교회법상의 자비   314

제8장 자비의 문화를 위하여   325

1. 현대 복지 국가의 중대성과 한계   325
2. 교회의 사회 교리의 속행   333
3. 정치적 관점에서 바라본 사랑과 자비   341
4. 영감과 자극의 원천인 사랑과 자비   345
5. 자비의 활동들이 지닌 사회적 의미   352
6. 자비와 하느님에 관한 질문   355

제9장 자비의 어머니이신 마리아 365

1. 복음서에 나오는 마리아에 관한 증언 365
2. 교회의 신앙에 나오는 증언 373
3. 자비의 전형인 마리아 379

미주 387
약어 표시 454
인명 색인 455

일러 두기

1. 이 책의 표기는 기본적으로 한국천주교주교회의와 국립국어원 원칙을 따랐으나, 역자의 표현을 최대한 살렸다.
2. 독일어를 비롯 영어, 그리스어, 히브리어, 라틴어 등을 필요에 따라 병기하였고, 생몰 연도를 추가하였다.
3. 미주는 원서가 독일어이기 때문에 독일어 원문을 그대로 살렸다.

제1장
자비: 이 시대에 필요하지만 잊힌 주제

1. 자비를 갈망하는 목소리

지난 20세기에는 여러모로 끔찍한 일이 많았습니다. 그리고 21세기가 시작된 지 아직 얼마 안 된 2001년 9월 11일, 미국 뉴욕의 세계 무역 센터에 테러가 자행되었습니다. 이렇게 21세기는 재앙과 함께 시작되었으며, 이러한 상황이 점차 나아지리라는 희망은 아직 보이지 않습니다. 20세기에는 잔인한 전체주의 체제가 두 차례나 들어섰고 세계 대전도 두 차례나 벌어졌습니다. 제2차 세계 대전만 놓고 보더라도 사망자가 총 5천만에서 7천만 명에 달했습니다. 특히 민족

학살과 집단 학살로 수백만 명이 목숨을 잃었고 나치 독일과 소련의 강제 노동 수용소 등에서도 무수한 사람이 결국 돌아오지 못했습니다. 21세기에도 무자비한 테러 행위와 파렴치한 불의, 기아와 폭력에 시달리는 아동들, 수백만 명에 달하는 난민들, 그리스도인들에 대한 박해의 증가, 지진 · 화산 폭발 · 해일 · 홍수 · 가뭄과 같은 무서운 자연재해 등 위협이 계속되고 있는데, 우리는 이 모든 것을 '시대의 징표'로 볼 수 있지요.

그런 현상들 때문에 많은 사람들이 하느님은 전능하시고 정의로우시며 자비로우신 분이라는 말을 받아들이기 어려워합니다. 그들은, 그 모든 일이 일어날 때 하느님은 어디에 계셨으며, 그런 일이 끊이지 않는 지금도 도대체 어디에 계시는지 묻습니다. 하느님이 왜 그 모든 일을 허락하시는지, 그런 일에 왜 개입하시지 않는지 묻지요. 그러면서 모든 부당한 고통은 하느님이 전능하시고 자비로우신 분이 아님을 가장 극명하게 드러내는 증거가 아니냐고 주장합니다.[1] 실제로, 이러한 고통을 근거로 무신론에 빠진 이들도 많고(뷔히너Georg Büchner), 하느님에 관해 유일하게 이해할 수 있는 사실은 그분이 존재하지 않는다는 점이라고 주장하는 사람도 있습니다(스탕달Stendhal). 더 나아가, 느닷없이 잔혹한 악행이 저질러지는 모습을 볼 때 하느님의 더 큰 영광을 위하여 하느님을 부정해야만 하는 것은

아닌지 묻는 사람도 있습니다(마르크바르트Odo Marquard).²

하느님을 믿는 사람들도 하느님에 관해 말하기 어려울 때가 많습니다. 그들 역시 세상에 끊임없이 존재하는 부당한 고통과 엄청난 불행, 극심한 고통을 주는 난치병, 전쟁과 폭력의 공포로 인해 신앙의 어둔 밤 속에 있게 되며, 말문이 막힘을 느낍니다. 인생에서 많은 고통을 겪은 러시아의 대문호 도스토옙스키Fjodor Michailowitsch Dostojewski(1821~1881년)는 자신의 소설 《카라마조프 가의 형제들》에서, 영주가 풀어놓은 사냥개들이 엄마의 눈앞에서 아이를 잔인하게 물어 죽이는 광경을 묘사하며, 아이가 겪은 흉악한 불의와 고통은 장차 그 어떤 상급으로도 보상받을 수 없다고 단언했습니다. 그런 까닭에 그는, 하늘나라에 들어갈 수 있는 입장권을 반환한다고 말했지요.³ 신심은 깊었지만 우울증 증세를 보이기도 했던 독일의 가톨릭 신학자 과르디니Romano Guardini(1885~1968년)는 죽음이 가까웠음을 느끼자, 다음과 같이 말했습니다. "최후 심판 때 나는 질문을 받기만 하지 않고, 주님께 묻기도 하겠다. …… 어떤 책이나 글, 교회의 교리나 교도권도 답할 수 없는 문제, 곧 '하느님은 왜 죄와 무죄한 이들의 고통이라는 구원에 이르는 끔찍한 우회로를 마련하셨는지' 답변을 듣고 싶다."⁴

오늘날 무신론자들은 하느님의 존재를 부정하는 가장 중요한 근거로, 이 세상에 존재하는 고통을 꼽습니다. 그 밖에도 그들은, 그리스도교의 전통적 세계관이 진화론이나 최근의 뇌 연구에서 비롯된 오늘날의 자연과학적 세계관과 일치하지 않는다는 점도 근거로 꼽지요.[5] 그들이 내세운 근거들은 설득력이 있었습니다. 그 결과 오늘날 많은 이들이, 하느님은 더 이상 존재하지 않는다는 생각 속에 하느님이 없는 양 살아갑니다. 그들 가운데 대부분은, 자신이 적어도 그리스도교 신자들보다는 더 나은 삶을 산다고 생각합니다. 그 결과 하느님에 관한 질문 방식도 바뀌게 되었습니다. 많은 사람들이 하느님의 존재를 부정하거나 그분에 관해 전혀 관심을 두지 않게 되자, 하느님에 대한 항변도 의미 없는 일이 되고 말았습니다. '이 세상의 모든 고통은 왜 존재하는 것인가?', '내가 고통을 겪는 이유는 무엇인가?'와 같은 질문들은 쑥 들어가고 말았지요. 루터Martin Luther(1483~1546년)가 젊은 시절 그렇게나 몰두했던 '자비로운 하느님'에 관한 문제는 더 이상 사람들의 흥미를 끌지 못합니다. 현대인은 그 문제에 냉담한 반응을 보일 뿐입니다.

더 이상 의미를 추구하지 않는 패배주의적인 모습은, 종종 우리가 너무 쉽게 천박하다고 경시하는 사람들에게서도 찾아볼 수 있지만, 독일의 철학자이자 사회학자인 하버마스Jürgen Habermas(1929년~)의 지적처럼, 깊은 철학적 사고思考의 영역에서도 찾아볼 수 있습니다.[6] 깊이 사색할 때에도 부족함만 느끼게 되는 경우가 많지요.[7] 우리가 감당해야 할 여러 가지 힘든 육체적 괴로움뿐만 아니라 방향성 상실이나 허무감과 같은 정신적 괴로움도 존재하기 때문입니다. "낙원이라는 오아시스가 메말라 버리면, 진부함과 당혹감이라는 이름을 가진 사막이 넓어집니다."[8] 옛 해결책들을 내버린다고 해서, 다시 말해 하느님의 존재를 부인한다고 해서, 쓸 만한 해결책을 바로 찾아낼 수 있는 것은 아닙니다. 그런 경우 그저 허무감만 남을 뿐이지요.

그런 상황을 꿋꿋하게 견뎌 내는 사람도 많습니다. 그들은 존경받아 마땅하지요. 그러나 다른 상황이 그들을 절망으로 내몰기도 합니다. 세상의 부조리한 모습을 목격할 때, 그들은 '차라리 태어나지 않는 것이 더 낫지 않았을까?'라고 자문합니다. 프랑스의 철학자이자 노벨 문학상 수상 작가인 카뮈Albert Camus(1913~1960년)는, 진지하게 고려해야 할 단 하나의 철학적 문제는 바로 '자살'이라고 생각했습니다.[9] 그러나 자살을 저지를 때 인간은 하느님만 부정하는 것이 아니라, 하느님을 부정함으로써 자기 자신도 부정하는 것입니다. 어떤 사람들은 우상을 섬기지도 않고 하느님의 심판도 두려워하지 않지만, 새롭게 나타난 이름 없는 유령들을 끊임없이 두려워합니다.[10]

상황의 심각성을 깨닫고 새롭게 의미를 찾아 나서는 사람도 많습니다. 의미를 찾아 나선 이름 모를 순례자들은 우리가 일반적으로 생각하는 것보다 훨씬 많습니다. 그들은 의미를 추구하지 않는 것은 인간이기를 포기하는 것이며 그렇게 되면 인간다운 품위도 잃게 된다는 것을 잘 알고 있습니다. 의미를 추구하지 않고 희망을 품지 않는다면, 인간은 물질에만 기쁨을 느끼는 영악한 동물로 전락하고 맙니다. 그런 경우 우리는 모든 것을 지루하고 진부하다고 느끼게 되지요. 더 이상 의미를 추구하지 않는다는 것은, 정의가 다시 찾아오리라는 희망을 포기하는 것을 의미합니다. 그것은 곧, 폭력을 행사하는 사람이 결국 지배하고, 살인자가 죄 없는 희생자에게 승리할 것이라는 생각과 맥을 같이합니다.

그런 까닭에 신심 깊은 그리스도인뿐만 아니라 생각이 깊고 의식 있는 사람이라면, 독일 철학자 니체Friedrich Wilhelm Nietzsche(1844~1900년)의 의견에 동의하지 않습니다. "신의 죽음이 곧 인간의 해방을 뜻한다."라는 말은 맞지 않다고 생각합니다.[11] 니체 자신도, 하느님에 대한 신앙이 사라진 곳에는 공허함과 냉기만이 영원히 남는다는 점을 알고 있었지요.[12] 하느님이 없으면, 결국 우리는 세상의 운명과 우연, 곤경의 역사에 절망적으로 내맡겨지게 됩니다. 하느님이 없으면, 우리가 고발할 수 있는 법정도, 궁극적으로 최종적 가치와 정의에 대한 희망도 존재하지 않습니다.

그것은 많은 사람들의 마음속에 존재하는 "신의 죽음"(니체)과 "신의 부재不在"(하이데거Martin Heidegger(1889~1976년)),**13** "신의 일식日蝕"(부버Martin Buber(1878~1965년))**14**이 본래적이고 가장 큰 곤경임을 알려 줍니다. 그런 곤경은 '시대의 징표'에 속하며, "이 시대의 가장 심각한 상황"**15**이라 할 수 있습니다. 독일의 사회 철학자 호르크하이머Max Horkheimer(1895~1973년)는 "하느님 없이 절대적 가치를 지켜 낸다는 말은 공허합니다."**16**라는 유명한 말을 했지요.

또한 독일의 철학자이자 사회학자, 작곡가인 아도르노Theodor W. Adorno(1903~1969년)는 "절망의 예측 불가능한 속성"**17**에 관해 다음과 같이 말했습니다. "절망 앞에서 철학은, 모든 사물의 구원적 특성을 있는 그대로 바라보려고 노력한다고 변명할 수 있을 뿐입니다. 구원의 관점에서 볼 때 인식認識이 세상을 밝히기는 하지만, 인식 자체가 빛의 특성을 지닌 것은 아닙니다. 인식이 지닌 그 밖의 모든 특성은 부수적인 것이며, 기술에 불과할 뿐입니다."**18** 독일 철학자 칸트Immanuel Kant(1724~1804년)는 다음과 같은 공준公準을 이야기했습니다. "인간의 절대적 가치를 논하려면, 먼저 하느님이 존재하신다는 점과, 하느님은 자비롭고 너그러우신 분이라는 점을 인정해야 합니다."**19**

칸트의 공준은 하느님의 존재를 증명하는 데 목적이 있지 않습니다. 그의 공준은 그보다는 인간이 성공적인 삶을 살아야 한다는 전제에 근거를 두고 있습니다. 그런데 인간이 성공적인 삶을 살아야 한다는 전제를 포기하면 허무주의가 나타납니다. 허무주의는 금세 살인과 같은 철면피한 행동을 가져옵니다. 따라서 칸트의 공준은 하느님 존재에 대한 증명이라기보다는, 적어도 하느님에 관한 질문이 끝나지 않았음을 분명하게 알려 주는 지적이라 할 수 있습니다. 인간 존재의 가치는 하느님에 관한 질문을 통해 판명됩니다. 계몽적이거나, 계몽의 탈을 쓴 모든 논거들에도 불구하고 하느님에 관한 이야기가 계속해서 나오는 이유도 거기에 있습니다.[20] 하느님에 대한 신앙이 아니라, 세속화가 끊임없이 진행되어 종교가 점차 사라질 것이며 신앙에 조종弔鐘이 울릴 것이라 예견했던 사람들의 이론이 웃음거리가 되었지요.[21]

그렇다고 종교가 부흥할 것이라는 불확실한 이론을 우리가 대변할 필요는 없습니다. 무신론도 다시 등장할 테니까요.[22] 그 대신 우리는 하느님에 관해 다시 새롭게 숙고해 보라고 권할 수 있습니다. "하느님은 과연 존재하시는가?"라는 질문이 매우 중요하기는 하지만, 그에 관해서만 숙고하라는 것이 아닙니다. 우리는 너그러우신 하느님, "자비가 풍성하신 하느님"(에페 2,4), "우리가 환난을 겪을 때마다 위로해 주시어, 우리도 그분에게서 받은 위로로, 온갖 환난을 겪는 사람들을 위로할 수 있게 하시는 하느님"(2코린 1,4 참조)의 모습을 알아차려야 합니다. 하느님은 자비로우시고 너그러우시며 전능하신 분으로, 그분만이 홀로 새로운 시작을 가능하게 하시고, 그분만이 우리에게 모두의 희망에 맞서는 새로운 희망을 선택할 용기와 새롭게 시작할 힘을 주실 수 있습니다. 이를 굳게 믿을 때에만, 우리는 악의 악순환을 끊고 새롭게 시작할 희망을 갖게 됩니다. 우리는, 하느님이 죽은 이들을 살려 내시며, 세상 종말에는 모든 눈물을 닦아 주시고 모든 것을 새롭게 만드실 분임을 알아차려야 합니다(묵시 21,4-5 참조).

위대한 교회 학자인 아우구스티노 성인(354~430년)은 하느님에게서 멀어졌다고 느꼈을 때 종종 그분의 자비와 친밀함을 깊이 체험했다고 고백했습니다. 그는 《고백록》에서 다음과 같이 말했습니다. "자비의 샘이시여, 당신께 찬미와 영광이 있어지이다. 갈수록 불쌍해지는 놈은 나였고, 그럴수록 더 가까이하시는 분은 당신이셨으니[23] …… 내 마음속에서 울려 나오는 당신 자비를 느끼지 못하는 자 있거들랑 당신 찬미에 벙어리 되게 하소서."[24] 실제로 육체적·정신적 어려움을 겪는 사람들에게 하느님의 자비에 관해 새롭게 해 줄 말이 없다면, 우리는 하느님에 관해 침묵해야 합니다. 20세기와 21세기 초반의 끔찍한 일들을 뒤로한 이때 하느님의 자비와, 동정同情을 불러일으키는 이들에 대한 질문은 그 어느 때보다 시급하다 하겠습니다.

2. 자비: 21세기의 기본 주제

20세기 후반에 재임한 두 교황은 '시대의 징표'를 명확히 인식했으며, 자비에 관한 질문이 교회의 복음 선포와 실천의 핵심이 되어야 한다고 일깨웠습니다. 이탈리아 사람들이 "파파 부오노Papa buono"('어진 교황님'이란 뜻. — 역자 주)라는 애칭을 붙여 준 요한 23세 교황은 시대의 도전을 받아들이고 계속 사유했습니다. 그의 일기를 보면, 그가 하느님의 자비에 관해 자주 깊은 묵상을 했음을 알 수 있습니다. '자비로우신 하느님'은 그분을 일컫는 가장 아름다운 이름이며, 우리의 가련함은 '자비로우신 하느님'의 어좌라고, 그는 생각했습니다.[25] 그리고 시편 89편 2절의 말씀을 소중히 여겼습니다. "저는 주님의 자애를 영원히 노래하오리다Misericordias Domini in aeternum cantabo."[26]

그런 까닭에 1962년 10월 11일 요한 23세 교황은 제2차 바티칸 공의회의 개막 미사 강론에서, 공의회의 목적이 교회의 전통적인 가르침을 단순히 되풀이하는 데 있지 않다고 했습니다. 이 말을 통해 그는 오랫동안 무르익은 자신의 내적인 확신과 개인적인 깊은 바람을 드러냈습니다. 그는 교회의 가르침이 주지하는 바와 같이 분명하다고 하면서 다음과 같은 말을 덧붙였습니다. "(교회는) 모든 시대의 오류를 견뎌 냈습니다. 그러기 위해 교회는 종종 오류를 단죄하였고,

때로는 매우 엄하게 대처했습니다. 하지만 오늘날 예수 그리스도의 신부인 교회는 엄격함이라는 무기를 들기보다 '자비'라는 치료제를 사용하고자 합니다."[27]

그 발언은 많은 사람의 주목을 끈 새로운 어조였고, 그 어조는 공의회 기간 내내 효력을 보였습니다. 요한 23세 교황의 그러한 의도에 상응하여, 모두 16개에 달하는 공의회 문헌도 되도록 교회의 전통적 가르침을 포기하거나 고치려 하지 않았습니다. 공의회 문헌은 교회의 전통을 깨려고 한 것이 아니라, 교회의 복음 선포와 삶에 새로운 양식을 제시하고자 한 것입니다. 교황과 마찬가지로 공의회 문헌도 자비와 진리가 서로 연결되어 있음을 알았습니다.[28] 요한 23세 교황은 공의회의 사목적 목표를 설정함으로써 새로운 양식의 특징을 분명하게 드러내었습니다.

'사목적'이라는 개념을 두고 공의회 기간과 공의회 이후에도 많은 토론이 있었습니다. 그 개념에 대한 오해도 많았지요.[29] 하지만 이 자리에서는 그것에 대해 심도 깊게 토론을 벌이기보다, 다음과 같이 정리하고자 합니다. "요한 23세 교황이 바랐던 '새로운 사목적 양식'은, 공의회 개막 미사 강론에서 '자비라는 치료제'라고 말했던 사항과 관계가 깊습니다. 그때부터 '자비'는 공의회의 기본 주제가 되었을 뿐만 아니라, 공의회 이후 교회의 사목 전반에서도 기본 주제가 되었습니다."

요한 23세 교황이 제시한 사항을 계승하고 심화한 사람이 바로 요한 바오로 2세 교황입니다. 그에게 '자비'라는 주제는 서재의 책상에서 우연히 떠오른 개념이 아니었습니다. 요한 바오로 2세 교황은 고통스러웠던 시대의 역사를 누구보다도 잘 알았고, 그를 몸으로 직접 체험했습니다. 그는 아우슈비츠 근교에서 어린 시절을 보냈고, 청소년기와 사제 생활 초기, 크라쿠프 대교구의 교구장 시절에 두 번의 세계 대전과 두 개의 잔혹한 전체주의 체제를 겪었으며, 민족과 자신에게 가해진 커다란 고통을 체험했습니다. 교황 재위 중에 겪은 테러로 말미암아 그는 말년에 큰 고통에 시달리기도 했습니다. 그가 겪은 고통의 증언은 그의 수많은 강론과 저술보다 더욱 설득력이 있었습니다. 그런 까닭에 그는 오랜 교황 재위 기간 동안 '자비'에 관한 복음을 중심 주제로 삼았습니다. 그는 21세기의 교회가 비난 받아 마땅한 모습을 분명히 지적했습니다.[30]

요한 바오로 2세 교황은 이미 자신의 두 번째 회칙 〈자비로우신 하느님Dives in Misericordia〉(1980년)에서 '자비'를 주제로 다뤘습니다.[31] 이 회칙에서 교황은 정의만으로는 부족하다는 점을 상기시켰습니다. 정의를 따질수록, 정의는 적어질Summa iustitia summa iniuria 수 있기 때문입니다. 그리고 2000년 4월 30일 거행된 제3천년기의 첫 시성식이 '자비'와 관련된 것도 의도적인 일이었습니다. 그날 교황은 그때까지 잘 알려져 있지 않았던 폴란드의 신비가 마리아 파우스티나 코발스카(Mary Faustina Kowalska(1905~1938년) 수녀를 시성했습니다. 평범한 수녀였던 마리아 파우스티나 코발스카 성녀는 자신의 일기에서 '하느님의 자비'를 그분의 가장 위대하고 고귀한 본성으로 묘사했으며, '하느님의 자비'가 바로 그분의 신적인 완전함을 드러낸다고 강조했습니다.³² 그러한 이해는 신新스콜라학파의 정통 신학과, 하느님의 속성에 관한 추상적이고 형이상학적인 가르침을 뛰어넘는 것으로, '하느님의 자비'를 순전히 성서적 의미에서 파악한 것입니다. 그로써 마리아 파우스티나 코발스카 성녀는 시에나의 가타리나 성녀(1347~1380년)와 아기 예수의 데레사 성녀(1873~1897년) 같은 교회의 여성 신비가 대열에 들었습니다.

1997년 6월 7일 요한 바오로 2세 교황은, 마리아 파우스티나 코발스카 수녀가 살았던 크라쿠프 교외의 라기에브니키를 방문한 자리에서 '하느님의 자비'가 제2차 세계 대전이라는 비극의 역사 속에 '특별한 도움과 메마르지 않는 희망의 원천'으로 기록되었다고 말했습니다. 이 말은 어떤 면에서 요한 바오로 2세 교황의 재위 기간을 함축적으로 드러내는 상징이 되었지요. 마리아 파우스티나 코발스카 수녀의 시성 미사 강론에서, 그는 자비에 대한 이러한 깨달음이 제3천년기를 사는 사람들의 길을 환히 비추는 빛이 되어야 한다고도 말했습니다. 2002년 8월 17일 고국 폴란드의 마지막 방문길에 라기에브니키를 찾았을 때 요한 바오로 2세 교황은 이 세상을 자비로우신 하느님께 성대하게 봉헌하며, 이를 계기로 교회는 이 세상에 자비의 불길을 전해야 한다고 말했습니다. 요한 바오로 2세 교황은 마리아 파우스티나 코발스카 수녀에게 고무되어, 부활 제2주일을 '하느님의 자비 주일'로 선포했습니다.

따라서 많은 사람들은 요한 바오로 2세 교황이 2005년 4월 2일 '하느님의 자비 주일' 전날 저녁에 세상을 떠난 것을 하느님의 섭리로 여겼습니다. 베네딕토 16세 교황은 2011년 5월 1일 '하느님의 자비 주일'에 거행된 요한 바오로 2세 교황의 시복식에서 직접 그런 해석을 내렸습니다. 교황이 되기 전 '라칭거 추기경'으로 불렸던 그는, 2005년 4월 8일 추기경단 의장 자격으로 로마 성 베드로 광장에서 집전한 요한 바오로 2세 교황의 장례식 때 이미 '자비'를 요한 바오로 2세 교황의 최대 관심사로 꼽았으며, 자신이 수행해야 할 의무로 삼기도 했습니다. 그때 그는 다음과 같이 말했지요. "요한 바오로 2세 교황은, 부활의 신비가 '하느님의 자비'를 드러내는 신비라고 말했습니다. 자신이 쓴 마지막 책에서 그는 '악에 지워진 한계는 궁극적으로 하느님의 자비에 기인한 것입니다.'라고 기술했지요." 이는 요한 바오로 2세 교황의 책 《기억과 정체성Erinnerung und Identität》에 나온 말을 직접 인용한 것인데, 이 책은 그가 선종하기 몇 달 전에 출간된 것으로, 그의 최대 관심사였던 '하느님의 자비'를 다시 한 번 요약·설명하고 있습니다.[33]

2005년 4월 18일 콘클라베(교황 선거권을 지닌 전 세계의 추기경들이 교황청의 시스티나 경당에 모여 새 교황을 선출하는 비밀회의. ─ 역자 주) 개막 미사에서 당시 추기경단 의장이던 라칭거 추기경은 다음과 같이 이야기하기도 했습니다. "우리는 기쁨에 찬 마음으로 '자비의 해'에 관한 예고를 듣습니다. 요한 바오로 2세 전임 교황은, 하느님의 자비가 악에게 한계를 지웠다고 말씀하셨지요. 예수 그리스도는 하느님의 자비를 자신의 인성으로 드러내신 분입니다. 따라서 그리스도를 만남은 하느님의 자비를 만남을 뜻합니다. 사제로 서품됨으로써 우리는 그리스도의 사명을 물려받았습니다. 우리는 '주님의 자비의 해'를 말뿐만 아니라, 삶과 성사의 실제적 표지를 통해 선포할 사명을 지녔습니다."

그런 까닭에 베네딕토 16세 교황이 자신의 첫 번째 회칙 《하느님은 사랑이십니다Deus Caritas Est》(2005년)에서 요한 바오로 2세 교황의 노선을 계승하고 신학적으로 심화한 사실은 놀랄 일이 아닙니다. 그는 자신의 사회 회칙 《진리 안의 사랑Caritas in Veritate》(2009년)에서 새로운 시대적 도전들과 관련하여 '하느님의 자비'라는 주제를 구체적으로 설명했습니다. 기존의 사회 회칙들과는 달리, 그는 '정의'가 아니라 '사랑'을 그리스도교 사회 교리의 기본 원리로 제시하는 데에서 출발했습니다. 그를 통해, 교회의 사회 교리에 새로운 실마리를 제공했고, '자비'에 관한 바람을 더욱 폭넓은 맥락에서 이해할 것을 강조했습니다.

20세기 후반과 21세기 초반에 재임한 세 명의 교황은 그와 같이 우리에게 '자비'라는 주제를 제시했습니다. '자비'는 구약과 신약 성경에서 부수적 주제가 아니라 기본 주제이며, 21세기의 '시대적 징표'에 해결책을 제시하는 기본 주제라 할 수 있습니다.

3. 자비: 무책임하게 경시된 주제

21세기 신학의 중심 주제, 다시 말해 하느님에 대한 신앙을 이성적으로 변론하는 중심 주제로 '하느님의 자비'를 내세운다는 것은, 구약과 신약 성경에 나오는 '하느님의 자비'에 관한 핵심적인 증언을 새롭게 탐구하는 것을 뜻합니다.[34] 그런 탐구를 시작하자마자 우리는, 교의 신학 사전이나 서적들이 성경의 핵심 주제이며 우리 시대의 현실성 있는 주제인 '하느님의 자비'를 기껏해야 부수적인 것으로 다루고 있다는 사실에 놀라게 됩니다. 전통적인 교의 신학 교재들뿐만 아니라 비교적 최근에 나온 교의 신학 서적들에서도 하느님의 여러 가지 본성 가운데 하나로 그분의 '자비'를 다룰 뿐이며, 대부분은 하느님의 형이상학적 본질에서 비롯된 본성들을 먼저 거론한 후에야 그분의 '자비'에 관해 짧게 언급합니다. 다시 말해 '하느님의 자비'는 결코 교의 신학 체계에 영향을 끼치는 주제가 되지 못하고 있습니다.[35] 비교적 최근에 나온 교의 신학 서적들 중에는 '하느님의 자비'를 아예 다루지 않은 것이 많으며,[36] 설사 그 주제가 눈에 띈다 하더라도 부수적으로만 언급될 뿐입니다. 물론 예외적인 경우도 간혹 눈에 띄지만, 그렇다고 전반적인 상황에 근본적인 변화가 있는 것은 아닙니다.[37]

참으로 실망스럽고 참담한 상황이라 하겠습니다. 따라서 하느님의 본성에 관한 기존의 학설들을 전반적으로 새롭게 검토하는 가운데, '하느님의 자비'라는 주제를 더욱 중요하게 다루려는 노력이 필요합니다. 교의 신학에서 '하느님의 자비'라는 주제를 홀대하는 상황은, 성경의 증언에서 그 주제가 지닌 높은 위상에 걸맞지 않으며, 20세기의 끔찍했던 경험과 21세기 초반에 대두된 미래에 대한 두려움에도 대처하는 것이 아니기 때문입니다. 오늘날 수많은 사람들이 절망하고 낙담하며 목표를 잃은 상황에서, 우리는 '하느님의 자비'에 관한 복음이 '신뢰와 희망'에 관한 복음이 될 수 있게 해야 합니다. 오늘날의 상황에 대처하기 위해 '하느님의 자비'라는 주제의 가치를 부각하는 일은 신학에는 엄청난 도전이 될 것입니다.

성경의 핵심 주제인 '하느님의 자비'를 신학적으로 고찰하지 않을 경우, '자비'라는 개념은 '유약한' 사목과 영성을 가리키는 말로 여겨지기 쉽습니다. 곧 단호함이나 뚜렷한 개성이라고는 찾아볼 수 없으며 마주하는 사람을 그저 어떻게든 만족시키려고만 하는, 힘없는 유약함을 가리키는 말로 전락하고 맙니다. 부드러운 태도는 냉정하고 엄격하며 규정에 연연하는 태도에 대한 반작용으로 어느 정도까지는 용인할 만하지요. 그러나 부드러운 태도에서 거룩하신 하느님에 대한 두려움과, 그분의 정의와 심판에 대한 두려움을 더 이상 느낄 수 없다면, 또한 긍정하는 일이 더 이상 긍정이 아니고 부정하는 일이 더 이상 부정이 아니며, 자비가 정의의 요구를 능가하는 것이 아니라 그 요구에 못 미치는 것이라면, 그럴 때 자비는 거짓 자비가 되고 맙니다. 복음은 죄인이 의롭게 된다는 것을 이야기할 뿐, 결코 죄를 정당한 것으로 여기지는 않습니다. 따라서 우리는 죄인은 사랑해야 하지만, 죄는 미워해야 합니다.

'하느님의 자비'라는 주제가 푸대접받는 이유는, '자존自存하는 존재ipsum esse subsistens'로서 하느님의 형이상학적 본질에 기인하는 그분의 본성들, 곧 단순함 · 무한성 · 영원성 · 무소부재 · 전지全知 · 전능全能 등이 교의 신학 교재들의 핵심적인 내용을 이루고 있는 데에서 찾아볼 수 있습니다. 초대 교회 때부터 전통적으로 신학 전반에 지대한 영향을 끼쳐 온 하느님의 형이상학적 본질 규명은 근본적으로 의심의 대상이 될 수 없으며, 우리는 그런 규명의 정당성과 한계에 세심한 관심을 기울여야 합니다.[38] 다만 여기서는 하느님의 형이상학적 본질이 아니라, 인간의 역사에서 드러난 그분의 자기 계시에 근거를 둔 그분의 자비가 그분의 형이상학적 속성이라는 범주 안에서는 거의 거론되지 않으며, 그분의 거룩함과 분노, 곧 악을 반대하는 그분의 마음도 마찬가지로 그런 범주 안에서는 거의 거론되지 않는다는 점을 밝혀야 합니다. '하느님의 자비'라는 주제를 망각한 상황은 하느님에 관한 가르침에 있어 부수적인 문제라 할 수 없습니다. 오히려 그 주제는 일반적으로 우리를 하느님의 본질 규명과 그분의 본성이라는 근본 문제에 직면하게 만들고, 하느님에 관한 가르침을 필수적으로 새롭게 숙고하게 만듭니다.

하느님에 관한 전통적인 가르침의 형이상학적 출발점은 '하느님의 자비'를 거론하는 데 또 다른 문제점을 가져옵니다. 하느님이 자존自存하는 존재라면, 절대적 존재의 충만함으로부터 하느님이라는 절대적 존재의 완전함을 유추할 수 있습니다. 그런데 고통은 결함을 뜻하기 때문에, 하느님이라는 존재의 완전함은 그분이 고통을 겪을 수 없음(그리스어 '아파테이아 ἀπάθεια')을 내포합니다. 따라서 교의 신학은 그의 형이상학적 출발점 때문에 '함께 고통을 겪으시는 하느님'에 관해 이야기하는 데 어려움이 있습니다.[39] 교의 신학에서는 수동적인 의미에서 하느님이 자신의 피조물과 함께 고통을 겪는다(라틴어 '파티 pati')는 점을 받아들일 수 없었습니다. 교의 신학에서는 다만 능동적인 의미로 하느님이 동정과 자비에 넘치시어 자신의 피조물이 겪는 고통에 저항하고 그것을 없애신다고 말할 수 있었습니다.[40] 교의 신학의 그러한 이해가, 하느님은 자신의 피조물과 함께 고통을 겪으시고, 가난한 이들 miseri을 위하는 마음 cor을 지니신 자비로우신 misericors 하느님에 관한 성경의 이해에 상응하는 것인지는 여전히 의문으로 남습니다.[41] 교의 신학에서 그처럼 무감각한 존재로 묘사되는 하느님이 실제로 피조물의 고통에 공감하실 수 있을까요?

하느님에 관한 교의 신학의 가르침은 사목 신학에 참담함을 안겨 줍니다. 교의 신학에서 하느님은 추상적 존재로 묘사되기 때문에, 대부분의 사람들은 그런 하느님을 자신의 개인적 상황과 동떨어진 분으로 생각합니다. 그런 하느님은, 거의 매일 끔찍한 일들이 잇따라 일어나고 많은 이들이 미래에 대해 불안해하는 세상의 상황과는 별 관계가 없거나, 아무 관계도 없는 것처럼 보이기 때문입니다. 신앙의 가르침이 그처럼 실생활과 동떨어진 경우 참담한 결과를 가져옵니다. 하느님이 고통에 무관심한 분으로 묘사될 때, 그런 하느님은 많은 이들에게 낯설고 결국 아무 상관없는 존재가 되기 때문입니다.

교의 신학 교재들은 하느님을 형이상학적 존재로 이해한 나머지, 결국 '하느님의 자비'라는 주제를 그분의 '정의'와의 연관성 안에서만 다룰 수 있었습니다. 그 정의는 고대 그리스 철학에서 이야기한 것으로, 곧 '각자에게 속한 것을 각자에게 주는 것suum cuique'을 의미합니다. 그런 정의에는 '법적 정의iustitia legalis'와 '분배적 정의iustitia distributiva', '상벌적 정의iustitia vindicativa'가 포함됩니다. '상벌적 정의'에 의하면, 하느님은 착한 이들에게 상을 주시고 악한 이들은 벌하십니다. 그 점은 다시, '하느님의 자비'가 '상벌적 정의'와 어떻게 조화를 이룰 수 있는지 질문을 제기하게 합니다. '하느님은 자비로우시며 죄인을 벌하시지 않는 분'이라는 설명이 어떻게 '하느님의 정의'와 모순되지 않을 수 있을까요? 그에 대한 답변은 다음과 같습니다. "하느님은 회개하고 뉘우치는 죄인들에게는 너그러우시지만, 자신의 악한 행동을 뉘우치거나 회개하지 않는 이들은 벌하십니다." 이 답변은 '상벌적 정의'를 '하느님의 자비'보다 상위 관점으로 인정하고 있으며, '하느님의 자비'를 하나의 사례로 보고 '상벌적 정의'에 종속시키는 것이라 할 수 있습니다.

'하느님은 벌하시고 보복하시는 분'이란 생각으로 인해, 많은 이들이 자신의 구원을 걱정하게 되었습니다. 교회 역사상 가장 유명하고 커다란 파장을 몰고 온 예는 젊은 시절의 마르틴 루터에게서 찾아볼 수 있습니다. 그는 '어떻게 하면 하느님의 자비를 얻을 수 있을까?'라는 문제로, 오랜 기간 불안한 마음을 떨칠 수 없었습니다. 그러다 그는, 성경에 따르면 '하느님의 정의'는 '벌하는 정의'가 아니라 '의롭게 하는 정의'이며 따라서 그분의 '자비'를 뜻한다는 것을 깨달았습니다. 그런 해석을 두고, 16세기의 교회는 갈렸습니다. 그처럼 '정의'와 '자비'의 관계는 유럽 신학에서 교회를 선택하는 본질적 문제가 되었습니다.[42]

20세기에 이르러서야 루터 교회와 가톨릭교회는 '죄인의 의화義化'에 관한 문제에서 근본적인 의견의 일치를 보게 되었습니다.[43] 하느님의 정의는 곧 그분의 자비를 뜻한다는 것에, 두 교회가 인식을 같이한 결과였습니다. 그러나 공통된 의화론으로부터 두 교회가 하느님에 관한 가르침이나, '해방하시고 의롭게 하시는 하느님'이라는 새로운 학설을 위해 이끌어 낸 결론은 거의 없습니다. 바로 그 점에서 두 교회의 근본적인 공동 과제가 '새로운 복음화'라는 기치 아래 놓여 있다 하겠습니다.

우리는, 전통적 신학에서 천덕꾸러기 취급을 받고 있는 '하느님의

'자비'라는 주제를 그런 상황에서 구해 내야 할 과제에 직면해 있습니다. 우리는, 하느님을 선량한 동료로 만들거나 하느님의 거룩하심을 더 이상 진지하게 받아들이지 않는, '사랑하는 하느님'이라는 진부하고 위험성을 간과하는 표상에 빠지는 일 없이, 그 과제를 수행해야 합니다. 우리는 '하느님의 자비'를 '하느님의 고유한 정의'와 '하느님의 거룩하심'으로 이해해야 합니다. 오로지 그런 의미에서 우리는 예수님이 우리에게 알려 주신 '너그러우시고 자비로우신 아버지 하느님'에 관한 표상을 새롭게 조명할 수 있습니다. 우리는 '공감하시는 하느님'이란 표상을 그려야 한다고도 말할 수 있습니다. 그 일은 오늘날 하느님에 관한 표상이 이념적으로 왜곡된 상황에 비추어 볼 때 그만큼 더 필요하다고 할 수 있습니다.

4. 이념으로 여겨지기도 하는 자비

'하느님의 자비'는 신학의 내부 문제일 뿐만 아니라, 현대적 이념 논쟁에 등장하는 사회 문제이기도 합니다. 특히 독일의 철학자이며 정치학자, 경제학자였던 마르크스Karl Marx(1818~1883년)와 마르크스주의에서 우리는 그 모습을 확인할 수 있습니다. 마르크스는 종교를 세상에 존재하는 "위로와 변명의 온상"이라고 일컬었습니다. 그는 종교가 현실적 고통을 이야기하고 그것에 이의를 제기하는 일에서 고통을 느낀다고 생각했습니다. "종교는 괴로움을 겪는 피조물의 탄식이며 무지한 상태에 있는 정신입니다. 종교는 인민의 아편입니다."[44]

자주 인용되는 위 문장은 종교를 비판하는 일방적인 의미로 해석되는 경우가 많습니다. 그러나 위 문장이 종교와 관련하여 부정적인 의미만 내포하고 있는 것은 아닙니다. 그 문장은 단연코, 종교가 이의 제기라는 정당한 기능도 발휘한다는 점을 인정하고 있습니다. 다시 말해 종교는 고통과 불의, 편협한 자기 만족에 이의를 제기한다는 것이지요. 그러나 마르크스는, 이념적으로 볼 때 종교의 이의 제기는 기약 없는 약속을 통해 사람들을 달래고 그들을 세상 도피로 이끄는 잘못된 길을 걸었다고 확신했습니다. 솔직히 말해, 종교가 이념적으로 악용되었으며 여전히 악용되고 있다는 점은 누구도 부인할 수 없겠지요.

그러나 종교가 이념적으로 악용될 수 있다고 해서 종교에서 위안을 찾는 행위 자체를 부정할 필요는 없습니다. 그런 부정은 곤경 중에 종교에서 도움을 찾으며 세상 삶의 어려움을 극복할 힘을 얻은 사람들에게 부당한 일이 될 것입니다. 종교와 자비의 이름으로 사람들은 종종 불의와 폭력에 맞서 힘 있게 행동했습니다. 이미 마르크

스 시대에 그리스도교의 사회 운동이 일어났다는 사실은 그에 대한 증거라 할 수 있지요.[45]

이념적이고 전체주의적인 공산주의가 쇠했던 것처럼 모든 괴로움과 고통을 폭력으로 없애려는 시도는 실패했을 뿐만 아니라, 수많은 사람들에게 이루 형언할 수 없는 괴로움과 고통을 안겨 주었다는 사실을, 우리는 비통한 체험을 통해 알고 있습니다. 스탈린식 공산주의라는 무자비한 무신론의 세계가 어떤 인간적인 고통과 절망을 가져왔는지, 그에 관한 충격적인 증거들이 많이 있습니다. 그 세계는 '정의'만을 내세웠으며, '자비'는 낡아 빠진 편협한 태도라고 여겼지요. '자비'라고는 전혀 찾아볼 수 없는 바로 그곳에 '자비'를 갈망하는 외침이 있었습니다.[46]

니체는 마르크스주의와는 전혀 다른 방식으로 동정과 자비를 비판했습니다. 그는 '아폴로적인 사고'라고 이름 붙인 이성적이고 균형 잡힌 사고방식, 그리고 '디오니소스적인 사고'라고 일컬은 모든 틀을 깨는 창의적인 사고방식과 황홀한 생명감을 대비했습니다. 삶에 대한 디오니소스적인 긍정을 근거로, 니체는 동정 속에서 고통이 늘어남을 봤습니다. 자비를 베푸는 사람은 가난한 이들에게 자신이 우월하다는 것을 교만하게 드러내 보이고 우월감을 느끼려고 하기 때문에, '자비'는 이타주의가 아니라 이기주의와 자기애의 교묘한 형태라고, 그는 생각했습니다.⁴⁷ 니체는 자신의 대표작 《차라투스트라는 이렇게 말했다Also sprach Zarathustra》에서, 어떤 의미로는 '자비'를 이야기하는 그리스도교의 복음에 정반대되는 주장을 펼쳤습니다. "신은 죽었습니다. 인간에 대한 동정으로 말미암아 신은 죽었습니다." 신의 죽음으로, 초인Übermensch(니체가 말한 개념으로, '신을 대신하는 이상적 인간'을 가리킨다. ─ 역자 주)과 권력을 잡으려는 그의 의지를 위한 길이 열렸습니다. 그런 까닭에 니체는 산상 설교에 대한 반정립反定立으로, "나는 자비로운 이들을 좋아하지 않는다."라거나, "창조자들은 모두 무정하다."라고 말할 수 있었습니다.⁴⁸ 결국 니체에게 있어 디오니소스는 십자가에 못 박히신 그리스도와 대비되는 존재라 할 수 있습니다.⁴⁹

"굳세게 만드는 것은 찬미받을지어다."⁵⁰라는 니체의 말은 나치의 인재를 양성하는 학교들에서 본래의 의미에 맞게 쓰였는지는 불분명하지만, 중대한 의미를 지녔었습니다. 니체가 말한 '군주 도덕Herrenmoral'(니체가 주장한 개념으로, '자기 긍정과 권력 의지에 충실하고 힘을 획득하여 남을 지배하려는 강자의 도덕'을 말한다. 겸양·동정·평화를 강조하는 약자의 '노예 도덕Sklavenmoral'에 반대되는 개념이다. ─ 역자 주)⁵¹과 '백인종 Herrenrasse'⁵²이란 개념에 좋지 못한 뒷이야기가 붙었지요. 나치의 이념은 인간을 경멸하는 결과들을 초래했습니다. 그런 까닭에 오늘날 사람들은 '백인종'이란 말을 입에 담는 것조차 꺼립니다. 그럼에도, 오늘날 서구 사회에서 냉혹한 모습을 보기 어려운 것은 아닙니다. 다른 문화권에 대한 우월감과 결부된, 외국인에 대한 적대감이 애석하게도 예나 지금이나 서구 사회에 존재합니다.

그 밖에도 우리 사회에는 사회 진화론적 경향이 존재합니다. 강자들의 권한과, 자신의 이기적인 이익을 무자비하게 관철하려는 행위가 그에 해당하지요. 경쟁에 뒤처진 사람은 쉽게 몰락하고 맙니다. 무엇보다 경제와 자본 시장이 세계화되면서 신자본주의 세력은 아무런 통제 없이 더욱 맹위를 떨치게 되었고, 전 세계 서민들은 종종 그들의 무자비한 탐욕의 노리갯감이 되었습니다.[53]

'자비'와 '동정'은 시대에 한참 뒤처진 말이라는 의견도 눈여겨볼 만합니다. 그런 말들은 많은 이들의 귀에 감상적으로 들리며, 고리타분하고 낡아 빠진 말처럼 보이기도 하지요. 그 이면에는, '힘 있고 건강하며 성공한 이들의 사회에서 통용되는 규칙에 따르지 않거나 그 규칙에 적응하지 못한 사람은, 다시 말해 그런 규칙에 의문을 제기하고 심지어 그것을 되돌리는 산상 설교의 행복 선언을 믿고 따르는 사람은 사회에 어울리지 않는 어리석은 사람이며, 도스토옙스키의 소설 《백치白痴》에 나오는 미시킨 공작처럼 동정과 비웃음을 사게 된다.'라는 생각이 깔려 있습니다. '동정'이란 말은 부정적이고 냉소적인 의미로 쓰이는 경우가 아주 많습니다.[54] 그처럼 우리 사회에서 '동정'과 '자비'라는 말이 지닌 이미지는 그다지 좋지 않은 듯합니다. 그러나 다행스럽게도 그와 대조를 이루는 움직임도 있지요.

5. 공감과 '컴패션compassion': 자비의 새로운 이해

오늘날 공감과 자비를 갈망하는 외침은 수그러들기는커녕 점점 커지고 있습니다. '동정'과 '자비'라는 말은 거의 듣기 어렵지만, 그에 해당하는 견해와 태도는 여전히 볼 수 있습니다. 많은 이들이 관료주의적으로 조직된 나치의 냉혹한 말살 정책에 경악했습니다. 오늘날 우리는 개인주의화된 세계에 만연한 무관심과 냉랭함에, 또한 다른 이들을 이유 없이 마구 때리고 짓밟고 괴롭힌 끝에 심지어 죽음으로 내모는 청소년들의 폭력 행사에 적잖이 놀라고 당황스러워합니다. 세상에 존재하는 자연재해와 대기근은 사람들의 공감과 감동적인 구호 활동을 끊임없이 불러일으키고 있지요. 가족과 이웃, 지역 공동체 안에서 대부분 비공식적으로 이뤄지고 있는 협력도 간과할 수 없습니다. 다행스럽게도, '동정'과 '자비'는 아직 우리에게 완전히 낯선 개념은 아니며, 우리에게서 더 이상 볼 수 없는 태도도 아닙니다.

'동정Mitleid'이나, 사람들이 그보다 선호하는 말인 '공감Empathie'은 오늘날 심리학과 심리요법, 교육학, 사회학, 사목 신학에서 새롭게 주목하는 중요한 이론적 틀이 되었습니다.[55] 다른 이의 생각과 행동을 이해하기 위해 그의 상황과 감정 · 사고 · 삶의 세계에 들어가 그의 입장이 되어 보려는 노력은, 오늘날 성공적인 인간관계를 위한 전제 조건으로, 또한 인간다운 모습을 드러내는 일로 여겨집니다. 그 밖에도, 다른 문화와 다른 민족의 감정 · 사고 · 삶의 세계에 들어가 그들의 입장이 되어 보려는 노력은 문화들 간의 만남과, 종교들 및 문화들 간의 평화로운 공존과 협력, 평화에 공헌하는 정치 · 외교를 위한 기본 전제 조건이라 할 수 있습니다.

어떤 사람들은 '공감empathy'이란 말보다 '컴패션compassion'이란 영어 단어를 선호합니다. '컴패션'은 어린이 구호 사업 단체의 이름으로, 그 단체는 전 세계의 고통받는 어린이들에게 후원자를 구해 주는 일을 합니다. 후원자는 자신의 후원 자녀가 가난을 극복하고 밝은 미래를 꿈꿀 수 있도록 돕지요. 그와 더불어 '컴패션'은, 사회봉사와 관련된 학습을 주도하고 관련 자격을 부여하며 사회봉사에 대한 책임을 일깨우는 훈육 및 교육 프로그램을 운영해 왔습니다.[56] 끝으로, 영국의 종교학자이자 종교 비평가인 암스트롱Karen Armstrong(1944년~)이 주창한 '공감의 헌장Charta for Compassion'이라는 프로젝트도 예로 들 수 있습니다. 위의 사례들에서 보듯이, 시대에 뒤처진 것처럼 여겨지던 '자비'와 '동정'이란 주제가 새로운 이름과 형태로 되살아나고 있음을 알 수 있습니다.

신학에서는 그 주제에 다시 관심을 갖고 그것의 신학적 의미를 탐구했습니다. 독일의 가톨릭 신학자 메츠Johann Baptist Metz(1928년~)는 종교와 문화의 다원주의 시대에 '컴패션'을 그리스도교의 세계화 프로그램으로 선언했습니다.[57] 메츠는 이미 예전에 발표한 글들에서도 '불의와 고통의 체험'을 토대로 '하느님에 관한 질문'을 중점적으로 다뤘으며, '하느님은 인간의 고통을 모른 체하지 않으신다.'고 변신론을 내세웠습니다.[58]

물론 그런 변신론이 감상적인 동정이나 실속 없는 자비를 이야기하는 것은 아닙니다. 우리는 '컴패션'이란 단어의 의미를 '동정심 있는 태도'로만 이해해서는 안 되며, 그 단어에 '열정'을 뜻하는 '패션 passion'이란 말이 숨어 있음을 알아차려야 합니다. 다시 말해 '컴패션'이란 단어가 이 세상에 존재하는 파렴치한 불의에 대처하는 열정적인 태도와, 정의를 갈망하는 외침을 내포하고 있음을 알아차려야 합니다. 그런 태도와 외침은 구약 성경에 나오는 예언자들과, 마지막 예언자인 요한 세례자, 끝으로 예수님에게서 명확히 확인할 수 있습니다. 이외에도 '자비'의 의미를 잘못 이해한 나머지, 혹독한 심판에 관한 구약과 신약 성경의 수많은 말씀들을 간과하고 가볍게 생각하거나, 정의를 실천할 의무를 이야기하는 성경 말씀을 무시해서도 안 됩니다.

'정의'는 세상에서 결코 완벽하게 구현되지 못한다는 점을, 성경은 잘 알고 있습니다. 그런 까닭에, 성경은 사라지지 않는 불의한 상황과 관련해 하느님의 정의를 바라는 종말론적 희망을 이야기합니다. 그와 더불어 성경은, 자비에 대한 갈망이 정의에 대한 갈망을 능가한다고 말합니다. 성경은 '자비'를 '하느님에게 고유한 정의'로 이해합니다. '자비'는 '정의'보다 못한 것이 아니라 '정의'를 능가하는 것으로, 성경이 전하는 복음의 핵심입니다. 구약 성경에서는 하느님을 "자비하시고 너그러우신 분"(시편 86,15; 탈출 34,6 참조 등)으로, 신약 성경에서는 그분을 "인자하신 아버지시며 모든 위로의 하느님"(2코린 1,3; 에페 2,4 참조)으로 그립니다.

오늘날에도 엄청난 지진·해일과 같은 자연재해를 겪거나, 개인적으로 불행이 닥쳐 절망적인 상황에 빠졌을 때, 하느님의 자비를 최후의 위로와 버팀목으로 삼는 사람이 헤아릴 수 없을 만큼 많습니다. 평소 신앙생활을 열심히 하지 않는 사람들도 그런 상황에서는 자발적으로 기도에 의지하곤 합니다. 중한 병에 시달리거나 죄의 구렁텅이에 빠진 수많은 사람들도 생각해 볼 수 있는데, 하느님이 너그러우시고 자비로우신 분이라는 인식은 종종 그들에게 유일하게 남은 위로가 됩니다. 그들은, 숙명 · 죄 · 불의 · 거짓이 뒤엉킨 헤어나기 어려운 상황을 하느님이 결국 해결하실 것이고, 그분은 인간의 마음속 깊이 숨겨진 본심을 아시기 때문에 너그러운 심판자가 되실 것이라 희망합니다. 그런 까닭에, 미사 시작 때와 수많은 성가에 나올 뿐만 아니라 동방 교회 전례에서 널리 쓰이는 "주님, 자비를 베푸소서Κύριε, ἐλέησον."라는 탄원은 서방 교회에서도 점차 많은 이들이 좋아하는 진심 어린 기도가 되었습니다. 그런 청원은 필요 없다고 주장할 사람이 어디 있겠습니까?

따라서 '자비'라는 주제를 다룰 때, 그 주제로부터 윤리적 · 사회적 결론을 이끌어 내는 것만이 관건은 아닙니다. 우리는 무엇보다 하느님에 관해, 또한 그분의 자비하심에 관해 이야기해야 합니다. 그런 다음에야 '하느님은 자비로우신 분'이라는 사실에서 인간의 행동을 위한 계명을 이끌어 낼 수 있겠지요. '공감'과 '동정'을 먼저 탐구함으로써, 우리는 '자비'라는 주제를 신학적으로 고찰하는 일에 실마리를 제공할 수 있습니다. 괴로움과 고통은 인류의 역사와 함께해 왔으며, 인간이라면 누구나 겪는 것이기 때문입니다. 모든 종교는, 고통이 어디에서 오는 것인지, 왜 인간은 고통을 겪는지, 고통이 지닌 의미는 무엇인지, 괴로움과 고통에서 어떻게 벗어날 수 있는지, 괴로움과 고통에 어떻게 대처할 수 있는지, 괴로움과 고통을 견뎌 낼 힘을 어디에서 얻을 수 있는지, 이런저런 방식으로 묻습니다.[59] 동정과 컴패션은 현재의 괴로움과 고통의 체험뿐만 아니라, 인간의 보편적 체험에 어울리는 주제라 할 수 있습니다. 바로 그 점 때문에 '동정'은 '자비'에 관한 신학의 출발점으로 적합합니다. 세상 만물을 주재하시는 하느님에 관해 우리는 부분적이 아니라 보편적 범주에서만 이야기할 수 있습니다. 오로지 보편적인 범주만이 하느님에 관한 이야기에 적합하기 때문입니다.

지금까지 개략적으로 살펴본 문제에서 앞으로의 탐구를 위해 다음과 같이 질문할 수 있습니다. "자비로우신 하느님을 믿는다는 것은 무엇을 뜻하는가? 하느님의 자비와 정의는 서로 어떤 관계에 있는가? 우리는 '공감하시는 하느님, 동정심을 지니신 하느님'에 관해 어떻게 말할 수 있는가? '무죄한 고통'과 '하느님의 자비'는 서로 어긋나지 않는가?" 이러한 질문들을 근거로 다음과 같은 윤리적 질문도 던질 수 있습니다. "하느님의 자비에 우리는 어떤 행동으로 보답할 수 있는가? 하느님의 자비에 관한 복음이 교회의 실천에 의미하는 바는 무엇인가? 교회와 신자들의 삶을 통해 하느님의 자비에 관한 복음의 핵심적인 내용을 어떻게 실천할 수 있는가?" 끝으로, 다음과 같은 질문도 물을 수 있습니다. "하느님의 자비에 관한 복음이 우리 사회의 새로운 자비의 문화에 시사하는 바는 무엇인가? 산상 설교에 나오는 '행복하여라, 자비로운 사람들!'(마태 5,7)이란 말씀은 무엇을 뜻하는가?"

제2장
자세한 고찰

1. 철학적 사고의 출발점

언어적 · 객관적 사전事前 고찰

오늘날에는 '자비'를 어려운 개념으로 여기는 사람이 많습니다. 자신의 뜻을 이루고 관철하는 사람들이 자비로운 사람들보다 더 큰 인상을 주는 경우가 더 많지요. 그와는 반대로, '자비'는 여러 면에서 약점으로 여겨집니다. 그런 까닭에 우리는 먼저 '자비'의 본래적 의미를 새롭게 밝히기 위한 노력을 기울여야 합니다. 철학은 그런 노력에 도움을 주고, 새로운 길을 열어 줄 수 있습니다.

'하느님은 자비로우신 분'이라는 그리스도교의 가르침은 성경의 독특한 진술에 근거한 것으로, 전통적 신학은 이미 초창기부터 그 진술의 의미를 밝히기 위해 인간의 일상적인 경험과 그 경험의 철학적인 해석을 연결해 왔습니다.[1] 무엇보다 고통받는 사람들에 대한 인간 본연의 동정 체험이 그 출발점이었습니다. '동정'과 '자비'는 똑같은 의미를 지녔다고 할 수 없지만, 적어도 라틴어에서는 '미세리코르디아misericordia'라는 단어를 통해 이 두 가지 의미를 섞어 쓰고 있습니다. 앞으로 살펴보겠지만, 성경의 언어 사용에서도 그런 모습을 확인할 수 있지요.[2]

라틴어 단어 '미세리코르디아'의 본래적 의미는, '마음cor을 가난한 이들miseri에게 둠', 곧 '가난한 이들을 위한 마음을 지님'에 있다고 합니다. '자비'를 뜻하는 독일어 단어 '바름헤르치히카이트Barmherzigkeit'의 본래 의미도 그와 비슷하게 '불쌍히 여기는 마음(독일어 ein erbarmendes Herz)을 지님'에 있다고 하지요.[3] 그처럼 인간적이고 일반적인 의미에서, '미세리코르디아'나 '바름헤르치히카이트'는 이기주의와 자기중심적 생각을 뛰어넘어 자신이 아닌 다른 이들에게, 특히 가난한 이들과 온갖 형태의 곤경에 처한 이들에게 마음을 두는 태도를 가리킵니다. 자신을 잊고, 자신을 뛰어넘어 다른 이들에게 마음을 두는 태도는 약점이 아니라 강점이며, 참된 자유를 누리는 태도라 할 수 있습니다. 그런 태도는 자아에 빠져 있는 자기애를 훨씬 능가하는 것으로, 스스로 자유롭게 결정하고 그를 통해 자신을 실현할 수 있기 때문입니다. 그런 태도는 자기 자신으로부터 자유로우며, 자신을 잊고, 자신을 극복하며, 자신의 어두운 면을 뛰어넘을 수 있습니다.

고대와 중세의 토대

'동정同情'이라는 주제는 일찍이 고대 그리스 · 로마 철학에서도 다뤘는데, 그 주제에 대한 생각은 이미 그때에도 엇갈렸습니다. 고대 그리스의 철학자 플라톤Platon(BC 428/427~BC 348/347년)은 후대의 것들과 상당 부분 흡사한 비평을 내놓았지요. 이성과 정의에 따르는 행동과는 정반대로, 동정은 사람의 마음을 뒤흔들기 때문에, 피고에 대한 동정은 재판관의 판단을 흐리게 만든다는 것입니다.[4]

그와는 대조적으로, 아리스토텔레스Aristoteles(BC 384~BC 322년)는 '동정'을 긍정적인 시각으로 바라보았습니다. 그는 '동정'의 개념을 정의한 첫 번째 사람이기도 합니다. 우리는 죄 없는 사람들이 고통받는 모습에서 당혹감을 느끼는데, 이는 그러한 불행이 우리에게도 닥칠 수 있기 때문입니다. "고통을 겪는 이들을 동정한다."는 말 속에는, '동정'(독일어 '미트라이트Mitleid')이란 단어가 본래 뜻하는 '공감'(독일어 '심파티sympathie')과 '연대감'(독일어 '솔리다리테트solidarität')이라는 의미가 들어 있습니다.[5] 그처럼 우리는 죄 없는 사람들이 고통받는 모습에서 근본적으로 당혹감을 느낍니다. 그들의 고통이 우리에게도 닥칠 수 있기 때문에, 어떤 의미에서 우리는 동정심을 통해 자신을 그들과 동일시하는 것이지요. 아리스토텔레스는 《시학Poetic》에서, 영웅의 운명에 대한 비극의 묘사가 어떤 방식으로 관중에게 '동정심'(그리스어 '엘레오스ἔλεος')과 '두려움'(그리스어 '포보스φόβος')을 불러일으키고 '마음의 정화'(그리스어 '카타르시스κάθαρσις')로 이끄는지 보여 주고 있습니다.[6]

  그리스 철학의 스토아학파는 아리스토텔레스와는 전혀 다른 의견을 내놓았습니다. 그들의 주장에 따르면, '동정심'은 감정에 대한 이성의 지배와 무념無念(그리스어 '아우타르케이아αὐτάρκεια'), 마음의 평정平靜(그리스어 '아타락시아ἀταραξία')이라는 스토아학파의 근본 윤리에 어긋난 것입니다. 따라서 스토아학파의 철학자들은, '동정'이 어리석게도 용기를 잃은 행위이며, 영혼이 지닌 약점이자 질병이라고 생각했습니다. 그와는 반대로, 스토아학파의 이상적 현인賢人은 자신과 다른 이의 운명에 마음이 흔들리는 일 없이 '정념情念이 없는 상태'(그리스어 '아파테이아ἀπάθεια')를 추구하며, 자신의 불행이나 다른 이의 고통에 감정 없는 평온한 태도를 보인다는 것입니다. 그렇다고 해서 스토아학파의 철학자들이 '관대함clementia'이나 '박애humanitas', '호의 benignitas'를 몰랐거나 경시한 것은 아닙니다.[7]

교부들은 성경의 가르침을 근거로, 스토아학파가 추구하던 이상에 동의하지 않았습니다. 아우구스티노 성인[8]과 토마스 아퀴나스 (1225~1274년) 성인[9]은 '자비'를 뜻하는 라틴어 단어 '미세리코르디아'의 언어적 의미를 "넓은 의미로 '가난하고 불쌍한 이들'을 가리키는 '미세리miseri'에게 마음cor을 둠"으로 해석했습니다. 그들은 아리스토텔레스의 의견을 받아들여, '동정同情'을 '고통을 나눔compassio'으로, 곧 '다른 이의 고통 때문에 괴로워하는 마음을 지님miserum cor habens super miseria alterius'이라고 정의했지요.[10] 그들은 그런 '동정'과 '자비'를 다른 이들의 고통받는 모습에서 갖게 된 감정으로만 치부할 수는 없다고 생각했습니다. '동정'과 '자비'는 감정적인 것일 뿐만 아니라, 결핍과 고통에 맞서 싸우는 데 효과적이며 그것들을 극복하려고 노력하게 만든다는 것입니다. 그런 견해는 하느님의 '동정'과 '자비'를 올바로 이해하는 데 있어 매우 중요합니다. 하느님은 다른 이들의 고통받는 모습에서 수동적으로 자극받는 분이 아니시며, 그분의 '자비'를 '결핍과 고통에 능동적이고 효과적으로 저항하고 그것들을 극복하기 위한 것'이라는 부차적인 의미로만 해석할 수는 없기 때문입니다.[11]

프랑스의 가톨릭 신학자이자 추기경인 콩가르Yves Congar(1904~1995년)는 토마스 아퀴나스 성인의 사유 과정을 상세히 추적했습니다.[12] 그의 주장에 따르면, 토마스 아퀴나스 성인은 '자비'를 하느님의 절대성을 드러내는 것으로 생각했다고 합니다. 하느님은 더 높은 권위를 지닌 존재가 제정한 법을 올바로 적용하는 재판관이나 부하 직원이 아니라, 그분 자신이 절대적 주인이십니다. 그렇기 때문에 다른 이가 만든 법의 지배를 받지 않으시며, 자신의 선물을 제약 없이 나눠 주신다는 것이지요. 그런데 하느님은 임의로 선물을 나눠 주시는 것이 아니라, 당신의 고유한 자비에 따라 행동하신다는 것입니다.[13] 따라서 하느님의 '자비'는 그분의 '정의'에 모순되거나 그것을 무력화하는 것이 아니라, 그분의 정의를 이루는 것이고, 그분의 정의를 넘어서는 것이라 할 수 있습니다.[14]

고대 그리스·로마 세계와는 다르게, 그리스도교는 이미 설립 초기부터 개인뿐 아니라 공동체 차원에서 가난한 이들을 돌봐 왔습니다. 그때 벌써 교회 안에는 가난한 이들과 병든 이들을 돌보는 제도가 있었지요.[15] 가난하고 병든 이들을 돌보는 일은 주교의 책무에 속했는데, 실제로는 부제들이 그 일을 수행했습니다. 4세기부터 교회는 가난한 이들과 병든 이들, 순례자들을 위한 무료 숙박소들을 세웠습니다. 이것들은 중세 시대에 가난하고 병든 이들을 돌보는 병원으로 발전했으며, 그 밖에도 병든 이들을 돌보는 일을 고유 활동으로 삼는 수도회들도 이 시기에 설립되었습니다. 그를 통해 그리스도교는 유럽을 비롯한 전 세계 인류 문화에 영향을 끼쳤고, 그런 영향은 대부분 세속화된 형태로 오늘날까지 지속되고 있습니다. 그리스도교의 그런 업적을 거론하지 않고는 유럽과 인류의 문화사나 사회 복지의 역사를 제대로 이해할 수 없습니다.

근대 사조인 '동정同情의 보편화'와 비평

가난하고 병든 이들을 돌보는 일의 근대적 발전은 무無에서 시작된 것이 아닙니다. 그것은 그리스도교의 정신이 각인된 고대 및 중세의 사회 복지 문화를 계승한 결과라 할 수 있지요. 그 일은 언제나 구체적인 사람들에 대한 동정에서 시작해 보편적 인류애로 발전했습니다. 그러한 발전에 결정적인 역할을 한 사람은 바로 프랑스의 철학자이자 작가였던 루소Jean-Jacques Rousseau(1712~1778년)입니다. 그는 '동정同情'이 모든 숙고에 앞서는 감정이며, 모든 사회적 덕행의 근원이라고 생각했습니다. 다른 이의 입장에서 느끼고 생각하는 능력이 '동정'의 근간을 이루고 있기 때문입니다. 동정심이 있어야 비로소 개인은 다른 사람과 사회적 관계를 맺을 수 있다는 것입니다.[16] 루소는 '구체적인 고통을 겪는 이에 대한 애정'이라 할 수 있는 '동정'

으로부터 보편적인 인류애가 비롯된다고 생각했습니다.

가까운 이들에 대한 사랑은 종종 낯선 이들에 대한 사랑으로 발전하기도 합니다. 그런데 '동정의 보편화'가 지나친 요구인 것은 아닌지 질문해 봄 직합니다.[17] 오늘날에는 특히 텔레비전을 통해 개별 사건들이 알려져 사람들 간의 직접적인 접촉이 이뤄지지 않아도, 본래 긍정적으로 받아들일 만한 동정과 기부의 물결이 일어나기도 하는데, 이런 경우 그런 질문을 제기해 볼 수 있지요..

루소와 비슷한 견해를 우리는 독일 계몽주의의 대표적 극작가이자 평론가인 레싱Gotthold Ephraim Lessing(1729~1781년)에게서 찾아볼 수 있습니다. 그는 무엇보다 미학적인 관점에서 '동정'을 고찰했습니다. 그는 문학의 핵심 기능이 훈육에 있다고 주장했습니다. 그리고 '동정심'이 일반 시민이 지녀야 할 가장 중요한 덕행이자, 인간의 순수하고 긍정적인 특성에 속한다고 생각했습니다. 그는 자신의 '비극론'에서 아리스토텔레스의 견해를 반박하며, 비극은 관중에게 동정심과 두려움을 불러일으키기 때문에 훈육 효과가 있다고 이야기합니다.[18] "동정심이 풍부한 사람은 가장 뛰어난 덕행과 가장 폭넓은 아량을 지닌 사람입니다. 동정심을 불러일으키는 사람을 통해 우리는 더욱 선량해지고 더 많은 덕행을 쌓게 됩니다. 저것을 불러일으키는 비극은 이것도 불러일으킵니다. 다른 말로 표현하면, 이것을 불러일으키기 위해 비극은 저것도 불러일으킵니다."[19]

독일의 시인이자 철학자, 역사학자였던 실러Friedrich Schiller(1759~1805년)는 자신의 '비극론'에서 레싱의 견해를 계승하고 발전시켰습니다. 〈도덕 기관으로서의 연극 무대Schaubühne als eine moralische Anstalt〉라는 글 제목에서 확인할 수 있듯이, 그는 비극을 훈육 제도로 여겼습니다.[20]

관념론을 대표하는 독일 철학자 헤겔Georg Wilhelm Friedrich Hegel (1770~1831년)도, '동정'이 감동을 느끼는 것만을 뜻하지는 않는다고 하면서 아리스토텔레스와는 다른 견해를 보였습니다. 그는, "소시민적인 여자들이나 쉽사리 동정에 빠지는 것"이라고 냉소적으로 말했지요. 그는, 부정적 체험 곧 다른 이의 고통을 보고 마음의 움직임을 느끼는 것만이 아니라, "고통을 겪는 이 안에 존재하는 도덕적 정당성에 대한 공감"도 '동정'에 속한다고 말했습니다. 그는 '동정'이 단순한 감동을 뛰어넘는 것이며, 고통을 겪는 이가 지닌 존엄성을 인정하는 행위라고 생각했습니다.[21]

헤겔과는 완전히 다른 방식으로, 독일의 철학자 쇼펜하우어Arthur Schopenhauer(1788~1860년)는 동정을 보았습니다. 그는 불교의 영향을 받아 '동정'을 핵심 윤리로 삼았습니다. 그의 견해에 따르면, '동정'은 "일상적인 현상"으로, 다른 존재가 겪는 고통을 함께 나누는 것을 말하며, 그런 동정을 통해 '너'와 '나' 사이에 넘을 수 없던 벽이 점차 허물어진다는 것입니다. 그처럼 쇼펜하우어는 '동정'을 다른 이 안에서 자신의 모습을 인식하는 것이라 말하며, 모든 도덕의 원칙으로 삼았습니다. 그는 심지어 '동정'을 "윤리의 신비"라고 일컬었지요.[22] 이를 통해 그는 근대의 대표적인 '동정 철학자'가 되었습니다.

근대의 정신사나 철학사에서 보듯이, '동정'과 '자비'에 관한 근대적 이해는 한 방향으로 발전해 오지 않았습니다. 고대의 학설들과 마찬가지로, '동정'과 '자비'에 관한 근대의 학설들은 인간의 본능적인 감정에 근거하느냐, 아니면 인간 이성에 따른 윤리에 근거하느냐에 따라 서로 엇갈린 주장을 내놓았습니다.

가장 비중 있고 영향력 있는 독일의 근대 철학자인 칸트는 인간 이성에 따르는 윤리학의 전형적인 대표이기도 합니다. 그는 동정심과 같은 감정에 기반을 둔 보편적 윤리를 비판했으며, 이성적인 책임 윤리를 중요하게 생각했습니다. 이성적인 개별 존재의 윤리적 행동은 정서적 동기가 아니라, 오로지 분별력 있는 이성적 동기에서 나온다는 것입니다. 그런 까닭에 칸트는 다음과 같은 '정언定言 명령'을 이야기합니다. "다른 한편으로 모두를 위한 법규가 되기를 바라는 원칙에 따라서만 행동하라."[23]

도덕적 행위는 경험·감정과 같은 감각적 동기나 동정이 아니라,

오로지 이성에만 근거한다고 주장함으로써, 칸트는 스토아학파의 학설을 계승했으며, 동정을 도덕적 가치가 없는 것으로 여겼습니다. 자신이 도울 수 없는 사람에 대한 동정은 한편으로는 그의 고통을 가중하고, 다른 한편으로는 그에게 "모욕적인 선행"이 된다는 것이지요. 그런 선행은, "행복한 사람들이 뽐내거나 맞선다는 인상을 줘서는 안 된다는 생각에 자비라는 명목으로 불행한 이들에게 베푸는 호의이기 때문입니다."[24] 그러나 칸트는, 동정이나 함께 즐거워하는 일이 본래 의무는 아니지만, 그런 정서를 "우리 안에 육성하는 것"은 다른 이들의 운명에 적극 참여하기 위한 간접적 의무라고 말했습니다. 그런 정서 없이 "순전히 의무만 내세우는 것으로는 충분하지 않다."는 것입니다.[25]

인간 이성에 따르는 윤리의 한계를 근본적으로 돌아보지 못했다면, 칸트는 위대한 철학자가 되지 못했을 겁니다. 그는 자신이 쓴 《실천 이성 비판Kritik der praktischen Vernunft》 끝부분에 '공준公準'들을 세웠는데, 그것은 타당성을 증명하기 어려우나 도덕을 이야기하고 이해하는 데 필수적인 전제 또는 명제를 말합니다. 무엇보다 '신神의 존재'가 그런 공준에 속합니다.[26] 신神은 도덕규범이 지닌 구속력의 근거가 되지는 않지만, 도덕성과 충만한 행복이라는 목표에 도달하기 위한 전제 조건이 된다는 것입니다. 신만이 인간의 도덕성을 본성과 일치시킬 수 있고, 그를 통해 충만한 행복을 선사할 수 있습니다. 그에 덧붙여 칸트는, 그리스도교가 '하느님 나라'라는 개념을 이야기하는데, 그 나라만이 '실천 이성'의 엄격한 요구를 충족시킨다고 했습니다. 종교만이, 가치 있고 성공적인 인간 존재에 대한 희망을 실현할 수 있다는 것입니다.[27]

칸트는 종교에 관한 저서 《순수 이성의 한계 내에서의 종교Die Religion innerhalb der Grenzen der bloßen Vernunft》에서 한 걸음 더 나아갑니다. 그에 따르면, 세상은 혼란스러운 곳이며, 인간은 모두 악한 성향과 타락, 부조리한 마음을 지녔다는 것입니다. 따라서 도덕을 실천하려면, 인간은 먼저 생각을 혁신하고 마음을 바꿔 거듭나야 합니다.[28] 그러나 그 일을 오로지 자신의 힘으로 이룰 수 있는 사람은 아무도 없습니다.[29] 그러므로 칸트는, '은총'이 사실상 '실천 이성'의 공준이 된다고 했습니다. 그는 도덕적인 종교는 그리스도교뿐이라고 말했습니다. 다시 말해 그리스도교는, 할 수 있고 해야 하는 일을 수행하려는 모든 사람에게 그의 능력을 보완해 주는 수준 높은 도움을 제공한다는 것입니다.[30]

신학적 관점에서 볼 때 칸트의 진술은 그리스도교 은총론의 펠라지우스주의(펠라지우스Pelagius(약 350~420년)가 주장한 이단설로, 원죄와 유아 세례를 부정했다. 펠라지우스는, 인간이 자력으로 하느님의 섭리를 실행할 수 있기에 영혼 구원도 신앙의 노력을 통해 이를 수 있다고 주장했다. 은총은 보다 쉽게 영혼 구원에 이르도록 도움을 줄 따름이며, 구약의 율법이나 복음서, 예수님의 본보기는 외적 은총이고, 인간의 영혼을 비추고 개조하여 강화시키는 것은 내적 은총이라고 주장했다. — 역자 주)적 해석과 비슷하기에, 부족한 면이 있다고 평가할 수 있습니다. 그러나 우리는 철학에서 완벽한 은총론을 기대할 수 없다는 점도 분명히 인식해야 합니다. 철학은, 은총의 실재와 너그러운 신에 관한 문제에 대해 인간이 열린 생각을 갖도록 도울 뿐이지요. 바로 그 일을 칸트가 수행했던 것이고, 그것을 통해 그는 은총에 관한 철학적 초안을, 좀 더 정확히 말하면 은총론의 주목할 만한 토대를 마련했습니다. 그처럼 칸트는, 은총과 하느님의 자비에 관한 이야기가 인간적으로 이해할 수 있으며 이성적으로 변호할 수 있는 내용임을 증명하였고, 그 덕분에 오늘날 우리는 새로운 맥락에서 그 이야기를 이해할 수 있게 되었습니다.[31]

20세기와 21세기의 새로운 사고의 출발점

칸트의 주체 중심적 사고의 출발점은 20세기 들어 결정적인 반론에 부딪혔습니다. 독일의 철학자들인 후설Edmund Husserl(1859~1938년)과 셸러Max Scheler(1874~1928년)는 새로운 현상학적 의견을 내놓았습니다. 그들은 주체 중심의 신칸트주의적 사고의 출발점을 거부하고,

객관적 실재와 객관적 인간관계에 새로운 관심을 두었습니다. 그들은 '감정 이입 능력'을 사고의 출발점으로 삼았지요. 그와 관련하여 후설의 제자로 독일의 철학자이자 가톨릭교회의 수녀였던 에디트 슈타인(십자가의 데레사 베네딕타 성녀, 1891~1942년)은 《감정 이입의 문제에 관하여Zum Problem der Einfühlung》라는 초기 저서를 출간하기도 했습니다.[32]

셸러는 현상학적 토대 위에서 '실질적 가치 윤리학'을 부흥하려 노력했고, 자신의 책《공감의 본질과 형식Wesen und Formen der Sympathie》에서 '공감'에 관한 상세한 현상학적 이론을 제시했습니다. 그는 '동정'을 인간적인 '원현상原現象Urphänomen'으로 묘사했으며, '동정'에는 두 가지 양식이 있다고 했습니다. 하나는 순전히 '감정이 전염되는 것'이라 할 수 있습니다. 그리고 다른 하나는 "내 옆의 다른 사람이 겪는 고통 때문에 내가 괴로워하는 것"[33]으로, 이것이 바로 인격적 관계를 드러내는 참된 의미의 동정심이라고 설명합니다. 셸러는 가톨릭 사상에 심취해 있던 시절에 위와 같은 견해를 통해 신학에 지대한 영향을 끼쳤습니다. 그러나 그의 견해는, 사람들이 명백히 정의하기보다는 오히려 서투르게 추구하기만 하는 '포스트모더니즘'이라는 20세기 후반에 등장한 사조로 대체되고 맙니다.

포스트모더니즘적 사고는 근대의 주체 중심적 견해에 대한 비판을 통해 후설의 주체 중심적 현상학을 넘어섰습니다. 독일의 철학자 하만Johann Georg Hamann(1730~1788년)과 독일의 신학자이자 작가인 헤르더Johann Gottfried Herder(1744~1803년)의 '비평을 다시 비평하는 metakritisch 관점'을 계승한 대화 철학(부버Martin Buber, 로젠츠바이크Franz Rosenzweig, 에브너Ferdinand Ebner)에서 그런 모습을 찾아볼 수 있습니다. 그들은, 인간이 독백하는 존재가 아니라 대화하는 존재이며, 본질적으로 관계 속에서 살아간다고 생각했습니다.

그런 생각은 위에서 언급한 이들 외에도 사상가들 사이에서 커다란 반향을 불러일으켰으며, '동정同情'을 다시 높이 평가하게 만들었습니다. 전혀 다른 기반을 지닌 프랑크푸르트학파의 대표적인 철학자들도 그에 속합니다. 그들은 고통과 억압에 시달리는 이들에 대한 연대감이란 관점에서 '동정'을 중요하게 생각했습니다.[34] 독일의 철학자 슐츠Walter Schulz(1912~2000년)처럼 전혀 다른 특색을 지닌 사상가들도 빼놓을 수 없습니다. 그는 근대의 주체 중심적 사고를 뛰어넘기 위해 변증법적 세계관에서 출발합니다. 그는, '동정'이 높은 가치를 지닌 윤리 기관이며, 다른 이들을 비인격화하고 파괴적 욕망의 대상으로 삼는 '무자비'를 심판하는 유일한 법정이자 그에 대항하는 힘이라고 생각했습니다. "'동정'은, 인간의 '적나라한 현존'을 직접적으로 거부하는 상황에 직면하여 인간을 그런 현존에서 구해 낼 가장 강력한 최후 수단입니다."[35]

리투아니아 출신의 프랑스 철학자이자 작가로 큰 영향을 끼쳤던 레비나스Emmanuel Levinas(1906~1995년)는 유다교의 전통에서 자랐으며, 철학에서는 후설과 하이데거의 노선을 따랐습니다. 그는, 윤리적 판단을 내리며 도덕적 진리와 가치를 파악하고 해명할 수 있는 주체라고 '자아'를 앞세우는 태도를 비판했습니다. 그리고 다른 사람의 절대적인 요구를 들어줄 의무를 우선시함으로써 그러한 자기중심적 태도에서 벗어날 수 있다고 했습니다. 자기 중심적 태도에서 벗어나게 하는 사랑·동정·용서라는 인간적인 현상들이 새롭게 그의 눈에 들어왔지요.[36] 그런 가정하에 레비나스는 정의와 사랑의 관계에 대해 숙고했지만, 만족할 만한 타협점을 찾지는 못했습니다.[37]

참된 의미의 포스트모더니즘 철학(미셸 푸코Michel Foucault, 데리다Jacques Derrida)은 하이데거의 주장을 계승하여 형이상학 전통의 해체를 가져왔습니다.[38] 그들은, 근대의 주체 및 이성 중심적 사고 구조가 권위적이고 전체주의적인 경향을 띠고 있다고 비판했으며, 그 안에 숨겨진 권력 구조를 들춰내기도 했습니다. 그를 토대로 그들은, 추상적 정의 개념에 기반을 둔 경제적 교환 과정의 논리와 그것의 사회적·관용적 실행을 비판했습니다. 상호 관계를 근거로 내세우는 추상적인 평등사상을 통해서는 각 개인의 요구에 부응할 수 없다는 주장이지요.

 프랑스 철학자 데리다(1930~2004년)의 '용서'에 관한 숙고는, 우리가 다루는 '자비' 문제에 해당합니다.[39] '용서'의 문제는, 상상조차 못했던 죄악과 흉악한 범죄로 물든 지난 세기가 저물었을 때 인간의 지속적인 공존을 위해 피할 수 없이 대두되었지요. 실제로 용서할 수 없는 일에 대한 용서만이 참된 용서라 할 수 있습니다. 살인을 포함한 모든 흉악한 범죄는 용서하기 어렵지요. 따라서 '용서'의 문제는 우리를 당혹스럽게 만듭니다. '용서'는 보답을 요구하는 '교환 정의'에 어긋난 것이기 때문입니다. 그러므로 다음과 같은 질문이 나올 수 있습니다. "지극히 정의롭다고 여겨지는 신神이 어떻게 범죄자들에게 자비로울 수 있는가? 피해자들의 동의가 없는 한, 그들을 용서하는 신의 행위는 피해자들에게 또 다른 폭력을 행사하는 것이지 않은가?" 따라서 '정의'의 추상적 개념은, 서로 다른 관점에서 신에게 요청되는 도덕적 자질들과 경합하는 것처럼 보입니다.

 '정의'와 '용서' 사이에 타협점을 찾기 위해, 데리다는 '정의'와 '법'의 관계를 숙고했으며, 실정법을 뛰어넘는 '정의'의 초월성에 관해 이야기했습니다. '정의'는 실정법을 뛰어넘는 초월적인 것이므로, 실정법이라는 구체적인 적용에 효력을 발휘하는 '정의'는 추상적이거나 선험적으로 규명되지 않습니다. 법 제정은 모든 이성적인 재구성

작업에서 벗어난 것입니다. 법에 비해 '정의'는 '수행력'(말로 표현된 행위를 동시에 수행하는 능력. 예를 들어, "축하해."라는 말에는 의미 전달의 기능뿐만 아니라 행위 수행의 기능이 들어 있음을 알 수 있다. — 역자 주)을 지니고 있는데, 데리다는 그 힘을 '신비스러운 것'으로 여겼습니다.

무한한 정의에 대한 요구는 기존 법체계의 해체를 가져오지만, 다른 한편으로는 각 개인의 요구에 부응하는 데 도움이 됩니다. 플라톤이 "존재의 저편"[40]에 있다고 생각한 '선善' 개념은 기존 법체계의 해체에 관한 데리다의 이론에서, 법체계 안에서 정의의 완벽한 실현은 불가능함을 뜻하는 허사虛辭 역할을 합니다. 그처럼 '정의'도 법 저편에 있는 것으로 여겨지며, 언제나 사람들 입에 오르내립니다. '용서'라는 개념 속에는 종교적 유산이 들어 있습니다. 신학은 데리다의 이론을 토대로, 하느님이 정의로우시며 동시에 자비로우신 분임을 입증할 수 있습니다.[41]

프랑스의 철학자 리쾨르Paul Ricoeur(1913~2005년)는 그보다 한 걸음 더 나아갑니다.[42] 그도 근대의 주체 중심적 사고를 비판했지만, 레비나스와는 달리 '정의'의 개념은 받아들였습니다. 그는 교환 및 분배 정의와 다르며 그것을 뛰어넘는 '사랑'을 말했습니다. '사랑'은 다른 이와의 연대감과 다른 이에 대한 긍정을 뜻한다는 것이지요. 우리 사회의 일상에서는 요구들 사이에서 타협점을 찾는 것이 관건인 반면, 우리가 추구해야 할 '정의'라는 이상理想에 있어서는 다른 이에 대한 애정과 그의 안녕을 염려하는 마음이 관건입니다. 그러한 '정의' 개념은 '원수를 사랑하는 것'까지 포함한 '사랑'에 가깝습니다. '사랑'은 교환 논리를 뛰어넘는 것으로 '선물膳物 경제'를 의미하며, 등가等價의 논리, 교환 및 타산 논리와 구별되는 '충만함의 논리'를 뜻합니다. '사랑'은 남이 해 주기를 바라는 그대로 남에게 해 주라는 '황금률'을 폐지하는 것이 아니라, 그것을 '관대함'의 관점에서 새롭게 해석합니다. 물론 '사랑'을 우리 사회의 모든 이가 따라야 할 일반 규범으로 삼을 수는 없습니다. '선물 경제'는 우리 사회의 결속을 해치기 때문에, '교환 경제'를 따르는 '정의'라는 교정 수단이 필요합니다. 그러므로 '교환 경제'와 '선물의 논리' 사이에는 해소할 수 없는 긴장 관계가 성립합니다. 리쾨르는, 종말에 이르러서야 그런 긴장 관계가 해소될 것이라고 생각했습니다. 리쾨르에게서도 신학적 숙고를 가능케 하는 철학적 사고 과정을 확인할 수 있습니다.

리쾨르와는 다른 방식으로, 프랑스의 철학자 마리옹Jean-Luc Marion(1946년~)은 후설과 하이데거, 데리다의 사상을 독자적으로 계승한 가운데 '선물'의 현상학을 탐구했습니다. 그는, '실재'를 우리가 구성하는 것이 아니라, 우리에게 자신의 모습을 드러내고 자신을 선물하며 자신을 열어 보이는 것으로 이해하고자 했습니다. 그는 존재

를 "증여donation"로 해석했지요.[43]

'주는 행위'와 '선물하는 행위'는 변증법적 구조를 지녔습니다. '주는 사람'은 '주는 행위'를 통해 물건뿐만 아니라 자기 자신을 선물합니다. 따라서 '선물'은 '자기 증여'의 징표라 할 수 있습니다. '선물하는 사람'은 '주는 행위'를 통해 선물을 아주 내주었기 때문에, 선물은 이제 그의 것이 아니라 받은 사람 것이 됩니다. 따라서 '선물하는 사람'은 주는 행위를 통해 자기 자신과 구별됩니다. 다시 말해 그는 주는 행위를 통해 자신을 내주지만, 여전히 자신으로 남아 있습니다. 그러므로 자신의 모습을 드러내고 자신을 선물하는 모든 것은 드러난 모습보다 더 크다고 할 수 있습니다. 마리옹은 "눈에 보이는 것의 교차la croisée du visible"(사람들 사이에 선물하는 행위를 통해 '교차'가 일어난다고 본 것이다. — 역자 주)에 관해 말했습니다. 독일어로는, 본래의 뜻을 축소 왜곡하여 "눈에 보이는 것의 공개die Öffnung des Sichtbaren"라고 번역했습니다.[44]

요약하자면, 바로 앞서 얘기했던 현상학적 분석은 자기 자신 저편에 있는 존재를 암시하는 질문을 던지게 만듭니다. 예를 들어, 우리는 '울부짖음에 관해'(프랑스어 '드 프로푄디de profundis') 이야기할 수 있지요. '울부짖음'은 '사고思考'가 느끼는 당혹감을 드러내는 것으로, 본질적으로 '사고'가 제시하지 못하는 해결책을 달라는 외침입니다. '자비'는 '사고'의 결론으로 이끌어 낼 수 없는, 가능성이 열려 있는 사건이며, 또한 오로지 인간의 자유 의지에 의해 받아들여지거나 거부되는 사건입니다. '자비'가 더 이상 거론되지 않는다면, 우리는 순전히 생각으로만 '어떤 것의 부재不在'를 느끼게 됩니다. 그렇기에 우리는 최종적 사고 노력으로 '자비'에 관한 공준을 세울 수 있으며, 그를 통해 '자비는 인간이 마땅히 지켜야 할 핵심적인 도리'라는 그리스도교의 가르침이 현대인이 처한 상황에 대한 의미 있고 유익한 해결책임을, 아니면 적어도 논의할 만한 해결책임을 증명할 수 있습니다.

그런 시도들을 통해 철학은 신학의 문턱에까지 이르고, 신학이 이성적으로 복음을 전하도록 돕습니다. 그렇다고 철학과 신학의 관계를 단순한 '질의응답 관계'로 규정할 수 있는 것은 아닙니다. 물론 그런 모습이 간혹 보이기는 하지요. 철학은 신학을 비판하는 기능을 지녔으며, 거꾸로 계시는 사고思考를 비판하고 정화하는 기능을 지녔습니다. 그 밖에도 철학은 순수한 사고를 뛰어넘어 신앙의 차원까지 이르기도 합니다. 하지만 '순수 이성'은 '십자가'라는 말을 여전히 스캔들로 여기지요(1코린 1,23 참조).[45]

독일의 가톨릭 신학자 카를 라너Karl Rahner(1904~1984년)는 여전히 읽을 가치가 있는 자신의 초기 저서 《말씀의 청자聽者 Hörer des Wortes》에서 철학적 사고를 신앙의 문턱까지 진행했습니다.[46] 그의 이런 시도를 오늘날 다른 관점에서 새로운 방식으로 계승한 사람은 독일의 가톨릭 신학자 프뢰퍼Thomas Pröpper(1941~2015년)와 그의 제자들입니다. 라너와는 달리, 그들은 독일 철학자 피히테Johann Gottlieb Fichte (1762~1814년)의 자유 철학을 비판적으로 계승하고, 독일 철학자 크링스Hermann Krings(1913~2004년)의 자유 철학 해석을 통해 인간의 자유를 분석하는 관점에서 하느님에 관한 질문을 새롭게 제기했습니다.[47] 그들의 의견은 생각해 볼 만한 가치를 지녔지만, 이 자리에서 자세히 다루지는 않겠습니다. 그보다 다음 부분에서는, 그러한 종교 철학적 숙고들이 사변思辨에 머물지 않는다는 점을 명백히 제시하고자 합니다. 용서와 화해를 갈망하며 그를 통해 자비도 갈망하는 외침은, 수백, 수천 년의 오랜 종교 역사에 널리 존재해 온 인류의 보편적 현상이라 할 수 있습니다.

2. 종교사적 자취 찾기

오늘날 세계는 서로 가까워졌으며, 세상에는 그리스도교가 아닌 다른 종교를 믿는 사람들도 많습니다. 그런 상황 속에서 세상 사람들이 서로 이해하고 평화롭게 공존하기 위해서는 자신의 문화권 너머에 있는 종교들을 배우려는 노력이 필요합니다. 그런 노력을 통해 우리는, '동정'과 '자비'가 그리스도교 문화권에 한정된 것이 아니라, 인류의 보편적 현상이자 종교 본연의 현상임을 확인할 수 있습니다.

제2차 바티칸 공의회가 얘기한 것처럼, 모든 종교는 "옛날이나 오늘이나 인간의 마음을 번민하게 하는 인생의 풀리지 않는 물음에 대한 해답을" 주고자 합니다. 그 물음은, "인간이란 무엇인가? 인생의 의미와 목적은 무엇인가? 선은 무엇이고 죄는 무엇인가? 우리는 왜, 무엇 때문에 고통을 겪어야 하는가? 참행복의 길은 어디에 있는가? 죽음은 무엇이고, 죽은 뒤의 심판과 보상은 무엇인가? 끝으로, 우리 삶을 에워싸고 있는 형언할 수 없는 저 궁극의 신비는 무엇인가? 우리는 어디에서 와서 어디로 가는가?"[48]와 같은 것이지요. 모든 종교가 지닌 공통점에는 '동정'도 포함됩니다. 오랜 전통과 수많은 신자를 지닌 모든 종교들은 '동정'을 가장 큰 덕행 가운데 하나로 꼽습니다.

세계의 모든 보편 종교들을 개관하는 일은 이 책의 집필 의도에도 어긋나고, 저의 능력에도 부치는 일입니다. 그러므로 저는 몇몇 종교에 국한하고자 합니다.[49]

힌두교는 가장 오랜 전통을 지닌 종교 가운데 하나입니다.[50] 힌두교는 그리스도교와 이슬람교에 이어 세계에서 세 번째로 큰 종교입니다. 근본적으로 힌두교는, 외부에서 유입된 여러 유파와 서로 다른 신관神觀을 포괄하며 동일한 형식으로 된 신앙 고백이나 힌두교를 포괄하는 중앙 기구가 없습니다. 따라서 힌두교는 여러 학파와 견해들을 한꺼번에 가리키는 집합 개념이라고 할 수 있습니다. 그러므로 힌두교에서 '동정'을 뜻하는 개념인 '아힘사ahimsa'는 여러 의미로 해석됩니다. '아힘사'는 근본적으로 '해로운 것과 폭력 사용을 피함'을 뜻합니다. '아힘사'가 힌두교의 행동 강령으로 통용되기 시작한 것은 힌두교 경전인 베다가 확립된 시기(기원전 1100년경. — 역자 주)였습니다. 특히 인도의 민족 운동 지도자이자 정치가였던 간디Mahatma Gandhi(1869~1948년)는 '아힘사'란 이상을 '비폭력' 개념으로 새롭게 해석하고, 정치를 포함한 모든 생활 영역에 적용했습니다.

간디는 '비폭력 저항'이란 사상을 통해 서구 세계의 민권 운동에 커다란 영향을 끼쳤습니다. 또한 독일 출신의 프랑스 의사이자 개신교 신학자, 오르가니스트이자 철학자이며 평화주의자로 노벨 평화상을 수상한 슈바이처Albert Schweitzer(1875~1965년)도 '아힘사' 사상에서 영향을 받아 '생명에 대한 경외'라는 개념을 내놓았습니다. 그리고 서구의 종교 철학적 의미로 힌두교를 '인류 종교'로 이해한 '라다크리슈난 운동'(인도의 철학자이자 교육자, 대통령이었던 라다크리슈난Sarvepalli Radhakrishnan(1888~1975년)이 주창한 반제국주의 · 반식민주의 운동. — 역자 주)과, 아슈람 운동과 명상 수련법인 요가도 서구 영성에 영향을 끼쳤습니다. 그런 과정에서 힌두교 영성의 개별적 요소들이 서구적 맥락에 직접적이고 무비판적으로 도입되었습니다.[51]

불교에는 서구적 의미의 신神 개념이 없기 때문에, 불교를 종교로 봐야 할지 아니면 지혜에 관한 가르침으로 봐야 할지 논란이 많습니다.[52] 부처에 관한 설화에 따르면, 인간의 고통 체험은 부처의 득도 체험에 속합니다. 부처는 삶 자체가 고통이라고 생각했습니다. 그러므로 윤리적 행동과 선禪, 동정을 통한 고통 극복은 지혜에 관한 불교의 핵심 가르침입니다. 그 목적지를 향한 여정에 '자비'(산스크리트어 '메타metta')가 자리하고 있습니다. '자비'는 적극적이고 이타적인 사랑의 형태이며, 감정을 느끼는 모든 존재의 안녕을 위해 노력합니다. '자비'는 '동정'(산스크리트어 '카루나karuna'), 곧 '인간을 포함한 모든 생명체의 고통과 운명에 대한 공감'의 표현입니다. 그에 걸맞게 '자비'는 모든 것을 포용하는 사랑과 기꺼이 돕고자 하는 마음으로 세상의 모든 생명체와 현상을 대합니다.

'열반'이라는 깨달음과 직관의 경지를 향한 여정에서 관건은 결국, 모든 대립하는 의견들과 그로 인한 반목과 반감이 해소되는, 모든 존재가 하나 되는 체험입니다. 아미타 불교에서는 열반에 이르기 위해서 초월적 존재인 부처의 도움과 자비에 대한 신뢰가 절대적으로 필요하다고 말합니다.

불교는 19세기부터 서구에서도 큰 호응을 얻었는데, 독일의 철학자 쇼펜하우어는 "유럽의 첫 불자佛者"로 자처했습니다. 지난 세기에는 특히 티베트 불교의 수장인 달라이 라마Dalai Lama(1935년~)를 통해 서구에 불교가 널리 알려졌지요. 불교의 개별적 요소들은 종종 '뉴에이지New Age' 운동이나 밀교에서 보듯이 무비판적이고 천박한 형태로 서구의 맥락에 도입되었으며, 거꾸로 서구 사상이 불교에 전파되기도 했습니다. 일본의 불교 학자이자 사학자인 스즈키 다이세츠鈴木大拙(1870~1966년)를 포함한 교토학파는 신비주의 선상에서, 독일의 철학자이자 가톨릭 신학자인 마이스터 에크하르트Meister Eckhart(1260년경~1328년)의 '부정否定 신학'과 신비주의의 접목을 진지하게 시도했습니다.

오늘날 유럽에서는 이슬람교가 대두되고 있습니다.[53] 이슬람교는 근본적으로 힌두교나 불교와 다르다고 할 수 있습니다. 이슬람교는 구약 성경과 신약 성경에 뿌리를 두고 있으며, 유다교와 그리스도교처럼 아브라함에게서 내려오는 유일신 신앙을 지닌 종교이기 때문입니다. 그렇지만 그리스도교와의 근본적인 차이점도 간과해서는 안 됩니다. 이슬람교에서는 '삼위일체론'이나, '그리스도론' 곧 예수님이 하느님의 아들이시고 십자가 위에서 돌아가셨다는 사실을 인정하지 않습니다. 코란이 기록된 시기별로, 그리스도인들과의 관계에 대한 진술도 서로 다릅니다.

코란에 기록된 특이할 만한 사실은 코란의 114장 가운데 한 장만 빼고는 모두 "자비로우시고 자애로우신 하느님의 이름으로"라는 말로 시작한다는 것입니다. 이는 우리의 주제와 관련하여 매우 중요한 의미를 지닙니다. 하느님을 가리키는 99개의 이름 가운데 가장 많이 나오는 것은 "자비로우시고 자애로우신 분"이라는 호칭입니다. 이슬람 신자라면 누구나 수감자들과 과부들, 고아들에게 '동정심'(아랍어 '라마rahmah')을 가져야 하고, '자선 세금'(아랍어 '체카트zekat')를 내야 할 의무가 있습니다.

아랍의 이슬람교가 철학을 포함하여 수학·천문학·의학·문학에 이르기까지, 유럽 문화에 끼친 영향에 대해서는 이론의 여지가 없습니다. 수학의 십진법이나, 독일 시인 괴테(Johann Wolfgang von Goethe(1749~1832년)의 《서동시집West-Östlicher Diwan》을 대표적인 예로 들 수 있지요. 제2차 바티칸 공의회도 이슬람 신자들에게 경의를 표했습니다. 공의회는, 과거의 불화과 반목을 제쳐 두고 서로 이해하도록 노력하며, 사회 정의와 도덕 유산뿐만 아니라 모든 이의 평화와 자유를 수호하고 증진하는 일에 함께 진력해야 한다고 권고했습니다.[54] 이슬람교가 앞으로 유럽에 토착화할 수 있을지 여부는, 이슬람교가 종교의 자유나 여성의 평등권과 같은 인간의 기본권을 얼마나 수용할 수 있을지에 달려 있다고 하겠습니다.

위의 내용을 요약하면, 다음과 같이 말할 수 있습니다. 종교들 사이에는 근본적인 차이점뿐만 아니라, 서로 이해할 수 있는 공통점도 존재합니다. 그런 공통점은 세계화가 진행되는 세상에서 종교들이 공존하고 협력하는 데 도움을 줍니다. 종교들 간에 평화가 없다면, 세계 평화도 이룰 수 없습니다.[55] 제2차 바티칸 공의회는, "가톨릭교회는 이들 종교에서 발견되는 참되고 거룩한 것은 아무것도 배척하지 않는다."라고 말하며, 그 종교들 안에 "모든 사람을 비추는 참진리의 빛을 반영하는 일도 드물지는 않다."라고 인정했습니다.[56] 그럼에도 공의회는, "세상과 민족들의 빛은 예수 그리스도"(요한 8,12 참조)라는 점을 분명하게 언급합니다. 말할 것도 없이 공의회는, 자신이 진리로 여기고 가르치는 내용과 다른 차이점들을 잘 알고 있었습니다.

종교들 간에 서로를 이해할 수 있게 만드는 공통점이 있다고 해서, 모든 종교가 '동정' 문제를 포함한 본질적인 문제들에 대해 같은 의견을 보이며, 모든 종교의 본질적인 핵심은 같지만 단지 그 핵심을 역사적·문화적·사회적으로 표현하는 형식만 다를 뿐이라고 단정 지을 수는 없습니다. 종교의 본질적 핵심을 끄집어내어 추상화하려는 시도는 서구의 계몽사상에서 나온 것이지, 각 종교의 고유한 자기 이해에서 나온 것은 아닙니다. 각 종교의 대표적 인물들은, 계몽된 사람들이 부수적인 것으로 여기는 사항들을 대부분 거룩하게 여깁니다. 그러므로 종교들 간의 상호 이해와 협력은 차이를 없애는 획일화가 아니라, 다른 종교의 상이함에 대한 존중으로 귀결되어야 합니다. 오로지 그러한 적극적인 관용만이 종교들 간의 평화적인 공존과 유익한 협력을 위한 토대가 될 수 있습니다.[57] 그러한 관용을 어떻게 지닐 수 있는지, '황금률'이라는 구체적 사례를 통해 방법을 제시하고자 합니다.

3. 공동 기준점인 황금률

힌두교와 불교, 이슬람교에 관한 설명을 통해 우리는, 종교들 사이에 근본적인 차이점뿐만 아니라 공통점도 존재한다는 사실을 확인했습니다. 그런 공통점들 가운데에는, 우리가 다루는 '자비'라는 주제와 관련하여 중대한 의미를 지닌 '황금률'도 있습니다.[58] '황금률'은, "누구도 당하지 않았으면 좋겠다고 바라는 일은 남에게도 행하지 마라."라는 내용을 담고 있습니다. 통속적인 표현으로는, "네가 싫어하는 일은 아무에게도 하지 마라."라고 할 수 있지요. '황금률'은 다음과 같이 긍정적 형태로도 표현할 수 있습니다. "특정 상황에서 남이 너에게 해 주기를 바라는 그대로 너도 남에게 해 주어라."

'황금률'은 모든 보편 종교에서 볼 수 있습니다. 예를 들면, 유다교 (토빗 4,15; 집회 31,15 참조)[59]와 신약 성경의 '산상 설교'(마태 7,12; 루카 6,31 참조)[60]에서 확인할 수 있지요. '황금률'이 구약 성경에서는 부정적 형태로만 기술되는 반면, 신약 성경에서는 긍정적 형태로만 기술되는 사실을 두고 간혹 토론이 벌어지기도 했습니다. 그러나 그런 토론은 별다른 성과와 진전을 보지 못했습니다. 표현 방식에서 드러난 구약 성경과 신약 성경의 근본적 차이는 별 다른 의미를 지니지 않습니다.

아우구스티노 성인은, 하느님이 인간의 마음속에 '황금률'을 써 넣으셨다고 생각했습니다.[61] 중세뿐만 아니라 근대 계몽주의 시대 사람들도 로마 제국의 그라티아누스Flavius Gratianus(359~383년) 황제의 사상을 계승하여, '황금률'을 자연법의 진수로 여겼지요. 특히 1993년 미국 시카고에서 있었던 세계 종교 회의의 〈세계 윤리 선언〉 이후 '황금률'은 오늘날 종교들 간 대화의 초석으로 여겨지고 있습니다.[62] '황금률'은 인류의 전통이자 문화유산입니다. 다시 말해, 동정과 공감, 상호 협력과 자비는 인류가 지닌 지혜라 할 수 있습니다. 유감스럽게도, 예나 지금이나 종교들 간에는 유혈 분쟁이 벌어지기도 합니다. 종교들의 구체적 모습 속에서 상반된 가치들뿐만 아니라, 종교들 간의 모순점도 확인할 수 있습니다. 그러나 무엇보다 '황금률'에서 종교들은 공통점을 보입니다. 인류의 보편 종교들이 광신으로 변질되지 않고 본연의 믿음에 충실할 경우, 폭력을 예찬하거나 무자비한 자기 관철을 강력히 지지할 수 없다는 사실도 그런 공통점에 속하지요. 그러므로 모든 종교의 근본적 신념에 비춰 볼 때, 종교의 폭력 행사는 자기 종교를 오해하거나 악용하거나 왜곡하는 행위라 할 수 있습니다.[63]

'황금률'에 대한 비판적인 추가 질문들이 존재한다는 점도 간과해서는 안 됩니다. 아우구스티노 성인은, 자기 자신과 남이 모두 악이 아닌 선을 바라야 한다는 것이 '황금률'의 전제 조건임을 주지시켰습니다.[64] 칸트는 '황금률'이 그렇게 행동해야 할 근거도 제시하지 않고 내용도 모호하기 때문에 진부하다고 했습니다. 그는 "황금률을 근거로 범죄자는 자신을 벌주는 재판관에게 대들 것입니다."[65]라고 비꼬듯 말했지요. 아일랜드의 극작가이자 비평가인 버나드 쇼George Bernard Shaw(1856~1950년)는, "남이 당신에게 해 주기를 바라는 그대로 남에게 해 주지 마십시오. 그의 취향은 당신과 다를 수 있으니까요."라고 빈정거렸습니다. 그러므로 '황금률'은 각 종교의 전체적인 맥락에 맞게 명확하게 규명하고 해석해야 할 필요가 있습니다.

전체적인 맥락은 종교마다 다르며, 오로지 추상화를 통해서만 이를 파악할 수 있습니다. 전체적인 맥락의 파악은 서구의 계몽주의적 사고, 곧 본질과 시대별 · 문화별 형상의 구별을 토대로 합니다. 하지만 계몽주의적 사상가가 비본질적이고 부수적인 형상으로 여기는 것을, 계몽주의적 사고를 공유하지 않거나 심지어 그런 사고를 배척하는 종교인은 종종 본질적이며 거룩한 것으로 생각하기도 합니다. 따라서 '공통 윤리'에 관한 구상은 최소의 공통분모를 토대로 하며, 좋은 의도를 지녔지만 인위적인 것이라 할 수 있습니다. 그런 까닭에 그런 구상은 종교의 구체적 실생활을 종종 비켜 갑니다.

그러므로 우리는, 예수님이 '황금률'을 어떤 방식으로 인용하셨는지 자세히 살펴볼 필요가 있습니다. 예수님은 '산상 설교' 중에 '황금률'을 말씀하셨고, 따라서 '황금률'은 원수를 사랑하는 것까지 포괄하는 '사랑의 계명'이란 맥락 속에 자리하고 있습니다. '황금률'은 그런 전체적인 맥락에 근거를 두고 있으며, 그런 맥락에서 의미가 해석됩니다. 오로지 이러한 근거와 해석을 통해 교부들은 '황금률'을 '모든 율법의 총체요, 완성'으로 이해했습니다.[66]

그리스도교의 윤리는 그처럼 일반적인 종교 전통과 연결될 수 있습니다. 그리스도교 윤리는 그리스도교 신자들만을 위한 특수 도덕이 아니라, 누구나 이해하고 공유할 수 있는 방식으로 서술됩니다. 그것을 통해 그리스도교 윤리는 종교들 간의 대화에도 일조합니다. 그럼에도 그리스도교 윤리는 인간 중심의 인도주의로 전락하지는 않습니다. 그리스도교는 '사랑의 계명'을 통해 막연한 내용을 지닌

'황금률'을 해석하고 명확하게 규명합니다. 토마스 아퀴나스 성인은 복음을 통해 자연 도덕을 규명할 수 있다고 말했습니다.[67] 그것을 통해 그는 그리스도교 윤리를 누구나 이해할 수 있는 인류 도덕에 접목하여 공유할 수 있게 했습니다. 그럼에도 그는 그리스도교 윤리를 최소 공통분모를 토대로 하는 일반 도덕으로 전락시키지는 않았지요. 성인의 '규명 원칙'은, 여러 면에서 막연하고 상이한 방식으로 해석 가능한 자연 도덕을 복음을 통해 구체적으로 명확히 규명하는 것이었습니다.[68]

'동정'과 '자비'가 인간의 보편적 덕행이라는 사실은 다른 문화나 종교와 대화하고, 세상에서 타협과 평화를 위해 그들과 서로 협력하도록 우리를 고무합니다. 거꾸로, 인류 공통의 그 전통은 분명히 우리에게 생각거리를 제공합니다. 동정과 자비, 서로에 대한 지원과 용서가 사라지고, 이기주의와 이웃에 대한 무관심이 판치며, 인간관계가 경제적 교환 과정에 국한된 문화와 사회에서는 인간성이 위험에 처해 있다는 사실을, 그 전통은 우리에게 깨우쳐 주기 때문입니다. 서구 사회가 처한 거부할 수 없는 위험에 대처하기 위해, 우리는 다른 종교들에서 힌트를 얻을 수 있습니다. 그러나 그보다 더 중요한 일은, 그리스도교의 '자비' 전통이 지닌 결코 고갈되지 않는 잠재력을 기억하는 것입니다. 그 잠재력은 이제까지 서구 문화뿐만 아니라 인류 문화에도 결정적인 영향을 끼쳤습니다. 그 잠재력을 기억하는 일이 오늘날 절실히 요구됩니다. 오늘날 '자비'보다 중요한 주제는 없습니다.

제3장
구약 성경이 전하는 하느님의 자비

1. 성경의 언어

성경에서 '자비'에 관해 전하는 내용은 인류의 전통을 계승한 것이기도 합니다. 그러나 성경과 그리스도교가 그저 평이하게, 인간의 동정심을 철학적으로 분석한 내용과, 종교학자들이 여러 종교에서 인류의 공동 유산으로 추출해 낸 결론을 되풀이하고 있다고 생각한다면, 그것은 오산입니다. "그리스도교가 민중을 위한 플라톤주의와 같다."[1]는 니체의 말은 잘못된 것이지요. 그리스도교는 인류의 전통에서 많은 것을 그저 받아들이기만 한 것이 아니라, 그것들을 비판하고 명확히 규명하며 심화했습니다. 그 점은, 성경이 '동정'뿐만 아니라 '자비'에 관해서도 이야기한다는 점에서 명백히 드러납니다. '자비'라는 개념은 모든 보편 종교들과 철학의 접점에서 독특한 의미를 지니는데, 이제부터 그에 관해 살펴보겠습니다.

구약 성경에 나오는 하느님은 복수하고 분노하는 하느님이고, 신약 성경에 나오는 하느님은 너그럽고 자비로운 하느님이란 생각이 널리 퍼져 있습니다. 실제로 그런 생각을 뒷받침하는 문구들이 구약 성경에 나오기도 합니다. 하느님의 명령에 따라, 다른 신을 믿고 섬기는 사람들을 온 나라와 백성들로부터 쫓아내고 죽이는 이야기(신명 7,21-24; 9,3; 여호 6,21; 8,1-29; 1사무 15장 참조)와 저주 시편(특히 시편 58편; 83편; 109편)[2]을 그 예로 들 수 있습니다. 그렇지만 그러한 생각은 구약 성경에 드러난 하느님에 관한 생각의 점진적이고 비판적인 변화 과정이나, 구약 성경에서 신약 성경에 이르는 내적인 발전 과정과도 맞지 않습니다. 구약 성경과 신약 성경이 증언하는 하느님은 결국 같은 분이시기 때문입니다.

그 점은 구약 성경과 신약 성경의 언어 습관을 개괄적으로만 살펴봐도 알 수 있습니다. 구약 성경에서 눈여겨볼 만한 점은 '동정'이나 '자비'를 뜻하는 '라하밈רחמים'이란 단어가 사용되었다는 것입니다. 이 단어는 '자궁'을 뜻하는 '레헴רחם'이라는 명사에서 파생되었는데,

'레헴'은 인간의 오장육부를 의미하기도 합니다. 오장육부는 구약 성경과 신약 성경 모두에서 감정을 느끼는 기관으로 여겨지고 있지요. '오장육부'를 뜻하는 그리스어 명사 '스플랑크니σπλάγχνα'는 신약 성경에서 '마음에서 우러난 자비'를 의미합니다.³ 또한 신약 성경에는 '연민·비통한 마음·동정·호의'를 뜻하는 그리스어 명사 '오이크티르모스οἰκτιρμός'도 나옵니다.⁴ 신약 성경에 나오는 또 다른 주요 단어인 '엘레오스ἔλεος'는 본래 '걷잡을 수 없는 연민'을 의미하지만, 히브리어에서 '자비'를 뜻하는 단어인 '헤세드חֶסֶד'나 '헨חֵן'을 번역하는 말로도 종종 사용됩니다.

또한 하느님의 '자비'와 '정의'가 어떤 관계에 있는지도 살펴봐야 합니다. 그를 통해 우리는, 구약 성경에서 그 두 개념이 단순한 병행 관계나 심지어 대립 관계에 있는 것이 아니라, 하느님의 자비는 그분의 정의를 실현하는 데 기여한다는 것을, 다시 말해 그분의 자비는 그분만이 지니신 고유한 정의임을 확인할 수 있습니다. 그러나 그에 앞서 주목해야 할 사항이 있습니다. '자비'의 개념을 제대로 이해하려면, 성경에 나오는 '심장'(히브리어 '레브לֵב' 또는 '레바브לֵבָב'; 그리스어 '카르디아καρδία')이란 단어도 함께 살펴봐야 합니다.

성경에 나오는 '심장'은 인간 생명에 필수적인 기관만을 의미하는 것이 아닙니다. 인간학의 관점에서 볼 때 '심장'은 인간의 중심이며,

감정을 느끼고 판단을 내리는 기관입니다. 성경에서는 인간의 감정을 정당한 것으로 여깁니다. 그리고 인간과 같은 하느님의 감정을 전의적轉義的(본래의 뜻에서 다른 뜻으로 바뀌는) 의미에서 개연성 있고 정당한 것으로 여깁니다. 구약 성경에 나오는 '탄원 시편'과 '예레미야 예언자의 애가哀歌', '아들 압살롬의 죽음에 대한 다윗 임금의 탄식'(2사무 19장 참조)을 그 예로 들 수 있지요. 신약 성경을 보면, 예수님은 반대자들의 완고한 마음에 분노와 슬픔을 느끼셨고(마르 3,5 참조), 군중을 가엾게 여기셨으며(마르 6,34 참조), 외아들을 잃고 슬퍼하는 나인 고을의 과부에게 연민을 느끼셨습니다(루카 7,13 참조). 또 친구 라자로의 죽음에도 걷잡을 수 없는 슬픔을 느끼셨습니다(요한 11,38 참조). 이처럼 성경에서는 '동정'을 나약함이나, 영웅에게 어울리지 않는 남자답지 못한 허약함으로 여기지 않습니다. 그뿐만 아니라 성경에서는 당혹감 · 동정 · 기쁨 · 슬픔과 같은 인간의 감정을 당연시합니다. 성경에서는 하느님 앞에서 탄식하고 우는 인간의 모습이 자주 언급됩니다.

한 걸음 더 나아가 성경에는 '하느님의 마음'에 관한 신학적인 이야기도 나옵니다. 하느님이 마음에 드는 사람을 뽑으시고(1사무 13,14; 예레 3,15; 사도 13,22 참조), 인간을 만든 것을 후회하고 인간의 죄를 슬퍼하는 마음을 지니셨으며(창세 6,6 참조), 당신 백성을 온전한 마음으로 돌보신다는(시편 78,72 참조) 것을 예로 들 수 있지요.[5] 그런 이야기는 호세아 예언자에게서 절정에 이릅니다. 그는, 하느님의 마음이 미어지고 연민이 북받쳐 오른다고(호세 11,8 참조), 더할 나위 없이 극적인 방식으로 묘사했습니다. 하느님은 이처럼 인간을 향한 열정적인 사랑으로 충만한 분이십니다.[6]

'자비'를 이해하는 데 가장 중요한 히브리어 단어는 '헤세드חסד'로, 이는 '거저 베푸는 호의와 친절'을 뜻하며, 더 나아가 '하느님의 은총과 자비'를 의미하기도 합니다.[7] 이처럼 '헤세드'는 곤경 중에 있는 사람에 대한 단순한 동정이나 슬픔을 뛰어넘는 것으로, '인간을 향한 하느님의 자유롭고 너그러운 사랑'을 의미합니다. 그것은 개별 행위뿐만 아니라 지속적인 태도를 가리키는 '관계 개념'이라 할 수 있습니다.[8] 하느님과 관련하여 '헤세드'는 모든 상호 신뢰 관계를 넘어서며 예기치 않게 거저 주어지는, 하느님 은총의 선물을 의미하는데, 그 선물은 인간의 모든 기대와 범주를 뛰어넘는 것입니다. 전능하시고 거룩하신 하느님은 자신들의 죄로 말미암은 인간의 곤경을 당신 것으로 받아들이십니다. 그리고 가난하고 불쌍한 인간의 고통을 굽어보시며, 인간의 탄식을 들으시고, 인간에게 몸을 기울여 인간을 편드시며, 곤경 중에 있는 인간에게 내려오시어 그들의 모든 불성실에도 불구하고 새롭게 받아들여 주시며, 인간이 벌 받아 마땅한 짓을 저질렀음에도 그를 용서하시고 그에게 새로운 기회를 허락하십니다. 이 모든 것은 인간의 통상적인 경험과 기대, 인간의 상상과 생각을 뛰어넘는다고 할 수 있습니다. 결국 '하느님의 자비'에 관한 성경의 기록에서는, 본래 인간의 생각에는 감춰져 있어 그분의 계시를 통해서만 알 수 있었던 하느님의 신비가 드러납니다.

2. 혼돈과, 죄로 인한 재앙에 대한 하느님의 대응

성경의 기록에서 '하느님의 자비'가 뜻하는 바를, 오로지 성경의 언어 습관에서만 파악할 수 있는 것은 아닙니다. '하느님의 자비'가 지닌 의미는 오히려, 성경이 전하는 구세사의 전체 맥락에서만 제대로 파악할 수 있습니다. 성경의 구세사는 '창조 이야기'에서 시작됩니다. 하느님은 창조하신 모든 것을 보시고 참 좋게 여기셨습니다(창세 1,4.10.12.18.21.25.31 참조). 하느님은 당신 모상에 따라 인간을 창조하시고, 남자와 여자로 만드셨으며, 자식을 많이 낳아 번성하여 땅을 가득 채우라고 축복하셨습니다. 또한 피조물을 돌보고 자라게 할 임무를 인간에게 맡기셨습니다(창세 1,27-30; 2,15 참조). 하느님이 손수 만드신 모든 것은 참 좋았습니다.

그런데 곧 재앙이 일어났습니다. 인간은 하느님과 같아지려고 했고, 선과 악을 독단적으로 판단하려 했습니다(창세 3,5 참조). 인간과 하느님의 관계가 멀어지자, 인간과 자연의 관계, 인간 상호 간의 관계도 멀어졌습니다. 땅에는 가시덤불과 엉겅퀴가 돋아나, 남자는 온몸이 땀에 흠뻑 젖도록 애써 땅을 일궈야 했습니다. 여자는 자식을 낳을 때 고통을 겪게 되었고, 남자와 여자의 관계는 서먹해졌습니다(창세 3,16-19 참조). 카인이 자기 동생 아벨을 죽인 형제 살인도 일어났습니다(창세 4장 참조). 악은 눈덩이처럼 불어났고, 인간의 마음속 생각과 뜻은 점점 악으로 기울었습니다(창세 6,5 참조).

그럼에도 하느님은 세상과 인간이 재앙과 고통에 떨어지게 놔두지 않으셨습니다. 그분은 처음부터 대책을 세우셨고, 밀려드는 혼돈과 재앙에 늘 새롭게 대처하셨습니다. 창세기의 첫 부분들에는 '자비'라는 단어가 나오지 않지만, 내용적으로는 창세기의 첫 부분부터 '하느님의 자비'가 거론되고 있습니다. 하느님은 에덴 동산에서 남자와 여자를 쫓아내실 때 그들에게 가죽옷을 입혀 주시어 자연의 위험에서 지켜 주셨고, 서로 치부를 가려 그들이 존엄성을 지킬 수 있게 해 주셨습니다(창세 3,21 참조). 하느님은 카인을 죽이는 자는 누구나 앙갚음을 받을 것이라고 말씀하셨고, 카인의 이마에 표를 찍어 주셔서 그가 살해되지 않도록 보호해 주셨습니다(창세 4,15 참조). 하느님은 대홍수 후에 노아와 새로운 계약을 맺으시고, 우주의 존속과 질서를 보장하시며, 인간을 새롭게 축복하시어 당신의 모상인 인간의 생명을 당신의 특별한 보호 아래 두겠다고 하셨습니다(창세 8,21-22; 9,1.8-17 참조).

그러나 그것만으로는 충분하지 않았습니다. 인간의 오만은 끝을 몰랐습니다. 사람들은 첨탑이 하늘에 이를 때까지 바벨탑을 쌓으려 했습니다. 그런 오만은 언어 혼란을 가져왔고, 사람들은 서로의 말을 이해하지 못하게 되어, 결국 온 땅으로 뿔뿔이 흩어졌습니다(창세 11장 참조). 그러나 하느님은 여러 부족들과 민족들로 나뉘어 서로 멀어지고 적대 관계에 빠질 운명에 처한 인류를 그대로 두지 않으셨습니다. 하느님은 그런 혼돈과 재앙에 대응하셨습니다. 그분은 아브라함을 부르시고, 그에게 새로운 약속을 하셨습니다(창세 12,1-3 참조). 인류를 위한 하느님의 본격적인 구원 역사는 아브라함과 함께 시작되었고, 하느님은 세상의 모든 민족들이 그를 통해 복을 받게 될 것이라 약속하셨습니다(창세 12,3 참조).[9] 성경이 말하는 '축복'은 '안녕 · 평화 · 풍족한 삶 · 하느님의 총애를 받는 삶'과 같은 근본적이고 포괄적인 것을 가리킵니다.[10] 인류의 역사는 이처럼 아브라함과 함께 '축복의 역사' 곧 '구원의 역사'로 새롭게 시작되었습니다. 실제로 아브라함에 관한 이야기 속에서 '하느님의 자애와 신의'에 대한 개별적인 언급을 확인할 수 있습니다(창세 24,12.14.27 참조).

이와 같이 하느님은 태초부터 피조물에 닥친 재앙에 대처하셨습니다.¹¹ 하느님의 자비는 태초부터 효력을 발휘했습니다. 하느님의 자비는 세상에 만연한 악에 반대하는 그분의 방식이었습니다. 하느님은 강제적이고 폭력적인 방식으로 악에 반대하거나 개입하지 않으셨습니다. 하느님은 당신의 자비 안에서 인간에게 삶과 축복의 가능성을 늘 새롭게 열어 주셨습니다.

3. 하느님 이름의 계시는 그분의 자비를 드러낸 사건

구약 성경에서 '하느님의 자비'에 관한 명시적인 언급은 이스라엘 백성이 이집트에서 탈출한 사건과 관련하여 나타납니다. 이는 하느님이 호렙 산과 시나이 산에서 근본적인 자기 계시를 하신 것과 연관이 있습니다. 그 사건은 이스라엘 백성이 고통스럽고 절망적인 상황 속에 있을 때 일어났습니다. 이스라엘 백성은 이집트에서 노예의 신분으로 강제 노역에 시달렸고, 모세는 자신의 목숨을 노리는 파라오를 피해 도망쳐야 했습니다. 하느님은 호렙 산의 떨기나무 한가운데로부터 솟아오르는 불꽃 속에서 모세에게 자신을 "아브라함과 이사악과 야곱의 하느님"으로 계시하셨습니다. 다시 말해, 호렙 산에서의 계시는 아브라함에게서 시작된 하느님의 구원 역사와 연결되었습니다. 두 사건에서 하느님은 자신을 '불러내고, 이끌어 내는 하느님'으로 계시하셨습니다. 하느님은 '인간의 역사와 함께하는 하느님'이십니다. 그런데 하느님의 구원 역사가 아브라함 시대에는 전 인류와 모든 민족에게 열려 있던 반면, 호렙 산의 계시에서는 하느님의 백성 이스라엘에게 국한되었습니다.

하느님은 당신 백성의 고통을 보시고, 당신 백성의 울부짖음을 들으셨습니다. "나는 이집트에 있는 내 백성이 겪는 고난을 똑똑히 보았고, 작업 감독들 때문에 울부짖는 그들의 소리를 들었다. 정녕 나는 그들의 고통을 알고 있다. 그래서 내가 그들을 이집트인들의 손에서 구해 내려고 …… 내려왔다."(탈출 3,7-8) 하느님은 생명이 없고, 침묵하는 신이 아니라, 고통받는 인간을 돌보고 말과 행동을 통해 고통에 개입할 뿐만 아니라 고통에서 인간을 해방하고 구원하는 살아 있는 신입니다. 그래서 "너를 이집트 땅에서 이끌어 낸 주"라는 하느님의 자기 계시 양식은 구약 성경의 근본적인 신앙 고백 양식이 되었습니다(탈출 20,2; 신명 5,6; 시편 81,11; 114,1 등 참조).

'당신 백성의 편을 들기 위해 내려오시는 하느님'이라는 하느님의 자기 계시는 그분의 친숙함을 드러내는 것과는 아무런 관련이 없습니다. 하느님의 그런 자기 계시는 오히려 그분의 거룩함, 모든 피조물을 뛰어넘는 그분의 고귀함과 그분의 경이로움, 절대성을 드러내는 것입니다. 모세는 떨기나무가 불에 타는데도 떨기는 타서 없어지지 않는 것을 보았습니다. 그는 두려워 얼굴을 가렸습니다. 그는 떨기나무에 다가가서는 안 되었고, 그가 서 있던 곳은 거룩한 땅이라 신발을 벗어야 했습니다. 모세가 하느님께 이름을 여쭙자, 그분에게서 신비스러운 대답이 돌아왔습니다. "나는 있는 나다."(탈출 3,14)

이른바 '테트라그람Tetragram'이라고 불리는 히브리어의 '네 자음 문자'로 된 하느님의 이름 'יהוה(JHWH)'을 두고 그 유래와 발음, 의미에 관해 많은 논란이 있었습니다.[12] 오스트리아의 종교 철학자 부버와 독일의 철학자이자 역사 학자인 로젠츠바이크Franz Rosenzweig(1886~1929년)는 '테트라그람'을 "나는 있게 될 나로 있게 될 것이다."라고 번역했습니다.[13] 그를 통해, 하느님의 이름은 신비스러운 것으로 누구도 해독하거나 입에 올릴 수 없음을 말하고자 한 것입니다. 유다인들은 네 자음 문자로 된 하느님의 이름은 매우 신성하기 때문에 감히 사람의 입에 올릴 수 없다고 생각했습니다. 그러한 유다인들의 감수성을 존중하는 표시로, 교황청 경신성사성은 2008년 교회 전례에서 하느님의 이름을 번역하여 사용하는 것을 금지했습니다. 당신의 이름을 알려 주심으로써 하느님은 당신의 절대적인 초월성을 드러내셨고, 다른 한편으로는 당신 백성에 대한 특별한 애정과 당신 백성의 역사에 함께하시겠다는 약속을 드러내셨습니다. 하느님은 미리 확정될 수 없는 역사의 길이자 인도자로 당신을 계시하셨습니다. 그분은 근원을 알 수 없고 독립적이며 늘 예기치 못한 방식으로 역사 안에 현존하실 것이며, 언제나 당신 백성의 미래가 되실 것입니다. 그분은 장소에 국한되지 않고, 당신 백성이 가는 곳이면 어디에서든 당신의 권능을 펼치실 것입니다. 예언자들에 의해 명시적으로 선언되었던 하느님의 보편성은 그분이 자기 계시를 할 때 그처럼 이미 확립되어 있었습니다.

기원전 200년경 히브리어 구약 성경을 그리스어로 번역한 《칠십인역》은 '테트라그람'을 고대 그리스 철학의 개념으로 해석하여, "나는 '존재하는 자다'Ἐγώ εἰμι ὁ ὤν.'"로 번역했습니다. 그런 해석은 이후 수백 년 동안 신학적 사고에 큰 영향을 끼칠 만큼 결정적인 것이었습니다. 그런 해석을 토대로 사람들은 가장 고귀한 사유思惟 대상인 '존재'와 가장 고귀한 신앙 대상인 '하느님'이 일치한다고 확신했습니다. 그런 확신 속에서 사람들은 신앙과 이성적 사고가 서로 대립하지 않고 상응한다는 점을 확인했습니다. 그런 견해는 헬레니즘 시대의 저명한 유다 철학자이자 신학자였던 알렉산드리아의 필로(라틴어 Philo Alexandrinus, 그리스어 Φίλων, BC 15/10년경~40년)에게서 이미 나왔습니다. 그러나 초대 그리스도교의 신학자이자 교부였던 테르툴리아누스Quintus Septimius Florens Tertullianus(160년경~220년경)는 "예루살렘이 아테네와 무슨 관계가 있단 말인가?"라고 물었습니다.[14] 특히 프랑스의 수학자이자 철학자인 파스칼Blaise Pascal(1623~1662년)은 1654년 신비스러운 체험을 한 후 자신의 유명한 책《회상록Mémorial》에서 철학자들의 하느님과, 아브라함과 이사악과 야곱의 하느님 사이에 존재하는 차이점을 분명하게 제시했습니다.[15]

오늘날 성서학자들은 '존재'에 대한 유다인들과 그리스인들의 이해가 다르다는 점을 지적합니다. 유다인들은, '존재'가 정적靜的이 아닌 동적動的인 특성을 지닌다고 생각했습니다. 히브리적 사고에서 '존재'는 구체적인 활동을 하는 실존을 의미합니다. 따라서 하느님이 "나는 '여기 있는 나'다."(탈출 3,14 참조)(우리말《성경》에서는 "나는 있는 나다." 라고 번역했다. ― 역자 주)라고 당신의 이름을 알려 주신 것은 곧 그분의 약속을 의미합니다. "나는, 너희가 곤경 중에 있을 때나 너희의 길을 걸을 때 너희 곁에서 너희와 함께하겠다. 나는 너희의 울부짖음을 듣고, 너희의 탄원을 들어줄 것이다."라는 말씀입니다. 그에 걸맞게, 하느님의 이름 공개는 하느님이 선조들과 맺은 계약의 확인과, "나는 너희를 내 백성으로 삼고, 너희 하느님이 되어 주겠다."(탈출 6,7)라는 전형적인 계약 양식과 직접적으로 연결됩니다. 이처럼 하느님은 당신의 이름을 공개함으로써 자신의 속 깊은 생각을 보여 주십니다. 곧 하느님의 존재는 당신 백성을 위한, 당신 백성과 함께하는 현존이라는 것입니다. "하느님이 당신 백성을 위해 존재하신다는 것은 하느님의 본질에 속한 경이로운 신비입니다. 이스라엘 백성은 신앙 안에서 그 점을 전적으로 신뢰할 수 있었습니다."[16]

호렙 산의 계시에서 '자비'라는 단어는 아직 나오지 않지만, 자신의 이름을 알려 주신 일에서 사실상 '하느님의 자비'가 드러납니다. '하느님의 자비'는 시나이 산의 계시에서 더욱 분명해졌습니다. 성경에는 시나이 산의 계시가 매우 극적으로 묘사되어 있습니다. 하느님은 당신 백성 이스라엘을 이집트의 종살이에서 구해 내시고, 그들과 계약을 맺은 징표로 석판 두 개에 십계명을 새겨 주셨습니다(탈출 20,1-21; 신명 5,6-22 참조). 그런데 계약은 체결되자마자 곧 깨져 버렸는데, 하느님에게 선택을 받았던 이스라엘 백성이 금세 불성실한 마음을 품고 하느님을 배반했기 때문입니다. 그들은 이방인의 신들을 섬기고 금송아지 주위를 돌며 춤췄습니다. 이스라엘 백성의 완고함에 하느님의 분노가 타올랐고, 모세는 계약이 파기되었다는 징표로 계약판을 산기슭에 내던져 깨뜨렸습니다(탈출 32장 참조). 하느님과 이스라엘 백성의 특별한 관계는 시작되자마자 모두 수포로 돌아간 듯했습니다.

그러나 모세는 하느님 앞에서 그분이 하셨던 약속을 언급하며 자기 백성을 변호하였습니다. 모세는 "저에게 당신의 존엄하신 얼굴을 보여 주십시오."라며, 하느님께 자비와 동정을 청했습니다. 그러자 하느님은 두 번째로 자신의 이름을 공개하셨습니다. 하느님은 모세 앞에서 '야훼'라는 이름을 선포하겠다고 예고하시며, "나는 내가 자비(히브리어 '헨ןחֵ')를 베풀려는 이에게 자비를 베풀고, 동정(히브리어 '라하밈רַחֲמִים')을 베풀려는 이에게 동정을 베푼다."(탈출 33,19)라고 말씀하셨습니다. 하느님이 여기서 말씀하시는 '동정'은 격의 없는 친밀감의 표현이라기보다는, 그분의 절대적인 주권과 고유한 자유를 드러낸 것으로 이해할 수 있습니다. 하느님은 수준의 차이를 없애는 '정의'라는 틀에 끼워 맞출 수 있는 존재가 아니며, 그분의 자비는 그분의 본성과 모세에게 계시하신 그분의 이름에 따른 것입니다.[17] 곧이어 하느님은 모세에게 석판 두 개를 새로 깎으라고 명령하셨습니다. 당신 백성의 불성실과 완고함에도 불구하고, 하느님은 그들을 공허와 불행에 빠지게 놔두지 않으셨습니다. 그분은 이스라엘 백성과 새롭게 계약을 맺으시고, 그를 통해 그들에게 다시 한 번 기회를 주셨습니다. 하느님은 전적으로 자유롭고 자비로운 마음에서 그렇게 하셨습니다.

이튿날 아침, 하느님은 세 번째로 당신의 이름을 선포하셨습니다. 그분은 당신의 신비스러운 현존을 드러내는 표지인 구름에 휩싸여 모세에게 내려오셔서, "야훼(우리말 《성경》에서는 '주님, 주님'으로 번역했다. ─ 역자 주)는 자비하고(히브리어 '라훔רַחוּם'), 너그러우며(히브리어 '하눈ן'), 분노에 더디고, 자애(히브리어 '헤세드 חֶסֶד)와 진실(히브리어 '에메트 אֱמֶת)이 충만한 하느님이다."(탈출 34,6 참조)라고 선포하셨습니다. 세 번째 이름 계시에서 우리는, 하느님의 '자비'가 그분의 절대성과 자유뿐만 아니라, 그분의 진실을 드러낸다는 사실을 알 수 있습니다. 당신 백성이 불성실함에도 불구하고, 하느님은 자비를 베푸는 데 있어 당신 자신과 당신 백성에게 성실하십니다. 또한 우리는 여기에서 하느님의 본성에 관한 이스라엘 백성의 핵심 진술을 확인할 수 있습니다.[18] 하느님 이름의 세 번째 계시 양식은 구약 성경, 특히 시편에서 공식처럼 계속 반복되기 때문입니다.[19] 말하자면, 그 계시 양식은 구약 성경의 신앙 고백이 되었지요.

그러한 신앙 고백은 인간의 숙고나 신비적 관조에서 나온 것이 아닙니다. 오히려 그와는 정반대였습니다. 모세는 다음과 같은 하느님의 말씀을 분명히 들었습니다. "(너는) 내 얼굴을 보지는 못한다. 나를 본 사람은 아무도 살 수 없다."(탈출 33,20) 모세는 하느님의 영광을 직접 볼 수는 없었고, 하느님이 그의 곁을 지나가셨을 때 그분의 등만 볼 수 있었습니다. 모세는 하느님을 '후험적a posteriori'으로만, 곧 역사적으로 그분이 지나가신 뒤에야 그분의 뒷모습을 깨달을 수 있었습니다. 그리고 당신 이름의 선포를 통해 하느님이 당신을 계시하시고 이름의 뜻을 해석해 주셨다는 것을 깨달을 수 있었습니다(탈출 33,20-23

참조). 이와 같이 하느님의 너그러우시고 자비로우신 본성에 관한 결정적인 진술은 사변이나 신비 체험에서 나온 것이 아닙니다. 그것은 하느님의 역사적인 자기 계시를 토대로 나온 것입니다. 하느님은 사람에게 감추어진 당신 본성을 역사 안에서 드러내십니다. 그러므로 하느님의 본성에 관해서는 사변적이 아니라, 오로지 서술적으로만 이야기할 수 있습니다. 그런 의미에서 하느님 이름의 세 번째 계시 양식은 구약 성경의 메시지를 요약하는 '하느님의 자기 정의'라 할 수 있습니다.

4. 하느님의 고유한 신비와 절대성을 드러내는 자비

구약 성경에서 '하느님의 자비'에 관한 가장 극적인 이야기는 호세아 예언서에 나옵니다. 호세아는 아모스와 더불어 첫 '저술 예언자'에 속합니다. 그는 기원전 722/721년경 북이스라엘 왕국이 멸망할 때까지 왕국 말기의 어지러운 상황 속에서 활동했습니다. 그의 극적인 예언은 당시의 극적인 상황에 따른 것이었습니다. 이스라엘 백성은 하느님과의 계약을 저버리고 창녀처럼 수치스러운 생활을 했습니다. 그로 인해 하느님도 이제 당신 백성과 관계를 끊고, 불성실한 그들에게 더 이상 자비를 베풀지 않겠다고 결심하셨습니다(호세 1,6 참조). 그분은 그들을 더 이상 당신 백성으로 여기지 않으셨습니다(호세 1,9 참조).

그것으로 이스라엘 백성의 앞날은 끝장난 듯 보였습니다. 그런데 극적인 전환이 일어났습니다. 독일어 《공동 번역 성경》에는 이때 하느님이 하신 결정적인 말씀이 "내 마음이 나 자신을 거스르는구나."(호세 11,8)로 번역되어, 본래의 의미를 충분히 드러내지 못했습니다. 히브리어 성경 원본의 표현은 그보다 훨씬 노골적입니다. "나는 나의 정의를 뒤집어엎었다."라고 표현되어 있는 것입니다. 다시 말해, 하느님이 스스로 당신의 정의를 무너뜨리셨다는 얘기입니다. 당신 백성을 멸망시키고 무너뜨리시겠다는 생각 대신 하느님 자신 안에서 변화가 생긴 것입니다.[20] 왜 그런 일이 벌어졌을까요? 그것은 하느님이 연민에 북받쳐 올랐기 때문입니다. 그런 까닭에 하느님은 타오르는 분노대로 행동하지 않으셨습니다. 하느님 안에서 '자비'가 '정의'를 이겼던 것입니다.

그러나 이것이 하느님이 제멋대로 하셨다는 것을 의미하지는 않습니다. 분노했다가 자신의 분노를 달래어 다시 너그럽게 행동하시는 모습처럼 보이지만 말입니다. 호세아 예언서에 따르면, 하느님 자신이 그에 대해 보다 신비스러운 이유를 제시하시고, 전적으로 심오한 당신의 신적인 신비를 명료하게 설명하십니다. "나는 사람이 아니라 하느님이다. 나는 네 가운데에 있는 '거룩한 이', 분노를 터뜨리며 너에게 다가가지 않으리라."(호세 11,9) 이는 매우 놀라운 말씀으로, 그 이면에는 다음과 같은 의미가 숨어 있습니다. '모든 인간적인 속성과 완전히 구별되는 하느님의 거룩함은 그분의 합당한 분노나 범접할 수 없는 그분의 신비스러운 초월성을 통해 드러나지 않는다. 하느님다움은 그분의 자비에서 드러난다. 자비는 그분의 신적인 본성의 표현이다.'

깊은 감동을 느끼게 되는 이 구절에서, 구약 성경이 전하는 하느님은 '분노와 정의의 하느님'이 아니라 '자비의 하느님'이라는 사실을 확인할 수 있습니다. 구약 성경이 전하는 하느님은 세상의 모든 곤경과 죄 저편에 군림하는 몰인정한 하느님이 아니라, 분노에 불타오르다가도 말 그대로 다시 자비로워지는 하느님이십니다. 그런 마음의 변화를 통해 하느님은 한편으로 인간에게 깊은 감동을 주시고, 다른 한편으로는 당신이 모든 인간적인 속성과는 완전히 다른 거룩한 존재임을 드러내십니다. 하느님과 인간이 근본적으로 구별되고, 그분을 모든 인간적인 속성 위로 드높이는 그분의 독특한 본성이 바로 '자비'입니다. '자비'를 통해 그분의 고귀함과 절대성, 그분의 거룩한 본성이 드러납니다.

하느님의 절대성은 무엇보다 용서하는 일에서 드러납니다. '용서'

는 순수한 정의의 요청들보다 더 정의로운 것입니다. 그래서 정당한 벌도 내릴 수 있으며 새로운 시작도 허락할 수 있는 존재만이 할 수 있습니다. 따라서 하느님만이 용서하실 수 있습니다. '용서'는 그분의 본성에 속한 일입니다. "주님, 당신은 어지시고 기꺼이 용서하시는 분, 당신을 부르는 모든 이에게 자애가 크십니다."(시편 86,5) "그분께서는 너그러이 용서하신다."(이사 55,7) "그분은 기꺼이 자애를 베푸시는 분이시다."(미카 7,18; 탈출 34,6; 시편 130,4 참조)

어떤 이성적인 신학 이론도 하느님을 제대로 설명하지는 못합니다. 하느님은 어떤 틀에 끼워 맞출 수 있는 존재가 아니시기 때문입니다. 세상에서 가장 자명한 사실인 양, 하느님이 정의롭거나 자비로우신 분이라고 생각 없이 떠들어 댈 수도 없는 노릇입니다. 우리는 그저, "자비는 모든 인간적인 속성과 모든 인간적인 예측을 뛰어넘는 하느님의 초월성을 드러내는 것"이라고 말할 수 있을 뿐입니다. 하느님은 '자비' 안에서 당신을 우리와 전혀 다른 존재로, 역설적이지만 그와 동시에 우리와 아주 가까운 존재로 드러내십니다. 그래서 하느님이 초월적 존재이기에 우리와 끝없이 먼 관계에 있다거나, 그분이 우리와 가까운 관계라고 해서 우리와 똑같은 존재라고 말할 수는 없습니다. 또한 '자비로우신 하느님'이 곧, 우리의 악행과 냉담함을 나무라지 않고 너그럽게 봐주는 '사랑스러운 하느님'을 의미하는 것은 아닙니다. 그와는 정반대로 우리는, 인간을 구원하시는 '하느님의 친밀함'을 통해 그분이 인간과 다르시다는 점, 그리고 그분은 인간이 상상조차 할 수 없게 자신을 숨기신다는 점을 알게 됩니다(이사 45,15 참조). 그분은 '자신을 계시하시는 친근한 하느님Deus revelatus'이자 '숨겨진 하느님Deus absconditus'이십니다. '하느님의 자비'는, 그분이 인간과 전혀 다른 존재이며, 인간이 그분의 신뢰할 만한 호의와 사랑을 전적으로 이해할 수 없다는 사실을 우리에게 알려 줍니다.

5. 하느님의 자비와 거룩함, 정의, 신의

구약 성경에서 '하느님의 자비'는 그분의 다른 계시 방식들과 불가분의 관계 속에 있기에, 그 맥락에서 벗어나 따로 의미를 파악해서는 안 됩니다. 이미 하느님이 모세에게 자신의 이름을 알려 주신 사건에서, '하느님의 자비'가 자애와 신의에 둘러싸여 있음이 드러났지요. 하느님이 호세아 예언자에게 자신을 계시하신 사건은, 그분의 자기 계시가 그분의 거룩함과 밀접히 연결되어 있고 그분의 거룩함을 드러낸 사건임을 보여 줍니다.

무엇보다 주목해야 할 사항은, 하느님의 자비와 거룩함이 짝을 이루고 있다는 사실입니다. '거룩하다'라는 의미를 지닌 히브리어 단어

'콰도스ִשׁ'는 본래 '잘라 내다, 골라내다'를 뜻했습니다. 따라서 '하느님의 거룩함'은, 하느님이 모든 세속적인 것, 모든 악과 근본적으로 구별되며 그것을 뛰어넘는 존재임을 드러냅니다.[21] '하느님의 자비'는, 이사야 예언자가 옥좌에 앉아 계신 하느님을 뵌 환시에서 장엄하게 표현되고 있습니다. 이사야 예언자는 사람들이 "거룩하시다."라고 세 번 외치는 소리를 들었지요. 그 환시는 그에게 두려움을 불러일으켰고, 보잘것없고 부정한 자신의 모습을 돌아보게 만들었습니다. "큰일 났구나. 나는 이제 망했다. 나는 입술이 더러운 사람이다. 입술이 더러운 백성 가운데 살면서 임금이신 만군의 주님을 내 눈으로 뵙다니!"(이사 6,3-5) 이 이야기는, '하느님의 자비'를 왜곡하지 말아야 한다는 점을 우리에게 일깨워 줍니다. 다시 말해 하느님을, 우리의 잘못과 악행을 나무라지 않고 너그러이 보아 넘기는 얼간이인 양 오해해서는 안 된다는 것입니다. 니체처럼, 하느님은 동정심이 지나쳐 죽었다고 놀리듯 말할 수도 있기 때문입니다.[22] 하느님을 두고 농담할 수는 없습니다. 그분은 우롱당하실 분이 아닙니다(갈라 6,7 참조). 오히려 하느님은 동정과 자비를 통해 당신의 거룩함과 위대함을 드러내십니다.

하느님은 당신의 거룩함 때문에 악에 반대하실 수밖에 없습니다. 성경에서는 그것이 "하느님의 분노"로 표현되었습니다.[23] 많은 이들이 그런 표현에 거부감을 느끼거나, 적절치 못한 표현이라고 생각할지도 모릅니다. 그러나 '하느님의 분노'가 치밀어 오르는 감정적 격분이나 성난 무력 진압을 의미하는 것은 아닙니다. 오히려 그것은 '죄와 불의에 대한 하느님의 반대'를 뜻합니다. 다시 말해 '하느님의 분노'는 그분이 지닌 거룩한 본성의 적극적이고 역동적인 표현이라 할 수 있습니다. 그러므로 구약과 신약 성경이 전하는 심판에 관한 말씀을 간과하거나 축소 해석해서는 안 됩니다.

하느님의 '정의'(히브리어 '체다카'צְדָקָה)는 그분의 거룩함에 상응하는 것입니다.[24] '공정'과 '정의'는 구약 성경의 핵심 주제입니다. '하느님은 의로우신 분'이란 생각은 구약 시대의 경건한 유다인들에게 논란의 여지가 없는 기본 전제였습니다. 하느님은 당신의 거룩함을 근거로 악행을 벌하고 선행에 대해 상을 주실 수밖에 없다는 것입니다. 구약 성경의 그 메시지는 두려움을 불러일으키는 진실이 아니라, 그와는 정반대로 희망의 메시지였습니다. 구약 시대의 경건한 유다인들은 하느님의 정의가 온 세상에 널리 퍼지기를 갈망했고(시편 5-9; 67,5; 96,13; 98,9 등 참조), 그분의 정의에 호소했습니다(시편 71,15 등 참조). 또한 유다인들은, 의로운 메시아가 오실 것이란 종말론적인 희망을 갖고 있었습니다(이사 11,4 참조). 불의가 가득한 세상에서 정의가 실현되는 모습은 이미, 법의 보호를 받지 못하고 억압받는 이들에게 자비를 베푸는 일에서 증명되었습니다.

따라서 '하느님의 자비'에 관한 이야기는 값싼 사면赦免에 관한 이야기가 아닙니다. 하느님은 우리가 '공정'과 '정의'에 따라 행동하기를(아모 5,7.24; 6,12 등 참조), 다른 말로는 '공정'과 '친절'(독일어 '프로인틀리히카이트Freundlichkeit.' ― 역자 주)에 따라 행동하기를(호세 2,21 등 참조) 바라십니다. 그러므로 '하느님의 자비'에 관한 메시지는 그분의 '정의'에 관한 메시지와 상반된 것이 아닙니다. 그보다 하느님은 자비로운 마음으로 당신의 의로운 분노를 거두십니다. 네, 그분은 그렇게 자신의 뜻을 철회하십니다. 하느님은 인간에게 회개할 기회를 주시려고 그렇게 하십니다. 하느님은 자비로써 죄인에게 유예 기간을 선사하시고, 그의 회개를 바라십니다. '하느님의 자비'는 결국 '회개를 위한 사면'이라 할 수 있습니다.

구약 성경의 다음 구절은 그에 관해 이야기합니다. 하느님은 이스라엘 백성이 불성실하여 유배라는 마땅한 벌을 내리시고 나서 자비로운 마음에서 당신 백성에게 새로운 기회를 주십니다. "'내가 잠시 너를 버렸지만 크나큰 자비로 너를 다시 거두어들인다. 분노가 북받쳐 내 얼굴을 잠시 너에게서 감추었지만 영원한 자애로 너를 가엾이 여긴다. …… 산들이 밀려나고 언덕들이 흔들린다 하여도 나의 자애는 너에게서 밀려나지 않고 내 평화의 계약은 흔들리지 아니하리라.'

너를 가엾이 여기시는 주님께서 말씀하신다.'"(이사 54,7-8.10)[25]

'자비'는 '하느님의 창의적이고 독창적인 정의'입니다. 하느님의 자비는 '죄와 벌'이란 냉혹한 논리를 뛰어넘는 것이지만, 정의에 어긋나지는 않습니다. 오히려 '자비'는 '정의'에 기여하지요. 하느님이 자비를 베풀 때 당신보다 상위에 있는 어떤 법의 구속을 받으시는 것은 아닙니다. 그분은 주어진 법에 따라 정당한 판결을 내리는 재판관도 아니시고, 그보다 못하게 다른 이의 명령을 수행하는 단체의 간부도 아니십니다. 오히려 하느님은 법을 제정하는 최상의 권한을 지니신 분이십니다.

다시 한 번 말하지만 자유롭게 자비를 베푸는 것이 곧 제멋대로 함을 뜻하는 것은 아닙니다. 또한 '하느님의 자비'는 당신 백성의 곤궁함에 대한 즉흥적이고 본능적인 관심의 표현이 아니라, 그분 '신의信義'(히브리어 '에메트אמת')의 표현입니다.[26] 이미 '하느님의 이름 계시' 이야기에서 그분의 '자애(또는 자비)'와 '신의'가 거론되었습니다. '신의'를 뜻하는 '에메트'란 단어에는 '아만אמן'이란 어간이 숨어 있는데, '아만'에는 '확실하다' 내지는 '발판을 마련하다'라는 뜻이 있습니다. 그런 맥락에서 '하느님의 자비'는 그분의 신의를 지키기 위한 것이라 할 수 있습니다. 하느님이 자애로운 마음으로 맺은 계약은 신뢰할 수 있습니다. 그리고 그분은 당신 백성에게 발판과 토대를 마련해 주셨습니다. '자비'는, 하느님이 자유롭고 너그러운 마음으로 자신에게 지우신, 당신이 선택하신 백성에 대한 내적인 의무의 표현입니다. 하느님은 절대적인 자유를 지니셨음에도, 전적으로 신뢰할 수 있는 분입니다. 우리는 어떤 상황에서도 그분을 확실히 믿을 수 있습니다.

'에메트'와 '아만'의 의미는 성경과 전례에서 확고한 동의同意의 의미로 사용되는 '아멘אמן'이란 말에서도 찾을 수 있습니다. 신약 성경에는 '아만אמן'이, '믿다'라는 뜻을 지닌 그리스어 동사 '피스테우에인 πιστεύειν'으로 번역되어 있지요. 믿는다는 것은 그저 진실하다고 여기는 것이 아니라, 진실하다고 여기는 것 안에서 하느님을 신뢰하고, 그분 안에 머무르며, 그분 안에서 자신의 토대를 마련하는 것을 의미합니다. 따라서 믿는다는 것은 신뢰하는 마음으로 하느님의 신의와 자비에 자신을 내맡기는 것을 말합니다. "너희가 믿지 않으면 정녕 서 있지 못하리라."(이사 7,9) "주 여러분의 하느님을 믿으시오. 그러면 굳건해질 것이오."(2역대 20,20) 그렇기에 우리는 다음과 같이 말할 수도 있습니다. "'믿는다는 것'은 하느님께 '아멘'이라고 응답하며, 그분의 자애와 신의, 그분의 끝없는 자비를 신뢰하는 것을 의미합니다. 믿음 안에서 인간은 발판과 토대를 마련할 수 있으며, 믿음을 통해 인간은 신뢰할 수 있는 삶의 기회를 얻습니다."

6. 생명과 가난한 이들을 우선시하시는 하느님

'하느님의 자비'에 관한 구약 성경의 메시지는 영성뿐만 아니라 생활과 관련된 메시지이므로, 본질적이고 매우 구체적이며 사회적인 차원도 지니고 있습니다. 인간은 죄로 인해 죽게 되었지만, 하느님은 자비로운 마음으로 인간에게 새로운 삶의 기회를 주셨습니다. 하느님은 생명이 없는 하느님이 아니라, 죽음이 아닌 생명을 원하시는 살아 계신 하느님이십니다. 하느님은 죄인의 죽음을 기뻐하지 않으시고, 죄인이 회개하여 계속 살아가는 것을 기뻐하십니다(에제 18,23; 33,11 참조). 예수님은 구약 성경의 메시지를 받아들여, 하느님은 죽은 이들의 하느님이 아니라 산 이들의 하느님이라고 말씀하셨습니다(마르 12,27; 마태 22,32; 루카 20,38 참조).

따라서 '하느님의 자비'는 생명을 유지하고, 보호하며, 촉진하고, 새롭게 만들며, 재건하는 하느님의 권능입니다. '하느님의 자비'는, 죄인을 처벌하고 죽이기도 하는 인간의 정의를 무력하게 만듭니다. '하느님의 자비'는 생명이 유지되기를 바라기 때문입니다. 하느님은 당신 백성과 맺은 계약에 대한 신의 안에서, 죄로 인해 깨져 버린 그들과의 관계를 자비로운 마음으로 복구하시고, 그들이 신뢰할 수 있는 생활 여건을 새롭게 마련해 주십니다. '자비'는 하느님이 생명을 선택하셨음을 의미합니다. 따라서 "하느님은 생명의 적대자"라는 니체의 말이 틀렸음을 분명하게 보여 줍니다.[27] 하느님은 "생명력"(시편 27,1)(독일어 《공동 번역 성경》에서는 '내 생명의 힘die Kraft meines Lebens'으로 번역했으나, 우리말 《성경》에서는 '내 생명의 요새'로 번역했다. — 역자 주)이시고, "생명의 샘"(시편 36,10)이시며, "생명의 애호가"(지혜 11,26)(독일어 《공동 번역 성경》에서는 '생명의 애호가ein Freund des Lebens'로 번역했으나, 우리말 《성경》에서는 '생명을 사랑하시는 분'으로 번역했다. — 역자 주)이십니다.

하느님은 약하고 가난한 이들에게 특별한 애정을 보이십니다.[28] 이집트에서 자신들이 가난했던 기억(탈출 22,20; 신명 10,19; 24,22 참조)과, 하느님이 팔을 뻗어 이집트에서 자신들을 이끌어 내 구하셨던 기억(탈출 6,6; 신명 5,15 참조)은 이스라엘 백성의 뇌리에 각인되었습니다. 하느님은 이스라엘 안에서 가난하고 약한 이들을 특별한 사랑으로 보살피셨습니다. 그들에 대한 하느님의 특별한 사랑과 보살핌은 특히 이방인들과 과부들, 고아들을 억누르거나 착취하지 말라는 규정(탈출 22,20-26 참조)과, 재판할 때 가난한 이들의 권리를 보호해야 한다는 규정(탈출 23,6-8 참조), 가난한 이들에게서 폭리를 취하지 말라는 규정(탈출 22,24-26 참조)에서 잘 드러납니다. 레위기에는 사회 복지와 관련된 규정이 나옵니다(레위 19,11-18; 25장 참조). 사회 안의 일반적인 서열이 하느님에게서는 완전히 역전됩니다. 신약 성경에 기록된 〈성모의 노래Magnificat〉의 원형元型이라 할 수 있는 '한나의 노래'에는 다음과 같은 표현이 있지요. "가난한 이를 먼지에서 일으키시고 궁핍한 이를 거름 더미에서 일으키시어 귀인들과 한자리에 앉히시며 영광스러운 자리를 차지하게 하신다."(1사무 2,8)

같은 맥락에서 빼놓을 수 없는 것이 바로 '안식일 규정'(탈출 20,9-17; 23,12; 신명 5,12-15 참조)입니다. 일주일에 하루는 종들과 이방인들에게도 숨을 돌리고 휴식을 취할 수 있는 날을 허락해야 한다는 것입니다. 7년마다 돌아오는 '안식년'에는 땅을 놀리고 묵혀서 가난한 이들이 먹게 하고 종들을 자유로이 놓아주어야 했습니다(탈출 23,10-12; 신명 15,1-18 참조). 안식년을 일곱 번 보낸 뒤 50년째 되는 해에 맞이하는 '희년'에는 모든 소유지를 본래의 주인에게 되돌려 주어야 하고, 농사를 짓지 말아야 했습니다. 재배지에서 저절로 열린 포도도 따지 말아야 하고, 종살이하던 모든 이는 자유로이 놓아줘야 했습니다(레위 25,8-22; 27,14-24 참조). 비록 이스라엘 백성이 희년 규정을 제대로 지킨 적은 한 번도 없었지만, 그 규정 이면에는 그들이 땅을 공동 소유로 받았다는 연대 의식이 깔려 있었습니다. 우리는 신명기에서 이스라엘 백성 가운데 가난하고 소외된 이들이 없어야 한다는 사상(신명 8,9;15,4 참조)과, 과부들과 고아들, 이방인들, 종들을 보호하는 상세한 규정들(신명 14,29; 15,1-18; 16,11.14; 24,10-22 참조), 이방인·고아·과부와 같은 가난한 이들을 위해 십일조를 바쳐야 한다는 규정(신명 14,28-29; 26,12 참조)을 확인할 수 있습니다.[29]

'가난한 이들에 대한 하느님의 배려와 선택'이란 주제는 예언자들의 선포 안에서 특별히 강조됩니다. 아모스서는 가차 없는 고발로 시작됩니다. 아모스 예언자는 남을 착취하고 법을 남용하며 억압을 일삼는 자들을 신랄히 비판하고(아모 2,6-8; 4,1.7-12; 8,4-7 참조), 흥청거리는 백성의 지도자들을 비난했으며(아모 6,1-14 참조), 술에 취하게 만드는 축제와 번제물 대신 하느님께 드리는 참된 예배인 '공정'과 '정의'를 요구했습니다(아모 5,21-25 참조). 그와 비슷한 이야기가 이사야서(이사 1,11-17; 58,5-7 참조)와 에제키엘서(에제 18,7-9 참조), 호세아서(호세 4,1-3; 6,6; 8,13; 14,4 참조), 미카서(미카 6,6-8 참조), 즈카르야서(즈카 7,9-10 참조)에도 나옵니다. 그 밖에도 우상들이 아닌(바룩 6,35-37 참조) 이스라엘의 하느님에게 기도에 대한 응답과 피난처·자비·공정·위로를 구하라는 말(이사 14,32; 25,4; 41,17; 49,13; 예레 22,16 참조)과, 가난한 이들을 격려하는 말이 예언서들에 나옵니다.

또한 예언서에는 하느님께 자비를 간절히 구하는 청원이 자주 나옵니다(이사 54,7; 57,16-19; 63,7-64,11; 예레 31,20 등 참조). 하느님의 약속은 교만하고 권세 있는 이들이 아니라, 가난한 이들을 위한 것입니다(이사 26,4-6; 41,17; 49,13 참조). 제3이사야서〔제3이사야서는 제2이사야의 제자들이 바빌론 유배가 끝나기(BC 538년) 전부터 유배에서 귀환한 후 예루살렘 성전을 재건하던 시기(BC 520년경)에 쓴 것으로 추정되며, 이사야 예언서 56-66장의 본문을 가리킨다. ― 역자 주)는 가난하고 보잘것없는 이들에게 기쁜 소식을 전하기 위해 메시아가 그들에게 파견되었다고 선포합니다(이사 61,1 참조).

그러므로 예언자들은 하느님이 가난하고 힘없고 보잘것없는 이들을 우선적으로 선택하셨다는 사실을 선포했다고, 당연히 말할 수 있습니다. 어떤 이들은 예언자들이 새로운 사회 질서를 지닌 이상향을 제시했다고 말하기도 합니다. 그러나 '이상향'이란 말은 문맥에 비추어 볼 때 지나친 표현이라는 느낌을 줍니다. 예언자들의 선포는 인간의 구상에 관한 것이 아니라, 인간이 살기를 바라시는 하느님의 구원 의지와 그분의 종말론적 약속에 관한 것이기 때문입니다.

7. 시편이 전하는 찬미

'하느님의 자비'는 시편의 여러 구절에서 아름답게 시적으로 묘사됩니다. 여기서는 몇 구절만 예로 들겠습니다. "당신의 계약과 법규를 지키는 이들에게 주님의 길은 모두 자애와 진실이라네."(시편 25,10) "주님, 당신의 자애는 하늘에 있으며, 당신의 성실은 구름까지 닿습니다."(시편 36,6) "주님께서는 자비하시고 너그러우시며, 분노에 더디시고 자애가 넘치신다."(시편 103,8; 145,8) "아버지가 자식들을 가엾이 여기듯, 주님께서는 당신을 경외하는 이들을 가엾이 여기시니."(시편 103,13) 예언서와 마찬가지로 시편에서도 하느님의 귀와 위로와 도움은 가난하고 힘없는 이들을 향합니다(시편 9,10.19; 10,14.17; 22,25; 113,4-9 등 참조).

'하느님의 자비'에 대한 찬미들 사이에 수시로 "주님, 저에게 자비를 베푸소서."라는 탄원이 나옵니다(시편 4,2; 6,3 등 참조). 우리야의 아내 밧 세바를 차지한 일에 대해 나탄 예언자가 다윗을 문책했을 때, 다윗이 부른 것으로 전해지는 잘 알려진 시편의 구절은 특히 인상적입니다. "하느님, 당신 자애에 따라 저를 불쌍히 여기소서. 당신의 크신 자비에 따라 저의 죄악을 지워 주소서."(시편 51,3) 시편에는 간절한 탄원보다 감사와 환호가 더 많이 나옵니다. "주님을 찬송하여라, 선하신 분이시다. 주님의 자애는 영원하시다."(시편 106,1; 107,1) 시편 136편에는 그런 환호가 무려 26번 반복됩니다. 이처럼 시편은 '하느님의 자비'를 칭송하는 유일한 찬미가입니다. 지혜서는 시편의 그런 찬미가를 받아들여 다음과 같이 말했습니다. "저희의 하느님, 당신께서는 어지시고 진실하시며 분노에 더디시고 만물을 자비로 통솔하십니다."(지혜 15,1)

이스라엘 왕국 말기에 일반 백성(히브리어 '암 하아레츠עַם הָאָרֶץ)은 가난했고, 권세를 누렸던 지식 계층은 그들을 업신여겼습니다. 그래서 세상에는 아무것도 기대하지 못하고 오로지 하느님에게만 모든 희망을 걸었으며, 가난하고 보잘것없으며 차별과 억압을 받았던, 온유하고 겸손한 사람들이 '아나빔םיונע'이란 계층을 이뤘습니다.[30] 쿰란 공동체의 사람들도 이 계층에 속했습니다. 제3이사야서에 따르면 메시아는 가난하고 보잘것없는 이들에게 기쁜 소식을 전하고 부서진 마음을 지닌 모든 이들을 고쳐 주기 위해 파견되었음을 알고 있습니다. 그는 갇힌 이들에게 석방을, 잡혀간 이들에게는 해방을 선포하고, 마음이 부서진 이들을 싸매어 줄 것입니다(이사 61,1-3 참조). 신약 성경에 나오는 시메온과 한나도 메시아를 고대하던 소박하고 경건한 사람들에 속합니다(루카 2,25-38 참조). 예수님은 메시아 기대 사상을 받아들이셨고, 그 기대의 성취를 자신의 등장과 결부시키셨습니다. 그분은 가난한 이들에게 기쁜 소식을 전하기 위해 자신이 파견되었다고 생각하셨습니다(루카 4,16-21 참조).

우리는 지금까지의 내용을 다음과 같이 요약할 수 있습니다. "'하느님의 자비'는 구약 성경 전체에 일관된 주제다. 하느님은 당신 백성이 불성실함에도 불구하고 그들에게 회개할 기회를 주기 위해 당신의 합당하고 거룩한 분노를 끊임없이 달래시며, 그들에게 자비를 베푸신다. 그분은 가난한 이들과 법의 보호를 받지 못하는 이의 후

견인이며 수호자다. 무엇보다 시편은, 구약 성경의 하느님이 질투와 분노, 복수의 하느님이라는, 수시로 제기되는 주장에 대해 명확한 반증을 제시한다. 오히려 탈출기에서 시편에 이르기까지 구약 성경이 이야기하는 하느님은 '너그러우시고 자비로우시며 분노에 더디시고 자애가 충만하신 분'(시편 86,15; 103,8; 116,5; 145,8)이시다."

제4장
예수님이 전하는 하느님의 자비

1. 이사이의 그루터기에서 햇순이 돋아나리라

마태오 복음사가와 루카 복음사가는 예수님의 공생활과 복음 선포에 관한 이야기에 앞서 이른바 그분의 '유년 시절 이야기'를 전했습니다. '유년 시절 이야기'보다는 그분의 '공생활의 전사前史(공생활 이전 이야기 — 역자 주)'라고 하는 것이 더 적절하다는 의견도 있습니다.¹ 역사적인 관점에서 볼 때 예수님의 '공생활의 전사'는 특별한 문제점을 지니고 있습니다. '전사前史'는 두 복음서의 주요 부분과는 달리, 목격자의 증언에 근거하여 사건을 다루고 있지 않기 때문입니다. 그렇지만 두 복음사가가 '전사前史'를 제멋대로 지어내지 않았다는 점도 분명합니다. 두 복음사가는 그들보다 앞선 더 오래된 전승에서, 정확히 말하면 서로 다른 두 개의 전승에서 자료를 얻었는데, 두 전승 모두 동정녀 마리아의 잉태와 베들레헴에서 있었던 예수님의 탄생 이야기를 전하고 있습니다. 그 점만 놓고 보더라도, '전사'가 분명히 역사적인 신빙성을 지니고 있음을 알 수 있습니다. 우리는 무엇보다, 루카 복음사가가 '전사'를 비롯하여 자신의 복음서 전체에 나오는 모든 사항을 자세히 조사했다는 점을 중요하게 받아들여야 합니다. 그는 자기 기록의 신빙성에 커다란 가치를 두었던 것입니다(루카 1,2-4 참조).

결론적으로 말해, 마태오 복음과 루카 복음에 나오는 예수님의 '공생활의 전사'를 현대적 의미의 역사 기록물로 볼 수 없다고 해서, 그것이 역사적 가치가 없는 교화적이고 경건한 설화라고 경시할 수는 없습니다. '전사'는 특별한 형태의 이야기입니다. 그것은 유다인들의 '하가다הַגָּדָה'(히브리어로 '이야기'란 뜻을 지녔으며, 유다교의 설화나 격언을 포함하는 비법률적인 랍비 문학 형태를 가리킨다. 좁은 의미로는, 유다인이 '유월절' 저녁 식사 때 듣게 되는 탈출기 말씀을 가리킨다. ― 역자 주) 방식을 사용한 '이야기 신학'이라 할 수 있습니다.[2] 루카 복음사가는 자신이 '이야기 신학'으로 서술한 사건들이 구체적인 시간과 공간에서, 곧 아우구스투스 황제와 퀴리니우스 총독 때라는 구체적인 역사와 정치 상황 속에 베들레헴이라는 고을에서 일어났다는 점을 매우 중요하게 여겼습니다(루카 2,1 참조). 마태오 복음사가는 그 일들이 헤로데 임금 때 일어난 것으로 서술했습니다(마태 2,1 참조).

역사적으로 특정한 시간과 장소에서 일어난 일은 인간과 함께하시는 하느님의 전체 역사 안에 포함됩니다. 마태오 복음에 나오는 예수님의 족보에 따르면, 예수님은 아브라함에게서 시작된 구원 역사 안에 편입되십니다(마태 1,1-17 참조). 그런 의미에서 마태오 복음사가는 복음서의 첫 문장을 "다윗의 자손이시며 아브라함의 자손이신 예수 그리스도의 족보"(마태 1,1)라고 썼습니다. 루카 복음사가는 한 걸음 더 나아가, 아담에게서 시작된 인류 역사 안에 예수님을 편입시켰습니다(루카 3,23-38 참조).

역사가 실제 사건들을 다룬다고 해서, 실제 사건이 역사에 근거를 두는 것은 아닙니다. 마태오 복음사가와 루카 복음사가에 따르면, 예수님은 성령의 작용으로 이 세상에 태어나셨습니다(마태 1,20; 루카 1,35 참조). 예수님은 하느님의 개입을 통해 놀라운 방식으로 이 세상에 오셨지요. 그분은 하느님의 아드님이십니다(루카 1,32.35 참조). 예수님이 동정녀 마리아에게서 태어나셨다는 사실은 기적이라고 할 만한 것이 아닙니다. '동정녀의 잉태'는 하느님이 인간의 역사 안에 들어오셨음을 가리키는 살아 있는 징표이며, 하느님이 들어오신 역사의 관문일 뿐입니다.[3] '동정녀의 잉태'보다 훨씬 더 크고 놀라운 기적이 바로 '하느님이 인간이 되시어 이 세상에 오신 기적'입니다. '하느님이 도우신다.'라는 뜻을 지닌 '예수'라는 이름 자체가 그 기적을 가리킵니다. 그분의 또 다른 이름은 '임마누엘'로, '하느님께서 우리와 함께 계시다.'라는 뜻을 지녔습니다(마태 1,23 참조). 이처럼 마태오 복음과 루카 복음에 나오는 '전사'는 예수님의 공적인 역사에서 전제해야 할 일들을 이야기합니다. '전사'는 예수님이 누구시고, 그분이 어디에서 오셨는지 우리에게 얘기해 줍니다.

'전사'의 신학적 내용을 하나하나 살피다 보면, 마치 전주곡처럼 그 안에 예수님의 공적인 역사와 복음 선포의 중요한 모든 관심사와 동기, 주제들이 담겨 있는 것을 확인하게 됩니다. 그처럼 '전사'는 복음서를 요약해 놓은 것과 같습니다.[4] '전사'는 전적으로 '하느님의 자비'라는 주제하에 놓여 있습니다. '전사'는 지금까지 이어져 내려온 약속과 구원의 역사가 예수님의 역사 안에서 성취되었음을 나타냅니다(마태 1,22 참조). '전사'는 대대로 이어져 온 하느님 자비(그리스어 '엘레오스' $\epsilon\lambda\epsilon o\varsigma$)의 역사에 속합니다(루카 1,50 참조). 약속하셨던 대로, 하느님은 이제 당신의 자비를 기억하시어, 당신 종 이스라엘을 거두어 주십니다(루카 1,54 참조). 또한 그분께서는 우리 조상들에게 자비를 베푸시고, 당신의 거룩한 계약을 기억하셨습니다(루카 1,72 참조). 하느님의 크신 자비로 높은 곳에서 밝은 빛이 우리를 찾아오시어, 어둠과 죽음의 그늘에 앉아 있는 이들을 비추십니다(루카 1,78-79 참조). 루카 복음에 나오는 '예수님의 탄생 이야기'는 오랫동안 고대해 온 구세주의 탄생을 다음과 같이 선포합니다. "오늘 너희를 위하여 다윗 고을에서 구원자가 태어나셨으니, 주 그리스도이시다."(루카 2,11)

메시아의 탄생을 체험한 이들은 아론 가문(루카 1,6 참조)과 다윗 가문(마태 1,20; 루카 1,27; 2,4 참조)처럼 큰 지파에 속한 사람들뿐만 아니라, 즈카르야와 엘리사벳(루카 1,5 참조), 시메온과 한나(루카 2,25-38 참조)처럼 시골에서 조용한 삶을 살며 특히 메시아가 오실 것을 고대하던 경건한 서민들이었습니다. 이처럼 '예수님의 탄생 이야기'는 인간의 사고 범주와, 사람들 사이에 통상적으로 적용되는 법칙을 완전히 뒤엎습니다. 엘리사벳처럼 아이를 낳지 못하는 여자와 마리아와 같은 동정녀가 아이를 갖게 되고(루카 1,7.34 참조), 권세 있는 자들은 자리에서 내쳐지고 비천한 이들은 높임을 받으며, 굶주린 이들은 먹을 것을 얻는 반면, 부유한 이들은 빈손으로 내쳐집니다(루카 1,52-53 참조). 이로써 '예수님의 탄생 이야기'는 하느님이 역사 안에서 인간을 죽이기도 살리기도 하실 뿐만 아니라, 가난하게도 부유하게도 만드시며, 낮추기도 높이기도 하신다는 사실을 일깨워 줍니다. '예수님의 탄생 이야기'는 이미 사무엘의 어머니 한나가 '감사의 노래'를 통해 구약 성경에 언급된 역사의 성취를 찬양했던 것(1사무 2,1-10 참조)과 맥을 같이합니다. '예수님의 탄생 이야기'는 산상 설교의 '행복 선언'이 이미 실현된 모습을 전하고 있습니다. 그 이야기는, 순전히 인간적인 논리와는 정반대로 가난한 이들 · 슬퍼하는 이들 · 온유한 이들 · 자비로운 이들 · 평화를 이루는 이들 · 박해받는 이들이 행복하다는 칭송(마태 5,3-11; 루카 6,20-26 참조)이 사실임을 보여 주고 있습니다.

또한 '예수님의 탄생 이야기'는 이스라엘 백성에게 국한되었던 범위를 뛰어넘어 인류 전체를 대상으로 삼는 놀라운 특성을 드러내고 있습니다. 그 이야기는 모세를 넘어, 세상의 모든 종족들을 위한 복이 될 것이라 한 아브라함(창세 12,2-3 참조)과, 인류의 원조인 아담에게까지 거슬러 올라갑니다. 그런 보편적 범위는 머나먼 이국 종교의 대표자들이라 할 수 있는, 동방에서 온 박사들에 관한 이야기에서 잘 드러납니다(마태 2,1-12 참조). 그 이야기는, 마지막 때에 수많은 민족이 시온 산으로 모여 올 것이라는 구약 성경의 예언(이사 2장; 미카 4,1.3; 마태 8,11 참조)이 앞당겨 실현되었음을 보여 줍니다.[5] 그처럼 예수님의 탄생으로, 세상에서 하느님의 은총을 구하던 모든 이들이 고대하는 보편적 평화(히브리어 '샬롬שלום')가 시작됩니다(루카 2,14 참조). '예수님의 탄생 이야기' 끝에는, 시메온이라는 나이 많은 노인이 성전에서 하느님께 드렸던 찬미가 나옵니다. "제 눈이 당신의 구원을 본 것입니다. 이는 당신께서 모든 민족들 앞에서 마련하신 것으로, 다른 민족들에게는 계시의 빛이며, 당신 백성 이스라엘에게는 영광입니다."(루카 2,30-32)

'예수님의 탄생 이야기'는 우리에게 놀라운 감동을 주지만, 감상을 불러일으키는 낭만적인 일들을 언급하진 않습니다. 예를 들면 메시아가 태어난 곳은 당시에 권세를 누리던 사람들 곁이 아니었으며, 갓 태어난 메시아를 맞이한 이들은 천대받던 목자들이었음을 전했습니다. 또한 헤로데의 음모와 베들레헴에서 있었던 유아 살해, 예수님과 마리아와 요셉의 이집트 피신, 예수님이 반대를 받는 표징이 될 것이며 마리아의 영혼은 칼에 찔리듯 고통을 겪게 될 것이라는 시메온의 예언을 전했습니다(루카 2,34-35 참조). 복음서의 시작부터 십자가의 어둠이 드리워지고 있습니다.

그처럼 마태오 복음과 루카 복음에 나오는 '전사前史'는 목가적이고 대중적인 설화와 모든 면에서 다릅니다. '전사'는 모든 통상적인 생각과 기대를 무너뜨립니다. 구세주가 동정녀의 몸에서 태어나셨으며, 태어난 곳도 왕궁이 아니라 가난하고 천대받던 목자들 곁의 마구간이었다는 이야기는 지어낼 수 있는 것이 아닙니다. 그것은 전설이나 신화에 나올 법한 이야기도 아닙니다. 시작은 마구간이며,

끝은 교수대인 것입니다! 그것은 신화에 자주 등장하는 호화로운 소재가 아니라, 사실史實에 기반을 둔 소재입니다.[6] 그러나 '예수님의 탄생 이야기'는 천사들의 찬미와 가혹한 역사적 사실 사이의 긴장과 모순 속에서 예부터 많은 사람의 심금을 울려 온, 고유한 매력을 지니고 있습니다.

'예수님의 탄생 이야기'는 기적의 범주에서 이해할 수 있습니다. 신약 성경이 기록되던 시대를 살았던 안티오키아의 이냐시오 성인(35년경~107년경)은 '예수님의 탄생 이야기'가 지닌 의미를 깊이 인식했습니다. 그는 예수 그리스도가 성부聖父의 침묵에서 나오셨다고 말했습니다.[7] 이 말은 다음 구절을 떠올리게 해 줍니다. "부드러운 정적이 만물을 뒤덮고 시간은 흘러 한밤중이 되었을 때, 당신의 전능한 말씀이 하늘의 왕좌에서 사나운 전사처럼 멸망의 땅 한가운데로 뛰어내렸습니다."(지혜 18,14) 종종 인간에게서 멀리 떨어져 계신 것처럼 보이고, 우리가 그저 침묵하는 가운데 흠숭할 수 있다고 생각하는 하느님은 한밤중에도 깨어 계시고, 침묵 중에 내린 신비스러운 결정으로부터 나오셨으며, 은총과 진리가 충만하고 육신을 취하신 당신의 영원한 말씀 안에서(요한 1,1-2; 1,14 참조) 자신을 우리에게 계시하셨습니다. 독일의 신비주의는 마이스터 에크하르트에 이르러 위와 같은 생각을 계승하고 발전시켰습니다.[8]

'예수님의 탄생 이야기'는 2천 년의 세월이 흐르는 동안 매력을 전혀 잃지 않았습니다. 그 이야기는 오늘날 보다 대중적인 표현 방식을 통해 신자들뿐만 아니라 비신자들에게도 경탄을 자아냅니다. 아시시의 프란치스코 성인(1181/1182~1226년)은 처음으로 성탄 구유를 만들어, 이해하기 어려웠던 하느님의 사랑을 눈으로 볼 수 있게 했습니다. 오늘날에도 비신자들을 포함한 많은 사람이 구유 안에 계신 아기 예수님을 찾아뵙고, 어둡고 추운 세상을 비추는 빛과 희망으로 그분을 체험합니다.

16세기에 만든 성탄 성가는 상상조차 할 수 없고 가능할 것 같지 않은 기적적인 이 사건을 은유적으로 표현했습니다. "차디찬 한겨울 깊은 밤에 …… 새순이 돋아났네." '한겨울 깊은 밤에 돋아난 새순'은, 메말라 죽은 것처럼 보이는 쓸모없는 그루터기에서 놀랍게도 햇순이 돋아나리라는 이사야 예언자의 예언(이사 11,1 참조)이 성취되었음을 의미합니다. '예수님의 성탄'이 지닌, 상상을 초월하고 경탄을 자아내는 새로움을 그보다 더 잘 표현할 수는 없을 것입니다.

2. 성부의 자비를 전하는 예수님의 복음

마르코 복음사가는 마태오 복음사가와 비슷하지만 그보다 더 눈에 띄는 방식으로 복음서를 시작합니다. "하느님의 아드님 예수 그리스도의 복음의 시작."(마르 1,1) 그는 복음서(그리스어 '에우앙겔리온 εὐαγγέλιον')의 흥미진진하고 새로운 모든 내용을 한 문장으로 요약했습니다. "때가 차서 하느님의 나라가 가까이 왔다."(마르 1,15)[9] "때가 찼다."라는 것은 초기 유다교('초기 유다교'는 바빌론 유배 때부터 기원후 70년 예루살렘이 멸망할 때까지의 유다교를, '후기 유다교'는 예루살렘 멸망 때부터 오늘날에 이르는 유다교를 가리킨다. ─ 역자 주)의 묵시 문학에 널리 퍼져 있던 개념이었습니다. 예수님은 그 개념을 받아들이시는 한편, 그를 더 발전시키셨습니다. 예수님은 "지금이 바로 그때다."(요한 4,23; 5,25)라고 말씀하셨습니다. 당신이 이 세상에 오심으로써 예고된 '시대의 전환'이 이뤄졌으며, 이제 '하느님의 나라'가 시작되었다는 것입니다. 그렇다면 '하느님의 나라'는 어떤 모습으로 실현될까요? 우리는 마르코 복음의 다음 장을 통해 그에 대한 명확한 답을 얻을 수 있습니다. '하느님의 나라'는 예수님이 온갖 질병을 앓던 환자들을 고쳐 주신 치유 기적과, 마귀들 곧 사람들의 삶에 해를 끼치는 세력들을 쫓아내신 기적에서 시작되었습니다.

루카 복음사가는 그 점을 더 분명하게 밝혔습니다. 마르코 복음의 첫 부분에 복음서의 모든 내용을 요약하는 문장이 실렸다면, 루카 복음의 첫 부분에는 안식일에 나자렛의 유다교 회당에서 있었던 예수님의 첫 공적인 활동에 관한 이야기가 나옵니다. "주님께서 나를 보내시어 가난한 이들에게 기쁜 소식을 전하고(그리스어 '에우앙겔레인 εὐαγγέλειν') …… 주님의 은혜로운 해를 선포하게 하셨다."(루카 4,18-19) 루카 복음사가는 예수님이 전하신 '기쁜 소식'이 바로 '주님의 은혜로운 해' 곧 "가난한 이들을 위한 해방의 해"(레위 25,10)를 선포하는 것이라고 생각했습니다. 이어서 그는 "오늘 이 성경 말씀이 너희가 듣는 가운데에서 이루어졌다."(루카 4,21)라는 예수님의 말씀을 기록했습니다. 예수님이 하시는 일에서 그분의 신원이 드러난다는 점을 루카 복음사가도 이야기한 것입니다. 더 나아가 그는, 당신의 신원을 드러내는 예수님의 복음 선포가 청중의 화를 불러일으킨다는 점을 새롭게 말했습니다.

그와 비슷한 이야기가 마태오 복음에도 나옵니다. 요한 세례자의 제자들이 예수님을 찾아와 당신이 오시기로 되어 있는 메시아인지 물었을 때, 예수님은 이사야서 61장 1절의 말씀을 인용하여 당신의 공적인 활동을 요약했습니다. "눈먼 이들이 보고 다리 저는 이들이 제대로 걸으며, 나병 환자들이 깨끗해지고 귀먹은 이들이 들으며, 죽은 이들이 되살아나고 가난한 이들이 복음을 듣는다."(마태 11,5) 마태오 복음사가는, 그리스도의 일이 치유하고 도움을 주는 '자비의 행위'라고 생각했습니다. 그에 따라, 의지할 곳 없는 사람들과 가난한 이들, 힘없고 보잘것없는 이들에 대한 사랑은 메시아로서 파견된 예수님의 본질을 이룹니다.[10] 예수님은 그러한 당신의 일을 당신의 신원과 결부시키셨습니다. "나에게 의심을 품지 않는 이는 행복하다."(마태 11,6; 루카 7,23)

공관 복음서의 근간을 이루는 구절들이 전하는 내용은, 산상 설교의 첫 번째 행복 선언에서 이미 언급되었습니다. "행복하여라, 가난한 사람들!"(마태 5,3; 루카 6,20 참조) 여기서 "가난한 사람들"은 경제적·사회적으로 가난한 이들뿐만 아니라, 삶의 의욕을 잃은 이들, 낙심하고 절망에 빠진 이들, 하느님의 도우심을 애타게 청하는 모든 이들을 가리킵니다.[11] 예수님은 심한 고통에 시달리는 이들 모두에게 말씀하십니다. "고생하며 무거운 짐을 진 너희는 모두 나에게 오너라. 내가 너희에게 안식을 주겠다. 나는 마음이 온유하고 겸손하니 내 멍에를 메고 나에게 배워라."(마태 11,28-29)

예수님은 아버지 하느님의 자비에 관한 복음을 선포하셨을 뿐만 아니라, 그 복음을 직접 살아 내셨습니다. 그분은 당신이 선포하셨던 내용대로 사셨지요. 예수님은 병든 이들과 마귀에 시달리던 이들을 돌보셨습니다. 예수님은 자신에 대해 "나는 마음이 온유하고 겸손하다."(마태 11,29)라고 말씀하실 수 있었습니다. 예수님은 나병 환자가 찾아와 도움을 청했을 때(마르 1,41 참조), 외아들을 잃은 과부의 고통을 보셨을 때(루카 7,13 참조) 가엾은 마음이 드셨습니다(그리스어 '스플랑크니스테이스σπλαγχνισθείς'). 그분은 많은 병자들과(마태 14,14 참조) 배고파하는 군중(마태 15,32 참조), 당신께 자비를 간절히 청하던 눈먼 두 사람(마태 20,34 참조), 목자 없는 양들과 같았던 군중에게 동정심을 느끼셨습니다. 친구 라자로의 무덤을 찾으셨을 때 슬픔이 북받쳐 눈물을 흘리기도 하셨습니다(요한 11,33.35.38 참조). '최후의 심판'에 관한 이야기에서 그분은 자신을 가난한 이들과 배고픈 이들, 고통을 겪는 이들, 박해받는 이들과 동일시하셨습니다(마태 25,31-46 참조).[12] 그분은 "저에게 자비를 베풀어 주십시오." 또는 "저희에게 자비를 베풀어 주십시오."라고 간청하는 사람들(마태 9,27; 마르 10,47-48 등 참조)과 끊임없이 마주치셨습니다. 십자가 위에서도 회개하는 강도를 용서해 주셨고, 당신을 십자가에 못 박았던 사람들을 위해 기도하셨습니다(루카 23,34.43 참조).

구약 성경을 뛰어넘는, 예수님이 선포하신 복음의 새로운 점은 그분이 '하느님의 자비'를 모든 이들을 위해 최종적으로 선포하셨다는 데 있습니다. 예수님은 몇 안 되는 의인들만이 아니라 모든 이들에게 하느님께 이르는 길을 열어 주셨고, 하느님 나라에 모든 이들을 위한 자리를 마련하셨으며, 한 사람도 배제하지 않으셨습니다. 결과적으로 하느님은 당신의 분노를 거둬들이시고 당신의 사랑과 자비

를 허락하셨습니다.¹³

죄인들은 예수님이 전하신 복음의 특별한 수취인들이었습니다. 그들은 정신적으로 가난한 사람들이었습니다. 바리사이들이나 율법학자들과는 달리, 예수님은 죄인들을 멀리하지 않으시고 그들과 함께 식사도 하셨습니다(마르 2,13-17 등 참조). 사람들은 그분을 세리들과 죄인들의 친구로 여겼습니다(루카 7,34 참조). 시몬이라는 바리사이의 집에 가셨을 때 예수님은 고을 사람이면 누구나 다 알던 창녀를 자비로이 대하셨습니다(루카 7,36-50 참조). 자캐오라는 세관장에게는 당신이 그의 집에 머무는 자비를 베푸셨습니다(루카 19,1-10 참조). 바리사이들이 그런 행동을 못마땅하게 여기자, 예수님은 그들에게 "나는 의인이 아니라 죄인을 불러 회개시키러 왔다."(루카 5,32; 루카 19,10 참조)하고 말씀하셨습니다. 그분은 그들에게 성전에 기도하러 올라간 바리사이와 세리에 관한 비유도 들려주셨습니다. 자신의 선행만 자랑하듯 늘어놓던 바리사이가 아니라, 자기 가슴을 치며 "오, 하느님! 이 죄인을 불쌍히 여겨 주십시오."라고 기도한 세리가 의롭게 되어 집으로 돌아갔다고 말씀하셨습니다(루카 18,9-14 참조).

예수님이 선포하신 복음의 핵심에는 하느님을 아버지로 알려 주신 가르침이 있습니다.¹⁴ 예수님이 하느님을 "아빠, 아버지", 곧 당신의 아버지로 부르셨다는 사실은(마르 14,36 참조) 초대 그리스도교 교회에 깊게 각인되었습니다. 그리스어로 기록된 신약 성경에서도 "아빠 Abba"라는 아람어 단어를 그대로 사용하고 있는 점(로마 8,15; 갈라 4,6 참조)은, 그 호칭이 이미 오래전부터 예수님과 그리스도교 신자들의 고유성을 드러내는 것이었음을 나타냅니다. 기도하는 법을 알려 달라는 제자들의 청에 따라 예수님이 가르쳐 주신 "우리 아버지"라는 호칭(마태 6,9; 루카 11,2 참조)은, 당연히 그리스도교 안에서 가장 잘 알려지고 가장 널리 쓰이는 기도가 되었습니다. "우리 아버지"라는 호칭은 하느님에 대해 우리가 이해하는 바와 그분과 우리 사이의 관계를 가장 본질적으로 드러내는 핵심입니다. 그 호칭은 우리가 하느님과 사적으로 친근한 관계에 있으며, 그분은 우리를 잘 아시고 우리에게 귀를 기울이신다는 것, 그리고 그분은 우리의 버팀목이 되어 주시고 우리를 사랑하신다는 것을 우리에게 일깨워 줍니다.

예수님은 기도할 때 빈말을 되풀이하지 말라고 말씀하셨습니다. 아버지 하느님은 우리에게 무엇이 필요한지 이미 알고 계시기 때문입니다(마태 6,8 참조). 우리는 그분께 우리의 걱정과 근심을 맡겨도 됩니다. 하늘의 새들과 들판의 꽃들도 아버지 하느님이 돌보시는데, 하물며 인간인 우리에게 무엇이 필요한지는 그분이 더욱 잘 아신다는 얘기입니다(마태 6,25-34 참조). 그분은 하늘의 참새들도 직접 돌보시고, 우리의 머리카락까지 다 세어 두셨습니다(마태 10,29-30 참조). 그분은 우리의 아버지요 모든 사람의 아버지시며, 모든 사람은 그분의 아들딸들입니다. 그분은 악인에게나 선인에게나 당신의 해가 떠오르게 하시고, 의로운 이에게나 불의한 이에게나 비를 내려 주십니다(마태 5,45 참조). 하늘에 계신 아버지(마태 5,16; 18,10.14.19.35 참조)는 우리와 멀리 떨어져 계시지 않습니다. 그분은 하늘과 땅의 아버지(마태 11,25; 마태 6,10 참조)이십니다. 하늘에 계신 아버지는 이 세상에서 우리의 삶도 주관하십니다. 우리는 모든 것 안에서 아버지 하느님의 손길을 느끼고, 어느 상황에서든 그분의 보호를 받고 있음을 의식하며, 곤경을 겪을 때 그분께 간청할 수 있습니다. 우리는 아무런 감정도 없고 의지할 신神도 없는 무한한 우주에서 사는 것이 아닙니다. 우리는 우연히 생겨났거나, 목표 없이 무의미하게 진화한 존재가 아닙니다.

루카 복음사가는 예수님의 복음 선포를 아주 훌륭하게 요약하였습니다. 마태오 복음사가가 '하느님의 완전하심'을 이야기한 문맥에서(마태 5,48 참조), 루카 복음사가는 '하느님의 자비'를 이야기합니다(루카 6,36 참조). 이처럼 루카 복음사가는 '자비'가 하느님의 완전한 본성을 드러낸다고 생각했습니다. 하느님은 단죄하시지 않고 용서하시며, 차고 넘치게 선물하는 분이십니다. 하느님의 자비는 모든 척도를 뛰어넘을 정도로 풍성합니다.[15]

3. 자비로운 성부에 관한 예수님의 비유 말씀

예수님은 매우 적절한 비유를 통해 '아버지 하느님의 자비'에 관해 말씀하셨습니다.[16] 무엇보다 '착한 사마리아인의 비유'(루카 10,25-37 참조)와 '되찾은 아들의 비유'(루카 15,11-32 참조)를 그 예로 들 수 있습니다.[17] 이 두 가지 비유는 사람들의 기억 속에 깊이 새겨져 자주 인용되고 있습니다.

'착한 사마리아인의 비유'에서 눈에 띄는 점은, 예수님이 하필 사마리아인을 자비로운 사람으로 묘사하셨다는 사실입니다. 당시 유다인들은, 사마리아인들에게 이방인의 피가 섞여 있으므로 정통 신앙을 지닌 유다인이 아니라고 그들을 업신여겼습니다. 사제와 레위인이 길가에 쓰러져 있던 피해자를 먼저 보고도 무심히 지나쳤던 반면에, 하필이면 사마리아인이 그를 돌보았다는 이야기 내용은 청중의 심기를 언짢게 했을 것입니다. 사마리아인은 강도들에게 처참하게 두들겨 맞아 초주검 상태로 길가에 쓰러져 있던 피해자를 그냥 지나치지 않았습니다. 그는 피해자를 보고 가엾은 마음이 든 나머지 가던 길을 멈추고, 몸을 굽혀 응급 처치를 한 다음 상처를 싸맸습니다. 그는 여관 주인에게 돈을 넉넉히 주면서 환자를 잘 돌봐 달라고 부탁하고는 비용이 더 들면 돌아오는 길에 갚겠다고 했습니다.

예수님은 "누가 저의 이웃입니까?"라는 질문에 대한 대답으로 이 비유를 들려주셨습니다. 그분은 그저 멀리 있는 사람이 아니라 우리가 이웃이 되어 주는 사람, 우리와 마주치는 지금 이 순간 우리의 도움을 필요로 하는 사람이 우리의 이웃이라고 하셨습니다. 예수님은 '멀리 있는 이들'(독일어 '페른스테Fernste')이 아니라, '가까이 있는 이들'(독일어 '넥스테Nächste')(독일어에서 'Nächste'는 '이웃'을 뜻한다. — 역자 주)을 사랑하라고 말씀하신 것입니다. '이웃 사랑'은 가족 관계나 친구 관계, 종교적이거나 민족적인 동질성과 관련된 것이 아니라, 우리와 마주치는 때에 고통을 겪고 있으며 도움을 필요로 하는 구체적인 사람과 관련이 있습니다.

'되찾은 아들의 비유'에서 예수님은 한 걸음 더 나아가십니다. 예수님은 당신이 죄인들과 어울리고 함께 식사하는 것에 화를 내고 투덜거리는 바리사이들과 율법 학자들에게(루카 15,2 참조) 그 비유 말씀을 들려주셨습니다. 그들은 예수님의 그런 행동이 율법에 기록된 정의에 어긋난다고 생각했습니다. 그러나 예수님은 그 비유 말씀을 통해 투덜대는 그들을 훈계하셨습니다. 죄인들을 너그러이 대하시는 예수님의 태도는 하늘에 계신 아버지 하느님의 더 크고 높은 정의를 드러내는 것이었습니다. 예수님의 비유 말씀이 뜻하는 교훈은 다음과 같습니다. 잃었던 아들을 너그러이 대하는 아버지처럼, 하느님께서도 죄인들이나 당시 죄인으로 여겼던 사람들을 너그럽게 대하십니다.

그 점은 특히 '되찾은 아들의 비유'(루카 15,11-32 참조)에서 잘 묘사되어 있습니다. 그런 까닭에 그 비유를 '자비로운 아버지의 비유'라고 부르는 것이 더 나을지 모릅니다. 그 비유에서 '정의'와 '자비'라는 단어가 직접 언급되지는 않지만, 그 두 개념은 아버지의 사랑과 아들의 상실감 사이에 펼쳐지는 극적인 사건을 관통하고 있습니다. 아들은 무절제하고 방탕한 생활로 인해 아버지에게서 물려받았던 많은 유산을 탕진했고, 그 때문에 아들 자격도 잃었습니다. 그는 아버지에게 더 이상 정당한 요구를 할 수 없었습니다.

그러나 부자 관계는 영원한 것입니다. 아버지는 자기 자신과 아들에게 한결같은 모습을 보였습니다. 아들이 돌아오는 것을 멀리서 보았을 때 아버지는 가엾은 마음이 들었습니다(루카 15,20 참조). 아들이 아버지의 재산을 탕진하여 아들의 권리도 잃고, 아들로서 누리던 품위에도 금이 갔지만, 아버지에게 그는 영원한 아들이었습니다. 아버지는 아들이 올 때까지 기다리지 않고, 아들에게 달려가 그의 목을 껴안고 입을 맞추었습니다. 아버지는 아들에게 가장 좋은 옷을 입히고 손에 반지를 끼워 주었습니다. 그것은 그를 자기 아들로 새롭게 인정하고, 그에게 아들로서의 권리와 자격을 돌려준다는 표지였습니다. 아들은 걱정 없이 목숨만 부지하기를 바랐지만, 아버지는 그런 바람만 들어준 것이 아니었습니다. 아버지의 자비는 모두가 예상한 범위를 훨씬 뛰어넘는 것이었습니다. 두 아들에게 재산을 공평하게 나눠 주는 모습이 아니라, 아들의 자격을 되돌려 주는 모습에서 아버지의 자비를 확인할 수 있습니다. '자비'는 아버지의 사랑의 척도였습니다.

예수님이 '하느님의 자비'를 그보다 더 아름답게 묘사하셨던 적은 없습니다. 그 비유를 통해 예수님은, 당신이 행동하는 것처럼 아버지 하느님께서도 행동하신다는 사실을 일깨워 주려고 하셨습니다. 그 비유에서 '아버지의 자비'는 더 높은 정의를 의미합니다. 자비는 정의의 가장 완전한 실현이라고 말할 수 있습니다. '하느님의 자비'를 체험함으로써, 인간은 자신의 참모습을 되돌아보게 됩니다. 그러나 '하느님의 자비'는 인간에게 모멸감을 주지 않습니다. "자비의 관계는 인간이라는 선한 존재의 공통된 체험에 바탕을 둔 것입니다. 자비의 관계는 인간의 고유한 존엄성에 대한 공통된 체험에 바탕을 둔 것입니다."[18]

'착한 사마리아인의 비유'와 '되찾은 아들의 비유'는 잘 알려져 있습니다. '착한 사마리아인의 비유'는 심지어 그리스도교 교회의 영역 밖에 있는 다양한 긴급 구조 단체와 구호 단체의 이름으로도 쓰입니다(사마리아인 응급 구조대, 사마리아인 노동자 연맹, 사마리아인 국제 구호 사업회 등). 그 사실은 동정과 연민, 자비에 관한 성경 말씀이 사람들의 의식 속에 깊이 새겨져 있으며 세속화된 형태로 계속 실현되고 있음을 보여 줍니다.

그러나 위의 두 비유 말씀의 메시지를 인도주의적인 관점에서만 해석한다면 이는 잘못된 일입니다. 예수님은 자신의 행동을 설명하고, 자신의 행동이 곧 하늘에 계신 아버지 하느님의 행동을 드러낸다는 점을 밝히기 위해 그 비유 말씀들을 들려주셨습니다. 예수님은 "내가 행동하는 것처럼 아버지 하느님께서도 행동하신다."라는 사실을 일깨워 주고자 하십니다. 예수님을 본 사람은 곧 아버지 하느님을 본 것입니다(요한 14,7.9 참조). 예수님 안에서 우리 구원자이신 하느님의 호의와 인간애가 드러났습니다(티토 3,4 참조). "우리에게는 우리의 연약함을 동정하지 못하는 대사제가 아니라, 모든 면에서 우리와 똑같이 유혹을 받으신, 그러나 죄는 짓지 않으신 대사제"(히브 4,15) 예수님이 계십니다. 예수님은 우리에게 다음과 같이 말씀하십니다. "'되찾은 아들의 비유'는 곧 네 이야기다. 네가 바로 잃었던 아들이다. 그러므로 너도 회개해야 한다. 그러나 두려워하지 마라. 하느님께서 회개하는 너를 맞아 주시고, 안아 주실 것이다. 그분은 너에게 굴욕감을 주지 않으시고, 당신의 아들 자격을 되돌려 주실 것이다."

4. 우리와 모든 이를 위한 예수님의 현존

예수님의 복음 선포와 공적인 활동은 사람들의 열렬한 호응을 얻었습니다. 수많은 사람들이 그분에게 몰려들었습니다. 그러나 얼마 지나지 않아 상황은 돌변했습니다. 예수님을 반대하는 사람들은 그분이 안식일에 병을 고쳐 주고(마르 3,6; 마태 12,14; 루카 6,11 참조), 감히 죄를 용서해 준다고 비난했습니다. 어떻게 인간이 죄를 용서해 준다고 말할 수 있고, 실제로 죄를 용서할 수 있냐는 것이었습니다(마르 2,6-7; 마태 9,2-3; 루카 5,20-22 참조). 공교롭게도 '자비'에 관한 예수님의 가르침과 그분의 자비로운 행동은 반대를 불러일으켰고, 스캔들로 여겨졌으며, 결국 그분을 십자가로 몰고 갔습니다. 예수님은 사람들의 그런 반응에 '최후 심판에 관한 엄한 말씀들'로 응수하셨습니다. '하느님의 다스리심'이 돌이킬 수 없는 마지막 기회를 제공하는데, 그를 거부하는 사람은 결정적으로 구원에서 제외된다는 말씀이었습니다. 그러므로 '하느님의 자비'에 관한 예수님의 가르침을 잘못 이해한 나머지 '최후 심판에 관한 말씀'을 없는 것처럼 여기거나 숨겨서는 안 됩니다.[19] '최후 심판에 관한 말씀들'은, '하느님의 자비'를 이끌어 낼 마지막 기회를 놓치지 말고 회개하라는 예수님의 절박한 마지막 호소라 할 수 있습니다.

예수님은 사람들이 당신의 복음을 거부하고 머지않아 당신을 처참하게 죽이리라는 것을 아셨으면서도 제자들과 함께 예루살렘으로 올라가셨습니다.[20] 예수님은 당신보다 앞서 죽임을 당한 예언자들처럼 당신도 죽임을 당하리라는 것을 아셨습니다(루카 13,34 참조). 그분은 특히 요한 세례자의 운명을 잘 알고 계셨습니다(마르 6,14-29; 9,13 참조). 그처럼 예수님은 당신에게 무슨 일이 닥칠지 잘 알고 계셨습니다. 예수님은 당신 아버지의 뜻과 당신의 사명에 순명하여 당신 백성과 세상의 구원을 위한 길을 끝까지 걷겠다고 결심하셨습니다. 제자들을 가르치실 때 예수님은 당신이 머지않아 수난을 당하고 죽게 될 것이라고 말씀하셨습니다. 그분은 당신의 수난과 죽음이 지닌 뜻을 풀이해 주시려고 제2이사야서(제2이사야서는, 이사야 예언자의 제자였던 무명의 예언자가 바빌론 유배 시대 말기(BC 550년경~BC 538년)에 기록한 작품으로, 이사야 예언서 40-55장의 본문에 해당한다. — 역자 주)의 말씀(이사 53,10-12 참조)을 인용하셨습니다. 거기에는 많은 사람들의 죄를 짊어진 '주님의 종'에 관한 이야기(이사 53,12 참조)가 나옵니다.

 '주님의 종'에 관한 제2이사야서의 말씀은 구약 성경의 문맥에서 수수께끼와도 같은 말이었습니다. 그 말씀은 이제 예수님 안에서 뜻이 완전히 파악되고 성취되었습니다. 예수님은 그 말씀에 이어, 당신은 '사람의 아들'로서 섬김을 받으러 온 것이 아니라 섬기러 왔으며, '많은 사람들을 위한'(그리스어 '안티 폴론ἀντὶ πολλῶν') 몸값으로 당신 목숨을 바치러 왔다고 말씀하셨습니다(마르 10,45 참조).²¹ 그분은 당신이 걸어야 할 길을 '반드시 일어나야만 할 일'(그리스어 '데이δεῖ')로, 성경의 표현을 빌어 말하자면, 당신이 순명하는 마음으로 받아들인 '하느님의 뜻'으로 이해했습니다.²² 예수님은 사람들이 당신의 복음을 거부하자, '하느님의 자비'에서 나온 최종적 제안이라 할 수 있는 '수난의 길'을 당신 백성을 대신하여 걷기로 결심하셨습니다. 시몬 베드로가 예수님의 수난과 죽음에 대한 예고를 반박하자, 예수님은 그를 엄하게 꾸짖으셨습니다. 예수님은 "사탄"이라는 더할 나위 없이 혹독한 표현을 통해 베드로가 하느님이 원하시는 일을 원치 않으며, 그를 통해 당신의 일을 무너뜨리려고 한다는 점을 일깨우셨습니다(마르 8,31-33; 마태 16,21-23; 루카 9,22 참조).

예수님은 수난을 당하시고 돌아가시기 전날 저녁 최후의 만찬 때 그런 생각을 다시 한 번 밝히셨습니다. 그 생각은 예수님의 유언이자 유지라고 할 수 있습니다. 최후의 만찬 때 예수님이 하셨던 말씀은 여러 전승이 서로 다르게 전하고 있지만, 그럼에도 우리는 그에 관한 모든 기사의 핵심이 "너희를 위하여"(루카 22,19-20; 1코린 11,24 참조)나 "많은 사람을 위하여"(마태 26,28; 마르 14,24 참조)란 말에 있음을 확인할 수 있습니다.²³ 루카 복음사가와 바오로 사도의 전승에 나오는

"너희를 위하여"란 말은 제2이사야서에 나오는 '주님의 종'처럼 '많은 사람을 대신하여 목숨을 바친다.'라는 의미로 해석할 수 있습니다. 최후의 만찬에 관한 모든 기사는 "너희를 위하여"나 "많은 사람을 위하여"란 말로, 예수님의 이 세상 현존의 핵심을 이루고 있던 사항, 곧 '우리와 모든 이를 위한 그분의 현존', 타인을 위한 그분의 현존을 함축적으로 설명합니다. "우리를 위하여pro nobis"라는 말은 모든 사람을 위한 예수님의 이 세상 현존과 목숨 바친 희생을 의미합니다. 그런 뜻에서 이 말은 신약 성경의 신학 전체에 의미를 부여하는 핵심이자 포기할 수 없는 핵심이라고 할 수 있습니다.[24]

여러 전승이 '예수님의 최후의 만찬 말씀'을 서로 다르게 전하는 데에서 기인하는 다양한 문제점들을 이 자리에서 모두 논할 수는 없습니다. 여기서는 무엇보다 '대속代贖' 개념을 올바로 이해하는 것이 중요합니다. 특히 오늘날 우리에게는 그것이 쉽지 않은 일입니다. '대속'은 자신의 행동에 대해 스스로 책임을 져야 한다는 우리의 상식과 어긋나는 것처럼 보이기 때문입니다. 우리가 명시적으로 청하지 않은 이상, 어떻게 다른 사람이 우리를 대신해서 행동할 수 있겠습니까? 우리의 상식에 따르면 하느님이 세상 구원을 위해 당신의 아드님을 희생 제물로 원하셨다는 이야기는 이해가 되지 않을 뿐만 아니라, 불쾌하게 여겨지기까지 합니다. 자기 아들의 죽음을 원하는 존재를 어떻게 하느님이라고 부를 수 있겠습니까? 오늘날 많은 사람들이 그리스도교에 대한 근본적인 항변과 도덕적인 비난으로 그런 질문을 던지고 있습니다.

그런 까닭에 현대의 진보적인 신학은 '대속'을 우리 인간에 대한 예수님의 연대감으로, 특히 억압받고 차별받는 사람들에 대한 그분의 지지로 해석하고 대체하려 합니다. 최근의 가톨릭 신학을 대표하는 몇몇 신학자들도 그런 의견을 내놓았습니다.[25] 그러나 그런 소극적인 해석은 성경 말씀이 지닌 깊이와 무게에 부합하지 않습니다. 우리 인간이 죄를 지어 겪게 된 사회적·형이상학적 고통과, 그로 인한 전적인 소외와 극심한 불행의 깊이와 무게를 고려할 때에만 '대속'을 이야기하는 성경 말씀들을 이해할 수 있기 때문입니다.

성경에 따르면, 죄인은 자기 죄로 인해 목숨을 잃고 죽게 되었습니다. 죽음은 죄가 주는 품삯입니다(로마 6,23 참조). 인간을 공동체의 일원으로 바라보는 성경의 시각에 따르면, 죽음이라는 불행은 개인뿐만 아니라 민족 및 인류 전체와 관계되어 있습니다. 개인이 죄를 범해 민족 전체를 오염시켰고, 그 결과 모두가 죽게 되었습니다. 인간을 공동체의 일원으로 이해하는 맥락에서만 '대속'을 올바로 이해할 수 있습니다.[26] 인간은 누구나 죄를 범하고 죽을 운명을 공통적으로 지녔기에, 어느 누구도 사사로이 자신의 힘으로 그 운명에서 벗어날 수 없습니다. 죽을 운명을 지닌 우리 인간은 무엇보다 자기 힘으로 생명을 되돌릴 수 없습니다. 오로지 생명과 죽음의 주인이신 하느님이 자비로운 마음으로 죽음이 아닌 생명을 원하실 때에만, 오로지 그분이 생명에게 새로운 기회를 주시고 생명을 다시 가능하게 만드실 때에만 우리는 죄와 죽음에서 벗어날 수 있습니다. 인간이 아니라, 오로지 하느님만이 우리를 죽음의 위험에서 구원하실 수 있습니다.

하느님은 역사 안에서 자행되는 악을 못 본 체하시거나, 대수롭지 않고 사소한 것으로 다루시지 않습니다. 그런 행동은 값싼 호의이지 인간과 그의 행동을 진지하게 받아들이는 참된 자비가 아니기 때문입니다. 하느님은 당신의 자비 안에서 정의도 지키려 하십니다.[27] 그런 까닭에 예수님은 우리를 대신하여 우리 모두의 죄를 자발적으로 짊어지셨습니다. 예수님은 스스로 죄가 되신 것입니다(2코린 5,21 참조). 그러나 예수님은 하느님의 아드님이시기 때문에, 죽음이 예수님을 이길 수는 없었습니다. 오히려 그분 자신이 죽음을 이기셨습니다. 그분의 죽음은 죽음의 사멸을 의미합니다. 이처럼 예수님은 당신의 죽음을 통해 우리 생명의 돌파구를 마련하셨습니다. 하느님은 예수님 안에서 당신의 충만한 자비를 다시 한 번 결정적으로 드러내 보이셨고(에페 2,4-5 참조), 우리에게 새롭게 시작할 기회를 주셨으며,

당신의 크신 자비로 우리를 새로 태어나게 하셨습니다(1베드 1,3 참조).

'대속'은 많은 사람들이 잘못 이해하고 있듯이 복수심에 찬 하느님이 자신의 분노를 달래기 위해 희생 제물을 요구하는 것과는 관련이 없습니다. 그와는 정반대로, 하느님은 자비로운 마음으로 당신 아드님의 죽음을 원하심으로써 당신의 분노를 거두시고 당신의 자비와 생명이 영향력을 발휘하게 하십니다. 하느님은 당신의 아드님을 통해 우리 자리를 대신하심으로써 삶을 파멸시키는 죄의 작용을 몸소 짊어지셨고, 그를 통해 우리에게 새로운 생명을 선사하셨습니다. "누구든지 그리스도 안에 있으면 그는 새로운 피조물입니다. 옛것은 지나갔습니다. 보십시오, 새것이 되었습니다."(2코린 5,17) 우리가 스스로 하느님을 우리 자신과 화해시킨 것이 아닙니다. 하느님이 스스로 우리와 화해하신 것입니다(2코린 5,18 참조).

물론 '대속'은 하느님이 예수 그리스도를 통해 우리 뜻과는 상관없이 우리의 구원을 이루시는 대리 행위가 아닙니다. 하느님은 우리를 당신과 화해시키시어, 계약 관계를 회복시키십니다. 아우구스티노 성인은 다음과 같이 매우 분명하게 말했습니다. "우리의 의지와 상관없이 우리를 지으신 분께서는, 우리의 의지와 상관없이 우리를 구원하려고 하지 않으십니다."[28] 예수님의 대속을 통해 우리는 신앙 안에서 새롭게 "네."라고 응답하거나, "아니오."라고 거부할 기회를 갖게 됩니다. '대속'은 유일하게 그리스도만이 할 수 있기 때문에 배타성을 띤다 하더라도, 동시에 우리의 참여를 요구하기 때문에 포괄적인 것이기도 합니다.²⁹

하느님이 세상을 당신과 화해시키셨다는 진술과 더불어, '예수님의 최후 만찬 말씀'에 나오는 "'많은 사람을 위하여'(그리스어 '휘페르 폴론ὑπέρ πολλῶν') 흘리는 피"(마르 14,24; 마태 26,28; 마르 10,45 참조)라는 표현을 어떻게 해석해야 할지에 관한 문제가 제기됩니다. 논란이 있기는 하지만 널리 퍼져 있는 학설에 따르면, '많은 사람을 위하여'라는 말은 히브리어에서 '모든 사람을 위하여'라는 말과 같은 뜻이라고 합니다.³⁰ 그러나 여기서 '모든 이'는 '개인 한 사람, 한 사람'을 뜻하는 것이 아니라, '사람들 전체' 내지는 '수를 셀 수 없는 군중'을 의미한다는 것입니다.³¹ 신약 성경에서 '사람들 전체'는 이스라엘 백성뿐만 아니라 유다인과 이방인 전체, 인류 전체를 뜻합니다. "당신 자신을 '모든 사람의'(그리스어 '휘페르 판톤ὑπέρ πάντων') 몸값으로 내어 주신 분"(1티모 2,6)이란 말씀은 그런 뜻으로 이해할 수 있습니다. 그런 보편성은 신약 성경 전반에서 확인할 수 있습니다(요한 6,51; 로마 5,18; 2코린 5,14; 히브 2,9 참조). 하느님의 보편적 구원 의지와 예수님의 자기희생의 보편적 지향은 의심할 나위 없는 사실입니다.³²

예수님이 '인류 전체'를 위해 자신의 목숨을 내놓으셨다는 사실을 근거로 '모든 사람의 구원'이라는 이론을 내세울 수 없으며, 사실상 모든 사람이 구원받았다는 결론도 이끌어 낼 수 없습니다.[33] '대속'은 예수님이 구원의 유일한 중개자란 점에서 배타적인 것이지만, 그분의 자기희생에 우리의 참여를 요구한다는 점에서 포괄적인 것이기도 합니다. '대속'은 우리가 본래 스스로 할 수 있고 해야 하는 일을 대신해 주는 대리 행위가 아닙니다. '대속'은 우리 자신에 대한 책임을 대신 짊어지는 것이 아니라, 우리가 그 책임을 다시 짊어지게 만듭니다. 다시 말해 대속은 죄로 인해 잃었던 우리 자신에 대한 책임감을 회복시키고, 책임감을 새롭게 느끼게 하며, 우리에게 책임감을 새롭게 요구합니다. 대속은 새로운 삶을 살도록 우리를 해방시키고, 우리를 새로운 피조물로 만듭니다. 그러므로 우리는 예수님이 모든 사람을 위해, 또한 개인적으로 나를 위해 당신의 생명을 바치셨다고 신앙 안에서 자신 있게 말할 수 있습니다. 그래서 바오로 사도도 "나를 사랑하시고 나를 위하여 당신 자신을 바치신 하느님의 아드님에 대한 믿음으로"(갈라 2,20) 산다고 말했습니다.[34]

그런 신앙의 확신은 더 이상 추상적인 교리가 아니었으며, 그런 것으로 머물 수도 없었습니다. 그런 신앙의 확신은 각 개인에게, 또한 그와 예수님과의 사적인 관계에서 본질적인 의미를 지닌 것입니다. 개인의 마음속에 깊이 자리 잡은 그리스도에 대한 신앙심과 그리스도의 신비 체험은 특히 클레르보의 베르나르도 성인(1090~1153년)에게서 찾아볼 수 있습니다. 성인은 십자가에 매달린 그리스도가 몸을 아래로 구부리시어 자신을 안아 주신다고 종종 고백했습니다. 그는 그런 환시의 의미를 다음과 같이 설명했습니다. "당신 자신을 바치신 그리스도를 닮으려는 노력을 통해 우리는 변화됩니다 transformamur cum conformamur."[35] 클레르보의 베르나르도 성인의 영성은 독일 신비가인 헨리코 수소 복자(1295/1297~1366년)의 신비 사상에 영향을 주었고, 이후 영성 생활에 관한 고전古典으로 꼽히는 독일 신비가 토마스 아 켐피스Thomas von Kempen(1380~1471년)의 《준주성범 Imitatio Christi》에도 영향을 끼쳤습니다. 근대의 영성에는 로욜라의 이냐시오 성인(1491~1556년)이 쓴 《영신수련Exerzitien》이 결정적 영향을 끼쳤는데, 이냐시오 성인은 피정자들에게 십자가에 매달리신 예수님과 친근한 대화를 나누라고 권고합니다. 그처럼 개인적으로 깊이 각인된 신앙은 독일 루터교 신학자이자 독일어권에서 가장 유명한 성가 작사가인 게르하르트Paul Gerhardt(1607~1676년)가 쓴 성가 〈오, 피와 상처로 가득한 스승이시여O, Haupt voll Blut und Wunden〉에서도 찾아볼 수 있습니다. "오, 주님! 당신이 받으신 모든 고통이 저를 짓누릅니다. 당신이 참아 내신 고통은 모두 제 탓입니다."[36]

5. 하느님의 자비와 정의, 우리의 삶

바오로 사도는 예수님이 아버지 하느님에 관한 이야기와 비유 안에서 구체적으로 말씀하시고, 수난 예고와 최후의 만찬 말씀에서 분명하게 밝히신 내용을 매우 깊이 숙고했습니다. 바오로 사도의 복음 선포의 핵심에는 십자가가 있습니다. 바오로 사도는 그리스도를 십자가에 못 박히신 분으로만 이해하고자 했습니다(1코린 2,2 참조). 그런 까닭에 바오로 사도의 신학을 '십자가 신학'이라고 부릅니다. 바오로 사도의 복음 선포에서 '십자가 신학'은 예수님의 부활에 관한 소식과 분리되지 않습니다. 바오로 사도는 '십자가 신학'과 '부활 신학'을 자기보다 앞선 전승에서 받아들였습니다(1코린 15,3-5 참조). 바오로 사도는 그 전승에서 예수님이 성경 말씀 그대로, 다른 말로 표현하면 미리 결정된 하느님의 구원 의지에 따라 '우리 죄들을 대신하여ὑπὲρ τῶν ἁμαρτιῶν ἡμῶν' 돌아가셨다는 신앙 고백을 발견했습니다(1코린 11,24; 15,1 참조).

부활이 없었다면, 그리스도의 십자가는 그분의 실패를 상징하는 표지가 되었을 것입니다. 그러나 부활을 근거로 십자가는 승리를 상징하는 표지가 되었고(1코린 15,54-56 참조), 그것 없이는 다른 모든 것이 흔들리고 의미를 잃는 신앙의 토대가 되었습니다(1코린 15,14.17 참조). 그런 까닭에 교회는 첫 수 세기 동안 십자가를 예수님이 매달려 있는 고문 도구가 아니라, 보석이 박힌 승리의 표지로 묘사했습니다.^37 십자가는 사랑이 미움을 이기고 생명이 죽음을 이겼다는 것과, 세상 종말에는 자비가 심판을 이긴다는 것(야고 2,13 참조)을 우리에게 말해 주는 승리의 표지입니다.^38

바오로 사도는 십자가 사건과, 자신의 공동체에 이미 신앙 고백 양식으로 전해 내려오는 대속을 부활의 관점에서 깊이 숙고했습니다. 그의 서간에는 수시로 "예수님은 우리를 위해 돌아가셨다."라는 내용의 말씀이 나옵니다(로마 8,3; 2코린 5,21; 갈라 3,13 참조). 그를 통해 바오로 사도는, 죄인이 죽을 운명에 놓이게 되자 예수님이 죄와 율법의 요구와 저주를 짊어지셨다는 사실을 일깨우고자 했습니다. 바오로 사도는 대속을 "예수님이 우리를 위해 죄가 되셨다."(2코린 5,21 참조)라는 극단적인 말로 표현했습니다. 또한 죄 없으신 예수님이 우리를 대신하고 우리를 위하여 자발적으로 정의의 요구를 채우셨다고 (로마 8,3; 갈라 3,13 참조) 했습니다.

바오로 사도는 그리스도의 죽음과 부활에 관한 그러한 이해가 '하느님의 정의δικαιοσύνη Θεοῦ'에 관한 이해의 근간을 이룬다고 생각했습니다.^39 인간의 논리에 따르면, 죄인인 우리에게 '정의'는 곧 사형 선고를 의미합니다. 그러나 그리스도의 죽음과 부활 덕분에, '정의'는 이제 생명을 위한 무죄 판결을 의미합니다. 그리스도의 죽음과 부활로 율법의 요구가 폐지된 것이 아니라 오히려 예수 그리스도가 우리를 위하여, 또한 우리를 대신해서 정의의 요구를 채우신 것입니다. 예수님은 우리를 위한 변호를 맡으셨으며, 그분 자신이 우리에게 정의가 되셨습니다(1코린 1,30 참조). 이처럼 예수 그리스도 안에서 드러난 하느님의 정의는 단죄하고 처벌하는 정의가 아니라, 의롭게 만드는 정의입니다. 그 정의는, 내세울 만한 우리의 공로가 없어도 순전히 은총을 기반으로 하느님 앞에서 우리를 변호합니다. 그 정의는 우리의 공로가 아니라 우리의 믿음을 근거로 우리에게 주어집니다(로마 1,17; 3,21-22; 9,32; 갈라 2,16; 3,11 참조). 그 정의는 인간을 변호하고, 인간을 의롭게 만드는 정의입니다.

　이와 같이 십자가에서 결정적으로 드러난 하느님의 자비는 심판받고 죽어 마땅한 우리를 과분하게도 다시 살게 하고 새롭게 시작하게 만듭니다. '하느님의 자비'는 모든 희망에 반대가 되는 희망을 선사합니다(로마 4,18 참조). '하느님의 자비'는 인간이 생명과 자유를 누릴 수 있는 여지를 마련합니다. '하느님의 자비'는 인간의 자유를 억누르거나 방해하지 않습니다. 그리고 이와는 정반대로 '하느님의 자비'로 얻게 된 '새로운 의로움'은 우리를 비로소 자유롭게 만들어, 우리가 정의를 실천하고 세상의 정의를 위해 투신하는 일에서 많은 결실을 맺게 합니다(2코린 9,10; 콜로 1,10 참조). 이로써 '믿음을 통해 새로운 의로움이 주어진다.'라는 가르침은 그리스도인의 자유에 대한 근거를 제시합니다(갈라 5,1.13 참조).**40**

"하느님의 정의는 벌하는 정의가 아니라, 죄인을 의롭게 만드는 정의다."라는 통찰은 루터의 위대한 혁신적 발견으로 여겨집니다. 그런 발견을 통해 루터 자신도 개인적으로 죄의 두려움과 양심의 가책에서 벗어날 수 있었습니다. 그런데 루터의 발견은 근본적으로 재발견이라 할 수 있습니다. 그것이 그리스도교의 오랜 전통에 뿌리를 두고 있기 때문입니다. 우리는 그 뿌리를 루터가 존경해 마지않던 아우구스티노 성인[41]과, 루터 바로 이전에 르네상스를 경험했으며 루터가 잘 알던 클레르보의 베르나르도 성인[42]에게서 찾을 수 있습니다. 유감스럽게도 '의화'는 16세기에 벌어졌던 논쟁들의 핵심 논점이 되었고, 이후 수백 년 동안 서구의 그리스도교 신자들을 갈라놓고 유럽인들과 유럽의 여러 민족들에게 많은 고통을 안겼던 오해와 논쟁의 긴 역사가 이어졌습니다. 20세기에 이르러서야 비로소 루터교 신자들과 가톨릭교회의 신자들 사이에 근본적인 의견의 일치가 이뤄졌습니다.[43] 다행스럽게도 오늘날 루터교 신자들과 가톨릭교회 신자들은, 두렵고 절망하는 마음으로 자신을 걱정하는 세상 사람들에게 한목소리로 다음과 같이 증언할 수 있게 되었습니다. "두려워하지 마십시오! 하느님의 정의는 곧 그분의 자비이고, 그분의 자비는 곧 그분의 정의입니다. 하느님의 정의와 자비는 모든 실존적 불안으로부터 여러분을 해방시켜, 새로운 삶과 새로운 희망, 사랑에서 우러나고 사랑을 위한 삶을 살게 할 것입니다."

바오로 사도는 무엇이 그리스도인이 새롭게 누리는 자유이고, 무엇이 그런 자유가 아닌지 상세히 설명했습니다. 그리스도인이 새롭게 누리는 자유를, '나에게는 모든 것이 허용됩니다.'(1코린 6,12; 10,23 참조)라는 생각에서 제멋대로 행동하는 것과 혼동해서는 안 됩니다. 그리스도인이 누리는 자유는 우리를 율법의 지배에서 벗어나게 합니다. 우리는 율법을 지킴으로써 자신을 의롭게 만들 수 있다고 생각하지만, 율법 규정을 완벽하게 지키는 것은 우리에게 불가능한 일이며 따라서 늘 과도한 짐이 됩니다. 그리스도인의 자유는, 우리가 끊지 못해 늘 묶여 있으며 우리 자신의 힘으로는 결코 벗어날 수 없는 죄라는 짐으로부터 우리를 해방시킵니다. 그리스도인의 자유는, 초조한 나머지 성공·돈·권력·명예·즐거움·성적 매력을 추구함으로써 이뤄 보려 하지만 결코 성공하지는 못할 '자기 의화'로부터 우리를 해방시킵니다. 그리스도인의 자유는, 우리에게 폭군 노릇을 하는 세속 재물의 노예가 되는 것에서 우리를 해방시킵니다. 그리스도인의 자유는 '무엇으로부터 해방되는 자유'지만, 동시에 언제나 '무엇인가를 위하는 자유'이기도 합니다. 다시 말해 그것은 '하느님과 다른 이들을 위하는 자유'입니다. 그리스도인의 자유는 사랑 안에서 효력을 발휘합니다(갈라 5,6 참조). 사랑은 자유롭기 때문에, 자아로부터도 자유로우며, 자신의 어두운 모습도 뛰어넘을 수 있습니다. 사랑은 모든 율법의 완성입니다(로마 13,10 참조).

바오로 사도는 '하느님의 정의'를 '교환'이라는 개념에 비유해 설명합니다. "하느님께서는 죄를 모르시는 그리스도를 우리를 위하여 죄로 만드시어, 우리가 그리스도 안에서 하느님의 의로움이 되게 하셨습니다."(2코린 5,21) "그분(예수 그리스도)께서는 부유하시면서도 여러분을 위하여 가난하게 되시어, 여러분이 그 가난으로 부유하게 되도록 하셨습니다."(2코린 8,9) 우리가 하느님과 화해한 것이 아니라, 하느님이 예수 그리스도를 통해 우리와 화해하신 것입니다. 하느님은 그렇게 하심으로써, 우리가 그리스도 안에서 새로운 피조물이 되게 하셨습니다(2코린 5,17-19 참조).

바오로 사도가 말한 '거룩한 교환sacrum commercium'은 교부들에게서 커다란 호응을 얻었습니다. 교부들은 수시로 "의로우신 분이 불의한 이들을 위해 돌아가셔서, 그들을 의롭게 만드셨습니다. 그분은 돌아가셨고, 그를 통해 우리는 살게 되었습니다."라고 말했습니다. 교부들은 한 걸음 더 나아가 "하느님께서 인간이 되시어, 우리가 신적 지위를 얻게 되었습니다."라고 말하기도 했습니다.[44] 〈미사 통상문〉의 '성탄 감사송 3'에는 다음과 같은 표현이 나옵니다. "오늘 그리스도를 통하여 하느님과 친교의 길이 열렸으니 말씀이신 성자께서 연약한 인간이 되시어 죽을 인간이 하느님의 영원한 생명에 참여하는 영예를 누리게 되었나이다." '교환'의 개념을 이용한 비유의 절정은 루터에게서 볼 수 있는데, 그는 여러 글에서 '기쁜 교환'에 관해 말하였습니다.[45]

'십자가 신학'은 필리피 신자들에게 보낸 서간에 나오는 '그리스도 찬가'에서 절정에 이릅니다(필리 2,6-11 참조).[46] 그곳에는 '하느님의 자기 비움'이라는 개념이 나옵니다. 바오로 사도는, '하느님의 모습 μορφὴ θεοῦ'을 지니신 분이 '종의 모습μορφὴ δούλου'을 취하시는 '자기 비움κένωσις'에 관해 이야기합니다. 많은 주석 학자들의 의견에 따르면, 바오로 사도는 자신의 공동체에 전해 내려온 이 찬가의 구절에 "십자가 죽음에 이르기까지 순종하셨습니다."란 문장을 끼워 넣었다고 합니다. 그리스도께서 자발적으로 세속 권력의 지배를 받는 종의 신분을 취하셨으며, 십자가 위에서 돌아가시기까지 순종하셨다는 것입니다. 하느님은 그분을 죽음 속에 내버려 두지 않으시고, 그분을 들어 올리시어 새로운 '세상의 지배자κύριος'로 삼으셨습니다. 그를 통해 그리스도께서 종의 신분으로 하셨던 일들이 우리에게는 새로운 세상의 법이 되었습니다. 통치권이 바뀌었고, 세상은 새롭게 펼쳐졌습니다. 콜로새 신자들에게 보낸 서간에 나오는 '그리스도 찬가'는 그런 생각을 계승했습니다. "그분은 시작이시며 죽은 이들 가운데에서 맏이이십니다. …… 과연 하느님께서는 기꺼이 그분 안에 온갖 충만함이 머무르게 하셨습니다. 그분 십자가의 피를 통하여 평화를 이룩하시어 땅에 있는 것이든 하늘에 있는 것이든 그분을 통하여 그분을 향하여 만물을 기꺼이 화해시키셨습니다."(콜로 1,18-20)

'하느님의 모습을 지니셨던 분의 자기 비움'이라는 개념 안에서, 우리가 이미 구약 성경에서 확인한 사상, 곧 '하느님은 당신의 자비와 생명이 영향력을 발휘하게 하시려고, 당신 자신을 뒤로 물리신다.'라는 생각이 완성됩니다. 구약 성경의 그 생각이 신약 성경에서는 다음과 같이 극단적으로 표현되었습니다. "하느님은 심지어 당신 자신에게 반대되는 일을 하십니다. 다시 말해 하느님은 죽음을 받아들이시고, 죽음의 영향력 아래 놓이십니다. 하느님 자신이 죽으신 것입니다."[47] 그러나 죽음은 생명 자체이신 하느님을 감당할 수 없었습니다. 죽음은 십자가에서 효력을 다했지요. 예수님의 십자가상 죽음은 '죽음의 패배'와 '생명의 승리'를 의미합니다. 그래서 바오로 사도는, "승리가 죽음을 삼켜 버렸다. 죽음아, 너의 승리가 어디 있느냐? 죽음아, 너의 독침이 어디 있느냐?"(1코린 15,54)라고 말할 수 있었습니다.

그처럼 하느님의 자비와 생명은 십자가에서 승리를 얻었습니다. 하느님은 그리스도를 통해 세상을 당신과 화해시키셨습니다(2코린 5,18 참조). 하느님은, "자비가 풍성하신"(에페 2,4), "인자하신 아버지"(2코린 1,3)이십니다. 그분의 자비로 우리는 죽음에서 구원받았고(에페 2,4-6 참조), 새로 태어나 생생한 희망을 지니게 되었습니다(1베드 1,3; 티토 3,5 참조). 그래서 바오로 사도는, 환난·역경·박해·굶주림·헐벗음·위험·칼도 우리를 그리스도의 사랑에서 갈라놓을 수 없다고 말할 수 있었습니다(로마 8,35 참조). 인간의 관점에서 보아 아무리 절망적인 상황 속에 있더라도, 또한 살아 있을 때나 죽을 때나 우리는 하느님에게 받아들여지고, 그분의 지지와 사랑을 받습니다.

그런 생각은 요한의 첫째 서간에서도 찾아볼 수 있습니다. "하느님은 우리 마음보다 크십니다."(1요한 3,20) 하느님은 우리의 편협한 예상과 두려움을 뛰어넘는 분이십니다. 하느님은 예수 그리스도와 함께하는 당신의 공동체에 우리를 불러 주셨습니다(1요한 1,3 참조). 그런 까닭에 요한의 첫째 서간은 "하느님은 사랑이십니다."(1요한 4,8.16)라고 요약하여 말합니다. 그래서 하느님 사랑의 결과인 '자비'는 복음의 총체라고 할 수 있습니다.

오늘날 십자가와 십자가에 못 박히신 예수 그리스도를 보기 싫어하는 사람이 많습니다. 그들은 공공장소에 십자가가 걸려 있는 모습을 더 이상 보아 넘기지 못하고, 그것을 떼어 달라고 요구합니다. 이렇게 다원화된 사회의 매우 세속화된 견해를 접할 때 저는 다음과 같은 질문을 떠올리게 됩니다. "건강과 행복을 추구하는 세상에서 고통은 더 이상 아무 의미가 없는 것일까? 우리가 고통을 의식 밖으로 몰아내고 있는 것은 아닌가? 모든 이들을 위한 사랑과 자비의 표지인 십자가를 더 이상 공공장소에서 볼 수 없다면, 우리 사회가 특히 고통을 겪는 많은 사람들이 무엇을 잃게 되는 것일까? 우리는 더 이상 '그의 상처로 우리는 나았다.'(이사 53,5; 1베드 2,24)라는 말씀을 떠올려서는 안 된다는 말인가?" 십자가에 못 박히신 하느님의 아드님을 믿는 것은, 이 세상에 사랑이 현존한다는 사실과 사랑이 미움과 폭력보다 강하고 사람들이 빠져 있는 온갖 악보다 강하다는 사실을 믿는 것입니다. "이 사랑을 믿는 것은 자비를 믿는 것입니다."[48]

　사랑을 믿고 사랑을 실존 이해의 본질과 총체로 삼는 것은 하느님에 대한 우리의 생각과 우리의 자기 이해, 우리의 생활 실천, 교회적 실천, 세상을 대하는 우리의 태도에 광범위하고 혁신적인 결과를 가져옵니다. 자비를 통해 입증되는 사랑은 우리의 삶과 교회, 그리고 사회에서 새로운 문화의 토대가 될 수 있고, 토대가 되어야 합니다. 성서적 근거에 대한 설명을 마친 지금, 그에 관해 논해야 할 것입니다.

제5장
조직 신학적 고찰

1. 하느님의 기본 속성인 자비

하느님의 무한하신 자비에 관한 성경의 가르침은 초대 교회의 신학에 커다란 반향을 불러일으켰습니다. 그것은 당연한 일이었지요. 이미 클레멘스 1세 교황(30년경~101년)은 〈코린토 신자들에게 보낸 서간〉에서 다음과 같이 말했습니다. "모든 일에 자비로우시고 너그러우신 아버지 하느님은 당신을 경외하는 이들을 기꺼이 도우시며, 천진난만한 마음으로 당신을 찾는 이들에게 흔쾌히 은총을 베푸십니다."[1] 리옹의 이레네오 성인(130/140년경~202년경)은 '자비'를 하느님의 속성으로 꼽았습니다.² 초대 교회의 모든 증언들을 하나하나 상세히 설명하는 것은 지나친 일이 되겠지요. 그보다는, 자비에 관한 가르침이 초대 교회에서 성과 없는 빈말에 머물지 않았다는 사실을 밝히는 것이 더 중요합니다. 세례를 받은 후 대죄를 범해 세례 서약을 깬 그리스도교 신자들에게 두 번째 기회를 줄 수 있는지에 관한 문제가 대두되었을 때, '하느님의 무한하신 자비'에 관한 가르침은 초대 교회가 참회 예절을 도입하는 데 결정적인 근거가 되었습니다.³

'하느님의 자비'에 관한 본격적인 논의는 마르키온 이단과의 논쟁에서 시작되었습니다. 마르키온은 폰투스 지방 시노페 항의 부유한 선주로, 135년경 로마로 와서 그리스도교 공동체에 소속되었다가 격렬한 논쟁을 벌인 후 144년 로마 공동체로부터 퇴출되었습니다. 그 논쟁이란, '하느님 자비'가 어떻게 본질적으로 효력을 발휘하며, 장차 어떤 중대한 결과를 가져오는지에 관한 것이었습니다. 마르키온은 구약 성경이 묘사하는 '정의와 분노의 하느님'과 신약 성경이 묘사하는 '자비의 하느님'이 서로 다르다고 생각했습니다. 그를 통해 그는 구세사의 단일성과, 옛 계약과 새 계약의 동질성에 대해, 궁극적으로는 성경 전체의 증언과, 구약 성경과 신약 성경의 단일성에 대해 의문을 제기한 것입니다. 좀 더 깊이 들여다보면, 마르키온이 제기한 문제는 자비로우시고 의로우신 하느님의 단일성에 관한 것이었음을 알 수 있습니다. 당시의 논쟁 안에서 그리스도교 신앙의 본질적인 문제가 제기되었던 것이지요. 따라서 교부들이 마르키온의 의견에 대해 단호한 반응을 보였던 것은 놀랄 만한 일이 아닙니다. 그러한 논쟁을 통해, 오늘날까지 그리스도교 전체에 기준이 되는 토대, 곧 구약과 신약의 정경이 확정되고 자비로우시고 의로우시며 한 분이신 하느님에 관한 가르침이 정립되었습니다.[4]

당시에 교회가 내렸던 결정들은 이후 교회의 역사와 신학 전반에 토대가 되었고, 오늘날에 이르기까지 분열된 교회들을 이어 주는 가장 중요한 연결 고리가 되었습니다. 그리스도교의 여러 종파에 속한 교회들과 공동체들은 성경의 정경을 근거로 내세우고 있기 때문입니다. 당시에 교회가 내렸던 근본적인 결정은 물론 분열의 소지도 지니고 있었습니다. 그 결정이 하느님의 자비와 정의가 서로 어떤 관계에 있는지 질문을 제기하기 때문입니다. 앞서 말한 대로, 그 질문은 서구 그리스도교 교회의 운명을 결정짓는 본질적인 문제가 되었습니다.

이 문제를 올바로 이해하고 정리하려면, '하느님에 관한 가르침'의 근본적인 발전 과정을 살펴봐야 합니다. 오늘날에 이르기까지 '하느님에 관한 가르침'의 출발점은, 하느님이 모세에게 당신 이름을 알려 주신 사건에 있습니다. 모세가 불타는 떨기나무의 한가운데서 말씀하시는 하느님께 이름을 여쭈었을 때, 하느님은 "나는 '여기 있는 나'다."(우리말 《성경》에는 "나는 있는 나다."라고 번역되어 있다. — 역자 주)라고 대답하셨습니다(탈출 3,14 참조). 전통 신학은 그리스어 번역본을 토대로 그 말을 "나는 '존재하는 자der Seiende'다."로 번역했습니다('der Seiende'는 '있다, 존재하다'라는 뜻을 지닌 독일어 동사 'sein'의 현재 분사인데, 철학적 의미로는 '존재das Sein'와 구별되는 '존재자'를 가리킨다. — 역자 주).[5] 그리스어 번역본이 히브리어 성경 원본과는 다르게 하느님의 이름을 전하고 있다는 사실에서, 우리는 유다인들과 그리스인들의 사고방식이 서로 달랐다는 점을 알 수 있습니다. "있는 나"라는 말 속에 숨어 있는 '있다'라는 히브리어 동사는, 그리스어와는 달리 정적靜的이 아닌 동적動的으로 존재하는 것을 가리킵니다. 따라서 "있는 나"라는 말은 그저 '존재하는 것'이 아니라, 구체적으로 '현존하는 것' 곧 '다른 이들과 함께, 다른 이들을 위하여 현존하는 것'을 뜻합니다. 그러므로 하느님이 모세에게 알려 주신 이름은 "나는 너희를 위하여, 너희와 함께, 너희 곁에 있는 자다."라는 의미를 지녔습니다. 그런 의미에서, 하느님의 이름은 하나의 약속이라고 할 수 있습니다. 헬레니즘 시대인 기원전 200년경 알렉산드리아에서 히브리어 구약 성경을 그리스어로 번역해 펴낸 《칠십인역Septuaginta》은, 하느님의 이름을 그리스 철학의 존재론적 의미로 해석했습니다. 그에 따라 《칠십인역》은 하느님의 이름을 "나는 존재하는 자다ἐγώ εἰμι ὁ ὤν."라고 번역했지요.

그 번역은 널리 수용되어, 2천 년이 지난 오늘에도 신학적 사고에 커다란 영향을 끼치고 있습니다. 하느님은 다른 모든 '존재자들 Seiende' 곁이나 위에 있는 또 다른 '존재자'가 아니라는 점을 분명히 드러내기 위해, 그분을 '존재 자체'(독일어 das Sein selbst, 라틴어 ipsum esse subsistens)로 규정했지요. 이 개념은 하느님의 고유한 이름이 되었습니다.[6] 이 개념은 하느님의 내재성과 초월성을 동시에 표현합니다. 즉, 하느님이 모든 것 안에 존재하시며 모든 것을 결정하는 실재시라는 점과, 하느님은 모든 것을 초월하시는 세계 원리로서 범신론적이거나 만유 재신론적으로 인식된다는 점을 드러냅니다.

더 나아가 이 개념은, 인간 사유의 최고 대상인 '존재'와 신앙의 최고 대상인 '하느님'이 서로 모순되지 않는다는 것을 보여 줍니다. 이 통찰은 전통 신학 전체에 영향을 끼칠 정도로 놀라운 것이었지요. 이 통찰은, '사유'와 '신앙'이 같은 것이 아니고 서로를 독차지할 수 없다 하더라도, 그것들은 서로 모순되지 않고 어울린다는 점을 이야기합니다. 사람들은 그런 생각을 쉽게 포기하려고 하지 않습니다.[7]

그러나 신학에서도 모든 것에는 대가가 따르기 마련입니다. 이미 테르툴리아누스는 "예루살렘이 아테네와 무슨 관계가 있단 말인가?"라고 물었습니다.[8] 특히 파스칼은 1654년 어느 날 밤 신비스러운 체험을 한 후 자신의 유명한 책 《회상록Mémorial》에서 철학자들의 하느님과, 아브라함과 이사악, 야곱의 하느님 사이에 존재하는 차이점을 분명하게 제시했습니다.[9] 파스칼의 질문은 불안감을 불러일으켰고, 추가적인 질문을 가져왔습니다. 계몽주의 시대부터 그리스도교는 헬레니즘의 영향에서 벗어나려는 노력을 기울였습니다.[10] 특히 진보적 신학은 헬레니즘의 형이상학에서 벗어나려고 시도했습니다. 그 시도는 20세기의 개신교 신학에 오랫동안 영향을 끼쳤습니다. 그 밖의 경우 개신교 신학은 진보주의 신학과 거리를 두려고 했지요.[11] 그러나 성경의 하느님과 철학의 하느님을 구별하는 경우, 신학은 자신이 선택한 편협한 시각에 갇히게 됩니다.

하느님의 이름이 지닌 본래의 순수한 의미를 찾겠다는 의도와는 달리, 그러한 시도를 통해 오히려 편협한 시각에 갇히게 되면, 성경에 나오는 '야훼 신앙'도 다른 요소에 물들지 않고 순수한 상태로 남아 있던 적이 한 번도 없었다는 사실을 인식할 수 없게 됩니다. '야훼 신앙'은 처음부터 자신의 고유한 본질을 기반으로 역사의 순간마다 인간의 실생활에 끊임없이 새롭게 녹아들었지요. 시나이 산에서 있었던 하느님의 계시는, 특정한 사람들만이 아닌 인류 전체에 대한 권한이 그분에게 있음을 보여 줍니다. 하느님은 당신을 이스라엘 백성의 하느님으로만, 다시 말해 국가나 민족을 위한 수호신으로만 계시하시지 않고, 약속의 땅에 이르기까지 이스라엘 백성이 거쳐 가는 모든 곳에서 당신을 하느님으로 드러내 보이시겠다고 약속하셨습니다. 그 약속은 인류 전체에 대한 권한이 그분에게 있음을 뜻합니다. 아브라함이 세상의 모든 민족들을 위한 축복이 될 것이라는 그분의 약속(창세 12,2-3; 18,18 등 참조)에서도 그분의 그런 권한을 확인할 수 있습니다. 우리는 예언서들에서 하느님이 인류 전체에 대한 권한을 갖고 계시다는 사실을 분명히 확인할 수 있지요(이사 41,4; 44,6-8 참조). 헬레니즘 시대의 '야훼 신앙'은 그 사실을 다른 방식으로 표현했습니다. 그 시대 유다인들은 그리스 철학의 '존재'라는 매우 포괄적인 개념을 하느님께 적용하여, 하느님이 모든 것을 결정하는 실재이심을 드러내고자 했습니다. 그를 통해 그들은 이스라엘의 하느님이 인류 전체에 대한 권한을 갖고 계심을 표현했을 뿐만 아니라, 동시대의 다른 민족들도 하느님에 관한 성경의 증언을 이해할 수 있게 했습니다.

그러므로 오늘날 하느님의 본질에 관한 전통적 설명을 무시할 필요는 없습니다. 그보다 우리는 그리스 철학의 형이상학적 '존재' 개념을 근대 자유 철학의 시각에서 비판적이고 건설적으로 계속 사유해야 합니다. 그러나 이 책에서 그런 사유를 수행할 수는 없습니다.[12] 이 책의 본래 주제와 관련해서는, 철학적 존재 개념과 성경이 이야기하는 하느님 사이의 관계를 올바르게 규명하는 것이 더 중요합니다. 그러므로 우리는 다음과 같이 질문해 볼 수 있겠지요. "성경이 이야기하는 하느님이 철학적 존재 개념에 편입되거나 종속되는가? 아니면, 성경이 이야기하는 하느님의 모습을 철학적 존재 개념에 접목한 다음, 성경이 이해한 하느님의 모습을 통해 철학적 존재 개념을 더 상세하게 규명할 수 있는가?" 이는 토마스 아퀴나스 성인이 "한계determinatio"라는 말로 표현하기도 했던 관심사입니다.[13]

하느님에 관한 철학적 개념에서 출발하여, 역사적 계시 사건에서 드러난 하느님의 모습을 통해 그분에 관한 철학적 개념을 보다 상세히 규명하려는 시도는 결코 새로운 것이라 할 수 없습니다. 그런 시도는 이미 교부학과 스콜라 철학에서 찾아볼 수 있지요. 여기서는 전통 신학의 대표적 인물인 아우구스티노 성인과 보나벤투라 성인의 학설을 살펴보겠습니다.

아우구스티노 성인은 자신의 책 《고백록》의 제7권에서, 자신이 마니교의 유물론적 신관神觀에서 출발하여 플라톤주의의 신관을 거쳐 그리스도교의 신관을 갖게 되기까지의 과정을 기술하고 있습니다.[14] 그리스도교의 신관은 "나는 있는 나다ego sum qui sum."라고 모세에게 이름을 알려 주신 하느님의 계시 사건에 근거합니다. 아우구스티노 성인은 삼위일체에 관한 자신의 논문에서, 하느님의 이름이 곧 그분에 대한 정의定義는 아니라고 강조했습니다. 하느님의 본질은 우리 인간이 파악할 수 없으며, 따라서 확정적으로 묘사할 수도 없다는 것이지요.[15] 아우구스티노 성인은, 하느님은 삼위일체시라는 생각에서, 다시 말해 하느님은 사랑이시라는 생각에서 벗어날 수 없었습니다. 그는 자신의 신관을 최종적으로 요약하며 논문을 마무리 짓는 《삼위일체론De Trinitate》 15권에서, 이에 관해 감동적으로 이야기합니다. 그는 사랑이 하느님의 본성이며 그분의 본질을 나타낸다고 하면서, 다음과 같이 덧붙였습니다. "우리가 이미 여러 번 그 사실을 말한 것처럼, 앞으로도 지치지 않고 수시로 그 사실을 이야기할 것입니다."[16] 아우구스티노 성인은 하느님을 그리스도 안에서 계시된 하느님, 곧 사랑이신 하느님(1요한 4,8.16 참조)으로 이해했습니다.

아우구스티노 성인의 생각은 서방 교회의 신학 전반에 놀랄 만한 영향을 끼쳤습니다. 우리는 그의 생각을 전성기의 스콜라 철학에서, 특히 보나벤투라 성인에게서 찾아볼 수 있습니다. 보나벤투라 성인은 자신의 책 《하느님을 향한 영혼의 순례기Itinerarium mentis in Deum》에서, 십자가에 못 박히신 그리스도의 빛 안에서만 하느님을 올바로 인식할 수 있다고 강조했습니다.[17] 그는 그런 인식을 가지고 토마스 아퀴나스 성인처럼, 하느님의 으뜸가는 이름이 모세에게 계시된 '있는 자'라는 결론을 이끌어 냈습니다. 그리고 보나벤투라 성인은 그런 결론에서 한 걸음 더 나아갔습니다. 그는 "선하신 분은 한 분뿐"(마태

19,17)이라고 부유한 청년에게 답하셨던 예수님의 말씀을 떠올리며 다음과 같이 덧붙였습니다. "선善은 자기 자신을 나눠 주고 선물하는 것Bonum est diffusivum sui이라고 정의할 수 있습니다."[18] 하느님은 '당신을 나눠 주고 사랑 안으로 녹아 사라지는 존재 자체'라는 이야기지요. 하느님을 그렇게 정의한다고 해서 그분에 관한 철학적 개념을 저버린 것은 아닙니다. 오히려 하느님에 관한 철학적 개념을 신학적으로 상세하게 설명하고 구체화했으며, 토마스 아퀴나스 성인의 표현을 빌리자면 그 개념을 신학적으로 규명했다고 할 수 있습니다. 그와 같이 보나벤투라 성인도 아우구스티노 성인처럼, 하느님의 본질을 사랑으로 이해하고 하느님은 삼위일체시라는 가르침을 펼쳤습니다.[19] 현대 신학에서 카를 라너는, '하느님'을 뜻하는 그리스어 단어 '테오스θεός'가 신약 성경에서는 늘 '성부聖父'만 가리킨다는 점을 증명하면서,[20] 삼위일체에 대한 관심을 새롭게 불러일으켰습니다.

이를 살펴보기에 앞서, 우리의 특별한 관심을 끌었던 '하느님의 속성들'이란 주제에 관해 지금까지 고찰한 결과들을 정리하겠습니다. 대학에서 가르치는 신학 과목들은 '하느님의 속성들'을 '존재 자체'라는 하느님의 형이상학적 본질을 규명하는 범주 안에서 설명해 왔습니다. 그런데 앞서 살펴봤듯이, '하느님의 자비'를 그런 범주 안에서 위상에 걸맞게 다루고 있지는 않습니다.[21] 구약 성경과 신약 성경의 증언에 따르면, '하느님의 자비'는 구세사에 나오는 하느님의 자기 계시 사건들에서 으뜸 자리를 차지하고 있습니다. 그러므로 교의 신학 교과서에서 보듯이, '하느님의 자비'를 그저 그분의 여러 속성들 가운데 하나로, 궁극적으로는 그분의 형이상학적 본질에 기인하는 속성들보다 못하기 때문에 그저 부수적으로만 언급하는 하나의 속성으로 여길 수는 없습니다. 오히려 '자비'는 하느님의 본질인 사랑(1요한 4,8.16 참조)을 외부에 효과적으로 드러냅니다. '자비'는 세상과 인간을 너그러이 대하시고 역사적으로 그들에게 늘 새로운 관심을 보이시는 하느님의 본질과, 그분의 고유한 친절과 사랑을 보여줍니다. '자비'는 하느님의 '효율적으로 작용하는 사랑caritas operativa et effectiva'[22]입니다. 그러므로 우리는 '자비'를 하느님의 근본적인 속성으로 이해해야 합니다.

이미 언급한 대로, '자비'는 거룩함 · 정의 · 신의 · 진실 같은 하느님의 또 다른 속성들과 풀릴 수 없는 내적인 관계에 있습니다.[23] '자비'는 하느님의 다른 속성들로 둘러싸여 있으며, 그분의 다른 속성들은 '자비'를 중심으로 하나로 짜여 있고 '자비'의 관점들을 드러냅니다. 독일의 가톨릭 신학자인 셰벤Matthias Joseph Scheeben(1835~1888년)은 하느님의 또 다른 속성들로, '호의 · 관용 · 친절 · 너그러움 · 사랑 · 친밀감 · 풍족하게 베풂 · 사려 깊음 · 관대함 · 온화함 · 온순함 · 인

내·끈기'를 들었습니다.²⁴ 그의 소견은 하느님의 속성들을 논하는 데 있어 '자비'를 부수적으로 다룰 것이 아니라, '자비'를 그분의 속성들을 하나로 엮는 중심으로 삼고 그것 둘레에 그 속성들을 배열할 것을 시사하고 있습니다.

하느님의 본질은 여러 속성들로 구성된 것이 아니라 전적으로 단일한 것이므로, 성경이 이야기하는 하느님의 이름들과 속성들은 궁극적으로 하느님의 본질과 일치합니다. 하느님의 본질을 여러 속성들로 표현하는 것은, 우리 인간의 이해 능력에 한계가 있기 때문이지요. 우리는 하느님의 단일한 본질을, 세상에 대한 하느님의 관계나 세상 안에서 이뤄지는 하느님 행위의 효과를 통해 그때그때 인식할 수 있을 뿐입니다. 따라서 하느님의 각 속성들은 당면한 상황에 국한해서만 그분께 근거하고 있다고 말할 수 있습니다.²⁵

'자비'를 하느님의 근본 속성으로 삼으면, 하느님의 '정의' 및 '전능'과 그분의 '자비'와의 관계도 새롭게 정립해야 합니다. '자비'가 하느님의 근본 속성이라면, '자비'는 '정의'에 종속된 개념이 아니며, 오히려 하느님의 '자비' 개념을 토대로 그분의 '정의' 개념을 해석해야 합니다. '자비'는 하느님의 고유한 정의이지요. 그것은 가톨릭교회와 루터 교회의 의화론 사이에 의견이 일치했던 근본적인 통찰이었습니다.²⁶ 그에 관해서는 다시 한 번 상세히 다룰 생각입니다.²⁷

'자비'를 하느님의 근본 속성으로 삼으면, 그분의 '자비'와 '전능' 사이의 관계도 중대한 영향을 받게 됩니다. 그 관계는 '아우슈비츠 이후 신학'('홀로코스트 신학Holocaust Theology'이라고도 부른다. 제2차 세계 대전 때 아우슈비츠 수용소에서 나치에 의해 자행되었던 유다인 대학살을 두고, 특히 하느님의 '전능'과 '자비'에 관해 숙고한 신학. — 역자 주)에서 매우 중요한 문제였습니다. 깊은 충격을 받은 사람들은 당시에 하느님은 어디 계셨으며, 어떻게 그분이 그런 끔찍한 범죄를 허락할 수 있냐고 물었습니다. '침춤Zimzum'이라는 유다의 신비주의[28]와, 16세기와 18세기 루터교의 '자기 비움 신학Kenosistheologie'의 영향을 받은 사람들은, 하느님이 모든 희망을 잃고 무기력한 생활을 하던 수용소의 수감자들과 온전히 함께하기 위해 당신의 전능을 포기하셨다는 답변을 내놓기도 했습니다. 이런 답변은 독일의 철학자 요나스Hans Jonas(1903~1993년)에 이르러 높은 사고 수준에 다다랐습니다.[29] 작가의 개인적인 진심과 사고 수준에 경의를 표하지만, 그의 답변은 인정받기 어렵습니다. 전능하지 않은 신神은 더 이상 신일 수 없기 때문입니다. 그런 신은 인간을 더 이상 도울 수 없으며, 그런 신에게 인간은 아무런 기대도 할 수 없습니다. 그런 신의 자비는 약점에 지나지 않습니다. 그러나 성경에 따르면, 사정은 정반대입니다.[30] 즉, 온전히 뒤로 물러나실 수 있는 것에서 하느님의 절대성과 전능이 드러납니다. 하느님이 가난하고 억압받는 이들과 자비롭게 함께하시는 것에서 그분의 신성과 전능이 드러나지요.³¹ 교회의 기도에 나오듯이, 하느님의 전능은 무엇보다 인간을 소중히 대하시고 용서하시는 것에서 드러납니다.³² 하느님의 전능은 사랑과 자비를 베푸는 데에서 잘 드러납니다.

형이상학에 치우친 편협한 신론神論을 뛰어넘어 성경이 전하는 하느님 체험에서 강력한 힘을 재발견한 사람들은 바로 위대한 성녀들이었습니다. 신학 논문을 한 번도 쓴 적이 없지만, 교회 학자로 공경을 받는 아기 예수의 데레사 성녀(1873~1897년)는 다음과 같이 말했습니다. "저는 하느님의 무한하신 자비를 끊임없이 묵상하는 가운데, 그분의 또 다른 신적인 완전함에 기도를 바칩니다. …… 그러면 그분의 완전함은 사랑의 빛을 내지요."³³ 마리아 파우스티나 코발스카 성녀는 '자비'가 하느님의 근본 속성이라고 주장하여, 요한 바오로 2세 교황을 거쳐 21세기 신학 사상에 큰 영향을 끼쳤습니다.³⁴

스콜라 철학의 대표자인 토마스 아퀴나스 성인의 '자비' 개념을 해석하는 데 지대한 공헌을 한 콩가르는, 토마스 아퀴나스 성인도 하느님을 사랑으로 이해했음을 보여 줍니다. 콩가르의 해석을 통해 자연스레 '사랑의 존재론'이 나오게 되었습니다.³⁵ 하느님이 모든 것을 결정하는 실재시라면, "하느님은 사랑이시다."라는 진술에서 '사랑은 이 세상의 최종적 의미다.'라는 결론을 이끌어 낼 수 있습니다. 그러므로 '사랑의 존재론'에서는, 고대 및 중세 형이상학이 이야기하는 '스스로 존재하는 것'(독일어 'Substanz')이나, 현대 철학이 이야기하는 '주체'(독일어 'Subjekt')도 '모든 것을 결정하는 실재'가 될 수 없습니다. 오히려 '소통적이고 관계적인 사고 형식形式'이 그것들의 자리를 대신합니다.[36] '소통적이고 관계적인 사고 형식'은 삼위일체론에서 나온 개념으로, '세상의 모든 것을 결정하는 실재'의 본보기가 되었습니다.

2. 삼위일체의 반영인 자비

'하느님의 자비'를 그분의 삼위일체적 본질을 반영한 것으로 이해하려는 시도는, 얼핏 위험한 모험처럼 보일지 모릅니다. 오늘날의 우리만, '하느님은 삼위일체이신 분'이라는 고백을 일곱 개의 봉인이 찍힌 책처럼 전혀 이해할 수 없으며, 따라서 '하느님의 자비'를 깊이 이해하는 데에도 별 도움이 되지 않는다고 여기는 것은 아닙니다. 삼위일체론은 신학 안에서도 때때로 홀대를 받았습니다. 그런데 정교회 신학의 영향을 받아 지난 수십 년 동안 가톨릭교회와 개신교의 신학에 커다란 변화가 일어났습니다. 그 변화는 삼위일체의 신비를 새롭게 이해하고, 그 신비를 그리스도교 신앙을 이해하기 위한 열쇠로 인식하는 계기가 되었습니다.[37]

물론 삼위일체론은 '마법의 곱셈'과 같은 초자연적 수학이 아닙니다. 삼위일체론은 하나가 곧 셋이며, 단일한 실재가 똑같은 관점에서 볼 때 하나인 동시에 셋일 수 있다는 모순된 진술을 하려는 것도 아닙니다. 삼위일체론은 신약 성경 전체를 요약하는 요한의 첫째 서간의 말씀, 곧 '하느님은 사랑이시다.'(1요한 4,8.16 참조)라는 진술을 세심하게 해석한 것입니다. 그렇다고 삼위일체의 신앙 고백이 이 구절에 근거하는 것은 아닙니다. 또한 헤겔이 시도한 것처럼, 삼위일체의 신앙 고백을 이성理性 진리로 끌어올릴 수 있는 것도 아니지요. 삼위일체의 신앙 고백은 "이해가 필요한 신앙fides quaerens intellectum"이라는 공리公理의 의미로, 이를 이해하려는 신앙인에게는 자기 안에 모순을 지닌 진리가 아니라 신앙 안에서 충만한 의미를 지닌 진리로 이해됩니다. 삼위일체의 신앙 고백은 그런 점에서 '신앙적 이해'라고 말할 수 있습니다.[38]

하느님이 사랑이시라면, 우리는 인간적 사랑을 유추하여 그분의 가장 깊숙한 내면에 자리한 본질을 대략 파악할 수 있습니다. 그런데 사실 이러한 유추에는 닮은 점보다 닮지 않은 점이 훨씬 더 많습니다. 인간적 사랑의 본질은, 다른 사람에게 무엇인가를 선물하는 것만 아니라, 선물을 통해 자기 자신을 나눠 주고 선사하는 것에 있습니다. 선물하는 사람은 자신을 선물함으로써, 자신을 넘겨주고 내

줍니다. 그러나 선물을 통해 자신을 내준다 할지라도, 그는 그 자신으로 남아 있으며 사랑 안에서 자아를 실현합니다.[39] 사랑은 다른 사람과 하나가 되는 것이며, 그때에도 사랑을 주는 사람이나 사랑을 받는 사람은 상대방에게 흡수되거나 상대방 안에서 소멸되지 않습니다. 오히려 다른 사람과 하나가 됨으로써 비로소 자신의 자아를 발견하고 자아를 실현한다는 점이 사랑의 신비입니다. 참사랑은 상대방과 전혀 거리를 두지 않는 것을 뜻하지 않습니다. 참사랑은 상대방의 다른 점을 존중하고, 상대방의 고유한 존엄성을 지켜 줍니다. 참사랑은 상대방과 하나가 됨으로써, 상대방이 자기 모습 그대로 존재할 수 있는 여지를 마련해 줍니다. 사랑의 역설은, 사랑이 상이함과 독특함을 포괄하는 단일성이라는 점에 있습니다.

인간적 사랑은 하느님의 사랑을 닮기는 했어도, 그보다 훨씬 못합니다. 인간적 사랑은 앞에서 말한 것처럼 하느님 사랑과 닮은 점보다 닮지 않은 점이 훨씬 많습니다.[40] 그럼에도 우리는 그런 유사성을 통해, 삼위일체의 신앙 고백이 무의미하거나 허무맹랑하거나 모순을 지닌 주장이 아니라는 사실을 분명히 알 수 있습니다. 삼위일체의 신앙 고백은, 구약 성경과 신약 성경 전반에 깔려 있는 일신론적 신관과 모순 관계에 있는 것이 아닙니다. 삼위일체론은 철저히 위장된 다신론이 아닙니다. 삼위일체론은, 한 분이시고 유일하신 하느님이 고독하거나 죽은 존재가 아니시며, 오히려 그분 안에는 생명과 사랑이 충만하다는 점을 분명하게 밝힙니다.

   삼위일체론은 일신론을 보완하거나 반대하는 이론이 아니라, 정교한 일신론이라 할 수 있습니다.[41] 삼위일체론에서는 하느님을 '존재 자체'로 본, 추상적이고 철학적인 정의를 상세하게 구체화합니다. 다시 말해 삼위일체론은 "존재 자체이신 하느님은 자기 자신을 나눠 주고 선물하는 사랑이십니다."라고 이야기합니다. 이미 살펴보았듯이, 이처럼 상세하게 구체화된 이론의 실마리는 아우구스티노 성인과 보나벤투라 성인에게서 확인할 수 있습니다. 하느님의 선하심은, '그분이 당신 자신을 나눠 주시고 선물하시는 것'에서 드러납니다. 당신 자신을 발산하는 사랑이신 하느님은 한 분이시지만 동시에 세 위격을 지니신 분이십니다. 영원으로부터 그분에게는 사랑받는 존재와, 함께 사랑받는 존재가 있습니다. 다시 말해 영원으로부터 하느님은 아버지와 아들, 성령의 위격을 갖고 계십니다. 신약 성경에 따르면, 하느님은 삼위일체적 존재로서 사랑 안에서 보다 상세하게 모습을 드러내십니다.[42]

   하느님이 당신 안에서 당신 자신을 나눠 주는 사랑이신 경우에만, 밖으로도 당신 자신을 나눠 주실 수 있습니다. 하느님이 당신 안에서 당신 자신을 나눠 주는 분이 아니라면, 그분이 밖으로 당신 자신을 나눠 주는 일은 자신이 되어 가고 자신으로 발전해 나가는 일이 될 것입니다. 그런 경우, 하느님은 당신 자신을 계시함으로써 비로소 자신이 되어 가시겠지요. 그런 경우, 신학은 신화에서나 볼 수 있는 '신통기神統記'(고대 그리스의 시인 헤시오도스가 지은 서사시. 세계의 창조, 올림포스 신의 계보, 신들의 탄생과 그들의 지배권, 신들의 자손 계보 따위를 다루고 있으며, 모두 1,200행으로 되어 있다. 《표준국어사전》, 국립국어원 2015) ― 역자 주)가 될 것입니다. 그런 경우, '하느님의 자비'의 계시는 더 이상 그분의 자유 의지에서 나온 사건이 아니라, 그분이 자신이 되어 가는 필연적인 과정이라 할 수 있겠지요. 하느님이 당신 자신 안에서 사랑이신 경우에만, 그분의 자기 계시는 어디에도 근거하지 않고 어디에도 빚지지 않은 그분 사랑의 자유로운 선물이 될 것입니다.

하느님이 삼위일체시라는 사실은 그분의 자비를 설명하기 위한 전제 조건이 됩니다. 거꾸로 그분의 자비는 그분의 본질을 드러내고 반영하는 것이라 할 수 있습니다. 성부와 성자와 성령이 영원히 자신을 나누는 사랑은 '하느님의 자비' 안에 반영되고, 그 안에서 드러납니다.[43]

우리는 '하느님의 자비'라는 신비를 더욱 깊이 이해하기 위해 한 걸음 더 들어갈 수 있습니다. 지금까지 우리는 '자비'가 하느님의 자기실현이 아니라 그분의 삼위일체적 본질의 반영이라고 이야기했지요. 이제 우리는 다음과 같은 말을 덧붙여야 합니다. "자비를 통해 하느님의 삼위일체적 본질이 실현되는 것은 아니지만, 자비를 통해 그분의 본질은 우리를 위하여, 우리 안에서 구체적인 실재가 됩니다." 우리는 이 말을 어떻게 이해할 수 있을까요?

하느님에게는 모든 것이 무한하기 때문에, 성부는 오로지 당신의 무한성 안으로 물러나시어 당신 안에 성자와 성령을 위한 자리를 마련해 주심으로써, 성자에게 그리고 성자를 통해 성령에게 자신의 신성을 나눠 주실 수 있습니다. 그와 같은 하느님의 '자기 비움κένωσις'('하느님이 예수님 안에서 인간이 되심'을 표현한 말이다. — 역자 주)은, 무한하신 하느님이 피조물에게 자리를 마련해 주실 것이라는 희망의 전제 조건이 됩니다.[44] 하느님이 예수 그리스도 안에서 인간이 되신 사건과, 궁극적으로 예수님이 십자가 위에서 돌아가신 사건은, 그분의 삼위일체적 자기 철회('하느님이 본래의 뜻을 접으시고 뒤로 물러서심'을 뜻한다. — 역자 주)에서 드러난 자기 계시의 절정이라 할 수 있습니다. 생명이신 하느님이 당신의 본질과 정반대되는 죽음을 십자가 위에서 받아들이십니다. 본질적으로 죽지 않으시는 분의 죽음을 통해 죽음을 이기기 위해서입니다.[45] 하느님의 '자기 비움'은 사랑 안에서 그분의 전능을 드러내신 사건입니다. 이처럼 십자가는, '그것보다 더 큰 것을 생각하는 것이 불가능한 그런 사건id quo maius cogitari nequit'입니다.[46] 따라서 구약 성경에서 하느님이 우리에게 새로운 삶의 기회를 주시기 위해 자비로운 마음으로 당신의 거룩한 분노를 거두신다고 한 것은, 실제로 일어났던 십자가 사건의 서곡이자 예표라고 할 수 있습니다.

　십자가에서 결정적으로 드러난 하느님의 내적 실재는 당신 자신을 비우고 당신 자신을 나눠 주는 사랑인데, 그 사랑은 당신 안에 머무르는 것이 아니라, 성령을 통해 우리에게 구체적으로 주어집니다. 하느님은 자비로운 마음으로, 우리가 당신의 마음을 들여다볼 수 있게 허락하실 뿐만 아니라, 성령을 통해 당신의 마음 옆에, 또한 당신의 마음 안에 우리의 자리를 마련해 주십니다. 제2차 바티칸 공의회는, 하느님께서 예수 그리스도 안에서 "당신을 모든 사람과 어느 모로 결합시키셨다."라고 선포합니다.[47] 하느님은 당신을 비우시고 당신을 내주시는 사랑을 통해 당신이 지니신 신성神性의 전혀 다른 모습을 드러내심으로써, 다른 한편으로 당신과 더할 나위 없이 친밀한 관계를 맺게 해 주십니다. 이미 인용한 바 있는 제4차 라테란 공의회의 공리는 이를 통해 보완되고 계승되지요. 우리와 크게 다른 하느님의 모습은 그분과 닮은 우리의 모든 모습들과 대치되지만, 바로 그 모습 덕분에 우리는 그분과 내적으로 가장 깊게 결합할 수 있으며 친밀한 관계를 이룰 수 있습니다.[48]

　이 모든 것은 우리의 삶과 동떨어진 추상적인 사변思辨이 아닙니다. 요한 복음에 따르면, 십자가에 못 박히신 예수님은 돌아가시면서 숨을 내쉬셨습니다(요한 19,30 참조). (우리말 《성경》에서는 "숨을 거두셨다."라고 번역했으나, 독일어 《공동 번역 성경》에서는 "숨을 내쉬셨다seinen Geist ausgestoßen."로 번역했다. '예수님이 숨을 내쉬셨다.'는 것을 '하느님의 자기 증여'로 해석하는 의견도 있다. ─ 역자 주) 요한 복음에서 '들어 올려짐'은, '십자가에 못 박혀 들어 올려짐'과 '하느님의 오른편으로 들어 올려짐'이라는 두 가지 뜻을 지니고 있습니다. 교부들은 '예수님이 내쉬셨던 숨'을 성령으로 해석했지요.[49] 예수님이 십자가에 들어 올려지신 후 곧 숨을 거두셨다는 것은, 그분의 십자가상 죽음과 부활, 승천, 그리고 성령 강림이 동시에 이뤄졌다는 것을 의미합니다. 요한 복음이 전하는 고별사에는 다음과 같은 예수님의 말씀이 나옵니다. "누구든지 나를 사랑하면 내 말을 지킬 것이다. 그러면 내 아버지께서 그를 사랑하시고, 우리가 그에게 가서 그와 함께 살 것이다."(요한 14,23) 요한 복음사가는 수시로 '서로 안에 있음'에 관해 이야기합니다. "그분은 우리 안에 있고, 우리는 그분 안에 있다."라는 것이지요.[50] 이처럼 우리는 성부, 성자와 밀접한 관계를 맺고 있고, 그 관계는 우리에게 충만한 기쁨을 선사합니다(1요한 1,3-4 참조). 바오로 사도는 색다른 '그리스도 신비주의'를 전합니다. 그는 그리스도가 우리 안에 계시고, 우리가 그분 안에 있다는 것만 이야기하지 않습니다. 바오로 사도는, 성령도 우리 안에 사신다고 이야기합니다(로마 8,9; 1코린 6,19; 에페 2,22 참조).

바오로 사도가 한 말은 그리스도교 신심의 역사 안에서 '그리스도 신비주의'에 오랫동안 큰 영향을 끼쳤습니다.[51] 바오로 사도의 말을 토대로, 신학은 성령이 세례받은 의로운 이들의 영혼 안에 사신다는 가르침을 펼치게 되었습니다.[52] 그에 따르면, 하느님은 성령을 통해 당신의 마음 곁에 있는 우리 마음 안에 자리하신다는 것이지요. 우리는 하느님 안에 자리하고 있고, 그곳에서 이미 평화를 누리며, 언젠가는 영원한 평화를 누릴 것입니다.

토마스 아퀴나스 성인은 시편 25편과, 속죄의 시편으로 잘 알려진 51편을 풀이하면서, 종말론의 관점에서 볼 때 우리가 과도기적 상황에 처해 있음을 강조했습니다. 그는 하느님의 자비가 필요한 우리에게 가난과 곤궁은 물리적인 것만은 아니라고 했습니다. 본래 우리의 가난은 죄로 인해 하느님에게서 멀어진 데 있다는 것이지요. 하느님은 영원으로부터 우리에게 당신의 친밀함과 친교를 선사하시고, 우리를 당신 곁에서 살게 하십니다. '하느님의 자비'에 관한 복음은, 하느님이 우리의 원초적이고 근본적인 가난을 보살피시고, 곤궁 속에 있는 우리 곁을 지키시며, 그를 통해 우리 인간과 친구가 되신다는 사실을 알려 줍니다. 그러므로 '하느님의 자비'는 인간의 충만한 행복을 의미합니다. 그분의 자비는 우리가 충만한 내적 행복을 체험하고 미리 맛보게 합니다. 그분의 자비는 우리를 일으켜 세우고, 넓은 마음을 갖게 하며, 우리에게 기쁨과 희망을 선사합니다. 그분의 자비는 지금 하늘나라의 영원한 행복을 우리에게 미리 맛보게 함으로써, 본래의 질서를 회복시키고, 평온과 평화, 행복을 선사합니다.[53]

보나벤투라 성인도 그런 생각을 《하느님을 향한 영혼의 순례기 Itinerarium mentis in Deum》에서 피력했습니다. 이 책에서 그는 평화에 대한 아우구스티노 성인의 갈망과, 평화에 관한 아시시의 프란치스코 성인의 설교를 소개했지요. 그는 '아베르나 산'(오늘날의 '라베르나 산')을 오른 감흥 속에 이 책을 썼습니다.[54] 그 산은 아시시의 프란치스코 성인이 그리스도의 오상을 받았던 곳으로 프란치스코 성인의 제자였던 그에게 특별한 의미가 있는 곳이었습니다. 그리고 그는 십자가에 못 박히신 그리스도와 하나 됨으로써 하느님과 온전히 하나가 되었으며 성령의 불길로 타올랐던 프란치스코 성인의 신비 체험에 대한 묵상으로 이 책을 마무리했지요.[55]

삼위일체 신학은 후대에 이르러 신비주의적 모습을 명확히 드러냈습니다. 삼위일체 신학은, 삼위일체 하느님이 의로운 이들의 영혼 안에 사신다는 성경의 증언을 받아들여, 믿는 이들의 마음 안에 그리스도가 탄생하신다는 가르침을 내놓았습니다. 믿는 이들의 마음 안에서 일어나는 그리스도의 탄생은 성부에게서 나신 '말씀λόγος'

의 영원한 탄생과 마리아에게서 나신 예수님의 일시적 탄생을 본받고 계속 이어 가는 것이라 할 수 있습니다.[56] 독일의 가톨릭 신학자 마이스터 에크하르트(1260년경~1328년)와 독일의 가톨릭 신학자이자 설교가인 타울러Johannes Tauler(1300~1361년), 독일의 신비가인 헨리코 수소 복자(1295/1297년~1366년)는 그런 생각을 받아들였습니다(이 세 사람은 중세 후기 독일어권의 도미니코 수도회 영성을 대표하는 사람들이다. ─ 역자 주). '삼위일체 신비주의'는 독일의 신비가인 빙엔의 힐데가르트 성녀(1098~1179년)가 체험한 놀라운 현시와, 폴리뇨의 안젤라 성녀(1248~1309년), 헬프타의 제르트루다 성녀(1256~1302년), 마그데부르크의 멕틸다 수녀(1207~1282년), 헬프타의 멕틸다 성녀(1241~1299년)와 같은 중세의 여성 신비가, 그 밖의 중세 후기의 여러 신비가에게서 또 다른 모습으로 드러납니다. 19세기의 '삼위일체 신비주의'를 대표하는 사람은 프랑스의 가르멜회 수녀이자 신비가였던 삼위일체의 엘리사벳 복녀(1880~1906년)입니다. 그녀가 1904년 11월 21일 저녁에 쓴 기도는, 그리스도교에서 아름다운 기도 가운데 하나로 꼽히지요. 그 기도는 다음과 같은 말로 시작됩니다. "오, 삼위일체이신 저의 하느님, 당신께 경배하나이다. 제 영혼이 이미 영원 속에 그렇게 머물렀던 것처럼, 당신 안에서 잔잔하고 평온하게 살 수 있도록, 제 자신을 완전히 잊게 도와주소서. 오, 변함없으신 저의 주님, 아무것도 저의 평화를 깨지 못하고, 아무것도 저를 당신에게서 떼어 내지 못하게 하소서. 매 순간 저를 당신의 신비 속으로 깊이 이끄소서. 제 영혼에 평화를 주시고, 제 영혼을 당신의 하늘나라로, 당신이 기꺼이 거처하시는 집으로, 당신의 평온이 깃든 곳으로 삼으소서." 스위스의 가톨릭 사제이자 신학자인 발타자르Hans Urs von Balthasar(1905~1988년)는 그녀의 글들을 추려서 《신앙 속에 있는 하늘나라Der Himmel im Glauben》라는, 특색 있는 이름을 지닌 책으로 펴냈습니다.[57]

'삼위일체 신비주의'는 도취된 마음으로 하느님과 하나 되는 것과는 아무 관련이 없습니다. 그와는 정반대로, 하느님의 빛이 너무 밝기에, 인간은 그 빛에 눈이 멀어 암흑 속으로 떨어질 정도입니다. 하느님과의 친근한 관계에서 감동을 받고, 그 관계에서 특별한 방식으로 행복과 평화를 체험한 그리스도교의 신비가들은 그런 까닭에 늘 하느님에 대한 거리감과 그분의 초월성을 체험하기도 했습니다. '하느님의 자비' 체험은 값싼 위로도 아니고, 하느님의 현존에 대한 도취도 아닙니다. 오히려 신비가들은, 예수님이 십자가 위에서 느끼셨던 고독을 체험하는 어둔 밤을 끊임없이 그리고 종종 오래도록 보내기도 했습니다. 하느님과 하나 됨을 느낄 때 그들은 그분의 거룩함과 초월성을 체험했고, 하느님이 멀리 계시다고 느낄 때에는 자신이 그분과 하나이고 친밀한 관계에 있음을 확신했습니다.[58]

신비주의의 여정은 순례 여정이며, 부활과 하느님과의 영원한 공동체에 대한 희망으로 십자가를 짊어지는 것을 뜻합니다. 이처럼 신비주의는 순례자의 삶을 의미합니다. 신비가들은 종종 골고타의 어둠 속을 살지만, 신앙과 확신 속에, 하느님 곁에, 그분의 자비 안에 자리를 잡으며, 부활의 여명이 밝아 오는 것을 바라봅니다. 신비가들은 자비가 하느님께 향하는 여정의 출발지요 목적지임을 잘 알고 있습니다.

3. 하느님께 가는 여정의 출발지이자 목적지인 그분의 자비

'자비'가 외부로 효력을 발휘하는 하느님의 근본 속성이라면, 그것은 전체 구세사에 앞서는 예표라고 할 수 있습니다. 신약 성경에 따르면, 천지 창조는 이미 예수 그리스도를 향하여 이뤄졌습니다. 하느님은 이미 세상 창조 이전에 그리스도 안에서 우리를 선택하시어, 사랑으로 우리를 당신의 자녀로 삼으시기로 미리 정하셨습니다(에페 1,3-5 참조). 예수 그리스도는 이미 세상 창조 이전에 '하느님의 어린양'으로 간택되셨고, 우리는 그분의 피로 구원받았지요(1베드 1,19-21 참조). 만물은 그분 안에서, 그분을 통하여, 그분을 향하여 창조되었습니다. 그분은 만물에 앞서 계시고, 만물은 그분 안에서 존속합니다(콜로 1,16-17 참조). 만물은 사람이 되신 영원한 '말씀λόγος' 안에서, '말씀'을 통하여 창조되었습니다. '말씀'은 처음부터 세상의 빛이요 생명이었습니다(요한 1,1-4.14 참조). 이처럼 온 세상과 전체 구세사는 영원으로부터 '예수 그리스도'라는 표지 안에 있으며, 예수 그리스도 안에서 최종적으로 계시된 '하느님의 자비'는 모든 실재에 앞서고 모든 실재를 능가하는 예표입니다.[59] '하느님의 자비'는 모든 실재에 새겨져 있는 '숨은 그림'입니다. '하느님의 자비'는 천지 창조와 전체 구세사의 원초적 전제 조건이고 근거입니다.

　이상의 내용은 추상적 이론이 아니라, 모든 이들의 '구원 가능성'이라는 문제에 구체적인 결론을 가져옵니다. '구원 가능성'은 곧 이어 말하게 될 '구원 실재'와 구별되는 것이지요. 교부들은 예수 그리스도 안에서 구체적이고 최종적으로 드러난 하느님의 자비와 은총이 태초부터 예고되었으며, 아우구스티노 성인의 표현처럼 "의로운 아벨" 이래로 효력을 발휘해 왔음을 알고 있었습니다.[60] 토마스 아퀴나스 성인의 견해에 따르면, 예수 그리스도는 교회의 머리이실 뿐만 아니라, 모든 사람들의 머리이십니다.[61]

　토마스 아퀴나스 성인은 '하느님의 자비'가 이미 천지 창조 때 효력을 발휘했음을 설득력 있게 주장합니다. 그의 주장에 의하면, '자비'는 '정의'의 전제 조건입니다. 정의는 언제나 의로움을 갚아야 할 대상을 전제로 하지만, 정의의 대상인 세상 만물은 오로지 하느님의 자비에 의해 생겨났기 때문입니다.⁶² 하느님의 '정의'는 그분의 '자비'에 대한 근거가 되지 못하며, 오히려 '자비'가 원뿌리prima radix이고, 다른 모든 것이 되돌아가야 할 원천입니다.⁶³ 궁극적으로 모든 것은 하느님의 자비에 달려 있습니다. 토마스 아퀴나스 성인이 성경 말씀과 아우구스티노 성인의 말을 인용하여 다른 해석들⁶⁴에 반대하며 강조했듯이, 예수 그리스도 안에서 인간이 되시겠다는 하느님의 영원한 구원 의지는, 죄에 빠져 하느님과 소원한 관계로 떨어진 인류에 대한 그분의 자비에 기인한 것입니다.⁶⁵ '하느님의 자비'는 세계 역사와 구세사의 영원한 원천입니다. 만물은 '자비'의 예표 안에, 또한 그 예표 아래에 있습니다. '하느님의 자비'는, 어둠 속에 있는 모든 피조물을 비추는 빛입니다(요한 1,5 참조).

이처럼 '하느님의 자비'라는 밝은 빛 속에서 만물을 바라보던 긍정적인 시각은 유감스럽게도 서방 교회의 신학에서 흐려졌습니다. 그 원인은 아우구스티노 성인이 말년에 주장한 '예정설'에서 찾아볼 수 있지요.⁶⁶ 저명하고 위대한 교부였던 그는 《시편 강해》와 같은 깊은 감동을 주는 책들의 여러 구절에서 '하느님의 자비'를 칭송했습니다. 그의 증언에 따르면, 감사하게도 그 자신이 인생에서 '하느님의 자비'를 충분히 체험했다고 했지요.⁶⁷ 아우구스티노 성인은 말년에 펠라지우스 이단의 도전에 직면했습니다.⁶⁸ 그들은 수도자다운 영성을 지닌 도덕주의자들로, 그리스도교에 대해 매우 윤리적인 견해를 갖고 있었으며, 인간의 구원을 위해서는 반드시 선행을 쌓아야 한다고 강조했습니다. 그들의 견해는 '은총은 거저 주어지는 것'이라는 가르침에 어긋난 것이었지요. 아우구스티노 성인은 그들의 견해에 반대하는 가르침을 내놓았습니다. 그는 하느님의 은총이 인간의 선행에 따라 주어지는 것이 아니라 그분의 의지에 따라 실제로 자유롭게 주어지는 것이라고 주장했습니다. 그런 주장을 통해, 아우구스티노 성인은 인간의 선행이나 악행을 조건으로 삼지 않는 '예정설'에 빠졌습니다.

이러한 생각은, 아우구스티노 성인이 말년에 펼친 '원죄론'에서 절정에 이르렀습니다. 그는 암브로시아스터Ambrosiaster(《불가타 역본》에 앞서 바오로 서간을 라틴어로 번역하고, 그에 대한 주석을 단 익명의 저자에게 붙인 이름. 그의 주석서는 다마소 1세 교황의 재위 기간인 366~384년 사이에 기록된 것으로 추정되며, 신약 성경의 라틴어 본문 비판에 중대한 가치를 지닌 것으로 평가받는다. — 역자 주)의 로마 신자들에게 보낸 서간 5장 12절의 번역을 인용하면서, 모든 인간은 아담을 통해 죄를 지었기 때문에 하느님은 정의에 따라 모든 인간에게 유죄 판결을 내리셔야 했다고 말했습니다. 그리하여 온 인류는 '유죄 판결을 받은 집단massa damnata'이 되었습니다.⁶⁹ 그러나 하느님은 당신의 자비로 소수의 사람들을 가려내어, 그들이 천국의 영원한 행복을 누리게 정하셨다고 했습니다. 이러한 생각은 아우구스티노 성인을 '이중 예정설'로 이끌었습니다. 즉, 인간의 선행이나 악행을 조건으로 삼지는 않으나, 일부를 제외한 모든 사람들이 영원한 벌을 받도록 정해져 있다는 것입니다.

그것은 이후 서방 교회의 신학 전반에 중대한 영향을 끼친 전환점이 되었습니다. 그러나 교회는 아우구스티노 성인의 예정설을 모두 받아들이지는 않았으며 오히려 인간의 자유를 고려하지 않는 절대적 예정설을 단죄함으로써[70] 그의 예정설을 본질적으로 약화시켰습니다. 아우구스티노 성인의 예정설은 '하느님의 자비'에 관한 성경의 증언을 무색하게 만들었습니다. 그리고 '인간을 의롭게 만들고 구원하는 정의'라는 성경의 이해(로마 1,17; 3,21.26-5,11 참조) 대신 '처벌하는 정의'라는 법적인 이해를 가져왔습니다. 암브로시오 성인은 자신이 쓴 《루카 복음 해설》에서, "자비와 다른 정의란 무엇인가Quae est iustitia nisi misericordia?"라고 물었습니다.[71] 그는 그리스도가 '의로운 심판자iustus iudex'일 뿐만 아니라 '인정 많은 심판자bonus iudex'라고 생각했습니다.[72] 모든 사람들을 구원하기 위해 십자가 위에서 목숨을 바치셨던 그리스도가 왜 최후의 심판자로서 그들에게 유죄 판결을 내리시겠습니까?

아우구스티노 성인은 서방 교회의 전통에 어려운 과제를 남겼습니다. 그의 가르침이 많은 사람들에게 구원과 양심, 지옥에 대한 두려움을 불러일으켰기 때문입니다. 가장 잘 알려진 예로, 젊은 시절 아우구스티노 수도회의 수사였던 루터를 들 수 있습니다. 당시 그는 '어떻게 하면 하느님의 자비를 얻을 수 있을까?' 하며 무척 고민했지요. 성경이 전하는 '하느님의 정의'가 본래 처벌하는 정의가 아니라, 인간을 자유롭고 의롭게 만들며 인간을 구원하는 정의임을 깨달은 데에서, 그의 종교 개혁 운동은 시작되었습니다.[73]

아우구스티노 성인의 예정설을 극복하려는 움직임은 이미 중세 신학에서 서서히 일어나고 있었습니다. 그러한 움직임은 한편으로 인간의 자유 의지에 따르는 결정의 중요성을 강조함으로써, 다른 한편으로는 '하느님의 정의'를 깊이 이해하려는 노력을 통해 이뤄졌습니다.

'중세 스콜라 학파의 아버지'인 캔터베리의 안셀모 성인(1033~1109년)은 '하느님이 어떻게 자비로우면서 의로우신 분일 수 있을까?'라는 문제에 몰두했습니다. 그는 '하느님이 의로우신 분이라면 선한 이들에게 상을 주시고 악한 이들은 벌하시는 것이 마땅하지 않은가? 그런데 어떻게 그분은 자비로운 마음으로 죄인들을 용서하실 수 있는가?'라고 생각했지요. 안셀모 성인은 그런 질문에 다음과 같은 답변을 내놓았습니다. "하느님은 당신의 자비로 우리의 행위가 아닌, 당신 자신과 당신의 호의에 응하십니다. 하느님은 우리와 우리의 행위와 관련해서 의로우신 것이 아니라, 당신 자신과 당신의 호의에 응하신다는 점에서 의로우십니다." 더 나아가, 안셀모 성인은 자신의 대표어가 될 만큼 다음과 같은 말을 자주 했습니다. "하느님은 더 이상 정의로우실 수 없다는 생각이 들 정도로 의로우신 분입니다. 그분의 자비는 그분에게 고유한 정의입니다."[74]

중세 전성기 신학의 대가인 토마스 아퀴나스 성인은 안셀모 성인의 생각을 받아들여 계속 사유했습니다. 그 역시도 하느님은 어떤 법의 구속도 받지 않으며, 그분 자신이 법이고, 따라서 그분은 당신의 자비에 따라 행동하신다는 견해를 고수했습니다. 그분의 '자비misericordia'는 그분의 '선량함bonitas'에 상응한다는 것입니다.[75] '자비'는 원뿌리이며, 다른 모든 것이 되돌아가야 할 원천입니다.[76] 그처럼 토마스 아퀴나스 성인은 '벌하시는 정의'로 편협하게 치우친 사고에 대항하여, '자비'가 만물의 원천이라는 성경의 사상을 굳게 지켜 나갔습니다.

결정적인 전환점이 찾아온 것은 20세기에 이르러서입니다. 그 전환점은 스위스의 개혁 교회 목사이자 신학자였던 바르트Karl Barth(1886~1968년)에 의해 마련되었습니다. 그의 주장에 따르면, 하느님의 은혜로운 선택은 그분의 추상적이고 영원한 결정이 아닙니다. 예수 그리스도는 '선택하시는 분'이자 '선택받으신 분'입니다. 우리는 예수 그리스도를 통하여 선택받았습니다. 하느님은 세상 창조 이전에 영원으로부터 예수 그리스도 안에서 우리를 선택하시어, 우리를 당신의 자녀로 삼으시기로 미리 정하셨습니다(에페 1,4-6 참조). 선택은 그처럼 "예수 그리스도 안에 있는 하느님의 모든 길과 사업의 영원한 시작"입니다.[77] 따라서 '예정豫定'은 더 이상 심한 공포를 불러일으키는 하느님의 암울한 결정이 아니라, 신앙 안에서 기쁨과 확신을 주는 예수 그리스도에 관한 복음이라 할 수 있습니다.

바르트의 이러한 생각은 가톨릭 신학에서도 지속적으로 커다란 반향을 불러일으켰습니다.[78] 바르트의 생각에 따라, 오늘날 개신교 및 가톨릭교회의 신학자들은 더 이상 '정의'와 '자비'라는 추상적 개념에서 출발하여 그 두 개념 사이에 균형을 맞추려고 시도하지 않습니다. 그보다 그들은 예수 그리스도를 통한 하느님의 영원한 선택을 드러내는 구체적이고 역사적인 계시에서 출발합니다. 그를 통해 '하느님의 자비'도 세계 역사와 구세사 전체의 원초적 전제 조건이자 예표로서 다시 효력을 발휘할 수 있게 되었습니다.

그러나 바르트의 관점은 편향성에서 자유롭지 못합니다. 발타자르는, 바르트의 견해가 그리스도론에 치우쳐 있으며 관념론적인 사고 형식을 보인다고 비판했습니다.[79] 바르트는 '대속'을 오로지 예수 그리스도만이 하실 수 있는 일로 이해한 반면, 독일의 가톨릭 신학자 멩케Karl-Heinz Menke(1950년~)는 '대속' 개념을 폭넓게 이해했습니다.[80] 그를 통해 멩케는, 피조물이 지닌 상대적 독립성과 인간이 지닌 자유가 존중되어야 한다는 점을 말하고자 했습니다. 피조물의 독립성과 인간의 자유는 태초부터, 예수 그리스도 안에서 최종적으로 계시된 '하느님의 자비'라는 표지 안에 있었습니다. 예수 그리스도 안에서 참된 인성이 신성에 흡수되지 않으며, 단일성을 이루면서도 인성이 신성과 뒤섞이거나 신성으로 변화되지 않고 유지되는 것처럼,[81] 인간의 자유로운 참여는 인류 역사와 구세사를 이루는 필수적인 요소입니다. 인간의 자유로운 참여는 예수 그리스도가 전체 인류 역사의 원형이고 중심이며 목적이라는 사실을 통해 그 가치를 상실하는 것이 아니라, 오히려 예수 그리스도의 구원 행위를 통해 인간의 자유로운 참여는 하느님에 의해 창조된 품위를 지닌 새로운 피조물로 쇄신되고 은총으로 들어 올려진 가치를 지니게 됩니다.[82]

그런 의미에서 제2차 바티칸 공의회는 여러 문헌에서 보편적 그리스도론을 상세하고 분명하게 제시했습니다. 특히 사목 헌장 〈기쁨과 희망Gaudium et Spes〉은 보편적 그리스도론으로 특징지어져 있습니다. 사목 헌장은 예수 그리스도를 인류 역사 전체의 관건이요 중심이자 목적으로 묘사하고 있지요.[83] 그분은 "인류 역사의 목적이시고 역사와 문명이 열망하는 초점이시며 인류의 중심이시고 모든 마음의 기쁨이시며 그 열망의 충족"이십니다.[84] 또한 그분은 "알파이며 오메가이고 처음이며 마지막이고 시작이며 마침"(묵시 22,12-13 참조)이십니다.

그러므로 '자비'는 세상과 역사와 각 사람의 삶 저편에서 예표 역할을 합니다. 하느님은 자비로운 마음에서, 모든 사람이 영원으로부터 예수 그리스도 안에서 구원받기를 바라십니다. 그런데 하느님의 보편적 구원 의지는 각 사람의 구원에 어떤 의미가 있을까요? 세상 종말에 모든 사람이 실제로 구원받을까요?

4. 하느님의 보편적 구원 의지

아우구스티노 성인이 예정설을 통해 서방 교회의 신앙과 신학에 남겼던 어려운 과제를 해결했다면, 이제 우리는 칸트가 "인간의 모든 질문을 요약한 질문"이라 일컬었던 질문을 제기해야 합니다. 그 질문은 "우리는 무엇을 희망해도 좋은가?"라는 것이지요.[85] 그에 대한 답변을 통해, 우리는 인간 실존의 의미 여부를 결정짓게 됩니다.

그 질문에 대해 그리스도교의 신앙은, 꽃이 지고 물 한 방울이 증발하듯이 우리의 생명도 결국 꺼지게 될 것이라고 답하지 않습니다. 순전히 자비로운 마음에서 우리를 선택하시고 생명으로 불러내셨으며, 예수 그리스도가 우리를 위해 십자가 위에서 목숨을 바치시도록 만들었던 하느님의 사랑은 번복할 수 없는 것이며, 죽음으로 쉽게 끝날 수 있는 것도 아닙니다. 그러나 그리스도교의 답변은 "모든 일이 잘될 거야."라고 해피엔드를 기대하는 것일 수도 없습니다. 하느님은 자비를 베푸실 때에도 우리 의견을 존중하십니다. 그분은 느닷없이 우리를 놀래키거나, 우리의 자유 의지를 무시하시지 않습니다. 따라서 관건이 되는 것은 우리의 결정이며, 사랑에서 나온 하느님의 제안에 대한 우리의 응답입니다. 사랑은 상대방을 얻으려고 애쓸 수 있고 그러려고 애쓰기도 하지만, 상대방에게 강요할 수 없으며 그러기를 바라지도 않는 것입니다. 마찬가지로, 하느님의 사랑도 응답을 원합니다. 그런데 인간은 그분의 사랑을 무시하거나 거절하기도 합니다. 우리는 하느님의 사랑을 근거로 창조되었기 때문에, 그분의 사랑을 거절하는 것은 우리의 '자기 부정'과 그로 인한 우리의 불행을 의미합니다. 신학적으로 표현하자면, 그것은 '영원한 행복의 상실'을 뜻합니다. 그 점을 깨달을 때 우리는 자신의 삶과 자유를 진지하게 대하게 되지요. 따라서 우리 삶의 결정은 생명과 죽음을 선택하는 일이 됩니다.

그러므로 '우리는 무엇을 희망해도 좋은가?'라는 질문에 쉽게 답할 수는 없습니다. 성경과 전승에서 얻을 수 있는 답변도 일치하지 않습니다. 성경에는 얼핏 일치하지 않는 것처럼 보이는, 서로 다른 두 갈래의 진술들이 나옵니다.

한 갈래의 진술들은 오해의 소지 없이 매우 명확한 뜻을 지녔습니다. 하느님은 모든 사람이 예수 그리스도를 통하여 구원받기를 원하십니다(1티모 2,4 참조). 예수님은 당신이 세상을 심판하러 온 것이 아니라 세상을 구원하러 왔다고 말씀하시며(요한 12,47 참조), "나는 땅에서 들어 올려지면 모든 사람을 나에게 이끌어 들일 것이다."(요한 12,32)라고 약속하셨습니다. 바오로 사도는 '들어 올려진 주님'에 관한 복음을 찬미가 형태로 선포합니다. "예수님의 이름 앞에 하늘과 땅 위와 땅 아래에 있는 자들이 다 무릎을 꿇고 예수 그리스도는 주님이시라고 모두 고백하며 하느님 아버지께 영광을 드리게 하셨습니다."(필리 2,10-11) 하느님은 땅에 있는 것이든 하늘에 있는 것이든 예수 그리스도를 통하여 기꺼이 화해시키셨습니다(콜로 1,20 참조). 하느님은 결국 예수 그리스도를 통해 모든 것 안에서 모든 것이 되시고(1코린 15,28; 로마 11,32 참조), 하늘과 땅에 있는 만물을 한데 모아 하나로 만들려고 하십니다(에페 1,4-5.10 참조). 리옹의 이레네오 성인은 에페소 신자들에게 보낸 서간 1장 10절의 말씀을 체계적으로 사유한 후, '만물의 머리ἀνακεφαλαίωσις'이신 예수 그리스도 아래에서, 또한 그분 안에서 전 인류 역사, 곧 우주 전체가 통합되고 절정에 이르게 된다고 말했습니다.[86]

성경에 나오는 다른 한 갈래의 진술들은 심판에 관한 말씀입니다. 학자들은 심판에 관한 말씀을 무시하거나 자신에게 유리하게 해석할 수 없다는 점을 확실히 입증했습니다.[87] 구약 성경에서 보복을 예고하는 경고는 이미 '낙원 이야기'에서 시작됩니다. "그 열매를 따 먹는 날, 너는 반드시 죽을 것이다."(창세 2,17) 그러한 경고는 '낙원에서의 추방'이나 '홍수', '소돔과 고모라' 등에서 계속 이어집니다. 심판에 관한 말씀은 시편에도 자주 등장하는데, 대표적인 예로 "그분께서 누리를 의롭게 심판하시고, 겨레들을 올바로 다스리시네."(시편 9,9)를 들 수 있습니다. 예언자들은 '심판의 날'을 뜻하는 "주님의 날"에 관해 이야기했습니다(아모 5,18-20; 이사 13장; 66,15-24; 에제 7장 등 참조). 지혜서에도 심판에 관한 말이 나옵니다(지혜 1-5장 등 참조). 예수님과 신약 성경은 예언자들의 전통을 따랐습니다. 심판에 관한 말씀은 요한 세례자(마태 3,7-12 참조)와 예수님(마태 8,11; 11,21-24; 12,41-42 등 참조)에게서 시작됩니다. 대표적인 예는 단연코 '최후의 심판'에 관한 예수님의 말씀이지요. 예수님은 가난한 이들과 곤경에 처한 이들, 박해받는 이들에게 자비를 베푼 사람들은 하느님 나라에 들어가게 되겠지만,

냉정한 태도를 보인 사람들은 영벌을 받게 될 것이라고 경고하셨습니다(마태 25,31-46 참조). 이 말씀에는 "악마와 그 부하들을 위하여 준비된 영원한 불"(마태 25,41)이란 표현이 나옵니다. 바오로 사도도 "진노와 계시의 날"(로마 2,5)과, 선행과 악행에 대한 갚음(2코린 5,10; 2테살 1,5-10 참조)에 관해 이야기합니다. 끝으로, 구약과 신약 성경에 나오는 종말론적 진술들(다니 2,28-49; 1코린 15,23-28; 묵시 7-9장; 14-18장 등 참조)은 해석에 세심한 주의를 기울여야 할지언정 결코 간과해서는 안 됩니다. 그 진술들은 모든 이들의 종말론적 구원이 아닌, 종말론적 심판에 관해 이야기합니다.

심판에 관한 성경 말씀은 지속적으로 역사에 커다란 영향을 끼쳤고 많은 변화를 가져왔습니다.[88] 특히 근본이 되는 말씀은 "산 이와 죽은 이를 심판하러 오시리라 믿나이다."라는 신경에 나오는 구절입니다.[89] 또한 우리는 최후 심판과 지옥을 표현한 수많은 그리스도교의 예술품들을 떠올릴 수 있습니다. 가장 유명한 작품으로, 바티칸의 시스티나 경당에 있는 미켈란젤로Buonarroti Michelangelo(1475~1564년)의 〈최후의 심판〉 벽화를 꼽을 수 있겠지요. 지옥에 관한 묵상과 설교, 지옥에 대한 두려움은 신자들의 신심에 일부 부정적인 영향을 끼치기도 했습니다. 어떤 설교가들은 의도적으로 신자들에게 불안감과 공포심을 불러일으키려고 했지요.

지옥에 관한 설교는 오늘날 거의 들을 수 없게 되었습니다. 사람들의 사고방식에 변화가 일어났기 때문인데, 그런 변화에도 문제가 없다고는 할 수 없습니다. 청년 루터를 괴롭혔던 '구원에 대한 두려움'은 사람들에게서 거의 찾아볼 수 없게 되었고, '지옥에 대한 두려움'은 통속적인 '구원 낙관론' 앞에 무릎을 꿇기 일쑤였습니다. 많은 사람들이 '어떻게든 잘 되겠지.'라고 생각합니다. '사랑하는 하느님'은 자비로운 마음에서, 인간을 영원히 지옥에서 허덕이게 놔두실 수 없다는 것입니다. 그런 생각에서 "우리는 모두모두 하늘나라에 갈 거야."라는 통속적인 노래까지 나왔지요. '인간적이고 그리스도교적인 연대감'은 존중되어야 합니다. 그런데 오늘날 많은 사람들이 바로 그런 연대감을 중시한 나머지, 지옥의 영원한 고통에 대해 더 이상 생각하지 않는 듯합니다. 결국 우리는 다음과 같은 신학적인 질문을 던질 수밖에 없습니다. "지옥에 대한 경고를 통해 '하느님의 자비'에 관한 성경의 핵심 메시지가 사실상 의미를 잃는 것은 아닌가? 인간을 위해 십자가 위에서 돌아가신 예수님이 어떻게 인간을 영원히 단죄하실 수 있단 말인가? 인간에 대한 하느님의 보편적 구원 의지가 한계에 부딪히고, 그분의 구원 계획이 결국 실패한다는 것은 있을 수 없는 일이다. 그런 일은 하느님 자신에게도 비극이지 않을까? '하느님의 자비'를 이야기하려면 '영벌永罰'에 관한 생각은 포기해야 하지 않을까?"

그러한 사고방식의 변화로, 오늘날 모든 이의 구원을 이야기하는 성경 진술은 더 큰 중요성을 띠게 되었고, '아포카타스타시스 ἀποκατάστασις'(그리스어 '회복, 복원'을 의미한다. ― 역자 주)와 '모든 이의 구원', '모든 이의 화해'에 관한 가르침이 새롭게 주목받게 되었습니다.[90] 언어적인 측면에서만 보자면, '아포카타스타시스'는 사도행전 3장 21절과 연결 지을 수 있습니다. 그 구절은, 만물이 '복원ἀποκατάστασις' 될 때를 말하고 있지요. 그러나 주제와 관련해서 그 구절은, 그 개념과 결부된 생각들과는 그다지 관계가 없습니다. 사람들은 '아포카타스타시스'란 개념을 이용하여 오래된 우주론적 구상을 계속 이어 갔지요. 그 구상에 따르면, 만물은 세상 종말에 구원의 원천으로 되돌아감으로써 원래의 상태를 되찾는다는 것입니다.

성경은 그 구상을 순환적 의미가 아닌 선형적線形的 의미로 이해했습니다. 다시 말해 성경은 약속된 역사가 세상 종말에 완성된다고 이해했지요. 그러나 위의 두 가지 의미가 서로 명확하게 구별되는 것은 아닙니다. 리옹의 이레네오 성인(135년경~202년경)과 오리게네스(185~254년경), 나지안조의 그레고리오 성인(329년경~390년), 니사의 그레고리오 성인(335년경~394년), 증거자 막시모 성인(580년경~662년)과 같은 위대한 교부들은 두 가지 의미를 혼용했습니다. 토마스 아퀴나스 성인도 '시작과 귀환' 구상을 받아들여, 이를 구세사적으로 변형했습니다.[91] 순수한 순환 구상은 성경에서 볼 수 없는 개념입니다. 성경은 순환 구상을 이야기하는 것이 아니라, 세상 종말에 피조물이 본래 모습을 능가하는 완성을 이루고 그로써 새로운 피조물로 거듭나게 된다는 것을 이야기합니다.

어떤 신학자들은 '아포카타스타시스'에 관한 이야기에서, '세상 종말에는 무신론자를 포함한 모든 사람들과 심지어 악령들까지도 완성된 하느님 나라의 영원한 행복 속에 받아들여질 것'이라는 결론을 이끌어 내기도 했습니다. 그런 학설은 종종 그리스의 위대한 신학자이자 교부였던 오리게네스에게서 나온 것으로 간주되지요.[92] 그의 학설은 543년 동로마 제국의 유스티니아누스 황제(483~565년)에 의해 이단으로 선포되었습니다.[93] 오리게네스의 진술을 전체 맥락에서 이해하고, 그의 진술이 조심스러운 시각과 가설에 가까운 속성을 지녔음을 고려한다면, 그의 학설에 이단 판결을 내린 것이 과연 옳았는지 의구심이 들 수도 있습니다.[94] 니사의 그레고리오 성인이나 증거자 막시모 성인과 같은 교부들도 오리게네스와 비슷한 견해를 보였지만, 그 때문에 이단으로 단죄받지는 않았습니다. 무엇보다 요한 크리소스토모 성인(344/349~407년)과 아우구스티노 성인의 영향으로 '영원한 지옥의 형벌에 관한 학설'은 교회의 가르침 안에서 확고한

지반을 얻었습니다.⁹⁵

그럼에도 '아포카타스타시스'에 관한 학설은 끊임없이 커다란 반향을 불러일으켰습니다. 그 학설은 여러 형태의 신비주의 안에서 상이한 모습을 지니고 있습니다. 독일의 개신교 신학자인 슐라이어마허Friedrich Schleiermacher(1768~1834년)와 트뢸치Ernst Troeltsch(1865~1923년), 그리고 스위스의 개신교 신학자인 바르트는 적어도 그 학설을 진지하게 숙고했습니다. 그 학설은 오늘날 사람들의 구원 낙관론적인 사고방식에 기본 견해로서 명시적이거나 암묵적으로 영향을 끼치고 있습니다. 독일의 가톨릭 신학자인 메츠는, 현대 신학이 그런 견해의 위험성을 간파해야 한다고 올바르게 지적했습니다. 그는 자세히 들여다보면, 그런 이론이 그리스도교를 인간에게 더욱 우호적인 종교로 만드는 것이 아니라 오히려 인간에게 불필요한 종교로 만든다고 주장했습니다.⁹⁶ '하느님의 자비'에 대한 피상적인 이해는 '그분의 정의'와 '그분의 거룩함'에 대한 올바른 이해와 모순되며, 십자가라는 가혹한 현실과도 더 이상 아무런 관련이 없다는 것입니다. 인간의 책임과 인간의 죄가 지닌 엄중함을 대수롭지 않은 것으로 왜곡하는 편협한 낙관론은 범죄자들을 쉽게 용서함으로써, 피해자들에게 또 다른 불의를 저지릅니다. 피해자들에게 심판은 두려움이 아닌 희망을 주는 소식입니다. 최후 심판 때에는 각자의 참모습이 드러나고, 모든 사람이 평등과 정의를 누릴 것이기 때문입니다.

지금까지 우리는, 성경의 두 갈래 진술들이 '유죄 판결을 받은 집단massa damnata'과 '모든 이의 구원'이라는, 두 가지 극단적인 견해를 대변하고 있음을 확인했습니다. 그를 통해 우리는 '이러한 난국에서 빠져나올 출구를 찾고, 두 가지 극단적인 견해를 피하기 위한 해결책을 과연 찾을 수 있는지'를 질문하게 됩니다.

발타자르는 오리게네스와 아우구스티노 성인의 견해 사이에서 중도적 길을 제시했습니다. 그의 이론은 많은 신학자들의 호응을 얻었지만, 신랄한 비평을 받기도 했습니다.[97] 그의 이론은 종종 "지옥은 존재하지만, 비어 있다."라는 말로 축약되기도 했습니다. 그러한 축약은 그의 수준 높은 사고에 대한 피상적이고 단순한 해석이며, 그의 주요 관심사인 문제의 실존적 진의眞意를 배제한 것이라 할 수 있습니다. 그러한 진부한 문구들로 인해 그의 의도가 정반대로 해석되기도 합니다.

발타자르 이후 우리는 성경에서 서로 다른 두 갈래의 진술들을 상대합니다. 우리는 두 갈래를 모두 중요하게 받아들여야 하며, 어떤 상위의 개념으로 그 둘을 통합할 수는 없습니다. 발타자르 이후 우리는 두 갈래 진술들의 문학 장르를 고려하는 경우에만 진전을 이룰 수 있게 되었습니다. 두 갈래 모두, 세상 종말에 벌어질 일을 앞서 전하는 기사記事는 아닙니다. '보편적 구원을 이야기하는 진술들'은 모든 이에게 희망을 전하는 것이 주된 목적일 뿐이며, 모든 개인이 실제로 구원받을 것이라고 이야기하는 것은 아닙니다. 마찬가지로, '최후 심판과 지옥에 관한 진술들'도 어떤 사람 또는 대다수의 사람들이 실제로 지옥 벌을 받을 것이라고 이야기하는 것은 아닙니다. 어떤 구체적인 사람이 영원한 벌을 받을 것이라고 우리에게 계시된 적도 없으며, 교회도 어떤 사람이 영원한 벌을 받을 것이라고 교의적으로 구속력 있게 가르친 적이 단 한 번도 없습니다. 우리는 예수님을 배반한 후 목을 매달아 죽음으로써 자기 자신을 심판한 유다에 대해서도, 그가 영원한 벌을 받았다고 확실하게 말할 수 없습니다.[98]

두 갈래의 진술들은 시간과 공간의 제약을 받는 이 세상의 체험 영역을 뛰어넘는 일들에 관한 것입니다. 그것들은 구체적이고 실제적인 묘사가 불가능한 일들에 관해 이야기하지요. 그 진술들은 객관적인 정보를 담고 있지 않습니다. 그것들의 주된 목적은 사실 주장에 있는 것이 아니라, 올바른 결정을 내릴 것을 호소하는 데 있습니다. 그 진술들은 한편으로 '하느님의 자비'를 신뢰하도록 고무하고, 다른 한편으로 회개할 것을 절박하게 호소합니다. 지옥에 관한 진술들은 회개하라는 경고의 말입니다. 그것들은, 지옥에 실제로 떨어질 수 있음을 명확히 보여 주며, 우리가 인생의 의미를 제대로 파악하지 못하고 영원한 실패에 빠질 수 있음을 경고합니다.

　우리는 두 갈래의 진술들을 중대하게 받아들여야 합니다. 하느님은 모든 사람의 구원을 바라시지만, 인간의 동의가 없는 구원을 바라시지는 않습니다. "하느님의 영광은 바로 살아 있는 인간입니다."라고 리옹의 이레네오 성인은 말했습니다.[99] 믿고 회개하라는 호소는 생명이나 죽음에 대한 선택과 관련된 것입니다. 영원히 실패할 수 있는 가능성은 실제로 존재합니다. "보아라, 내가 오늘 너희 앞에 생명과 행복, 죽음과 불행을 내놓는다."(신명 30,15) 바오로 사도는 두렵고 떨리는 마음으로 구원을 위해 힘쓰라고, 우리에게 경고합니다. "하느님은 당신 호의에 따라 여러분 안에서 활동하시어, 의지를 일으키시고 그것을 실천하게도 하시는 분이십니다."(필리 2,13) 여기서 말하는 "두렵고 떨리는 마음"은 '지옥에 대한 두려움'을 가리키는 것이 아니라, '하느님은 우리 안에서 활동하시며, 우리는 그분이 우리 안에서 또한 우리를 통하여 활동하시도록 허락해야 한다.'라는 것을 의미합니다.

　성경의 두 갈래 진술들은 통속적인 구원 낙관론도 아니고, 지옥에 대한 두려움을 불러일으키는 구원 비관론도 아닙니다. 우리는, 구세사가 전하는 보편적 구원 희망에 대한 진술들을 '아포카타스타시스 학설'에서처럼 '모든 개인의 실제적 구원에 대한 사실적 지식'으로 해석할 수 없습니다. 또한 우리는 최후 심판에 대한 경고와 지옥에 실제로 떨어질 수 있는 가능성에 관한 진술에서 '어떤 개인이나 대다수 사람들이 실제로 영원한 벌을 받을 것'이라는 결론을 이끌어 낼 수도 없습니다. '인간을 구원하는 자비'와 '인간을 징벌하는 정의' 사이에서 균형을 이루려는 노력도 결국은 무의미합니다. 하느님이 인간에게 말씀하시는 무조건적인 긍정과 비교해, 인간의 거절은 같은 영향력을 지니고 있다고 할 수 없습니다.[100] 따라서 '하느님의 자비'라는 원천이 출발점이자 결론이어야 합니다. 살 사람과 죽을 사람을 가려낼 최후 심판자이신 예수 그리스도는, 모든 사람을 위해 십자가 위에서 돌아가신 바로 그분입니다. 우리는 그분이 자비로운 심판자시라는 것을 기대해도 좋습니다.

인간의 자유 의지를 무시하지 않는다는 점도 '하느님의 자비'가 지닌 속성에 속합니다. 하느님은 충고는 하시지만 강요하시지는 않으시며,[101] 채근은 하시지만 느닷없이 우리를 당황하게 만들거나 억지로 우리 뜻을 꺾지는 않으십니다. 그래서 아우구스티노 성인은 이렇게 말했습니다. "하느님은 그대 없이 그대를 창조하셨습니다. 그러나 그대 없이 그대를 구원하지 않으십니다."[102] '하느님의 자비'는 인간의 책임감에 호소하고, 인간의 책임감을 이끌어 내고자 늘 노력합니다. 그런 노력과 더불어 '하느님의 자비'는 인간이 결정을 내리도록 요구하며, '하느님의 자비' 덕분에 인간은 비로소 결정을 내릴 수 있습니다. 인간의 자유는 다른 자유와의 만남 안에서 눈을 뜨기 때문입니다. 인간의 자유는 오로지 하느님의 은총을 제안받고서야 비로소 그 제안의 힘 안에서, 그 제안을 받아들일지 아니면 거절할지 결정할 수 있게 됩니다. 하느님의 자비로운 제안을 마주하고 그 제안의 힘 안에서 우리는 그 힘에 압도되는 일 없이 제안을 받아들일 용기를 갖게 됩니다.[103] "십자가의 데레사 베네딕타 수녀"로도 불리는 에디트 슈타인 성녀(1891~1942년)는 신적인 자유와 인간적 자유의 단순한 상호작용에 관한 탐구를 뛰어넘어, 인간을 얻고자 하시는 하느님의 마음을 탐구하고, 그것을 설득력 있게 표현하고자 했습니다. 그녀는 심지어 "하느님은 자비로운 사랑으로 각 사람을 기만하기도 하신다."라고 하느님의 마음을 표현하기도 했습니다. 그녀의 생각은 모든 사람이 구원받을 수 있다는 원론적 가능성에까지 이르렀지요. 그러나 한계는 분명합니다. 우리는 모든 사람의 구원을 희망할 수 있기는 해도, 사실상 그 점을 알 수는 없습니다.[104]

   인간의 자유와 마찬가지로 하느님의 자유도 신비이며, 그 둘의 관계는 그보다 더한 신비이기에 우리 인간이 탐구할 수 없는 것입니다. 성경을 근거로 우리에게 남아 있는 유일한 답변은, 하느님의 무한하신 자비를 절대적으로 신뢰하라는 것입니다. 하느님은 우리의 이해력을 넘어서는 방법들을 알고 계시며, 인간을 얻으려는 노력과, 인간의 긍정적인 답변을 매력적으로 만드는 일을 결코 포기하지 않으십니다. 하느님은 자비로운 마음으로, 설령 죄가 너무 크고 죄로 인해 지금까지의 삶이 엉망이었다 할지라도, 근본적으로 회개할 의지가 있으며 자기 죄를 뉘우치는 사람에게는 누구나 구원받을 가능성을 열어 놓으십니다.

하느님을 근본적으로 또는 최종적으로 반대하지 않은 사람들에 대한 그분의 무한하신 자비와 인내를 드러내는 징표가 바로 '연옥'에 대한 가르침입니다. 우리가 말하는 주제와 별 관계가 없기 때문에, 그 가르침이 어떻게 나오게 되었는지 여기서 살펴보지는 않을 것입니다.[105] '연옥론'은 초기 유다교가 증언하고 있으며(2마카 12,32-46 참조), 초창기부터 그리스도교에서 실천해 온 '세상을 떠난 이들을 위한 기도'에 그 뿌리를 두고 있습니다. 이러한 기도는, 하느님과의 완전한 공동체를 이루는 데 필요한 정화의 가능성을 전제로 합니다. 연옥은 징역을 사는 저승의 감옥과 같은 장소를 뜻하지 않습니다. 연옥은 거룩하신 하느님과 인간을 정화하시는 그분 사랑의 불길을 맞이한 상태를 의미합니다. 우리는 이런 만남을 그저 수동적으로 감내할 수 있고, 그런 만남을 통해 마침내 하느님과의 완전한 공동체를 준비하게 됩니다.[106] 그런 만남은 순전히 '하느님의 자비'에서 나온 활동으로, 그런 의미에서 우리에게 주어진 마지막 기회라고 할 수 있습니다. 그와 동시에 그런 만남은 신앙 공동체가 하느님 앞에서 한마음으로 죽은 이들을 위해 청원 기도를 바칠 수 있게 기회를 제공합니다.

'청원 기도'라는 주제는 지금까지 언급한 내용을 뛰어넘는 중요한 발걸음으로 우리를 이끕니다. 청원 기도를 바칠 수 있다는 것은, 다른 이들의 구원을 바라는 우리의 희망이 그저 기다리기만 하는 것이 아님을 보여 줍니다. 우리의 희망은 하느님 앞에서 모든 사람을 위해 적극적으로 기도하고 대변하는 행위로 드러나야 합니다.[107] 대표적인 예로 바오로 사도를 들 수 있습니다. 바오로 사도는 자신의 혈족인 유다인들을 위해서라면, 심지어 저주를 받아 그리스도에게서 떨어져 나가고 싶다고 했습니다(로마 9,3 참조). 그런 진술은 성경의 이곳저곳에서 볼 수 있습니다. 이스라엘 백성의 불성실을 두고 하느님께 바친 모세의 기도에도 비슷한 말이 나옵니다. "그들의 죄를 부디 용서해 주시기 바랍니다. 그렇게 하시지 않으려거든, 당신께서 기록하신 책에서 제발 저를 지워 주십시오."(탈출 32,32) 신명기에는 모세가 이스라엘 백성의 불성실함에 대한 용서를 청하기 위해 40일 동안 밤낮으로 하느님 앞에 엎드려 있었다는 이야기가 나옵니다(신명 9,25 참조). 모세는 위험을 무릅쓰고 자기 백성을 보호하려고 했지요(시편

106,23 참조). 예레미야 예언자와 에제키엘 예언자에게서도 비슷한 모습을 발견할 수 있습니다(예레 18,20; 에제 13,5; 22,30 참조).[108]

로마 신자들에게 보낸 서간 9장 3절에 나오는 바오로 사도의 말은 신학과 신비주의에 오래도록 깊은 흔적을 남겼습니다. 토마스 아퀴나스 성인은 어떤 사람이 사랑을 통해 다른 사람과 하나가 될 때 그의 영원한 구원을 열망하게 된다고 말했습니다.[109] 시에나의 가타리나 성녀와 헬프타의 멕틸다 성녀, 폴리뇨의 안젤라 성녀, 노리치의 율리아나 수녀, 아기 예수의 데레사 성녀, 십자가의 데레사 베네딕타 성녀를 비롯한 위대한 성인들은 바오로 사도의 말씀을 받아들이고 심화했습니다.[110] 시에나의 가타리나 성녀는 고해 사제에게 다음과 같이 고백했습니다. "제 안에 하느님의 사랑의 불길이 활활 타오른다면, 저는 불타는 열정으로 저의 모든 형제자매들에게 자비를 베풀어 주시기를 참으로 자비로우신 저의 창조주 하느님께 청할 거예요." 그녀는 하느님이 당신의 모상에 따라 창조하신 사람들 가운데서 한 사람도 잃지 않기를 바랐습니다.[111] 그녀는 관용과 자비를 실천하기 위해, 늘 자신의 편지에서 교회와 동떨어진 삶을 사는 사람들을 옹호했지요.[112] 아기 예수의 데레사 성녀는 죄인들을 대신하여 자신의 삶을 온전한 번제물로 바치고자 했습니다.[113]

그러한 증언은 오늘날의 문학 작품에도 받아들여졌습니다. 발타자르는 자신의 책《하느님에 관한 현대인의 질문Die Gottesfrage des modernen Menschen》에서 그 주제를 다룬 장章을 '폭도들과 지옥'이라고 명명하고 형제를 성사의 질료로 삼은 것에 관해 이야기합니다.[114] 특히 프랑스의 시인인 페기Charles Péguy(1873~1914년)의 증언이 인상적인데, 독일의 가톨릭 신학자 그레샤케Gisbert Greshake(1933년~)가 그의 증언을 상세히 소개했습니다.[115] 우리는 아우슈비츠의 강제 수용소에서 이웃을 위해 죽음을 자청한 막시밀리아노 마리아 콜베 성인(1894~1941년)도 떠올릴 수 있습니다. 그는 한 가정의 가장을 대신해 아사 감옥에서 죽어 갔지요. "친구들을 위하여 목숨을 내놓는 것보다 더 큰 사랑은 없다."(요한 15,13)

그처럼 최근의 신학은 우리가 출발한 두 가지 극단적인 견해 저편에서 성경의 최우선 주제인 '하느님의 자비'와 '인간에 대한 하느님의 긍정'이 존중받도록 힘썼습니다. '하느님의 자비'는 마지막 한 사람에 이르기까지 모든 사람을 얻고자 애쓰며, 그를 위해 성인들의 전 공동체를 활성화하고, 그러면서도 인간의 자유 의지는 엄격히 존중합니다. 따라서 '하느님의 자비'는 우리가 살든지 죽든지 어떤 상황에서든 신뢰할 수 있는, 기쁨과 위로, 용기와 희망을 주는 복음입니다. 선량한 의지를 지닌 사람이면 누구나 '하느님의 자비'의 보호 아래 있습니다. '하느님의 자비'는 우리의 피난처요 희망이자 위로입니다.

5. 하느님의 자비를 드러내는 예수 성심

'하느님의 자비'는 예수 그리스도 안에서 구체적으로 드러났습니다. 하느님은 영원으로부터 그분을 통하여 우리 모두를 선택하셨지요. 그분을 본 사람은 곧 아버지 하느님을 뵌 것입니다(요한 14,9 참조). 하느님 앞에서 자비로운 대사제가 되기 위해, 그분은 모든 점에서 우리와 같아지셔야 했습니다(히브 2,17 참조). 자비와 은총을 얻기 위해 우리는 은총의 어좌이신 그분께 확신을 갖고 나아가야 합니다(히브 4,16 참조). 예수 그리스도는 '사람이 되신 하느님의 아드님'이시며, '자비의 어좌'이십니다.[116]

'예수 성심'에 대한 공경은 수 세기 동안, 예수 그리스도 안에서 계시된 하느님의 사랑과 자비에 대한 특별한 신앙을 드러내는 표징이었습니다. 그러나 오늘날 우리에게 그것은 여러모로 낯선 일이 되었지요. 무엇보다 엄숙함을 새롭게 강조한 전례 운동이 그런 경향에 한몫했습니다. 또한 18세기와 19세기에 '예수 성심'을 묘사한 그림들도 '예수 성심'에 대한 공경이 쇠퇴하는 데 한몫 거들었습니다. 예수님의 심장이 창에 찔려 구멍 나고 종종 가시관에 둘러싸인 모습으로 묘사한 그 그림들은 현대인에게 아름답지도 고상하지도 않은 저속한 작품으로 보이기 때문이지요. 신학적 관점에서도 그 그림들은 문제가 있어 보입니다. 그 그림들은 심장을 인간 전체를 가리키는 원초적 상징이나 인간의 중심으로 이해하기보다는 예수님이 지니셨던 신체 기관으로서의 모습만 강조하고 있기 때문입니다.[117]

신심의 역사를 간략히 돌아보는 일이, 예수님의 심장을 신체 기관으로만 이해하는 편협성을 깨고 '예수 성심 공경'의 핵심과 깊은 의미를 파악하는 데 도움이 될 것입니다. 무엇보다 '예수 성심 공경'이 성경에 뿌리를 두고 있다는 점을 이야기해야 합니다. 그 점은 이미 즈카르야 예언자의 예언(즈카 12,10 참조)에서 확인할 수 있습니다. 요한 복음사가는 즈카르야의 예언에 따라, "그들은 자기들이 찌른 이를 바라볼 것이다."(요한 19,37)라고 말했습니다. 이 말씀에서, 창에 찔린 예수님의 심장은 우리를 위해 죽음에 내맡겨진 그리스도의 인성 전체를 가리킵니다. 우리는 창에 찔린 심장을 바라봄으로써, 그 안에서 드러난 인간이 되신 하느님의 사랑을 동시에 볼 수 있게 됩니다. 보나벤투라 성인은 그 사실을 다음과 같은 말로 표현했습니다. "눈으로 볼 수 있는 상처를 통하여 우리는 눈으로 볼 수 없는 사랑의 상처를 보게 됩니다per vulnus visibile vulnus amoris invisibilis videamus."[118] '예수 성심'에서 우리는, 하느님 자신이 '(포괄적 의미로) 불쌍한 이들miseri'인 우리를 위한 '마음cor'을 갖고 계시며, 따라서 그분은 '자비로우신misericors' 분임을 알게 됩니다. 그러므로 '예수 성심'은, 예수 그리스도 안에서 인간이 되신 하느님의 사랑을 드러내는 표상이라고 할 수 있습니다.

그러한 성경 말씀들은 신심의 역사 안에 서서히 뿌리를 내렸으며, 그 과정에서 그 말씀들에 대한 해석이 적잖이 바뀌었습니다. 그와 같은 해석의 변화가 신앙심을 고무한 것만은 아니었습니다. 그런 해석의 변화는 동방 교회와 서방 교회를 하나로 묶어 주는, 예수 그리스도에 관한 초대 교회의 가르침에 깊은 뿌리를 두고 있습니다. 교회는 처음부터 예수 그리스도가 한 분이시며 참하느님이시고 동시에 참인간이시라는 가르침을 고수해 왔기 때문입니다. 그런 의미에서 교회는, 예수 그리스도가 위격은 하나지만 두 가지 본성을 지니셨다고 이야기합니다. 그로부터 에페소 공의회(431년)와 제2차 콘스탄티노플 공의회(553년)는, 예수 그리스도 안에서의 신성과 인성을 함께 흠숭하는 것이 마땅하며, 신성에 대한 흠숭과 인성에 대한 흠숭을 분리할 수 없다는 결론을 이끌어 냈습니다.[119] 그러므로 예수님이 지니신 인성의 본질적 구성 요소이자 대표적 상징인 그분의 '성심聖心'에 대해서도 흠숭을 드리는 것(흠숭지례cultus latriae)이 마땅합니다.[120] 초대 교회의 공의회에서 교의로 선포한 그리스도론의 가르침에 따라, 우리는 우리의 구원을 위해 '예수 성심'이 겪은 고통을 성자聖子 자신이 겪은 고통으로 이해해야 합니다. '인간이 되신 성자'의 심장 안에서 '하느님이신 성자' 자신의 심장이 뛰고 고통을 겪고 있습니다. 그런 까닭에, 비오 11세 교황은 '예수 성심'에 대한 공경을 "신앙의 총체"라고 일컬었습니다.[121]

신앙에 따랐던 교부 시대의 '예수 성심'에 대한 공경에 관해서는 독일의 신학자 후고 라너Hugo Rahner(1900~1968년)의 풍부한 서술에서 도움을 얻을 수 있습니다.[122] 교부들은, 당신의 속에서부터 생수의 강물이 흘러나올 것이란 예수님의 말씀(요한 7,38 참조)을 상기시켰습니다. 그들은 그 말씀을 창에 찔린 예수님의 심장에서 피와 물이 흘러나왔다는 말씀(요한 19,34 참조)에 비추어 해석했습니다. 그들은 '피와 물'이 교회의 두 가지 기본 성사인 '세례성사'와 '성체성사'를 가리킨다고 생각했지요. 그런 생각을 토대로, 교부 시대의 '예수 성심' 공경은 객관적이고 성사적인 특색을, 더 정확히 말하자면 성체성사적인 특색을 보였습니다. 아우구스티노 성인은 예수님의 심장에서 피와 물이 흘러나왔다는 말씀을 다음과 같이 해석했습니다. "그로써 생명의 문이 열렸으며, 그 문으로부터 교회의 성사들이 흘러나왔습니다. 성사들 없이는 참생명에 이를 수 없습니다."[123]

클레르보의 베르나르도 성인(1090~1153년)에 이르러, 교부들의 객관적인 그리스도 신비주의로부터 주관적으로 내면화된 그리스도 신앙으로 전환이 일어났습니다. 베르나르도 성인은 아가서의 말씀을 창에 찔린 예수님의 심장에서 드러난 하느님의 사랑에 비추어 해석했습니다.[124] 그의 주관적인 그리스도 신앙은 십자가에 못 박히신 예수님이 십자가로부터 그에게 친히 몸을 기울이셨다는, 잘 알려진 비유를 통해 묘사됩니다. 중세 전성기의 스콜라 신학에서는 보나벤투라 성인이 그런 사상을 받아들이고 심화했습니다. 그는 예수님의 옆구리에 난 상처가 사랑의 상처라고 해석했습니다. 사랑하는 사람은 사랑에서 상처를 입는다는 것이지요(아가 4,9 참조). 가련하고 종종 무디기도 한 우리 마음은 그처럼 늘 새롭게 '예수 성심'의 사랑의 열정에 불붙어 타오를 수 있습니다. 예수님의 사랑은 우리 마음에도 상처를 입힐 수 있습니다. 그런데 누가 그처럼 상처 입은 우리 마음을 다시 사랑하지 않을 수 있겠습니까?[125] 보나벤투라 성인은 심지어 예수님의 마음이 우리의 마음이 될 것이라고 말했습니다.[126]

사적인 그리스도 신비주의는 중세의 여성 신비가들에게서 더욱 발전했습니다. 헬프타의 제르트루다 성녀(1256~1301/1302년)와 마그데부르크의 멕틸다 수녀(1207~1282년), 헬프타의 멕틸다 성녀(1241~1299년)와 같은 여성 신비가들에게서 '예수 성심 신심'이 탄생했습니다.[127] 마이스터 에크하르트(1260년경~1328년)와 타울러(1300년경~1361년), 헨리코 수소 복자(1295/1297~1366년)에게서도 '예수 성심 신심'을 확인할 수 있습니다. 근대에 와서 '예수 성심 신심'은 마르가리타 마리아 알라코크 성녀(1647~1690년)의 환시를 출발점으로 널리 퍼졌습니다. 그 결과 비록 더딘 속도로 추진되기는 했어도 '예수 성심 대축일'이 제정되기에 이르렀습니다. 레오 13세 교황과 비오 11세 교황, 비오 12세 교황, 요한 바오로 2세 교황, 베네딕토 16세 교황은 '예수 성심 공경'을 끊임없이 장려했습니다. 폴란드의 신비가인 마리아 파우스티나 코발스카 성녀의 일기는 새로운 기폭제가 되었습니다. 그녀는 '자비'가 하느님의 가장 위대하고 우월한 속성이며, 단적으로 말해 하느님의 완전성을 뜻한다고 생각했습니다.[128] 요한 바오로 2세 교황은 20세기에 겪었던 끔찍한 경험들을 근거로, 그녀가 전한 메시지를 21세기를 위한 주요 메시지로 이해했습니다.[129]

지난 세기들에 나온 '예수 성심'을 묘사한 그림들과 마리아 파우스티나 코발스카 성녀의 서술을 토대로 그린 '예수 성심' 그림에 관해, 사람들은 저마다 다른 의견을 보일 수 있습니다. 그러나 이러한 취향의 문제로 인해 그보다 더 중요한 사실, 곧 계몽주의와 세속화의 시작과 맞물려서 '하느님의 부재' 내지 '하느님의 죽음'을 갈수록 깊이 느끼게 됨에 따라 근대의 '예수 성심 공경'이 널리 퍼지게 되었다는 사실을 간과해서는 안 됩니다.[130] '하느님의 부재'를 의미하는 골고타를 뒤덮은 어둠(루카 23,44-46 참조)이 계몽주의 이후 세상에 들이닥쳤습니다. 하느님에 대한 신앙이 시들어 가고, 세상이 예수 그리스도 안에서 드러난 하느님의 사랑을 갈수록 느끼지 못하는 깜깜한

한밤중에, 우리는 '예수 성심' 안에서 이 세상으로 말미암은 하느님의 고통과 우리 인간에 대한 그분의 무한한 사랑을 체험할 수 있습니다.

하느님은 당신 아드님이 자원한 죽음의 고통을 통해 세상에 존재하는 수많은 고통과 우리 인간의 냉담과 무자비를 모두 겪으시고, 우리를 그 고통에서 해방시키기 위해 극도의 고통을 참아 내셨다는 사실을 창에 찔린 당신 아드님의 심장을 통하여 보여 주십니다. 세례성사 안에서 우리는 창에 찔린 그리스도의 심장에서 흘러나온 피와 물을 통해 세상과 우리 안에 쌓인 온갖 더러움을 깨끗이 씻습니다. 성체성사 안에서 우리는 우리를 둘러싸고 있는 것들, 비유적으로 말하자면 우리에게 제공되는 청량음료보다 더 나은 것을 열망하는 갈증을 늘 해소할 수 있습니다. 그러므로 우리는 로욜라의 이냐시오 성인처럼 〈그리스도의 영혼은Anima Christi〉이라는 기도를 바칠 수 있지요. "그리스도의 피는 저의 갈증을 풀어 주고, 그리스도의 옆구리에서 흘러나온 물은 저를 씻어 주나이다."

성서학과 교부학, 교의 신학의 관점에서 '예수 성심 신심'을 새롭게 이해하고, 그렇게 이해한 내용을 현대적 감각에 맞게 그림으로 표현하는 데 도움이 될 만한 두 성경 구절을 우리는 요한 복음에서 찾을 수 있습니다. 그중 하나는, 예수님이 사랑하시던 제자가 예수님의 품에 기대어 앉아 있던 사실을 이야기한 구절입니다(요한 13,23 참조). 그 구절은 그리스도의 사랑을 묘사한 중세 시대 그림들의 소재가 되기도 했지요. 그 그림들은 소란하고 혼잡한 세상 한가운데서도 우리가 내적인 평온과 평화를 찾을 수 있는 장소가 있다는 사실을 분명하게 일깨워 줍니다. 다른 하나는, 의심 많던 토마스 사도가 부활하신 주님과 만나는 장면을 전하는 구절입니다(요한 20,24-29 참조). 예수님의 부활을 의심하던 토마스 사도는 당신의 옆구리에 손을 넣어 보라는 부활하신 예수님의 말씀을 듣고서 비로소 믿게 되었습니다. 토마스 사도와 부활하신 예수님과의 만남은 의심을 품고 의문을 제기하는 현대인에게도 시사하는 바가 큽니다. 어찌 보면, 우리는 모두 '의심하는 토마스 사도'와 같다고 할 수 있습니다. 토마스 사도처럼 우리는 종종 다른 사람의 말을 쉽게 믿으려 하지 않습니다. 토마스 사도처럼 우리는 부활하신 예수님을 개인적으로 체험하고서야 비로소 믿으려 합니다. 우리는 마리아 막달레나처럼 부활하신 예수님을 실제로 만져 볼 수도 없고, 그분의 옆구리에 실제로 손을 넣어 볼 수도 없습니다. 그러나 '창에 찔린 예수님의 심장'은, 우리 때문에 상처를 입으신 하느님의 사랑을 깨닫는 데 도움을 주는 영적인 표상이 될 수 있습니다. "예수 그리스도께서는 부활하신 후 '나를 붙들지 마라Noli me tangere.'(요한 20,17 참조)라고 말씀하신 것으로 보아, 당신의 흉터들만 만질 수 있게 허락하신 듯 보입니다."라고 말한 파스칼은 그 점을 알고 있었던 것처럼 보입니다.[131]

'예수 성심 신심'이 본질적으로 다정다감한 속성, 다시 말해 긍정적 의미에서 '감상적' 속성을 지녔다고 해서, 그 신심을 반대할 필요는 없습니다. 감정과 정서는 신심에 합당하고 꼭 필요한 요소이기 때문입니다. 감정과 정서를 배제할 때, 오히려 신심은 오늘날 종종 볼 수 있듯이 난잡하고 심지어 난폭한 형태를 띠게 됩니다. 우리는 우리의 감정을 배제하거나 부끄러워해서도 안 됩니다. 예수님이 '사랑'을 으뜸 계명으로 가르치면서 말씀하셨듯이, 하느님은 우리 인간이 몸과 마음과 정신을 다하여 당신을 섬길 것을 요구하십니다(마르 12,30; 마태 22,37; 루카 10,27 참조). 신심은 결국 '하느님과 우리 인간 사이의 사랑의 역사'라 할 수 있는데, 사랑은 예외 없이 열정적인 것입니다. 신심은 결국 하느님과의 사적인 대화라 할 수 있습니다. 영국 가톨릭교회의 추기경이었던 존 헨리 뉴먼 복자(1801~1890년)는 자신의 문장에 다음과 같은 문구를 새겨 넣었습니다. "마음이 마음에게 말해 줍니다Cor ad cor loquitur."

하느님과의 사적인 만남은 순전히 사적인 영역에만 머물러서는 안 됩니다. 그 만남은 우리 가까이에서 또한 우리 주변에서 고통을 겪는 모든 이들에게 개방되어야 하지요. 창에 찔린 예수님의 심장을 바라볼 때 우리는, 하느님이 세상을 너무나 사랑하신 나머지 당신의 외아드님을 내주셨다는(요한 3,16 참조) 사실을 깨닫습니다. 그래서 우리는 하느님의 고통에 동참하고, 지금 이 세상의 어둠과 잔혹 속에서 고통을 겪는 모든 이들과 하나 될 수 있습니다. 우리는 이 세상을 뒤덮은 골고타의 어둔 밤 속으로 예수님과 함께 뛰어들어, 그분과 함께 그 밤을 견뎌 내고, 많은 사람을 대신해 그 밤을 끝까지 참아 낼 수 있습니다. '그리스도의 몸'인 전 세계 교회는 성령을 통하여 세상에 존재하는 그리스도의 죽음의 고통에 동참합니다. 파스칼은 예수님의 고통이 세상 종말 때까지 지속된다고 생각했지요.[132] '그리스도의 몸'인 교회는 세상에 존재하는 고통을 대신 짊어지고, 그 고통에 동참하며, 그 고통을 끝까지 참아 낼 수 있습니다. 온 세상을 뒤덮은 어둔 밤 속에서 우리는 창에 찔린 예수님의 심장을 바라보는 가운데, 예수님의 심장 안에서 세상을 사랑하시는 하느님의 심장이 뛰고 있음을 깨닫습니다. 창에 찔린 예수님의 심장은 세상의 심장이고, 세상에 가장 깊이 내재된 힘이며, 세상의 온 희망입니다.[133] 그처럼 우리는 새롭고 영원한 부활의 아침을 맞으리라는 확신 속에 성금요일의 어둠을 견뎌 낼 수 있습니다. 그런 확신은, 생명이나 죽음이나 그 밖의 어떤 것도 예수 그리스도 안에서 드러난 하느님의 사랑에서 우리를 떼어 놓을 수 없다는 믿음입니다(로마 8,35-39 참조).

6. 자비로운 마음에서 함께 고통을 겪으시는 하느님

　신앙생활에서 가장 진지한 순간에, 우리는 잠시 숨을 돌리고 다음과 같이 질문해야 합니다. "하느님은 정말 고통을 겪으실 수 있을까? 하느님은 동정 어린 표정을 짓는 것 말고 무엇을 더 하실 수 있을까? 하느님이 정말 우리와 함께 괴로워하시고, 우리와 함께 기뻐하신다고 이야기할 수 있을까?" 그런 질문들은 순전히 사변적인 것만은 아닙니다. 그런 질문에 대한 답변에서, 하느님이 말 그대로 '공감하시는' 분이신지 여부가 갈리기 때문입니다. '공감하다'라는 뜻을 지닌 그리스어 동사 '심파테인συμπαθεῖν'에서 유래한 독일어 형용사 '심파티슈sympathisch'는 '동정심이 있는'(독일어 '미트라이디히mitleidig')이라는 뜻뿐만 아니라, '함께 고통을 겪는'(독일어 '미트라이덴트mitleidend')이라는 뜻도 지녔습니다. 하느님을 과연 '함께 고통을 겪으시는 분'이라고 말할 수 있을까요?

　교회의 정통 신학에서는, 하느님이 고통받으실 수 없다고 가르칩니다. '신은 고통받을 수 없다'는 주장은 이미 고대 그리스·로마 철학에서 나왔지요. 정통 신학은 몇 가지 사항을 제외하고는 그들의 주장을 받아들였습니다.[134] 그에 대한 몇 가지 중요한 이유가 있는데, 정통 신학은 다음과 같은 논거를 제시했습니다. '하느님이 우리의 고통에 수동적으로 마음이 움직이신다는 주장은 그분의 초월성과 절대성에 대한 가르침에, 곧 하느님은 세상의 지배를 받지 않으시며 세상과 인간보다 훨씬 높은 품위를 지니신 분이란 가르침에 어긋난다. 그런 주장은, 하느님에게는 부족함이 없다는, 그분의 완전성에 관한 가르침에도 어긋난다. 고통은 부족함을 의미하기 때문이다. 그러므로 하느님이 고통을 겪으신다는 주장은, 하느님에 대한 교회의 가르침에 어긋나는 것이다. 하느님은 우리 인간처럼 괴로움과 고통에 속수무책으로 내맡겨질 수 없다.'

'무엇이 되어 가시는 하느님'이란 개념 또한 하느님에 대한 교회의 가르침에 어긋납니다. 하느님은 세상의 고통스러운 역사 과정을 모두 겪으시고서야 비로소 자신의 참모습을 찾으시는 분이 아닙니다. 특히 '아우슈비츠 이후의 신학'을 비롯해 여러 신학 사조의 여러 형태에서 볼 수 있는 그런 생각은,[135] 인간이 겪는 고통의 의미를 찾는 데 별 도움이 되지 못합니다. 카를 라너는 "사랑하는 하느님이 잘 지내지 못하신다는 것에서, 도대체 무엇을 얻을 수 있단 말인가?"라며, 그 점을 노골적으로 지적했습니다.[136] 그런 생각은 아우슈비츠의 끔찍했던 사건을 신화로 만들고, 인간뿐만 아니라 하느님도 속수무책으로 내맡겨진, 이해할 수 없는 숙명으로 만듭니다. 그를 통해 사람들은 그런 고통에 대한 책임과, 필수적으로 요구되는 회개에서 벗어나려 하지요.

그럼에도 구약 성경의 신관에 따르면, 하느님이 무관심한 분이 아님을 분명히 알 수 있습니다. 성경의 증언에 따르면, 하느님은 인간을 위하는 마음을 갖고 계시며, 인간과 함께 괴로워하시고 인간과 함께 기뻐하시며, 인간을 두고 인간과 함께 슬퍼하십니다.[137] 성경이 전하는 하느님은, 공포로 가득 찬 세상에는 무관심한 채 영광과 지복을 누리며 왕좌에 앉아 있는 임금이 아닙니다. 신약 성경은 하느님의 모습을 지니셨던 분이 자신을 비우시어 예수 그리스도 안에서 종의 모습을 취하셨다고 전합니다(필리 2,6-8 참조). 그분은 우리와 똑같이 느끼시며, 죄만 빼놓고 모든 면에서 우리와 같으십니다(히브 4,15 참조). '십자가에 매달리신 하느님'은 당시에나 오늘날에나 의심할 여지없는 스캔들입니다. 그러한 하느님에 관한 선포는 세상 사람들의 눈에는 어리석음으로 보이지만, 그것이 실상 하느님의 지혜입니다(1코린 1,21.23 참조).

비오 12세 교황은 회칙 〈물을 길으리라 Haurietis Aquas〉(1956년)에서 교부들의 말을 수시로 인용하는 가운데, 하느님의 두 번째 위격과 인성의 본질적인 결합을 근거로 예수님의 인간적 본성이 지닌 열정과 고통은 하느님의 위격이 지닌 열정과 고통이라는 점에 중요성을 부여했습니다. 인간인 예수님의 고통은 동시에 하느님의 고통이라

제5장 조직 신학적 고찰

는 것이지요. 독일의 가톨릭 신학자인 셰벤(1835~1888년)의 말처럼, 하느님은 예수 그리스도 안에서 인간이 되심으로써, 그분의 '자비'에는 마땅히 '동정'이 포함되었습니다.[138] 하느님은 예수님의 인성 안에서 우리와 함께, 우리를 위해 고통을 겪으실 수 있고, 또한 그렇게 고통을 겪기를 원하십니다. 하느님 자신이 우리를 위해 십자가 위에서 고통을 겪고 돌아가시지 않으셨더라면, 예수님의 죽음이 인간의 죽음이 아니었더라면, 그분 이전 시기나 그분 이후 오늘날에 이르기까지 많은 사람들이 그랬던 것처럼 예수님이 그저 인간으로서 부당하게 처형당하신 것이었더라면, 우리를 위한 그분의 죽음은 모범적일 수는 있어도 구원의 의미를 지니지는 못했을 것입니다. 오로지 영원히 죽지 않으시고 생명과 죽음의 주인이신 하느님 자신이 예수 그리스도 안에서 고통을 겪으시고 돌아가심으로써, 하느님은 죽음을 통해 죽음을 이기실 수 있었습니다.

성경과 교부들의 전통에서 확인할 수 있는 그런 가르침은 형이상학적 신관을 토대로 하는 정통 신학의 전통적 가르침과 모순되지 않습니다. '하느님이 인간과 함께 고통을 겪으신다'는 성경의 가르침은 그분의 불완전성이나 약점, 무기력을 뜻하는 것이 아니라, 그와는 정반대로 그분의 전능을 뜻하기 때문입니다. 하느님이 사람이 되는 모험을 감행하시고 당신을 낮추어 종의 신분을 취하셨다는 것은, 그분의 절대적인 사랑을 의미합니다. 고통이 그분을 압도한 것이 아니라, 본래 고통을 겪을 수도 없고 영원히 죽지도 않는 하느님이신 그분이 자발적으로 고통과 죽음에 당신을 내맡기신 것입니다. 그렇게 함으로써, 본래 죽음보다 더 강하신 그분은 죽음을 통해 죽음을 이기실 수 있었습니다. "그리스도께서는 …… 당신의 죽음으로 저희 죽음을 없애시고 당신의 부활로 저희 생명을 되찾아 주셨나이다."[139]

하느님은 예수님의 죽음 안에서 당신의 전능을 포기하신 것이 아니라, 오히려 당신의 전능을 펼치신 것입니다. 덴마크의 철학자 키르케고르Søren Aabye Kierkegaard(1813~1855년)는 "고통에 넘겨지는 일 없이 스스로 고통을 겪는 것이야말로 전능에 속합니다. 그것이 전능하신 사랑이지요."라고 말했습니다.[140] 자비롭기만 하고 전능하지는 못한 신神은 더 이상 신이라 할 수 없습니다. 반대로, 전능하기만 하고 자비롭지는 못한 신은 경멸받아 마땅한 폭군이라 할 수 있지요. 그렇기에 교회는, "주 하느님, 용서와 자비로 전능을 크게 드러내시니……."라고 기도합니다.[141]

그런 까닭에 '하느님의 자비'를 내세워 그분의 전능을 부인하거나, 그분이 무기력하게 고통을 당하셨다고 말할 수 없습니다. 그런 행위는 하느님에 관한 교회의 가르침에 어긋납니다. 무기력한 하느님은 참된 의미에서 더 이상 하느님이라 할 수 없습니다. 그러므로 하느님은 당신의 의지와는 상관없이 수동적으로 고통을 겪으시고 고통에 압도되신 것이 아니라, 자비로운 마음에서 당신의 절대적인 자유의지에 따라 고통과 괴로움을 겪으셨습니다. 하느님은 당신의 자비를 통해 당신이 절대적이고 자유로운 분임을 드러내십니다. 그분의 자비는 인간의 곤경과 고통을 통해 초래되는 것이 아닙니다. 하느님은 당신의 자비로운 선택에 따라 인간의 고통과 괴로움에 마음을 쓰시고, 그 고통에 함께하십니다. 오늘날에는 가톨릭교회뿐만 아니라 정교회와 개신교의 많은 신학자들이 "하느님은 우리와 함께 고통을 겪으신다."라고 이야기합니다.[142]

이미 오리게네스는 사랑에서 비롯하는 하느님의 고통에 관해 얘기하며, 사랑의 고통을 구세사의 원천으로 삼았습니다. 그는 다음과 같이 말했습니다. "그분은 먼저 고통을 겪으셨으며, 그런 다음 세상에 내려오셨습니다. 그분이 우리를 위해 겪으셨던 고통은 어떤 것일까요? 그것은 사랑의 고통입니다."[143] 클레르보의 베르나르도 성인은 하느님이 우리와 함께 고통을 겪으실 수 있다는 사실을 다음과 같이 함축성 있게 표현했지요. "하느님은 고통받으실 수 없지만, 함께 고통을 겪으실 수는 있습니다."[144] 아우구스티노 성인은 그런 사상의 영적인 의미를 상세히 설명했습니다. "주님이신 예수님께서는, 당신이 처한 곤경 때문이 아니라 인간에 대한 연민에서, 당신 자신이 머리이시고 당신을 믿는 거룩한 이들은 지체라고 말씀하셨던 당신의 몸인 교회를 당신 안에서 변화시키기 위해, 인간의 약점이라 할 수 있는 충동과 육신, 육신의 죽음을 짊어지셨습니다. 그러므로 그들 가운데 누가 유혹의 한가운데서 슬퍼하거나 괴로워하더라도, 그 때문에 자신이 주님의 은총에서 벗어나 있다고 생각해서는 안 됩니다. 그것은 죄가 아니라, 인간의 약점을 드러내는 징표일 뿐입니다. 합창단이 선창자를 따라 노래 부르듯, 그분의 몸인 교회는 머리이신 그분에게서 배워야 합니다."[145]

베네딕토 16세 교황도 그와 비슷한 생각을 밝혔습니다. "하느님께서는 사람을 너무나 귀중히 여기셨으므로 몸소 사람이 되시어 …… 사람의 고통을 함께 겪으셨습니다. 그러므로 모든 인간 고통에서 우리는 그 고통을 우리와 함께 체험하고 짊어지는 분과 결합됩니다. 따라서 모든 고통에는 함께 아파하시는 하느님의 사랑에서 비롯되는 위로consolatio가 있으며, 그래서 희망의 별이 떠오릅니다."[146]

베네딕토 16세 교황의 말은 '하느님의 자비'가 지닌 깊고 무한한 신비를 밝혀 주며, 그를 통해 우리를 하느님의 깊은 신비 속으로 이끌어 주는 신학적이고 영성적인 통찰이라 할 수 있습니다. 하느님의 크신 사랑은 믿는 이들의 마음에 경탄과 깊은 감사를 불러일으킵니다. 하느님이 우리를 위해, 나를 위해 그 모든 일을 하셨고, 고통을 겪으셨기 때문입니다. 그분이 짊어지셨던 것은 우리의 죄요 나의 죄입니다. 그럼에도, 아니 바로 그 때문에 우리는 마지막 질문을 그분께 드릴 수 있습니다. "왜, 무엇 때문에 죄 없는 많은 사람들이 세상에서 그처럼 큰 고통과 괴로움을 겪는 것인가요?"

7. 무죄한 고통과 관련한 하느님의 자비에 대한 희망

하느님의 무한하신 자비에 관한 복음은 끊임없이 세상의 냉혹한 현실 체험과, 세상에서 죄 없는 사람들이 겪는 종종 비극적이기도 한 고통 체험과 부딪칩니다.[147] 우리는 먼저, 전쟁 · 폭력 · 민족 학살 · 벌 받을 만한 부정 · 고문 · 반목 · 신체나 정신을 대상으로 하는 잔혹과 같은, 인간에게 책임이 있는 만행들을 떠올릴 수 있습니다. 또한 우리는, 끔찍한 지진 · 해일 · 가뭄 · 홍수 · 페스트나 콜레라, 에이즈와 같은 전염병 · 중대한 선천성 장애 · 고통스러운 만성 질병 · 중한 정신 질병 · 배우자나 자녀를 잃은 슬픔 · 여러 형태의 비극적 사고와 같은, 인간에게 책임이 없는 고통도 생각할 수 있지요. 인간의 고통은 인류 역사 전체에 걸쳐 끊임없이 이어져 내려오고 있으며, 여러 형태를 띠고 있습니다. 어떻게 하느님은 모든 고통을 허락하실 수 있는 것일까요? 그 모든 일들이 벌어질 때 하느님은 어디에 계셨으며, 또한 어디에 계시는 것일까요? 인류의 수난사는 '하느님의 자비' 및 '하느님의 전능'과 어떻게 결합할 수 있는 것일까요?

고통과 괴로움은, 이미 고대 그리스·로마·중국·인도·이란·바빌론·이집트·이스라엘의 문화 안에서 종교에 대한 비판적인 질문들을 제기하게 만들었습니다. 이미 고대 그리스·로마 문화에는 다음과 같은 의견이 있었지요. "신神이 선량하기는 해도 전능하지 못해 고통을 막지 못한다면, 그는 더 이상 신이라고 할 수 없다. 신이 전능하기는 해도 선량하지 못하다면, 고통을 막을 수는 있어도 막으려 하지 않을 것이며, 따라서 그는 음흉한 악령이다."[148] 그런 의견은 오늘날까지 끊임없이 이어져 내려왔습니다. 그런 의견은 나치에 의한 유대인 대학살 이후 '아우슈비츠 이후 신학'을 낳았고, 변신론과 관련한 질문을 새롭게 제기했습니다.[149]

세상에 존재하는 고통 및 악과 관련하여 하느님을 변호하려는 시도(변신론Theodizee)는 그리스·로마 시대 이후 계속되어 왔습니다. 세상에 존재하는 고통을, 우주의 조화를 이루는 데 꼭 필요한 요소로 이해하거나, 더욱 완전한 세상으로 나아가기 위해 필수적으로 거쳐야 할 과도기로 이해하려는 시도들이 있었습니다. 그러나 그러한 이해는 고통에 대한 충분한 설명이 되지 못합니다. 그러한 이해는 인간의 고통을, 더욱 큰 조화나 더 높다고 여기는 목표를 이루기 위한 수단으로 삼기 때문입니다. 그런 논증은 고통을 겪고 있는 무죄한 이들의 마음에 상처를 주고, 그들에게 또 다른 불의를 저지르는 것이라 할 수 있습니다.

이러한 설명 가운데 가장 유명한 것은, 독일의 철학자이자 수학자인 라이프니츠Gottfried Wilhelm Leibniz(1646~1716년)의 책 《변신론에 관한 에세이Essais de Théodicée》(1710년)에 나오는 설명입니다. 라이프니츠는 '가능한 세계'가 헤아릴 수 없이 많이 존재한다고 생각했습니다. 하느님은 '가능한 세계들' 중에서 하나만 만드셨는데, 그 세계는 이상적이고 완전한 것이 아니라 "모든 가능한 세계들 중에서 최선의 것"이라는 이야기입니다. 라이프니츠는 하느님이 당신의 무한하신 지혜로 모든 가능한 세계들 중에서 최선의 것을 찾아내셨고, 당신의 무한하신 자비로 모든 가능한 세계들 중에서 최선의 것을 선택하셨으며, 당신의 전능으로 그 세계를 창조하셨다고 논증했습니다. 따라서 하느님이 창조하신 세계는 "모든 가능한 세계들 중에서 최선의 것"임이 틀림없으며, 모든 형태의 고통은 결국 꼭 필요한 것이고 설명될 수 있는 것이라는 이야기입니다.

1755년 포르투갈의 리스본에서 일어났던 끔찍한 지진은 이성에 입각한 낙관론을 종식시켰습니다. 프랑스의 철학자이자 작가인 볼테르Voltaire(1694~1778년)는, 라이프니츠의 설명에 대한 응답으로 자신의 풍자 소설 《캉디드 혹은 낙관주의Candide oder der Optimismus》를 내놓았습니다. 그리고 독일의 철학자 칸트는 1791년에 〈변신론에서 모든 철학적 시도의 실패에 관하여Über das Mißlingen aller philosophischen Versuche in der Theodicee〉라는 논문을 썼습니다. 그는 인간의 인식 능력에는 한계가 있기 때문에, 인간의 경험 영역을 뛰어넘는 문제들에 관해서는 형이상학적 사유가 근본적으로 불가능하다고 주장했습니다.[150]

칸트의 논문은 변신론에 관한 기존 논쟁의 종식을 가져왔습니다. 변신론의 모든 시도는 하느님에 대한 경외심, 그분의 의지가 지닌 설명할 수 없는 신비, 그리고 인간과 그의 고통이 지닌 신비에 대한 경외심으로 인해 사실상 실패했기 때문입니다. 하느님과 세상의 관계, 신적 자유와 인간적 자유의 관계는 이제 그보다 높은 견해에 의해 그 둘을 포괄하는 지혜론적이거나 변증법적인 의미 관계와 질서 관계로 편입되지 않게 되었습니다. 변신론의 시도는 하느님과 그분의 행위를 얕보는 것이며, 마치 우리가 그분보다 더 높은 자리에 있는 양 그분을 판단하는 것으로, 그것은 오만과 불손을 뜻합니다. 그러므로 변신론에 대한 칸트의 비판은 정당한 것이며, 변신론의 모든 시도는 실패한 것으로 간주해야 합니다.

칸트는 이 세상에 존재하는 고통 때문에 '하느님 생각'을 포기한다면, 그에 상응하는 대가가 따른다는 사실을 물론 잘 알고 있었습니다. 악을 경험함에도 불구하고 인간의 존엄성이 존속되어야 한다면, 그 일은 '하느님 생각'을 실천 이성의 명령으로 생각하고 그를 지키는 경우에만 이룰 수 있습니다. 인간의 자유와 자연 질서를 포괄하는 '하느님'이란 전제 조건하에서만, 인간의 자유와 자연의 운명 사이의 화해에 대한 희망이 가능해집니다. '하느님 생각'은 인간의 자유가 성공하리라는 희망을 자신 안에 품고 있습니다.[151] 그 희망을 포기하는 것은 인간이기를 포기하는 것을 뜻하고, 결국 어깨를 으쓱하며 고통을 겪는 이들을 외면하는 것을 의미합니다. 독일의 철학자인 하버마스는 그런 사상을 계승하였습니다. 그는 변신론의 문제를 두고 계속해서 불붙는 불길의 핵심[152]을 고려해야 하며, 부활 희망의 상실이 커다란 공허감을 남긴다는 사실[153]을 인식해야 한다고 말했습니다. "없는 것에 대한 의식意識"[154]이 남는다는 것이지요.

칸트가 이야기한 '희망'은 공준입니다. 철학은 그 이상 더 간명하게 표현할 수 없습니다. 그 공준의 수용 여부는 다음 질문들에 어떻게 답할지에 달려 있습니다. "인간과 인간의 존엄성은 절대적 의미를 지녀야 하는가? 역사적으로 화해할 수 없는 불의 및 고통에 대해서도 화해의 가능성을 열어 놓아야 하는가? 아니면, 그런 화해의 가능성을 배제함으로써 결국 그런 화해가 어리석은 행위임을 시인해야 하는가?" 관건은 물론, 마지막 질문에 대한 답변을 통해 살아갈지 여부와, 그 답변을 통해 어떻게 살아갈지에 달려 있습니다. 그를 통해 '변신론Theodizee'의 문제는 결국 '안트로포디체Anthropodizee'의 문제, 곧 인간 실존의 의미를 변론하는 문제가 되었습니다.

변신론으로는 풀 수 없는 문제에 대해 성경과 신학은 어떤 답변을 내놓고 있을까요? 성경은 오늘날의 변신론과 안트로포디체의 문제를 알지 못했습니다. 성경은 공준이 아니라, 이스라엘 백성과 초대 그리스도교 신자들의 원초적 체험, 곧 그들의 역사에서 어렵고 절망적인 순간마다 늘 새롭게 체험했던 하느님의 신의에서 출발합니다. '하느님의 신의'에 대한 이스라엘 백성의 근본적인 확신은, 구약 시대 말기에 있었던 박해와 순교의 상황에서 죽은 이들의 부활에 대한 희망을 통해 절정에 이릅니다(2마카 7장 참조). 초대 그리스도교 신자들은 그 희망을 예수님의 부활을 통해 최종적으로 확인했지요. 신의를 지키겠다는 하느님의 약속은, 죽음이라는 가장 절망적인 순간에도 그들의 희망과 최종적인 정의와 영원한 생명에 대한 확신의 근거가 되었습니다.[155]

성경이 전하는 '희망'의 메시지는 그것으로 모든 문제가 해결되는 해결책은 아닙니다. 그 점은 욥기에서 매우 분명하게 드러납니다. 욥기는 끊임없는 편집상의 수정 보완 작업을 거치며, 하느님을 위하는, 그리고 때로는 하느님에 맞서는 욥의 투쟁을 극적으로 묘사하고 있습니다.[156] 욥기는 항변으로 시작됩니다. 욥은 자기가 태어난 날을 저주하며(욥 3,3 참조), 자기 생명이 메스껍다고 말합니다(욥 10,1 참조). 그는 하느님이 사람을 멸시하신다고 불평합니다(욥 7,20 참조). 그의 친구들은 지혜에 관한 전통적인 신학 이론으로 하느님을 변론하려고 온갖 노력을 기울입니다. 그들은 '행위가 결과를 낳는다'라는 인과 관계의 논리 속에, 행복은 선행에 대한 보답이며 불행은 악행에 대한 벌이라고 이야기합니다. 그러나 모든 것을 이해하고 설명하려는, 지혜에 관한 신학 이론은 궁극적으로 하느님을 꿰뚫어 보려는 시도라 할 수 있는데, 그런 시도는 실패하고 맙니다. 지혜 신학은 이스라엘 말기에 위기에 빠지지요.[157] 욥기에서 하느님은 욥의 친구들에게 분노에 찬 판결을 내리십니다. "너희는 나에 대해 올바르게 말하지 않았다."(우리말 《성경》에서는 "너희는 나에게 올바른 것을 말하지 않았다."로 번역했으나, 여기서는 이 책의 문맥상 독일어 《공동 번역 성경》의 번역을 따랐다. ― 역자 주) 결국 하느님에게 옳다고 인정받은 사람은 모든 일을 설명하고 하느님의 행위를 꿰뚫어 보고자 했던 욥의 친구들이 아니라, 탄식하던 욥이었습니다(욥 42,7-17 참조).

욥기의 관점은 끝에 가서 바뀝니다. 욥기의 끝부분에서는, 인간이 하느님에게 하소연하고 그분을 비난하거나 변론하는 것이 아니라, 하느님이 주도적으로 말씀하시고 인간에게 질문을 던지십니다(욥 38-41장 참조). 하느님의 지혜는 너무 커서 인간의 사고 체계로는 파악할 수 없다는 것이 입증되었습니다. 그래서 욥은 손으로 입을 가리고 말을 하지 않았습니다(욥 40,4 참조). 욥은 사람이 하느님과 논쟁할 수 없다는 것을 인정했습니다. "저에게는 너무나 신비로워 알지 못하는 일들을 저는 이해하지도 못한 채 지껄였습니다. …… 당신에 대하여 귀로만 들어 왔던 이 몸, 이제는 제 눈이 당신을 뵈었습니다. 그래서 저 자신을 부끄럽게 여기며 먼지와 잿더미에 앉아 참회합니다."(욥 42,3-6) 하느님과 논쟁하거나 다투는 것은 불가능한 일입니다. 결론적으로 말해 성경의 관점에서 볼 때 변신론은 불가능한 시도입니다.

그에 반해, 하느님에 관한 또는 그분과 함께하는 성경 이야기에서, 하느님께 하소연하거나 그분과 논쟁하는 것은 정당성을 인정받습니다. 욥기에도 하느님에 대한 하소연이 나오지만, 희망으로 해소됩니다. "나는 알고 있다네, 나의 구원자께서 살아 계심을. 그분께서는 마침내 먼지 위에서 일어서시리라. 내 살갗이 이토록 벗겨진 뒤에라도 이 내 몸으로 나는 하느님을 보리라. 내가 기어이 뵙고자 하는 분, 내 눈은 다른 이가 아니라 바로 그분을 보리라. 속에서 내 간장이 녹아내리는구나."(욥 19,25-27)

성경에는 하느님께 드리는 하소연과 탄원하는 노래들이 수없이 나옵니다.[158] 구약 성경의 탄원 시편들(시편 6; 13; 22; 31; 44; 57편 등 참조)은 모두 하느님에게 버림받은 커다란 곤경에서 나온 것으로, 커다란 실존적 충격에 관해 이야기합니다. 그럼에도 이 시편들은 결코 절망으로 마무리되는 것이 아니라, 곤경을 겪는 자신 곁에 하느님이 계신다는 확신으로 마무리됩니다. 탄원 시편마다 그처럼 하소연에서 찬미로 극적인 반전이 일어납니다. 탄원 시편들은 하소연과 비난, 절망으로 끝나는 것이 아니라, 한결같이 찬미와 감사로 끝납니다.

예수님도 그런 구약 성경의 전통을 따르셨습니다. 십자가 위에서 하느님에게 버림받았다고 느끼신 예수님은 시편 22편의 말씀처럼 울부짖으셨습니다. "저의 하느님, 저의 하느님, 어찌하여 저를 버리셨습니까?"(마르 15,34) 그 울부짖음은 종종 절망의 표현으로 해석됩니다. 그러나 유다교의 전통에 따르면, 어떤 시편의 첫 구절을 인용한 것은 곧 그 시편 전체를 인용했음을 뜻합니다. 따라서 시편 22편이 절절한 울부짖음으로 시작하지만, 하느님이 구원해 주실 것이란 희망으로 끝난다는 점을 눈여겨봐야 합니다. 그러므로 예수님의 울부짖음은 절망의 표현이 아니라, 하느님에게 버림받았다는 느낌 속에서도 하느님에 대한 신뢰와 희망을 드러낸 것이라 할 수 있습니다.[159] 루카 복음사가는 예수님의 울부짖음을 이미 그런 의미로 해석했다고 볼 수 있는데, 예수님이 숨을 거두시기 직전 시편 31편 6절의 말씀처럼 "아버지, 제 영을 아버지 손에 맡깁니다."(루카 23,46)라고 기도하셨다고 전하고 있기 때문입니다.

부활하신 예수님과의 만남은 제자들에게, 하느님이 예수님의 죽음과 부활을 통해 당신 계약의 신의를 사실상 최종적으로 지키셨다는 확신을 심어 주었습니다. 그러나 제자들이 예수님의 부활을 쉽게 찬미할 수 있었던 것은 아닙니다. 부활에 관한 신약 성경의 기록을 보면, 제자들이 의심과 의혹을 통해 부활에 대한 확신에 이르렀음을 알 수 있습니다. '엠마오로 가던 제자들의 이야기'(루카 24,13-35 참조)는, 예수님의 첫 제자들이 걸어야 했던 신앙의 여정을 매우 인상 깊게 보여 줍니다. 그 이야기는 제자들의 실망과, 여자들의 증언에 대한 제자들의 불신을 전하면서, 예수님이 빵을 떼어 건네주셨을 때에야 그들이 그분을 알아 뵙고 서둘러 예루살렘으로 되돌아왔다고 증언합니다.

'엠마오로 가는 길'은 그리스도교 신자들이 걸어야 할 길의 본보기라 할 수 있습니다. 그리스도교 신자들은 그리스도의 죽음에 근거해 세례를 받았고, 장차 부활하리라는 희망 속에 이 세상을 살아갑니다(로마 6,3-6 참조). 우리는 희망으로 구원을 받았습니다. 이미 이뤄졌다고 생각하는 희망은 희망이 아닙니다(로마 8,24 참조). 그리스도인의 희망은 종종 모든 희망에 반대되는 것이기도 합니다(로마 4,18 참조). 그러므로 생명이나 죽음이나 그 밖의 어떤 것도 우리를 하느님의 사랑에서 갈라놓을 수 없다는, 로마 신자들에게 보낸 서간 8장 35절에서 39절의 말씀은 신학적 사고의 출발점이 아니라, 세상에 화를 가져오는 세력들로 인해 그리스도인이 곤경을 겪으며 체득한 오랜 신학적 사고의 결론이라 할 수 있습니다(로마 7-8장 참조).

그런 생각은 히브리인들에게 보낸 서간에서 이어집니다. 히브리인들에게 보낸 서간은 예수 그리스도가 죄만 빼놓고 모든 면에서 우리와 같아지셨다고 이야기합니다. 그러므로 우리는 예수 그리스도 안에서, 우리의 연약함을 동정할 수 있는 대사제를 갖게 되었습니다. 우리는 확신을 가지고 그분의 어좌로 나아갈 수 있으며, 그를 통해 자비와 은총을 얻게 됩니다(히브 2,17; 4,15-16; 5,2 참조). 그리스도인의 삶에는 곤경과 유혹도 포함됩니다. 그러나 우리는 모든 곤경과 절망 속에서도, 하느님이 우리 곁에 우리와 함께 계신다는 것과 '하느님을 사랑하는 이들에게는 모든 것이 함께 작용하여 선을 이룬다는 것'(로마 8,28; 히브 12,5-7.10-11 참조)을 확신할 수 있습니다.

그러한 확신은, 이 세상 삶에서는 이뤄지지 않고 이 세상을 뛰어넘어 죽은 이들의 부활과 영원한 생명을 지향하는 희망을, 말로 표현합니다. 그때에 비로소 모든 불의는 대갚음해지고, 누구나 자신의 권리를 보장받게 될 것입니다. 그때에 비로소 하느님은 모든 이들의 눈에서 눈물을 닦아 주실 것입니다. "다시는 죽음이 없고, 다시는 슬픔도 울부짖음도 괴로움도 없을 것이다. 이전 것들이 사라져 버렸기 때문이다. 그리고 어좌에 앉아 계신 분께서 말씀하셨습니다. '보라, 내가 모든 것을 새롭게 만든다.'"(묵시 21,4-5) 우리는 여전히 여정 중에 있고, 아직은 하느님을 뵙는 직관을 누릴 수 없습니다. 우리가 처한 상황은 부활 성야와 같다고 할 수 있습니다. 부활 성야에 그리스도의 빛을 상징하는 부활초가 캄캄한 성당 안으로 들어와 빛을 발하면, 우리는 그 빛에서 우리의 불을 밝힙니다. 그 빛은 성당의 어둠 속에서 여전히 빛나지요. 부활 성야 축제는 그렇게 시작됩니다. 초대 교회의 성찬 전례 때 사용한 "마라나타maranatha"(1코린 16,22)[160]라는 외침은, '주님께서 와 계신다.'(아람어 'maran atha')라는 뜻과 '주님께서 오신다.'(아람어 'marana tha')라는 뜻으로 해석할 수 있습니다. 주님께서 이미 와 계시지만, 우리는 또한 그분의 영원한 재림을 청하는 것입니다.[161]

신앙인이 누리는 '마음의 평정'은, 하느님의 사랑 안에서 영원히 보호받고 들어 올려질 것이라는, 확고한 희망에서[162] 나옵니다. 마음의 평정을 누리는 이는 그리스도를 위해 모든 것을 포기할 태세를 갖추고 있고(필리 3,8 참조), 어디든 갈 용의가 있으며, 궁핍을 참아 낼 준비가 되어 있습니다. "나는 어떠한 처지에서도 만족하는 법을 배웠습니다. …… 배부르거나 배고프거나 넉넉하거나 모자라거나 그 어떠한 경우에도 잘 지내는 비결을 알고 있습니다."(필리 4,11; 2코린 11,23-33 참조) 신앙인은 그리스도의 은총이면 충분하다고 느끼며, 그분의 은총이 약한 데에서 힘을 드러낸다는 것을 잘 알고 있습니다(2코린 12,9 참조). 그리스의 교부들은 '무관심'과 '내적인 평온'을 이야기했습니다. 그들은 물론 스토아학파적 의미에서가 아니라, 주님의 재림을 간절히 고대하고 준비한다는 의미에서 그 두 개념을 말했지요.

마이스터 에크하르트와 타울러, 헨리코 수소 복자와 같은 독일 신비주의의 대가들은 수시로 '마음의 평정'을 이야기했습니다. 그것은 자신을 자유롭지 못하게 만드는 소유와 집착, 자기중심주의에 반대되는 개념으로, 자신을 자유롭게 만드는 포기와, 하느님께 자신을 온전히 내맡기는 것을 뜻한다고 했습니다.[163] 로욜라의 이냐시오 성인은 자신의 책《영신수련》에서 '초연함'에 관해 이야기했습니다. '초연함'은 '하느님의 뜻에 근본적으로 열려 있는 태도'를 말합니다. 그런 태도를 지닐 때, 우리는 질병보다 건강을, 가난보다 부를, 모욕보다 명예를, 단명보다 장수를 더 원하지 않게 되고, 모든 것 안에서 오로지 한 가지만, 곧 창조된 목적에로 우리의 삶을 이끄는 것만 갈망하고 선택하게 된다는 것입니다.[164]

독일의 가톨릭 신학자 프뢰퍼는 프랑스의 시인 페기의 말을 소개했는데, 그 말은 일찍이 변신론에 관한 논쟁에서 들었던 것으로 그의 머릿속에 내내 남아 있었다고 합니다. "하느님이 선수를 치셨습니다. 그분이 시작하셨지요. …… 그때부터 하느님은 우리의 응답을 기다리고 계십니다. 이 말은, 우리가 하느님이 아닌 다른 존재에게 희망을 두고 있다는 뜻은 아닙니다."[165] 우리 희망의 근원은 하느님의 본래적 행위에 대한 기억에 있습니다. 우리는 아직 이뤄지지 않은 그분의 약속이 성취될 것을 고대하지요. 하느님의 본래적 행위에 대한 우리의 생생한 기억이 사람들의 몰이해와 반대로 무너질 때, 우리의 희망도 깨질 위험에 놓입니다. 우리에게 여전히 남는 의문은, 하느님이 인간을 창조하신 목적을 실제로 다 이루실 때 비로소 풀리겠지요. 그때까지 우리의 삶은 불완전하며, 오로지 희망의 표지 안에서만 가능합니다. 슬픔과 의혹, 두려움이 우리의 삶을 짓누르더라도, 우리는 희망 안에서 그것들을 굳건하게 견뎌 낼 수 있습니다. 부활하신 그리스도에 대한 믿음은 우리에게 이론적으로 완벽한 답변을 주지는 못하지만, 우리에게 길을 열어 줍니다. 하느님은 신의 있는 분이므로, 우리는 그분이 약속하신 바를 끝까지 지키시고, 당신의 사랑 안에서 인간과 세상을 구원하실 것을 신뢰할 수 있습니다.[166]

그런 '확고한 희망'과 '마음의 평정'은, 변신론의 여러 구상들에 나오는 것과 같은 이론이 아닙니다. 그것은 오로지 시편의 방식대로, 다시 말해 하소연하고 자비를 구하며 하느님의 무한하신 자비에 감사와 찬미를 드리는 방식으로 표현할 수 있는, 신앙의 진술이자 태도입니다. 그것은 교회가 미사 때 "주님, 자비를 베푸소서Kyrie eleison."라고 드리는 청원과 장엄한 '사은 찬미가Te Deum'의 형태로 표현되기도 합니다.

그런 기도들은, 믿음 안에서는 설득력을 지니지만 믿지 않는 이들에게는 여전히 낯선 희망의 표현입니다. 그리스도인들도 곤경을 겪을 때 그처럼 기도하기가 쉽지 않습니다. 그것은 길고 종종 어렵기도 한 신앙 여정의 출발점이 아닌, 종착점에 이르러야 나올 수 있는 기도입니다. 그렇기에 우리가 그런 기도를 바치기 위해서는 다른 그리스도인들의 지지와 참여, 청원이 필요합니다. 그리스도교 신앙을 갖지 않은 이들은 곤경을 겪을 때 다른 이들의 동정과 친근함, 도움을 한층 더 필요로 합니다. 우리는 그들에게 자비를 베풀어야 합니다. 그것만이 우리가 줄 수 있는, 설득력 있는 해결책입니다. 그런 자비의 실천은 다른 이들을 위해 대신 희망하는 일이 됩니다. 그를 통해 하느님의 자비의 빛이 어두운 상황 한가운데에 비칠 것입니다. 오로지 그를 통해서만 우리는 '하느님의 자비'에 관한 복음을 믿을 만하고 설득력 있는 희망의 메시지로 만들 수 있습니다.

　아직 도래하지 않은 구원에 대한 희망은 허무한 열망이나 값싼 위로가 아닙니다. 그 희망은 지금 이 자리에 빛과 힘을 줍니다. 우리는 영생을 기다리는 대기소에 앉아 있는 것처럼, 이 세상에서 그저 영생의 문이 열리기만을 기다리는 것이 아닙니다. 희망은 활력을 주는 능동적인 힘입니다. '하느님의 자비' 체험은, 세상에서 자비를 실천하는 일에 온 힘을 기울여 자비의 증인이 되도록 우리를 고무하고, 그렇게 살 의무를 우리에게 지웁니다. 그 주제에 관해서는 이어지는 장들에서 상세히 다루고자 합니다. 그를 위해 먼저 '인간의 자비'를 살펴봐야 하겠지요. '인간의 자비'는 이 세상에 존재하는 '하느님 자비'의 구체적 형상이라 할 수 있습니다.

제6장
행복하여라, 자비를 베푸는 사람들

'하느님의 자비'에 관한 복음은 세상의 삶과 동떨어진 이론도 아니고, 감상적인 동정同情의 표현도 아닙니다. 예수님은 하느님의 모범을 따라 자비로운 사람이 되라고 우리를 가르치십니다(루카 6,36 참조). 산상 설교에서 예수님은 자비를 베푸는 사람들을 복되다고 칭찬하셨습니다(마태 5,7 참조). 에페소 신자들에게 보낸 서간에는 다음과 같은 말이 나옵니다. "그러므로 사랑받는 자녀답게 하느님을 본받는 사람이 되십시오. 그리스도께서 우리를 사랑하시고 또 우리를 위하여 당신 자신을 하느님께 바치는 향기로운 예물과 제물로 내놓으신 것처럼, 여러분도 사랑 안에서 살아가십시오."(에페 5,1-2) 하느님을 본받고, 예수 그리스도를 통한 그분의 행동을 본받는 것을 뜻하는 '하느님을 닮아 가는 것imitatio Dei'은 성경의 근본 사상입니다.[1] 그처럼 '하느님의 자비'에 관한 복음은 그리스도교 신자 각 개인의 삶과 교회의 사목 활동에, 또한 그리스도인이 사회에서 인간답고 의로우며 자비로운 삶을 살도록 고무하는 기고문에 효력을 발휘합니다.

1. 그리스도교의 으뜸 계명인 사랑

 구약 성경에서 '자비'와 '자비롭다'라는 단어가 인간의 행동을 특징짓는 말로 사용되는 경우는 드뭅니다. 그보다는, 그 단어들이 가리키는 일이 지금 일어나고 있음을 표시합니다. 시편에는 다음과 같은 구절이 나옵니다. "주님, 누가 당신 천막에 머물 수 있습니까? 누가 당신의 거룩한 산에서 지낼 수 있습니까? 흠 없이 걸어가고 의로운 일을 하며 마음속으로 진실을 말하는 이, 혀로 비방하러 쏘다니지 않고 제 친구에게 악을 행하지 않으며 제 이웃에게 모욕을 주지 않는 이라네. …… 손해나는 맹세라도 그는 바꾸지 않고 이자를 받으려고 돈을 놓지 않으며 무죄한 이에게 해되는 뇌물을 받지 않는다네."(시편 15,1-5) 시편의 다른 부분에도 비슷한 구절이 나옵니다. "잘되리라, 관대하게 꾸어 주고 제 일을 올바르게 처리하는 이."(시편 112,5)

구약 성경에는 약하고 가난한 이들을 보호하는 데 초점이 맞춰진 사회 질서와, 부당한 관계에 대해 더할 나위 없이 날카로운 비판을 했던 예언자들에 관한 상세한 이야기가 나옵니다.[2] 미카 예언자는 하느님이 인간에게 기대하시는 것들을 다음과 같이 요약했습니다. "사람아, 무엇이 착한 일이고 주님께서 너에게 요구하시는 것이 무엇인지 그분께서 너에게 이미 말씀하셨다. 공정을 실천하고 신의를 사랑하며 겸손하게 네 하느님과 함께 걷는 것이 아니냐?"(미카 6,8) 구약 성경은 특히 자선의 의무를 강조했습니다(토빗 4,7-11; 집회 7,10; 29,8-13 참조). 이를 근거로 초기 유다교에서는 자선 사업을 매우 중요하게 생각했습니다.[3]

예수님도 구약 성경과 유다교의 그러한 전통을 따르셨습니다. 특히 예수님이 '최후 심판'에 관해 말씀하실 때 자선 사업의 예를 드신 것은 그러한 유다적 전통에 부합합니다. 예수님은 '굶주린 이에게 먹을 것을 주고, 목마른 이에게 마실 것을 주며, 나그네를 따뜻하게 맞아들이고, 헐벗은 이에게 입을 것을 주며, 병든 이와 감옥에 갇힌 이를 방문하는 것'을 말씀하셨지요(마태 25,35-39.42-44 참조). 여기서 우리는, 예수님이 심판의 기준으로 오로지 이웃 사랑의 행위만 말씀하셨고, 다른 신심 행위는 말씀하지 않으셨다는 점에 주목해야 합니다. 예수님은, "내가 바라는 것은 희생 제물이 아니라 자비다."라고, 호세아 예언자가 전한 말씀을 따르신 것입니다(마태 9,13; 12,7; 호세 6,6; 집회 35,4 참조). 그런 까닭에 예수님은 산상 설교에서 다음과 같이 말씀하십니다. "네가 제단에 예물을 바치려고 하다가, 거기에서 형제가 너에게 원망을 품고 있는 것이 생각나거든, 예물을 거기 제단 앞에 놓아두고 물러가 먼저 그 형제와 화해하여라. 그런 다음에 돌아와서 예물을 바쳐라."(마태 5,23) 얼마나 자주 미사 참례에 앞서 화해해야 하는지, 얼마나 자주 성체를 모시지 말아야 하는지 스스로에게 묻는다면, 우리는 예수님의 말씀을 진심으로 받아들인 것이 되겠지요.

예수님은 감명 깊은 비유들을 통해 제자들과 군중에게 가르치려는 내용을 설명하셨습니다.[4] '착한 사마리아인의 비유'는 널리 알려지고 자주 인용되는 이야기입니다. 당시에 사마리아 사람은 정통 신앙을 지닌 유다인으로 인정받지 못했습니다. 그런 까닭에, 예수님이 하필 사마리아 사람을 본보기로 드시고, "가서 너도 그렇게 하여라." 하고 가르치신 것은 도발적 행위였습니다(루카 10,25-37 참조). '매정한 종의 비유'에서 예수님은, 하느님이 우리에게 자비를 베푸신 것처럼 우리도 우리에게 빚진 이들에게 자비를 베풀어야 한다는 점을 다시 한 번 명확히 밝히십니다(마태 18,23-35 참조). 하느님이 우리를 자비롭게 대하시고 우리 죄를 용서해 주신다면, 우리도 서로 용서하고 서로에게 자비를 베풀어야 합니다. '하느님의 자비'는 우리의 자비를 통해 우리 이웃에게 구체적으로 실현됩니다. 우리의 자비를 통해 하느님 나라의 기적이 우리 이웃에게 일어나고, 하느님의 나라가 비밀스럽게 시작되는 것입니다. 그러므로 '자비'는 사회 복지 사업과 자선 단체, 그리고 사회 복지 기관을 가리키는 것보다 훨씬 더 큰 개념입니다. 물론 그것들이 '자비'라는 개념으로 모두 설명될 수는 없더라도 말입니다.

따라서 으뜸 계명에 관한 질문을 받으셨을 때 예수님이 구약 성경의 가르침에 따라 '하느님 사랑'과 '이웃 사랑'을 말씀하신 것은(마르 12,29-31; 마태 22,34-40; 루카 10,25-28 참조),[5] 전혀 놀랄 만한 일이 아니었습니다. 그 두 계명은 구약 성경에서 서로 다른 구절에 나오지만(신명 6,5; 19,18 참조), 그 둘을 묶어서 보는 것이 구약 성경의 의도에 부합합니다.[6] 예수님은 그 두 계명이 완전히 일치한다고 보셨습니다. 그와 더불어 예수님은 '이웃'이 유다 민족을 뛰어넘어 모든 사람을 가리킨다고 그 개념을 확장하셨습니다. 그 두 계명이 하나라는 것은 중대한 의미를 지닙니다. 이웃을 사랑하지 않으면서 하느님을 사랑한다고 할 수 없게 된 것이지요. 오로지 그 두 계명이 함께할 때에만 율법 전체의 요약이며 완성이라 할 수 있고, 그리스도교적 실존의 핵심이며 총체라 할 수 있습니다.

아우구스티노 성인은 그 두 계명의 동질성을 아주 멋지게 표현했습니다. "무엇을 사랑해야 할지 모르겠다고, 누구도 말해서는 안 됩니다. 그는 형제를 사랑해야 하고, 사랑을 사랑하게 될 것입니다. …… 우리가 사랑을 통해 사랑하는 것 말고, 또 무엇을 사랑이 사랑하겠습니까? 가장 먼저 떠오르는 것에서 출발한다면, 그것은 바로 형제입니다. …… 바로 그 형제 사랑은 …… 하느님에게서 오는 것일 뿐만 아니라, 그 자체가 하느님이기도 합니다. …… 그로부터 그 두 계명은 서로가 없이는 모두 존재할 수 없음이 분명해졌습니다."[7]

두 계명의 동질성을 인정한다고 해서, '이웃 사랑'을 통해 '하느님 사랑'을 드러내려고 해서는 안 됩니다. 그런 시도는 한 방면으로 치우친 인도주의적 행위가 될 수밖에 없으며, 그를 통해 '하느님 사랑'과 '하느님과의 관계'는 사라지고 맙니다. 예수님이 요구하시는 극단적인 '이웃 사랑'은 '하느님 사랑'에서 나오는 힘이 없다면 실천할 수 없습니다.[8]

바오로 사도도 사랑을 '율법의 완성'(로마 13,10; 갈라 5,14 참조)이며, '완전하게 묶어 주는 끈'(콜로 3,14 참조)으로 생각했습니다. 바오로 사도도 예수님처럼 호세아 예언자의 말을 받아들여, '하느님의 자비에 힘입어 합당한 예배'를 드리라고 권고했습니다(로마 12,1; 에페 5,1-2 참조). 예수 그리스도를 통해 하느님이 자비롭게 용서하신 것처럼 그리스도교 신자들도 그렇게 해야 합니다. "서로 너그럽고 자비롭게 대하고, 하느님께서 그리스도 안에서 여러분을 용서하신 것처럼 여러분도 서로 용서하십시오."(에페 4,32) 여기서도 우리는, 바오로 사도가 인도주의가 아닌 그리스도론에 근거해 '이웃 사랑'을 이야기하고 있음을 알 수 있습니다.

그런 그리스도론적인 시각이 어느 수준의 어떤 구체적인 사랑의 모습으로 우리를 이끄는지는, 무엇보다 바오로 사도가 코린토 신자들에게 보낸 첫째 서간(1코린 13,1-13 참조)에서 노래한 '사랑의 송가'에서 감명 깊고 명확하게 드러납니다.[9] 우리는 열광적인 감격에 대응하는 날카로운 비판과 적대적 입장에서 이 노래를 이해해야 할 것입니다. 바오로 사도는 지나친 열광에 대한 유일하고 필수적인 교정 수단으로 사랑을 제시합니다. 사랑이 없으면, 예언이나 신비에 대한 깨달음, 지식, 믿음, 자선, 봉사와 같은 다른 모든 것은 아무런 가치와 쓸모도 없는 빈껍데기에 지나지 않는다는 것이지요. 언변이 뛰어난 설교자나 박식한 신학자, 올바른 믿음을 얻기 위해 열심히 노력하는 사람도 독선적이고 거만하며 사랑이 없다면, 아무 소용이 없습니다. 심지어 순교마저도 사랑이 없으면, 아무 의미도 없습니다. 이단이나 공산주의에서도 순교자를 배출했으니까요. 오로지 사랑만이 참그리스도인을 가려낼 수 있는 표지입니다.[10] "나에게 사랑이 없으면, 나는 아무것도 아닙니다."(1코린 13,2)

그럼에도 이 노래를 '아가雅歌'라고 부르지는 말아야 합니다. 바오로 사도가 말하는 사랑의 길은 감상과는 거리가 멀기 때문입니다. 그가 이야기하는 사랑의 길은 매우 구체적이고 현실적입니다. 그 사랑의 길은 그리스도께서 보여 주셨지요. 예수님이 우리에게 내려오셨던 그 길은, 우리가 그분께 올라갈 수 있는 유일한 길이기도 합니다.[11] 결국 다른 모든 것은 사라지겠지만, 사랑만은 남을 것입니다. 사랑은 모든 것 가운데 으뜸입니다(1코린 13,13 참조). 사랑이 남는다면, 사랑의 업적들도 남을 것입니다. 그 업적들은 최후 심판 때 우리에게 남게 될 유일한 것이며, 심판자에게 우리가 제시할 수 있는 유일한 것입니다. 그 업적들은 피조물 안에 남게 되어, 세상 종말에 있을 모든 피조물의 최종적 변화에 본질적 요소로 작용할 것입니다. 사랑이란 기발한 착상 안에서 이미 세상 종말이 시작되고 있습니다.

요한 복음사가는 그런 생각을 이어 갔으며, 마침내 심오한 사상으로 발전시켰습니다. 그는 우리가 하느님에게 사랑받고 있으며(요한 14,21 참조), 그 결과 우리도 서로 사랑할 수 있게 되었다고(요한 13,34 참조) 말했습니다. 요한 복음사가는 정확한 신학적 근거에 의거해서 사랑의 새 계명을 그리스도인들의 표지로 삼았습니다. "내가 너희에게 새 계명을 준다. 서로 사랑하여라. 내가 너희를 사랑한 것처럼 너희도 서로 사랑하여라. 너희가 서로 사랑하면, 모든 사람이 그것을 보고 너희가 내 제자라는 것을 알게 될 것이다."(요한 13,34-35) 그로써 요한 복음사가는, 사랑이 그리스도인의 삶의 특성임을 분명히 했습니다. 그리스도인의 척도는 모든 일반적인 인간의 척도를 뛰어넘는 것으로, 예수님이 당신의 목숨을 바치심으로써 우리에게 보여 주신 사랑이 바로 그것입니다. "이것이 나의 계명이다. 내가 너희를 사랑한 것처럼 너희도 서로 사랑하여라. 친구들을 위하여 목숨을 내놓는 것보다 더 큰 사랑은 없다."(요한 15,12-13)

요한의 첫째 서간은 그런 생각을 이어 갑니다. "빛 속에 있다고 말하면서 자기 형제를 미워하는 사람은 아직도 어둠 속에 있는 자입니다. …… 그는 어둠 속에서 살아가면서 자기가 어디로 가는지 모릅니다. 어둠이 그의 눈을 멀게 하였기 때문입니다."(1요한 2,9.11) "누가 '나는 하느님을 사랑한다.' 하면서 자기 형제를 미워하면, 그는 거짓말쟁이입니다. 눈에 보이는 자기 형제를 사랑하지 않는 사람이 보이지 않는 하느님을 사랑할 수는 없습니다. 우리가 그분에게서 받은 계명은 이것입니다. 하느님을 사랑하는 사람은 자기 형제도 사랑해야 한다는 것입니다."(1요한 4,20-21) 모든 것은, 하느님은 사랑이시라는 핵심 진술에 달려 있습니다.

　우리는 교부들에게서 '이웃 사랑'과 '자비'의 근본적이고 핵심적인 의미에 관한 증언들을 수없이 찾아볼 수 있습니다. 여기서는 그리스 교부 두 명만 살펴보고자 합니다. 대大 바실리오 성인(329/330년경~379년)은, 서민 계층을 극단적인 궁핍으로 내몰았던 경제적 불황기에 날품팔이꾼과 종, 소작농, 수공업자들을 결연히 옹호했습니다. 그는 심각한 기근이 들었을 때 양심 없는 고리대금업자들과 투기꾼들을 신랄히 비판하며, 부유함을 나눌 것을 그들에게 호소했습니다.[12] 요한 크리소스토모 성인(344/349~407년)은 예수님처럼 모든 거짓 경건함을 경고했습니다. 그는 '이웃 사랑'이 모든 선善의 어머니이며 그리스도인의 표지라고 말했습니다.[13] 그는 부유한 이들의 양심에 강력히 호소하며, 자선을 베풀지 않는다면 어떠한 신심 행위도 소용이 없을 것이란 점을 그들에게 분명하게 경고했습니다.[14] 요한 크리소스토모 성인은, '이웃 사랑'이 다른 모든 덕행의 실천과 속죄 행위보다 나으며, 심지어 순교보다도 낫다고 말했습니다.[15] 그는 동정을 지키지 않아도 하느님을 뵐 수 있지만, 자비를 베풀지 않으면 그분을 뵐 수 없다고 했습니다.[16] 그런 까닭에, 토마스 아퀴나스 성인은 교회의 외적인 행위와 관련하여 '자비'를 "그리스도교의 총체summa religionis christianae"라고 일컬었습니다.[17]

자비로운 이들을 행복하다고 여기는 것은 '이웃 사랑'을 실체화하는 일입니다. 독일의 개신교 신학자이자 반反나치 운동가였던 본회퍼 목사(1906~1945년)는 '자비로운 이들에 대한 행복 선언'을 멋지게 해석했습니다. "가진 것 없는 이와 이방인, 힘없는 이, 죄인, 예수님을 따르는 이들은 이제 체면을 차리지 않고 그분과 함께 살아갑니다. 그들은 자비롭기 때문입니다. 자신이 처한 곤경과 궁핍도 만만치 않지만, 그들은 다른 이들의 곤경과 비천함, 그리고 죄를 함께 나눕니다. 그들은 보잘것없는 이와 병을 앓고 있는 이, 가련한 이, 억눌린 이, 능욕당한 이, 부당한 처사에 고통받는 이, 추방당한 이들을 비롯하여 온갖 괴로움에 신음하고 걱정하는 이들에게 억제할 수 없는 사랑을 느낍니다. 그들은 죄에 빠진 이들도 찾고 있지요. 어떤 곤경도 자비가 개입할 수 없을 정도로 심각하지 않으며, 어떤 죄도 자비가 개입할 수 없을 정도로 끔찍하지 않습니다. 자비로운 이는 모욕을 당한 이에게 명예를 되찾아 주고, 그가 받은 모욕을 대신 짊어집니다. 그는 세리와 죄인들과 어울리며, 그로 인한 멸시를 달갑게 받아들입니다. 자비로운 그들은, 인간이 지닌 최고의 자산인 체면과 명예를 내려놓습니다. 그들은 오로지 한 가지 체면과 명예를 생각합니다. 그들은 주님이 베푸셨던 자비만으로 살아갑니다. 주님은 당신의 제자들을 부끄러워하지 않으셨고, 사람들과 친구가 되셨으며, 그들이 받은 치욕을 십자가 위에서 돌아가실 때까지 짊어지셨습니다. 바로 그것이 예수님의 자비이며, 그분을 믿는 사람들은 오로지 십자가에 못 박히셨던 그분의 자비만으로 살아가길 원합니다."[18]

2. 원수 사랑의 계명, "서로 용서하여라."

이웃을 사랑하라는 예수님의 요구는 핵심적일 뿐만 아니라, 우리의 말문을 막히게 할 만큼 극단적입니다. 마태오 복음의 '산상 설교'에 나오는 대구對句들 가운데 하나는 '의로움'에 관한 것입니다. 예수님은 유다교의 전통뿐만 아니라 인간의 모든 기준을 뛰어넘는 완전한 의로움을 제자들에게 요구하십니다(마태 5,20 참조). 그 점은 "너희에게 악행을 저지르는 사람에게 저항하지 마라."라고 하며 무력武力을 포기할 것을 요구하시는 그분의 모습에서 잘 드러납니다. 그를 통해 예수님은 "눈은 눈으로, 이는 이로."(탈출 21,24)라는 이른바 '동태복수법ius talionis'을 폐지하셨으며, 그 대신 새로운 법을 세우셨습니다. "누가 네 오른뺨을 치거든 다른 뺨마저 돌려 대어라."(마태 5,39) 이 법은 인간의 평범한 능력을 뛰어넘는 것으로, 악의 연결 고리와 폭력과 보복 폭력의 악순환을 끊고 평화를 심는, 인간적이고 그리스도교적인 위대함과 탁월함을 요구하는 것입니다.

예수님이 요구하신 '자비'와 '사랑'은 산상 설교에 나오는 '원수 사랑'의 계명에서 정점에 이릅니다. "너희는 원수를 사랑하여라. 그리고 너희를 박해하는 자들을 위하여 기도하여라."(마태 5,44) 인간의 관점에서 볼 때 극단적이기만 한 그런 요구가 죄인들을 대하시는 하느님의 극단적인 태도에 근거한다는 점을, 예수님은 분명히 밝히셨습니다. 그분은 "그래야 너희가 하늘에 계신 너희 아버지의 자녀가 될 수 있다. …… 하늘의 너희 아버지께서 완전하신 것처럼 너희도 완전한 사람이 되어야 한다."라고 말씀하셨습니다(마태 5,43-48; 루카 6,27-29; 32-36 참조). 그런 맥락에서 예수님은 제자들에게 "저희에게 잘못한 이를 저희도 용서하였듯이, 저희 잘못을 용서하시고……"(마태 6,12; 루카 11,4 참조)라고 기도하도록 가르치셨습니다. 또한 예수님은, 우리가 일곱 번이 아니라 일흔일곱 번까지라도 용서해야 한다고 말씀하셨습니다(마태 18,21-22 참조). 즉 끊임없이 용서해야 한다는 것이지요. 그 말씀의 의미를 예수님은 '매정한 종의 비유'를 통해 설명해 주셨습니다(마태 18,23-35 참조). 예수님 자신도 십자가 위에서 돌아가시기 전에 "아버지, 저들을 용서해 주십시오. 저들은 자기들이 무슨 일을 하는지 모릅니다."(루카 23,34)라고 하시며 용서하셨습니다. 부제이자 그리스도교 최초의 순교자인 스테파노 성인도 돌에 맞아 죽어 가며, 예수님과 같은 청원을 하느님께 드렸습니다(사도 7,60 참조).

그리스 · 로마 시대에 '용서'는 제왕이 지녀야 할 덕목 가운데 하나로, 통치권을 전제로 한 '관용'을 뜻했습니다. 따라서 실제로 용서하실 수 있는 분은 하느님 한 분뿐이십니다. "하느님 한 분 외에 누가 죄를 용서할 수 있단 말인가?"(루카 5,21) 용서는 그리스도를 통해 구원하시겠다는 하느님의 결정에만 의거하고, 그리스도 안에서 이뤄지는 하느님의 구원 행위의 힘으로만 가능한 일입니다(로마 3,25 참조). 용서는 우리가 하느님의 원수였을 때 하느님이 우리를 당신과 화해시키셨다는(로마 5,10 참조) 말씀 속에서만 가능한 일입니다. 이러한 용서는 꼭 필요합니다. 우리도 하느님을 본받아 용서해야 합니다. "저희에게 잘못한 이를 저희도 용서하였듯이, 저희 잘못을 용서하소서."(마태 6,12; 루카 11,4) 그러므로 다음 말씀들도 유효합니다. "하느님께서 그리스도 안에서 여러분을 용서하신 것처럼 여러분도 서로 용서하십시오."(에페 4,32) "주님께서 여러분을 용서하신 것처럼 여러분도 서로 용서하십시오."(콜로 3,13)

'원수 사랑'은 인간적인 관점에서 보면 아마도 예수님이 우리에게 하신 가장 어려운 요구입니다. 하지만 다른 한편으로는 그리스도교의 가장 심오한 신비에 뿌리를 두었으며 그 결과 그리스도인다운 행동의 속성을 나타내는, 그리스도교의 핵심 계명들 가운데 하나라는 점은 분명합니다.[19] 교부들은 이 계명이 구약 성경 및 이교도의 철학과 구별되는 그리스도교의 고유성을 새롭게 드러내는 것이라고 생각했습니다.[20] 〈클레멘스의 둘째 서간〉에는 "원수를 사랑하지 않는 사람은 그리스도인이 아닙니다."라는 말이 나옵니다.[21] 테르툴리아누스는 '원수 사랑'을 '기본법'이라 일컬었고,[22] 요한 크리소스토모 성인은 '덕행의 최고 화신(化身)'이라고 불렀습니다.[23]

그러나 교부들도 이미 세상에 존재하는 다양한 죄들의 복잡한 구조들로 인해 그 계명을 구체적으로 실천하기 어렵다는 것을 잘 알고 있었습니다. 그들은 그에 대한 해결책으로 '이중(二重) 윤리'를 내세웠습니다. 암브로시오 성인은 "악을 악으로 갚지 말아야 하는 것은 의무지만, 악을 선으로 갚는 것은 완덕이라 할 수 있다."라고 말했습니다.[24] 아우구스티노 성인은 자신에게 잘못을 저지른 사람들을 용서하는 것이 최고의 자선이라고 생각했습니다. 하지만 성인은 현실적으로 대다수의 사람들이 그런 덕행을 실천하지 못하며, 그런 덕행은 하느님의 완전한 자녀들에게 주어진 선물이라는 것 또한 잘 알고 있었습니다. 그러나 그리스도인이라면 누구나 그런 덕행을 실천하려고 노력해야 하며, 이를 청해야 한다고 했습니다. 그리스도인이라면 적어도 용서를 구하는 사람들을 용서해야 합니다. "너희가 다른 사람들을 용서하지 않으면, 아버지께서도 너희의 허물을 용서하지 않으실 것이다."(마태 6,15)라는 예수님의 말씀은 그런 상황에 도움이 될 것입니다. 아우구스티노 성인은 용서하는 일에 눈뜨지 못한 사람은 잠들어 있는 것이 아니라 이미 죽은 것이라고 경고했습니다.[25] 토마스 아퀴나스 성인도 '이중 윤리'를 이야기했습니다. 그는, 구체적인 상황에서 '원수 사랑'이 필수적으로 요청되는 경우, 이를 실천하기 위해서는 사랑하는 마음을 반드시 가져야 한다고 말했습니다. 그에 반해 구체적인 필요성과는 상관없이 하느님에 대한 사랑으로 원수를 사랑하는 것은 필수적인 일이 아니라, 완전한 사랑에 속하는 일이라 했습니다.[26] 우리는 이와 같은 '이중 윤리'에서 그리스도교적 현실주의의 모습을 보게 됩니다. 그러나 우리는 너무 쉽게 그런 이론을 받아들여서는 안 됩니다. '이중 윤리'의 중심에는 예수님이 가르쳐 주신 '원수 사랑'의 완전한 실천이 아니라, 그리스도교의 신앙 실천의 특수한 경우 내지 목표 설정이 중심을 차지하고 있기 때문입니다.[27] 예를 들면, 전쟁과 관련해서 '원수 사랑'의 해석과 실천은 본질적으로 더 어려워집니다. 전쟁의 경우 '원수 사랑'을 사적인 증오심을 극복하라는 요구로만 해석하여 개인적인 신조로 국한할 수는 없지요. 예수님은 구체적인 행동을 원하십니다.[28]

그리스도교 신자 각 개인과 국가뿐만 아니라, 교회도 '원수 사랑'의 실천을 두고 어려움을 겪었고, 지금도 어려움을 겪고 있습니다. 그리스도교는 유다인과 이교도에 대한 박해 때, 십자군 전쟁과 종교 전쟁 때 어떤 태도를 보였습니까? 또한 교회는 객관적이고 공정한 것과는 종종 거리가 먼 논쟁에서 상대방을 어떻게 대했습니까? 전쟁 때 행한 설교들은 섬뜩한 인상을 남겼지요. 신자들 개인뿐만 아니라 교회도 '원수 사랑'의 실천에서 좌절을 겪기 일쑤입니다. 그 계명에 있어서도 이상과 현실의 괴리는 매우 큽니다.

전쟁과 평화의 관점에서뿐만 아니라, 불친절한 이웃이나 직장·정치·경제를 비롯한 제반 분야의 경쟁자들과 관련해서도 '원수 사랑'의 문제가 제기됩니다. 정치·경제 분야에서는 어쩔 수 없이 경쟁이 벌어집니다. 그 분야의 경쟁자들이 우리의 개인적인 적은 아니지만, 어쨌든 우리는 그들을 굴복시키려 하고, 우리가 이미 차지한 자리는 놓치지 않으려 합니다. 그런 상황에서 우리는 솔직히 아우구스티노 성인과 토마스 아퀴나스 성인이 제시한 '이중 윤리'를 그냥 지나치지 않게 됩니다.

그럼에도 우리는 '원수 사랑'이 현실적인 계명이긴 한 것인지 계속 묻게 됩니다. 그 계명은 공상적이거나, 인간에게 과도한 부담이 되는 요구가 아닐까요? 예를 들어, 어머니가 왜 자기 아이를 죽인 살인자를 용서해야 하나요? 그런 용서가 가능하기는 할까요? 악행에 대해 저항하거나 정의를 요구하지 않고 용서한다면, 우리는 어떤 결과를 얻게 될까요? 용서는 악행을 저지른 사람에게만 좋은 일인 것은 아닐까요? 그런 비판적인 질문을 제기한 사람으로는 독일의 시인 이자 작가였던 하이네Heinrich Heine(1797~1856년)와 독일의 철학자 니체, 오스트리아의 정신과 의사이자 심층 심리학자이며, 종교 비평가였던 프로이트Sigmund Freud(1856~1939년) 등을 들 수 있습니다. 프로이트는 '원수 사랑'의 계명이 "부조리하기 때문에 신앙 고백credo quia absurdum est"에 속한다고 말했습니다.²⁹

'무력을 포기하고 용서한다면, 우리는 어떤 결과를 얻을까?'라는 질문에는 '우리에게 자행된 악행을 용서하지 않고 똑같은 악행으로 되갚는다면, 우리는 어떤 결과를 얻을까?'라는 반대되는 질문을 제기해 볼 수 있습니다. 20세기의 끔찍한 만행들을 겪고 난 후 '용서와 원수 사랑'에 관한 문제는 새로운 현안이 되었고, 폭넓은 계층에 시급하고 필수적인 사고의 전환을 가져왔습니다. '자비'와 '용서'가 초인적인 행위에 가깝다 하더라도 최고의 이성적 행위라는 점이 분명해진 것이지요.

오로지 묵은 감정을 털어 버리고 화해하며 서로 용서를 구하고 용서할 때에만, 피로 얼룩지고 정신적 외상을 남기는 분쟁을 해결하고, 상처를 치유하며, 폭력과 보복 폭력의 악순환과 죄와 보복의 악순환을 끊을 수 있습니다. 저질러진 악행은 쉽게 잊을 수 없더라도, 그것을 의식적으로 말하지 않으려고 노력할 수는 있지요. 우리는 자신이 저지른 잘못을 솔직히 인정하고 고백해야 합니다. 그렇게 할 때 화해하는 대화가 이뤄지고, 그를 통해 관계가 정상화됩니다. 과거의 상처를 치유하는 화해의 대화를 통해 관계를 새롭게 시작할 수 있으며, 공동의 미래를 새롭게 꿈꿀 수 있습니다.[30]

이 점은 개인 관계뿐만 아니라, 정치적 영역에도 적용됩니다. 우리는 제2차 세계 대전이 끝난 후 유다교와 그리스도교, 독일과 이스라엘, 독일과 프랑스, 독일과 폴란드 사이에서 이뤄진 화해를 떠올릴 수 있습니다. 남아프리카공화국과 아일랜드 등에 설치된 '진실 규명 위원회'도 떠올릴 수 있을 것입니다.[31] 또한 종교들 간에 관계 변화도 생각할 수 있습니다. 종교들 사이에 객관적인 차이점이 여전히 존재함에도 불구하고, 종교들은 세상에 정의와 평화를 실현하는 일에 적극적으로 협력하기 위해 오래된 적대감과 경쟁의식을 극복할 수 있었습니다. 따라서 '원수 사랑'은 "부조리하기 때문에 신앙 고백 credo quia absurdum est"인 것이 아니라, "합리적이기 때문에 신앙 고백 credo quia rationabile est"인 것이라 할 수 있습니다.

3. 자비의 육체적·영적 활동

유다적 전통에 따라 신약 성경은 덕행 목록을 작성했는데, '자비'

도 그 안에 포함되며 그 안에서 구체적으로 해석됩니다(1베드 3,8; 로마 12,8.15; 2코린 7,15; 필리 1,8; 2,1; 콜로 3,12; 히브 13,3 참조). 덕행 목록은 '최후 심판'에 관한 예수님의 가르침에도 나옵니다(마태 25,31-46 참조). 그리스도교의 전통은 신약 성경을 토대로 '자비'의 구체적 의미를 밝혔습니다. 그를 위해 그리스도교의 전통은 '자비'의 활동을 육체적인 것과 영적인 것으로 구분하고, 각각 일곱 개씩 열거했습니다.[32]

'자비의 육체적 활동'에는, 굶주린 이에게 먹을 것을 주는 것 · 목마른 이에게 마실 것을 주는 것 · 헐벗은 이에게 입을 것을 주는 것 · 나그네를 따뜻하게 맞아들이는 것 · 병자를 돌보아 주는 것 · 감옥에 있는 이들을 찾아가 주는 것 · 죽은 이를 장사 지내는 것이 있습니다. '자비의 영적인 활동'에는, 모르는 이에게 가르쳐 주는 것 · 의심하는 이에게 조언하는 것 · 슬퍼하는 이를 위로하는 것 · 죄인을 훈계하는 것 · 우리를 모욕하는 이를 기꺼이 용서해 주는 것 · 불쾌한 일을 참아 내는 것 · 산 이와 죽은 이들을 위해 하느님께 기도하는 것이 있습니다. 베네딕토 성인은 《베네딕토 규칙서》에서 '자비의 영적인 활동'을 '선행의 도구'라고 일컬었으며, 거기에는 '하느님의 자비에 대한 희망을 결코 잃지 않는 것'도 포함된다고 말했습니다.[33]

교회의 전통이 '자비'의 육체적인 활동과 영적인 활동을 이야기하면서 하느님의 명시적 계명을 위반하는 활동들은 다루고 있지 않다는 점이 흥미롭습니다. 그 점은 예수님이 '최후 심판'에 관해 말씀하시면서 살인이나 도둑질, 간음, 거짓말, 사기 등을 저지른 죄인들을 단죄하지 않으신 것과 맥락을 같이합니다. 예수님은 하느님의 계명을 거스르는 행위들을 단죄하신 것이 아니라, 선행을 게을리하는 것을 단죄하셨습니다. "율법 학자들과 바리사이들의 의로움을 능가하는"(마태 5,20 참조) 의로움을 다시 한 번 강조하신 것입니다. 따라서 우리는 하느님의 계명을 거스르는 행위들을 통해서만 죄를 짓는 것이 아니라, 애석하게도 많은 사람들이 놓치는 부분이지만, 선행을 게을리함으로써 죄를 짓기도 합니다.

따라서 '자비'는 의로움뿐만 아니라 더 많은 내용을 담고 있습니다. '자비'는 구체적으로 마주하는 역경에 세심하고 민감하게 반응하는 것을 말합니다. '자비'는 다른 사람들에게 육체적·영적으로 필요한 것들에 대해 무감각하고 눈멀게 만드는 자기중심적 태도를 극복하는 것을 말합니다. '자비'는 다른 사람들이 처한 역경과 마주할 때 우리 안에서 느끼는 하느님의 부르심을 외면하는 냉정함을 깨부수는 것을 말합니다.[34]

교회의 전통이 분별없이 임의적으로 '자비'의 육체적·영적 활동을 상세하게 구분한 것은 아닙니다. 그러한 구분은 '가난'을 네 가지로 구분한 데 따른 것입니다. 가장 쉽게 이해할 수 있는 것이 '육체적·경제적 가난'입니다. 잠잘 곳이 없고 먹을 것이 없으며, 굶주림과 목마름, 더위나 추위를 막아 줄 의복과 피난처가 없는 것이 그 예입니다. 오늘날에는 실직도 그에 포함되겠지요. 중병을 앓거나 심한 장애를 갖고 있음에도 적절한 의료 혜택을 받지 못하는 것 또한 그에 해당합니다.

'육체적·경제적 가난' 못지않게 중요한 것이 '문화적 가난'입니다. 문맹은 그러한 가난의 극단적인 형태라 할 수 있습니다. 그보다 덜하기는 해도 결정적이라 할 수 있는 문화적 가난의 형태는, 교육받을 기회가 전혀 없거나 충분하지 못해 미래도 불투명하고 사회생활과 문화생활에 대한 참여도 배제된 상태라 할 수 있습니다.

가난의 또 다른 형태는 바로 '사회적 또는 관계적 가난'입니다. 그러한 가난은 인간을 사회적 존재로 보는 시각에 따른 것입니다. 고독과 고립, 배우자·가족·친구의 죽음, 의사소통의 어려움, 자신의 잘못이나 타의로 인한 사회적 관계의 단절, 차별과 소외, 구금과 유배를 통한 격리 등을 예로 들 수 있습니다.

끝으로, '정신적·영적 가난'을 이야기할 수 있습니다. 이는 서구 사회에서 심각하게 대두되는 문제이기도 합니다. 가치관의 상실, 내적인 공허감, 절망, 자기 실존의 의미를 찾지 못한 데에서 오는 좌절감, 도덕적·영적 탈선, 영적인 방임이 그 예라 할 수 있습니다.

'가난'이 여러 형태와 차원을 지님에 따라, 그를 해소하기 위한 해결책도 다차원적인 모습을 지니게 됩니다. 말할 나위 없이, 기본이 되는 것은 물질적 도움입니다. 먼저 육체적 삶이 보장되어야, 문화적·사회적·영적 가난도 해결할 수 있습니다. 그럼에도 그리스도교에서 이야기하는 '자비'를 육체적 곤경에만 적용할 수는 없으며, 그렇게 해서도 안 됩니다. '자비'가 역경에 처한 이들을 지속적인 의존 상태로 내몰지 않고 오로지 그들이 자립하는 데 도움을 주는 경우에만, 인간에게 적합한 것이라 할 수 있기 때문입니다. 역경에 처한 이들의 자립은 문화적·사회적·영적 가난도 해소되는 경우에만 이룰 수 있습니다. 그러므로 그리스도교적 사랑은 역경에 처한 이들의 생존을 위해서만 도움을 펼쳐서는 안 됩니다. 그보다는 가난이 지닌 여러 차원을 상호 관계 안에서 바라보는 가운데, 적어도 그들이 어느 정도는 인간으로서 충족된 삶을 살 수 있도록 전체적인 도움의 출발점을 반드시 생각해야 합니다.

마리아 파우스티나 코발스카 성녀는 1937년에 쓴 〈자비를 청하는 기도〉에서, '자비'에 대한 예민한 감각이 얼마나 넓고 깊은 곳까지 이를 수 있는지, '자비'는 그리스도인에게 구체적으로 무엇을 의미하는지, '자비'가 구체적으로 무엇을 할 수 있는지를 아주 훌륭하게 설명했습니다.

"주님, 제 눈이 자비로워지도록 도우소서. 그래서 제가 누구라도 겉모습만 보고 의심하거나 판단할 것이 아니라, 이웃의 영혼 안에 존재하는 아름다움을 알아차리고 그를 도울 수 있게 하소서.

제 귀가 자비로워지도록 도우소서. 그래서 제가 이웃에게 필요한 것들에 마음을 기울이며, 이웃의 고통과 탄식에 귀를 막지 않게 하소서.

주님, 제 혀가 자비로워지도록 도우소서. 그래서 제가 이웃에 대해 부정적으로 말하지 않고, 각자에게 위로와 용서의 말을 하게 해 주소서.

제 손이 자비로워지고 선행으로 가득 차도록 도우소서. 그래서 제가 이웃에게 좋은 일만 하고, 어렵고 힘든 일은 제가 대신 짊어지게 하소서.

제 발이 자비로워지도록 도우소서. 그래서 제가 늘 이웃을 도우러 급히 달려가며, 저의 무기력과 피로를 잘 다스리게 하소서. 저의 참된 휴식은 이웃에 대한 봉사에 있나이다.

제 마음이 자비로워지도록 도우소서. 그래서 제가 이웃의 모든 고통을 느낄 수 있게 하소서. 제가 누구도 미워하지 않게 하시고, 저의 감정을 악용할 사람들과의 관계도 성실히 돌보게 하소서. 제 자신은 예수님의 자비로운 마음 속에 굳게 가두어 두겠나이다. 저의 고통에 대해서는 입을 열지 않겠나이다. 오, 저의 주님, 제 안에 당신의 자비가 머물게 하소서.

당신께서는 저에게 세 가지 자비를 익히라고 명하셨나이다. 한 가지는 온갖 형태를 지닌 '자비로운 행위'이고, 다른 한 가지는 '자비로운 말'입니다. 행동으로 베풀 수 없는 자비는 말로 실행해야 합니다. 나머지 한 가지는 '기도'입니다. 행동이나 말을 통해 자비를 베풀 수 없을 때에는 늘 기도로 실행할 수 있습니다. 저의 기도는 제 몸이 도달할 수 없는 곳까지 이릅니다. 저의 예수님, 당신 안에서 저를 변화시켜 주소서. 당신께는 모든 일이 가능하나이다."[35]

4. 자유방임하는 거짓 자비를 조심하기

자비와 종교도 악용될 수 있습니다. '이웃 사랑' 특히 '원수 사랑'이라는 그리스도교의 계명은 세상의 상황 속에 맞게 실행에 옮겨야 합니다. 세상 상황이 지닌 양면성 안에서 '자비' 자체가 상반된 모습을 지니게 되어, 잘못 이해되고 악용되는 결과를 가져올 수 있습니다. 사람들은 심지어 '자비'의 의미를 정반대로 해석하여, 그리스도교의 도덕적 기풍을 무너뜨리는 일에 '자비'라는 말을 이용하기도 합니다.

오늘날 많은 논란을 가져온 거짓 자비의 한 형태는, 부당한 일이 벌어졌을 때 피해자보다는 오히려 가해자를 더 보호하는 모습에서 볼 수 있습니다. 그러한 관용은 우정이나 동료 의식을 잘못 이해하는 데에서 나올 수 있습니다. 또한 그런 관용은, 부정을 적발하고 조사하는 과정에서 교회나 국가, 수도원, 협회와 같은 기관에 해를 끼치는 결과를 막아 보겠다는 의도에서 나올 수도 있습니다. 그러한 입장은 가난한 이들과 약자들을 우선적으로 선택하라는 복음 정신에 어긋난 것입니다. 그러므로 피해자를 보호하는 일이 가해자를 보호하는 일보다 선행되어야 합니다.

그에 못지않게 중대한 결과를 가져오는 '자비'에 대한 또 다른 오해도 있습니다. 그것은 나무라는 일 없이 모든 행동을 너그럽게 봐주는 '자유방임주의'와 같은 태도입니다. 그러한 태도는, 부모가 '자비'를 잘못 이해한 나머지 자녀의 부탁을 모두 들어준 데에서 비롯됩니다. 그런 태도는, 부모가 자녀의 그릇된 행동을 바로잡아 주는 대신 못 본 척하는 모습에서도 볼 수 있습니다.

에제키엘 예언자는 이스라엘 백성에게 엄중하게 경고했습니다. "칼이 쳐들어오는 것을 보고도 파수꾼이 나팔을 불지 않아, 백성이 경고를 받지 못하였는데 칼이 쳐들어와서 그들 가운데 어떤 사람을 잡아간다면, 그는 자기 죄 때문에 잡혀가는 것이지만, 그가 죽은 책임은 내가 파수꾼에게 묻겠다. …… 가령 내가 악인에게 '악인아, 너는 반드시 죽어야 한다.'고 할 때, 네가 악인에게 그 악한 길을 버리도록 경고하는 말을 하지 않으면, 그 악인은 자기 죄 때문에 죽겠지만, 그가 죽은 책임은 너에게 묻겠다. 그러나 네가 그에게 자기 길에서 돌아서라고 경고하였는데도, 그가 자기 길에서 돌아서지 않으면, 그는 자기 죄 때문에 죽고, 너는 목숨을 보존할 것이다."(에제 33,6-9)

바오로 사도는 우리가 다른 사람에게 무관심해서는 안 되며, 사랑과 자비로 서로에 대해 책임을 짊어져야 한다고 분명하게 가르쳤습니다. 그래서 바오로 사도 자신도 자신의 공동체에 주저 없이 권고했습니다(로마 12,1 참조). 바오로 사도는 그를 위해 심지어 최고의 권위까지 이용합니다(2코린 5,20 참조). 그는 그리스도교 신자들이 서로를 위해 짊어진 염려와 책임에 관해 폭넓게 설명합니다. "서로 가르치고 타이르십시오."(콜로 3,16) 신약 성경에는 형제적 훈계에 관한 말씀이 많이 나옵니다(1테살 5,11.14; 2테살 3,15; 2티모 2,25; 티토 1,13; 2,15 참조). 그러한 경고παράκλησις가 독선적이지 않고 자신이 틀릴 수도 있음을 인정하는 가운데 나온 것이라면, 그것은 '자비의 영적 행위'에 속합니다.[36] 그처럼 '자비'는 쓰지만 꼭 필요한 약이기도 합니다.[37] '자비'는 때때로 아픔을 줍니다. 그 아픔은 수술할 때 우리가 겪는 아픔에 비유할 수 있습니다. 수술할 때의 아픔은 우리를 해치려는 행위가 아니라, 우리를 치유하려는 행위에 따른 것입니다.[38]

'자비'를 구실 삼아 '정의'에 관한 하느님의 계명은 무시해도 좋다고 생각하거나, 사랑과 자비를 '정의가 성취된 것, 정의를 성취하고도 남은 것'으로 이해하는 것이 아니라, '정의를 채우지 못하는 것, 정의를 무력화하는 것'으로 이해하는 것도 '자비'에 대한 심각한 오해라 할 수 있습니다. '자비'를 감상적인 것으로 잘못 이해해 '정의'에 관한 기본 계명들을 거스를 수는 없습니다. 예를 들어, 장애를 지닌 아기의 탄생이 어머니에게나 아기 자신에게 큰 짐이 된다고 생각하여, 그릇된 자비심에서 낙태를 권하거나 도울 수는 없습니다. 난치병을 앓고 있는 환자에 대한 동정심에서 그가 통증과 고통으로부터 벗어날 수 있게 자살을 적극적으로 도울 수도 없습니다. 그런 그릇된 자비심은 '하느님의 자비'를 본받는 것이 아니라, 오히려 "살인해서는 안 된다."(탈출 20,13; 신명 5,17)라는 하느님의 계명을 무시하는 것입니다.

그릇된 자비심을 갖지 않는다는 것이 곧, 자신의 상황에서 하느님의 계명을 지키는 데 어려움을 겪거나 계명을 전혀 지키지 못하는 사람들을 매정하게 대하는 것을 뜻하지는 않습니다. '자비'의 올바른 이해를 토대로 그들에게 하느님의 계명을 일러 줘야 하지만, 자비로운 방식으로 이를 수행해야 합니다. 그들이 복잡하고 어려운 상황 속에서도 하느님의 계명을 지킬 수 있도록, 말과 행동으로 그들을 도와야 합니다. 특히 교회 안에서 상담 직무를 맡은 사람들은 이 점을 유념해야 합니다. 한평생 마음에 걸린 죄를 범한 사람들의 경우에는 예수님이 죄인들을 대하셨던 방식처럼 사목적으로 그들을 대해야 합니다. 그들의 행동에 대해 냉혹한 판결을 내릴 것이 아니라, 그들이 자기 죄를 시인하고 하느님의 더 크신 자비와 용서를 신뢰할 수 있도록 도와야 합니다.

'자비'와 '진실'의 관계도 사정은 비슷합니다. 중한 병을 앓고 있거나 죽음이 머지않은 환자에게 진실을 말해 줘야 하는 경우, 우리는 그 관계에 대해 생각하게 됩니다. '자비'를 잘못 이해한 나머지, 환자에게 진실을 숨기거나 심지어 비현실적인 희망으로 기만하는 것은 결코 환자에게 도움이 되지 않습니다. 그것은 오히려 환자가 진실에 대처하고 자신의 상황을 인간적으로, 영적으로 숙고할 기회를 가로막습니다. 그런 상황에서는 무정한 태도가 아니라 사랑하고 배려하는 자세로 진실을 말하는 것(에페 4,15 참조)이 참다운 자비에 해당할 것입니다. '자비'를 올바로 이해한 사람은, 환자가 진실을 받아들이고 숙고하는 데 도움이 되는 방식으로 진실을 말할 것입니다. 그러기 위해서는 충분한 공감 능력과 인간적이고 영적인 배려가 요구됩니다.

5. 가난한 이들 안에서 그리스도를 만나기

예수님은 '최후 심판'에 관한 가르침에서 '자비'의 실천이 지닌 가장 깊은 차원을 말씀하십니다. "너희가 내 형제들인 이 가장 작은 이들 가운데 한 사람에게 해 준 것이 바로 나에게 해 준 것이다."(마태 25,40.45 참조) 부유하셨던 분이 우리를 위하여 가난하게 되시고(2코린 8,9 참조), 종의 모습을 취하셨습니다(필리 2,7 참조). 그분은 가난한 이들을 옹호하셨을 뿐만 아니라, 자신을 그들과 동일시하셨습니다. 그러므로 우리는 가난한 이들 안에서 그분을 만날 수 있습니다.

아우구스티노 성인은 '이웃 사랑'의 그리스도론적 근거를 끊임없이 말했습니다. 그는 자신의 저서에서 마태오 복음 25장을 275번 이상 인용했다고 합니다.[39] 그의 《강론집》에는 다음과 같은 말이 나오는데, 라틴어 고유의 표현이 많아 번역이 불가능하기 때문에, 여기서는 뜻만 풀이하고자 합니다. "네가 (다른 이에게) 준 것들 중에 나에게서 받지 않았던 것이 있더냐? 너는 세속적인 것을 주고, 천상적인 것을 가져간다. 너는 내 것에서 주었고, 나는 너에게 나 자신을 선물했다. 그리스도는 당신 자신을 우리에게 선물하셨는데, 우리가 역경에 처한 이들 안에서 뵙게 되는 그리스도께 어떻게 선물하지 않을 수 있단 말인가? 그리스도께서 너를 양육하시고, 그분은 너를 위해 역경 속에 계신다. 그분은 선물하시고, 그분은 가난하시다. 네가 그분에게 선물을 받길 원한다면, 너도 그분이 역경에 처하셨을 때 선물을 드려야 하지 않겠느냐? 가난한 이에게 도움이 필요하다는 것은, 곧 그리스도에게 도움이 필요하다는 것이다. 모든 이에게 영원한 생명을 주고자 하시는 분이 가난한 이들 안에서 세속적인 것을 받으시기로 결심하셨다. 너는 하늘의 왕좌에 앉아 계신 그리스도를 보려고 하지만, 다리 아래에 누워 굶주림과 추위에 떠시는 그분을 알아보아야 한다."[40]

라우렌시오 성인(225~258년)과 투르의 마르티노 성인(316년경~397년), 미라의 니콜라오 성인(270년경~341년), 헝가리의 엘리사벳 성녀(1207~1231년), 가밀로 데 렐리스 성인(1550~1614년), 빈첸시오 드 폴 성인(1581~1660년), 다미안 드 베스테르 성인(1840~1889년)과 같은, 그리스도교의 자선 사업을 펼쳤던 모든 위대한 성인들은 아우구스티노 성인의 말을 잘 알아들었고, 그의 말대로 살았습니다. 콜카타의 마더 데레사 복녀(1910~1997년)는 자신의 활동 초기에, 길거리에서 죽어 가는 환자와의 만남에서 그리스도를 체험했다고 합니다.[41] 그녀는 '이웃 사랑'이 지닌 그리스도론적이고 신비적인 차원을 기도 안에서 훌륭하게 표현했습니다.

"주님, 오늘뿐 아니라 매일같이 병자들의 인성 안에서 당신을 보게 해 주시고, 그들을 돌봄으로써 당신을 섬기게 하소서.

당신께서 성마른 이, 까다로운 이, 철없는 이의 모습으로 오실 때 당신을 알아뵙고, '저의 환자이신 예수님, 당신을 섬길 수 있어 얼마나 좋은지요.'라고 말하게 하소서.

오, 주님, 저에게 그런 신앙의 눈을 주시어, 제가 하는 일에서 결코 지루함을 느끼지 않게 하소서. 변덕을 참아 내고, 고통을 겪는 모든 불쌍한 이들의 요구를 들어주는 일에서 늘 기쁨을 누리게 하소서. 오, 사랑하는 병자들이여, 여러분은 그리스도의 화신化身이므로 그만큼 더 소중합니다. 여러분을 섬길 수 있어 얼마나 영광스러운지요.

주님, 저의 고귀한 소명이 지닌 가치와 커다란 책임감을 깨닫게 하소서. 냉정함과 불친절, 성급함에 빠짐으로써 저의 소명에 합당치 않은 모습을 보이지 않게 하소서. 오, 저의 환자이고 예수 그리스도이신 하느님, 당신을 낮추시어 저에게 참을성 있는 예수님이 되어 주소서. 저의 잘못에 관용을 베푸시고, 모든 병자들의 인성 안에서 당신을 사랑하고 섬기려는 저의 결심만 보소서. 주님, 저의 신앙을 굳건히 만드시고, 저의 노력과 일에 이제와 항상 영원히 강복하소서. 아멘."[42]

예수님의 말씀과 위에서 언급한 성인들은 그리스도교의 '이웃 사랑'과 '자비'가 결국 무엇에 관한 것인지 잘 보여 줍니다. 그것들은

'보편적인 인류애'만을 뜻하는 것이 아닙니다. 보편적인 인류애는 빈 말에 그치지 않고 구체적 행위로 드러날 때 이론의 여지가 없게 됩니다. 그리스도교의 '이웃 사랑'과 '자비'는 냉정함과 이기주의에 많은 것을 시사하는, '고통받는 이들에 대한 동점심'만을 뜻하는 것도 아닙니다. 또한 그것들은 '세계 개혁'이라는 이상에 관한 것도 아닙니다. 그런 관점에서 볼 때, 성경은 매우 현실적입니다. 성경은 "가난한 이들은 늘 너희 곁에 있다."(요한 12,8)라는 사실을 이야기하니까요. 그리스도교의 '자비'는 궁극적으로 고통받는 이들 안에서 예수 그리스도를 만나는 것을 의미합니다. 따라서 '자비'는 우선적으로 도덕의 문제가 아니라, 그리스도에 대한 신앙과 그리스도를 따르는 일, 그리스도를 만나는 일과 관련된 문제입니다. '착한 사마리아인의 비유'에서 보듯이 '자비'는, 내가 구체적으로 만나고 내가 이웃이 되며 나의 도움에 의지하는, 고통받는 사람과 관련된 문제입니다(루카 10,25-37 참조). 그런 불쌍한 사람을 통해 예수님은 나와 만나시는 것입니다.

그렇다고 해서, '이웃 사랑'이 개인적 영역을 뛰어넘어 사회적·정치적 영향력을 지닌다는 사실에 이의를 제기하는 것은 아닙니다. 그 점에 관해서는 이후에 보다 상세하게 살펴볼 예정입니다.[43] '이웃 사랑'을 실천하려는 사회적·정치적 노력은 다른 이들이나 국가와 교회 기관에 요구하는 일에만 있지 않습니다. 개인적 삶의 영역과 인간관계에서 그리스도를 따르고 다른 이들을 위하는, 그리스도인다운 삶을 구체적이며 모범적으로 사는 것도 그런 노력에 속합니다. 그와 같은 증거의 삶은 많은 추종자를 얻게 될 것이고, 또한 다른 이들도 '이웃 사랑'의 삶을 살도록 고무할 것입니다. 그처럼 불쌍한 이들과 예수 그리스도를 동일시하는 일은 개인의 삶을 넘어서, 다른 이들과 교회의 삶에도 중대한 영향을 끼칩니다.

6. 그리스도교적 대속 실존인 자비

예수 그리스도와의 사적인 연대감은 다른 이들을 위하는 그분의 삶에 동참하는 것을 뜻합니다. 따라서 그리스도교에서 말하는 '자비'는 궁극적으로 '그리스도를 대신하여 실존함'을 의미합니다. 그 점은 당신을 따르라는 예수님의 부르심의 의미를 여러 관점에서 살펴볼 때 명확히 파악할 수 있습니다.[44] 당신을 따르라는 예수님의 부르심은, 당신의 도보 여행을 함께하며 뒤를 쫓으라는 초대 이상의 것을 의미합니다. '추종'은 생활 공동체와 사명 공동체뿐만 아니라(마르 3,14; 마태 10,1; 루카 6,13 참조), 끝에 가서는 운명 공동체 · 수난 공동체 · 십자가 공동체를 의미합니다. "누구든지 내 뒤를 따르려면 자신을 버리고 제 십자가를 지고 나를 따라야 한다."(마르 8,34; 마태 16,24; 루카 9,23) 예수님이 모든 이의 종이 되셨듯이, 제자들도 모든 이의 종이 되어야 합니다. 제자들 가운데 첫째가 되려는 사람은 모든 이의 종이 되어야 합니다(마르 10,43-45; 요한 13,15 참조). 예수 그리스도에게서 볼 수 있듯이, 그리스도와 함께 죽는다는 것은 그분을 위해 자신의 십자가를 지고 목숨까지 바치는 것을 의미합니다.

수난 전날 저녁에 예수님은 제자들에게 구체적인 모범을 보이셨습니다. 예수님이 가장 비천한 종처럼 제자들의 발을 씻어 주셨듯이, 제자들도 서로의 발을 씻어 주어야 합니다(요한 13,14-15 참조). 예수님에게 선물받은 사람으로서 제자들은 이제 자신의 삶을 다른 이들을 위한 선물로 내놓아야 합니다. 그 일은 단연코 극단으로 치달을 수 있습니다. 친구들을 위하여 목숨을 내놓는 것보다 더 큰 사랑은 없기 때문입니다(요한 15,13 참조). 예수님이 하셨던 것처럼 제자들도 다른 이들을 위한 삶을 살고, 다른 이들을 위해 실존해야 합니다.

예수님의 부활 이후에 그런 생각을 새롭고 심화된 방식으로 숙고한 결과, 세례를 통해(1코린 12,13; 갈라 3,27 참조), 그리고 성체성사를 함께 거행함으로써(1코린 10,16-17 참조) 예수 그리스도의 대속(代贖) 죽음과 부활에 참여한다는 가르침이 나왔습니다. '그리스도 안에 존재함'은 '그리스도의 몸 안에서 다른 이들을 위하여 다른 이들과 함께 존재함'을 뜻합니다. "한 지체가 고통을 겪으면 모든 지체가 함께 고통을 겪습니다. 한 지체가 영광을 받으면 모든 지체가 함께 기뻐합니다."(1코린 12,26) 그러므로 "서로 남의 짐을 져 주십시오. 그러면 그리스도의 율법을 완수하게 될 것입니다."(갈라 6,2)라는 말씀은 유효합니다. 바오로 사도는 가능한 한 많은 이들을 얻으려고 모든 이의 종이 되고자 했습니다. "나는 어떻게 해서든지 몇 사람이라도 구원하려고, 모든 이에게 모든 것이 되었습니다."(1코린 9,22) 바오로 사도는 지치도록 많은 일을 했으며, 그것을 공동체의 믿음을 위한 희생 제사로 여겼습니다(필리 2,17; 2코린 12,15 참조). 사도직과 사목직은 말 그대로 '지치도록 일하는 것'을 의미하며, 직무 수행에서 겪는 고통을 통해 예수 그리스도와 모든 이들을 위한 그분의 죽음과 부활을 현존하게 하는 것을 의미합니다. 사도적 실존은 말씀뿐만 아니라 실존 전체를 통해 이뤄집니다. 그처럼 대속 사상은 그리스도교적 실존을 이해하는 핵심 개념이 되었습니다.[45]

'대속'이라는 추종 사상은 역사의 진행 과정에서 여러 형태를 띠게 되었습니다.[46] 우선 순교자들에게 있어서, 그들의 피는 새로운 그리스도인들을 낳을 씨앗이 되었습니다.[47] 은수자들과 수도자들, 특히 아일랜드와 스코틀랜드 교회의 탁발 수도자들은 그리스도와 선교를 위하여 고향을 떠나 방랑 생활을 했습니다. 아시시의 프란치스코 성인은 예수님을 따르기 위해 가난과 겸손의 삶을 택했지요.

클레르보의 베르나르도 성인 이후에 '십자가 신비주의'가 발달했습니다. 그것은 예수님의 고통을 주관적으로 느낌으로써, 그분의 고통을 통해 드러난 하느님의 사랑을 실감 나게 체험하고 내면화하려는 영성 운동을 말합니다. 베르나르도 성인은 그리스도께서 십자가로부터 그에게 몸을 기울이시어 그를 안아 주시는 모습을 종종 묘사했습니다. 그는 그러한 일의 의미를 다음과 같이 표현했습니다. "자신의 목숨을 바치신 그리스도를 닮음으로써, 우리는 변화됩니다."[48] 그 영성은 마이스터 에크하르트 · 타울러 · 헨리코 수소의 신비주의와, 토마스 아 켐피스의 《준주성범Immitatio Christi》, 로욜라의 이냐시오 성인의 《영신수련》에서도 볼 수 있습니다. 이 책에서 이냐시오 성인은, 예수님의 삶과 수난을 묵상하는 가운데 그분의 삶과 고통을 그대로 느껴 보는 것이 관상과 활동이 조화를 이루는 데 밑거름이 된다고 말했습니다.

'십자가 신비주의'는 예술에도 영향을 끼쳤습니다. 비잔틴 양식과 로마네스크 양식의 십자가 그림에서는 예수님을 승리하신 세상의 지배자로 묘사하는 반면, 고딕 양식에서는 그분을 수난당하시는 그리스도로 표현했습니다. 우리는 특히 중세 말기에 유행한 '페스트 십자가'를 떠올릴 수 있습니다. 역경에 처한 사람들은 수백 년 동안 자신의 고통을 십자가의 고통과 동일시했고, 십자가에서 힘을 얻었습니다. 그 영성은 '십자가의 길'이라는 기도 형태로 그리스도교의 신심에 도입되었지요. 신자들은 그리스도의 수난과 죽음을 느끼고 묵상하는 가운데 자신의 고통을 '십자가의 길' 각 처의 고통과 동일시할 수 있었습니다. 제 고향인 알고이Allgäu 지방 방겐Wangen 마을에는 감옥에 갇히신 구세주를 특별히 기리고 경배하는 풍습이 있습니다. 이 풍습은 중세의 신심 운동에서 유래했으며, 2001년 시성된 카우프보이렌Kaufbeuren의 마리아 크레센시아 회스 성녀(1682~1744년)에 의해 18세기에 부흥했습니다. 사람들은 자신을 전쟁 포로나 죄수, 강제 수용소의 수감자, 정치적 이유로 감금된 사람, 침대나 휠체어에 묶여 있는 사람, 죄에 얽매어 있는 사람, 돈이나 그 밖의 것들에 얽매어 막다른 골목으로 내몰린 사람들과 동일시했습니다.

자신의 고통을 예수님의 수난 및 죽음과 동일시하는 일은 그릇된 길로 빠지게 하기도 했습니다. 그리스도를 본받겠다는 신심 운동은 이미 '데보치오 모데르나Devotio moderna'(라틴어 '새로운 신심'을 뜻하는 이 신심 운동은 14세기에 네덜란드에서 시작되어 15세기에는 북서 독일에서 크게 유행했다. 이 운동은 개인적이고 내적인 경건함을 목표로 하며, 교회 전례와 성사에 참례하여 힘을 얻기보다는 그리스도의 수난을 묵상함으로써 힘을 얻을 수 있다고 생각했다. — 역자 주)와 '경건주의Pietismus'(17~18세기에 있었던 독일 개신교의 신심 운동. 개인의 심화된 경건함과 이웃 사랑의 실천을 중시했다. — 역자 주), 그리고 '계몽주의'를 통해 '성사와 교회'라는 토대에서 벗어나 인간 예수를 본받는 신심 운동으로 변질되고 말았습니다. 예수님은 본받을 만한 가치가 있는 모범으로 전락했지요. 본래 성사를 통해 전달되는 구원 행위에 근거를 두었던 영성 운동이 이제 예수님의 윤리를 따르는 도덕 운동이 되고 만 것입니다.[49] 그리스도를 본받는 일을 개인 구원에만 관련짓는 편협한 태도 역시 위험합니다. 그로 인해 우리는 예수님의 대속이 지닌 포괄적 특성을 망각할 수 있기 때문입니다. 우리는 예수님의 대속에 적극적으로 참여할 것을 요청받고 있으며, 대속은 예수님과의 사적인 친밀한 연대감을 넘어서 그분의 제자로서 다른 이들을 위해 사는 것임을 늘 기억해야 합니다.

바오로 사도는 동족인 유다인들을 위해 자신이 대신 저주받을 태세가 되어 있다고 말했습니다(로마 9,3 참조). 이 말은 신비주의적 전통에 오래도록 영향을 끼쳤습니다. 많은 성인들이 하느님의 존재를 믿지 못하는 불신의 어둠 속에 갇혀 있는 이들을 위하여, 사막과 신앙의 어둔 밤 속에서 십자가에 못 박히신 예수님이 느끼셨던 하느님에게 버림받은 외로움을 대신 견뎌 냈습니다. 우리는 그런 '대속' 사상을, 특히 십자가의 요한 성인으로 대표되는 '가르멜 신비주의'에서 확인할 수 있습니다.[50]

아기 예수의 데레사 성녀는 '가르멜 신비주의'의 사상을 계속 이어

갔습니다. 그녀는 사랑을 위한 번제물로 자신을 바치고자 했지요. 또한 그리스도의 신비체인 교회 안에서 자신의 성소와 직무가 사랑에 있다고 생각했습니다. 그녀는 하늘로부터 단련받는 교회('연옥의 교회'를 뜻한다. — 역자 주) 위로 사랑의 꽃을 뿌려 고통의 불길을 끄고자 했으며, 사랑의 꽃들을 신전하는 교회('지상의 교회'를 뜻한다. — 역자 주) 위로 뿌려 교회가 승리하길 바랐지요.[51] 살아 있는 동안 그녀는 하느님을 믿지 않는 이들을 위해 기도했습니다.[52] 그들을 위해 그녀는 하느님을 모르는 현대 사회의 끔찍한 어둠 속을 대신 걸을 태세가 되어 있었습니다. 그리고 믿지 않는 이들이 신앙의 빛을 볼 수 있게 해 달라고 기도했습니다. 그녀는 선교사가 되기를 간절히 열망했고, 기도와 희생을 통해 선교사들을 도왔습니다.[53] 선교사들을 위하는 그녀의 열정은 온 세상을 덮고도 남았지요.[54]

"십자가의 데레사 베네딕타 수녀"로도 불리는 에디트 슈타인 성녀도 그러한 가르멜 수도회의 전통을 따랐습니다. 그녀는 나치의 유대인 박해 때 자신도 유대인임을 자각하고 유대인들과 함께 아우슈비츠 수용소의 가스실로 들어갔습니다.[55] 막시밀리아노 마리아 콜베 성인도 그러한 정신이 충만했습니다. 그래서 그는 한 가정의 가장이었던 다른 수감자 대신 자진해서 목숨을 바쳤습니다. 콜카타의 마더 데레사 복녀도 초기의 밝은 신비 체험 이후 죽음에 이를 때까지 어둠의 신비 속에서 살았습니다. 다음과 같은 그녀의 말은 잘 알려져 있지요. "제가 만약 성인이 된다면 분명히 '어둠의 성녀'라 불릴 거예요. 저는 세상의 어둠 속에 살고 있는 이들에게 불을 붙여 주느라, 하늘나라에 있을 때가 별로 없을 거예요."[56]

우리는 블루아Léon Bloy(1846~1917년)와 페기 같은 시인들도 떠올릴 수 있습니다. 그들은 '대속' 사상을 개인 영역에 국한하려는 시도들을 비판하며, 그 사상이 지닌 교회적·보편적 차원을 새롭게 조명했습니다. 그들은 대속을 '그리스도인의 중심'으로 새롭게 이해했고, 그리스도교적 실존을 '다른 이들을 위한 실존'으로 파악했습니다. 본회퍼 목사는 '대속'의 깊은 의미를 아주 훌륭하게 설명했습니다. 그는 세상에 현존하는 고통이 하느님을 멀리한 데 기인한다고 생각했습니다. 그 고통에 관해 그는 다음과 같이 말했지요. "고통이 지나가려면, 고통을 짊어져야 합니다. 세상이 고통을 짊어져 그로 인해 몰락하거나, 아니면 고통이 그리스도에게 떨어져 그분을 통해 극복되어야 합니다. 그래서 그리스도께서는 세상을 위해 대신 고통을 겪으셨습니다. 오로지 그분의 고통만이 구원하는 고통입니다. 교회는 이제, 세상의 고통을 짊어질 짐꾼이 필요하다는 사실을 알고 있습니다. 그리스도를 따름으로써 고통은 교회에 떨어지고, 그리스도께서 교회를 지탱하시기에 교회는 고통을 짊어질 수 있습니다. 예수 그리스도의 교회는 십자가를 짊어지고 그리스도를 따름으로써, 하느님 앞에서 세상을 대신해 서 있습니다."[57]

다른 이들을 위하여 애쓰고 다른 이들을 대신한다는 영성은, 오늘날 세속화된 세상의 한가운데에 있는 디아스포라의 상황에서 많은 공동체들의 자기중심적 태도를 깰 수 있으며, 오늘과 내일을 위한 영적인 이정표가 될 수 있습니다. 그처럼 극단적으로 실천하는 '이웃 사랑'은 교회론적 차원으로 우리를 안내하는데, 다음 장에서는 그 주제에 관해 살펴보겠습니다.

제7장
자비를 잣대로 삼는 교회

1. 사랑과 자비의 성사인 교회

'자비'는 그리스도교 신자 각 개인뿐만 아니라, 교회 전체가 지켜야 할 계명입니다. 신자 개인에게뿐만 아니라 교회에 있어서도, '자비'의 계명은 교회가 '그리스도의 몸'이라는 점에 근거합니다. 그러므로 교회는 여느 사회 복지 기관이나 자선 단체와 같지 않습니다. '그리스도의 몸'인 교회는 세상에서 여전히 활동하시는 그리스도의 현존을 드러내는 성사입니다. 그런 의미에서 교회는 '자비의 성사'이기도 합니다. 머리와 지체를 지닌 한 몸으로서 '그리스도 전체Christus totus'를 의미하기에, 교회는 '자비의 성사'입니다. 따라서 교회는 교회의 지체들 안에서 또한 도움이 필요한 사람들 안에서 그리스도를 만납니다. 교회는 그리스도의 인성 안에서 드러난 '자비'에 관한 복음을 말씀과 성사, 교회의 역사적 삶 전체, 신자들 개개인의 삶을 통해 느낄 수 있게 만들어야 합니다. 그와 동시에 교회는 '하느님의 자비'의 대상이기도 합니다. 그리스도의 몸인 교회는 예수 그리스도에 의해 구원되었지만, 죄인들도 품에 안고 있기에, 깨끗하고 거룩한 상태에 있기 위해서는 끊임없이 정화되어야 합니다(에페 5,23.26 참조). 그러므로 교회는 실제로 교회의 정체성에 합당한 삶을 살고 있는지, 비판적인 시각으로 끊임없이 자문해야 합니다. 거꾸로 우리는 예수님이 그러셨던 것처럼, 교회의 결함과 잘못을 독선적인 태도로 대할 것이 아니라 자비로운 마음으로 대해야 합니다. 사랑과 자비가 없는 교회는 더 이상 예수 그리스도의 교회가 아니라는 점을 우리는 명확히 인식해야 합니다.

교회의 본질과 사명, 교회의 거룩함과 지속적인 쇄신의 필요성에 관한 기본적인 진술들을 이 자리에서 세세하게 설명하고 논할 수는 없습니다. 그것은 교회론에서 수행해야 할 과제며,[1] 이 책에서는 교회론의 가르침을 전제로 할 수밖에 없습니다.

'사랑 또는 자비와 교회의 내적인 상관성', 더 정확히 말해, '사랑

또는 자비와 교회의 단일성 사이의 내적인 상관성'은 아우구스티노 성인의 글에서 명확하게 드러납니다. 아우구스티노 성인은 코린토 신자들에게 보낸 첫째 서간 13장에 나오는 '사랑의 송가'에 주목했습니다. "나에게 사랑이 없으면, 나는 아무것도 아닙니다."(1코린 13,2) 아우구스티노 성인은 여기서 이야기하는 사랑을 '신자 개개인의 행위'라는 개별적 개념으로 이해한 것이 아니라, '사랑 안에서 이루는 교회의 단일성'이라는 교회론적 개념으로 이해했습니다. 이러한 이해에 따라, 자선이나 동정童貞, 심지어 순교마저도 교회 안에 사랑이 없다면, 또한 교회 공동체 밖에서 이뤄졌다면 아무 쓸모없다고 생각했습니다. 교회 안에 사랑이 없다면 하나로 묶어 주던 끈이 끊어진 것이기에, 선행도 포도나무에서 잘려 나간 가지와 같다는 것이지요.[2] 아우구스티노 성인은 교회의 분열을 일으키려 한 도나투스 이단(도나투스라는 인물이 제창한 북아프리카 교회의 이단 사상. 엄격주의자였던 도나투스는, 배교자나 이단자가 집행한 성사는 무효라며 '성사의 인효성'을 주장했고, 교회는 성인聖人들만의 교회여야 한다는 엄격한 교리를 내세워 교회로부터 이단으로 단죄받았다. ― 역자 주)에 맞서 그 점을 끊임없이 강조했습니다. 사랑이 없다면, 특히 교회 공동체 밖에서는 다른 어떤 것도 쓸모없다는 이야기지요.[3] 아우구스티노 성인의 이야기는 근본적으로 옳습니다. 사랑과 자비는 신자 개개인이 실천해야 할 의무만은 아니라는 점, 교회 안의 사랑과 자비가 오늘날 다른 많은 단체나 기관에서 벌이는 사회 복지 사업만을 의미하지는 않는다는 점, 교회 안의 사랑과 자비는 특유의 교회론적 차원을 지닌다는 점, 사랑과 자비는 교회라는 신앙 공동체에, 또한 교회가 이루고 있는 단일성에 본질적으로 속한 속성이라는 점은 모두 옳다고 할 수 있습니다.

다른 한편으로, 도나투스 이단과의 논쟁에서 나온 아우구스티노 성인의 진술들은 오늘날 교회 일치 운동의 관점에서 볼 때 입에 올리기 힘든 것이 사실입니다. 우리는 아우구스티노 성인이 같은 맥락에서 이야기한 또 다른 진술들과의 연관성 속에서 위의 진술들을 이해해야 합니다. 그는 또 다른 진술에서, 어떤 이들은 몸은 교회 안에 있지만 마음은 교회 밖에 있으며, 그와는 반대로 어떤 이들은 몸은 교회 밖에 있지만 마음은 교회 안에 있다고 말했습니다.[4] 그리스도교 신자인 것만으로는 충분하지 않으며, 마음으로 교회에 속해야 한다는 것입니다. 다시 말해 사랑의 영이신 성령에 따라 살아야 한다는 것이지요. 그런 사랑의 삶을 우리는 종종 교회 밖에서도, 곧 비신자들에게서도 발견합니다.

제2차 바티칸 공의회는 그런 생각을 깊이 받아들였습니다. 공의회는 구원받기 위한 방법들이 가톨릭교회에 많이 있지만, 성령이 당신의 여러 가지 능력으로 눈에 보이는 교회 밖에 있는 이들에게도 작용하신다는 점을 인정했습니다.[5] 눈에 보이는 교회 밖에도 사랑과 자비의 행위가 있습니다. 여러 가지 면에서 우리는 그리스도교의 다른 종파에 속한 신자들이나 심지어 그리스도교 신자가 아닌 이들을 사랑과 자비의 모범으로 삼고, 그들에게 배울 수 있습니다. 거꾸로, 눈에 보이는 교회에 속한 신자들은 교회의 사랑을 살고, '자비의 육체적인 활동'과 '자비의 영적인 활동'을 통해 그 사랑을 드러내도록 모든 노력을 기울여야 합니다.

'자비'에 관한 복음은 이처럼 그리스도교 신자 개인의 삶뿐만 아니라, 교회의 가르침과 사명에도 광범위한 영향을 끼칩니다.[6] 교회에 대한 가장 큰 비난일 수 있고 실제로 교회가 종종 받기도 하는 비난은, 교회가 다른 이들에게 선포한 내용을 스스로 이행하지 않는다는 것과, 교회가 많은 사람들을 냉혹하고 엄격하게 대한다는 것입니다. 그런 까닭에 요한 23세 교황은 제2차 바티칸 공의회를 개최하면서, 교회는 오늘날 무엇보다 '자비'라는 무기를 사용해야 한다고 말했습니다.[7] 요한 바오로 2세 교황은 '하느님의 자비'를 다룬 회칙 〈자비로우신 하느님Dives in Misericordia〉에서 요한 23세 교황의 말을 받아들여, 한 장章 전체를 '교회 사명에 나타나는 하느님의 자비'라는 주제에 할애했습니다. 요한 바오로 2세 교황은 '하느님의 자비'를 증거하는 것이 교회의 사명이라고 강조했습니다.[8]

'하느님의 자비'에 관한 증언은 세 가지 방식으로 이뤄집니다. 교회는 '하느님의 자비'를 말씀으로 선포해야 합니다. 교회는 자비의 성사인 고해성사를 통해 고해자에게 구체적으로 '하느님의 자비'를 베풀어야 합니다. 교회는 자신의 구체적 모습 속에서, 자신의 삶 전체에서, 자신의 권한에서 '하느님의 자비'를 드러내고 실행해야 합니다.

2. 하느님 자비의 선포

교회의 으뜸 사명은 '자비'에 관한 복음을 선포하는 데 있습니다. 오늘날 많은 사람들이 하느님이 존재하지 않는 듯 살아가는 상황 속에서, '자비'에 관한 복음을 부차적인 주제로 밀어내서는 안 됩니다. '자비'는 복음의 중심 메시지가 되어야 하며, 자비로우신 하느님에 관한 메시지를 복음의 중심으로 옮겨 놓아야 합니다. 그러므로 '자비'에 관한 복음은 불분명하고 모호하며 일반 종교적이거나 철학적으로 추상화된 하느님을 선포해서도 안 되고, 대수롭지 않게 통속적으로 '사랑하는 하느님'에 관해 이야기해서도 안 되며, 심판하시고 복수하시는 하느님을 이야기함으로써 사람들에게 두려움을 주어서도 안 됩니다. 교회는 하느님의 시편들로 결코 마르지 않는 '하느님의 자비'를 찬미하고, 하느님을 '인자하신 아버지시며 모든 위로의 하느님'(2코린 1,3 참조), '자비가 풍성하신 하느님'(에페 2,4 참조)으로 선포해야 합니다. 교회는 옛 계약과 새 계약이 증언한 것처럼, 인간에게 자비를 베푸시는 하느님의 구체적인 역사를 이야기해야 합니다. 예수님이 비유를 통해 인간에게 자비를 베푸신 하느님의 역사를 설명해 주셨던 것처럼, 교회도 그런 하느님의 역사를 설명하고, 하느님이 예수님의 죽음과 부활에서 당신의 자비를 결정적으로 드러내셨음을 증언해야 합니다.

교회는 복음 선포를 통해, 하느님의 자비를 증명하는 역사가 우리를 비롯한 오늘날의 청중들에게 사실이 된다(루카 4,21 참조)는 점을 명백히 밝혀야 합니다. 말하자면, 당시의 구원 역사는 오늘날의 구원 역사가 되고 오늘날 사람들의 삶의 이야기가 됩니다. 구원을 현실로 받아들이게 하는 복음화의 예를 우리는 히브리인들에게 보낸 서간에서 봅니다. 히브리인들에게 보낸 서간은 처음의 감격이 사라지고 많은 사람들이 배교할 위기에 처했을 때 기록되었습니다. 어떤 의미에서 우리 시대와 비슷한 상황에서 쓰인 이 서간에는 '오늘'이란 단어가 수시로 나옵니다. "오늘 너희가 그분의 소리를 듣거든, 마음을 완고하게 갖지 마라."(히브 3,7-8; 3,15 참조) "'오늘'이라는 말이 들리는 한, 여러분은 날마다 서로 격려하십시오."(히브 3,13) 하느님이 당신의 자비로 또다시 우리에게 '오늘'을 선물하시기 때문입니다(히브 4,7

참조).

하느님과 그분의 자비에 관한 복음을 현실로 받아들이는 일은 특히 새로운 복음화와 관련하여 현실성을 지닙니다.[9] 그것은 오늘날의 유행과 사조에 쉽사리 적응하고 현대인들의 환심을 사려는 노력과는 아무 관련이 없습니다. '새로운 복음화'는 새로운 복음을 선포하는 것이 아니라, 단일하고 똑같은 복음을 새로운 상황에 맞게 현실적으로 해석하는 것을 말합니다. 설교자인 우리는, 사람들이 겪는 어려움, 고통과 관련하여 하느님에 관해 구체적으로 이야기해야 합니다. 사람들이 자신의 삶의 역사에서 자비로우신 하느님을 발견할 수 있도록 도울 때에만, 사람들의 마음을 얻을 수 있습니다. 오늘날의 세상과 사람들을 비판하기만 하는 것은 전혀 도움이 되지 않습니다. 우리는 오늘날의 상황을 자비로운 눈으로 바라보시고, 세상의 모든 안개와 어둠 위로 자비로우시고 참을성이 있으시며 우리 모두를 아시고 사랑하시는, 또한 우리에게 무엇이 필요한지 아시는(마태 6,8.32 참조) 아버지 하느님이 존재한다는 것을 말해야 합니다.

'새로운 복음화'는 하느님과 교회에서 멀어진 이들에게, 그들이 하느님에게서 멀어졌다고 잘못 생각했을 때에도 하느님은 너그럽고 자비로운 마음으로 그들 가까이 계셨으며, '되찾은 아들의 비유'에 나오는 것처럼 하느님도 그들을 다시 맞아들여 그분의 자녀 자리를 되찾아 주려고 기다리고 계셨다고 말할 수 있습니다(루카 15,20-24 참조). 하느님은 착한 사마리아인처럼 길가에 쓰러져 있는 그들에게 몸을 굽혀 상처를 싸매 주십니다(루카 10,30-35 참조). 하느님은, 그들이 길을 잃고 덤불 속을 헤맬 때 착한 목자처럼 그들을 찾아 나서, 그들을 어깨에 메고 기쁨에 넘쳐 모든 그리스도인들의 공동체로 돌아오십니다. 우리는, 하느님에게서 멀어졌다고 생각하지만 자신들이 생각하는 것보다 하느님과 훨씬 가까이 있는 그들에게, 하늘에서는 회개할 필요가 없는 의인 아흔아홉보다 회개하는 죄인 한 사람 때문에 더 기뻐할 것이라는 확신을 심어 줄 수 있습니다(루카 15,3-7 참조).

이처럼 '하느님의 자비'를 증언할 때, 교회는 하느님에 관한 매우 심오한 진리뿐만 아니라 우리 인간에 관한 매우 심오한 진리를 선포하는 것입니다. 하느님에 관한 심오한 진리는, 하느님은 당신 자신을 선물하시는 분이시며 늘 새롭게 용서할 준비가 되어 있는 사랑이시라는 사실입니다. 인간에 관한 심오한 진리는 하느님이 당신 사랑으로 우리를 매우 아름답게 창조하셨고, 우리가 그분에게서 멀어졌을 때에도 그분은 결코 우리를 포기하지 않으셨으며, 오히려 당신의 자비하심에서 더욱 놀라운 방식으로 우리의 존엄성을 되찾아 주셨다는 사실입니다.[10] 그분은 우리의 가장 비천한 모습을 취하시어 우리에게 내려오셨고, 그를 통해 우리를 당신께 들어 올리시어 당신

품에 안으셨습니다. 그분 품에서 우리는 영원한 안식과 평화를 누릴 것입니다. 아우구스티노 성인은 어지러웠던 삶을 뒤로하고 다음과 같은 말로 고백을 시작합니다. "주님을 기림으로써 즐기라 일깨워 주심이오니 님 위해 우리를 내시었기 님 안에 쉬기까지는 저희 마음이 찹찹하지 않삽나이다."[11]

우리가 '하느님의 자비'에 관한 복음을 믿을 만한 것으로 선포하려면, 먼저 우리의 말이 자비로워야 합니다. 우리는 복음 선포에 확고한 모습을 보여야 하지만, 예전과 마찬가지로 지금도 부족함을 느끼지 못하며 복음을 거부하는 이들에게 화를 내며 논쟁하거나, 악행을 악행으로 되갚아서도 안 됩니다. 그들에게 똑같은 방식으로 되갚음하는 것은 '산상 설교'의 관점에서 볼 때 교회에 어울리는 태도가 아닙니다. 그들과 대화할 때에도 논쟁을 할 것이 아니라, 사랑하는 마음으로 진리를 말하고 실행하려고 노력해야 합니다(에페 4,15 참조). 요한 크리소스토모 성인은 진리를 위한 투쟁을 용감히 수행해야 하지만 무자비한 모습을 보여서는 안 된다고 했습니다.[12] 그러므로 교회는 아는 체하며 거만하게 청중들을 질책해서는 안 됩니다. 말세가 다 되었다고 세상을 부정적으로만 보는 것은 옳지 않습니다. 그렇게 한다면 사람들도 옳지 않다고 여길 것입니다. 교회는 현대인의 정당한 관심사와, 현대 사회가 이룬 인도주의적 발전을 존중하고, 그들의 문제와 상처를 자비로이 대해야 합니다.

'진리'를 담지 못한 '자비'는 정직하지 못한 위로라 할 수 있습니다. 그것은 기약 없는 약속이고, 결국 허튼소리에 지나지 않을 것입니다. 반대로, '자비'를 담지 못한 '진리'는 냉정하고 의심하며 상처를 주는 것입니다. 우리는 "더 이상의 논의는 없어. 받아들이지 않으면 넌 죽어. 너에겐 선택권이 없다고!"라는 협박으로 진리를 선포할 수는 없습니다. 진리는 다른 이를 엄하게 질책할 때 쓰는 도구가 아니라, 세상사의 어려움으로부터 우리를 지켜 주고 보호해 주는 방패라고 할 수 있습니다.

그런 관점에서, 복음 선포에 있어 새로운 태도와 새로운 대화 방식이 꼭 필요하다고 할 수 있습니다. 논쟁적 선포 방식은 이미 신약 성경에서 부분적으로 발견되며,[13] 교부들에게서도 볼 수 있습니다. 논쟁 신학은 궁극적으로 공정함이나 객관성, 경청하고 소통하려는 자세에서 두각을 나타내지는 못했습니다. 이에 반해, 제2차 바티칸 공의회는 새로운 대화 방식을 선택했습니다. 그것은 진리를 상대화하거나, 기존의 견해 차이를 숨기는 일과는 전혀 관계가 없었습니다. 진리에 관한 것이 아니라면, '대화'라는 이름을 붙이기 어렵겠지요. 올바른 대화는 경청하려는 마음과 서로의 말에 귀를 기울이는 태도를 전제로 합니다. 올바른 대화는, 서로에게 진리를 증언하고, 그것을 넘어 가능한 한 진리 안에서 의견의 일치를 이루기 위해 이해심이 가득한 의견들을 교환하는 것을 말합니다. 의견의 일치를 이루기 어려운 경우에는 "우리는 의견의 일치를 보지 못했다는 점에 동의합니다."[14]라고 솔직히 말하는 것도 그런 대화에 속하지요. 우리는 사랑하는 마음으로 진리를 선포해야 합니다. 그런 경우에만 진리는 사람들의 마음을 끌고 설득력을 얻게 되며, '구원의 진리'로 이해되고 받아들여질 수 있습니다.

3. 자비의 성사인 고해성사

'자비'의 메시지는 복음의 핵심입니다. 예수 그리스도 안에서 말씀이 사람이 되셨습니다(요한 1,14 참조). 이와 마찬가지로, 교회의 말도 성사 안에서 구체적인 형상을 취합니다.[15] 모든 성사는 '하느님의 자비'의 성사입니다. 입문 성사인 '세례성사'를 통해 세례자들은 생명과 사랑의 공동체인 교회 공동체로 편입됩니다. 세례성사를 통해 죄를 용서받기 때문에(사도 2,38; 1코린 6,11; 에페 1,7; 콜로 1,14 참조), 세례성사는 '하느님의 자비'의 성사입니다. '병자성사'를 통해서도 죄를 용서받으므로(야고 5,15 참조), 병자성사도 '하느님의 자비'의 성사입니다. '성체성사'가 거행될 때마다, 주님이 십자가 위에서 흘리신 피로 우리의 죄를 용서해 주시는 효력이 현존하게 됩니다(마태 26,28 참조). 그러므로 미사 참례는 우리의 일상적인 죄를 용서받는 효력을 지닙니다. 아우구스티노 성인의 말에 따르면, 성체성사는 '일치와 사랑의 성사'입니다.[16] 이 성사는 우리를 예수 그리스도 안에서 그분과 하나 되게 만들고 우리를 서로 묶어 줍니다. 그리하여 이 성사를 통해 우리는 사랑과 자비의 직무를 수행하러 세상에 파견됩니다.[17]

교회는 이미 오래전에, 세례를 통해 새로운 피조물이 된 그리스도교 신자들이(2코린 5,17; 갈라 6,15 참조) 옛 세계의 생활과 악습에 다시 빠진다는 것을 체험했습니다. 초대 교회는 다시 죄에 빠진 신자들에 대한 용서가 가능한지 여부를 두고 격렬한 논쟁을 벌였습니다. 그들은 땅에서 매고 풀 권한을 교회에 맡기신 예수님의 말씀(마태 16,19; 18,18 참조)에서 해결책을 찾았습니다. 그 권한을 요한 복음사가는 '죄를 용서하거나 용서해 주지 않는 권한'으로 해석했지요(요한 20,22-23 참조). 그 권한은 부활하신 예수님이 제자들에게 주신 선물이었습니다. 그를 토대로 초대 교회는 '고해성사'라는 참회 양식을 만들었습니다. 초대 교회는 고해성사를, 죄라는 파선 이후 구원을 위한 두 번째 구명대로,[18] 또한 물이 아닌 눈물로써 죄 씻김을 받는 수고스러운 두 번째 세례로[19] 이해했습니다. 그러므로 고해성사는 본래적 의미로 '하느님의 자비'의 성사라고 할 수 있습니다. 하느님은 끊임없이

우리의 죄를 용서해 주시고, 늘 우리에게 새롭게 시작할 기회를 주시는 분이니까요.[20]

고해성사는 수백 년의 세월이 흐르는 동안 많은 변화를 겪었는데, 이 자리에서 그것을 살펴볼 수는 없습니다.[21] 긴 역사를 거쳐 형성된 고해성사는 시에나의 가타리나 성녀와 알폰소 마리아 데 리구오리 성인(1696~1787년), 요한 마리아 비안네 성인(1786~1859년), 오상의 비오 성인(1887~1968년), 마리아 파우스티나 코발스카 성녀와 같은 위대한 성인들과, 그 밖의 수많은 사람들에 의해 적극 권장되었습니다.[22] 교회의 교도권도 고해성사를 중점적으로 권장했습니다. 그처럼 오랜 기간 동안 교회에서 지속적으로 권장해 온 성사가 그릇된 것일 수 없으며, 영성 생활의 발전에 큰 도움이 될 것이 분명합니다.

카를 라너는 고해성사의 역사와 신학에 깊은 관심을 보였습니다. 그래서 그는 참회 실천과 고해성사를 자주 보는 것의 의미에 관해 인상적인 논문을 썼습니다.[23] 고해성사의 의미를, 영혼을 이끌고 양심을 일깨우는 데에만 두거나, 그 일에 최우선 가치를 두어서는 안 된다는 내용입니다. 고해성사 밖에서도 그런 일은 이뤄지고, 권고될 수 있습니다. 일상적인 도전들에 대처할 힘을 얻는 데에는 성체성사를 비롯한 다른 방법들도 도움이 됩니다. 고해성사는 그런 일들을 뛰어넘는 교회의 본질적인 삶의 표현입니다. 일상적인 죄들은 '그리스도의 신부'인 교회의 얼룩이고 주름이며, 그것들은 교회의 광채를 흐리게 하고 교회의 전반에 해를 끼칩니다. 그런 관점에서, 고해성사는 눈으로 볼 수 있는 '그리스도의 몸'인 교회를 만나러 가는 일이라 할 수 있습니다.

오늘날 고해성사가 심각한 위기에 처해 있음을 말하지 않을 수 없습니다. 대다수의 본당에서 신자들이 고해성사를 보는 모습을 보기 어려우며, 많은 신자, 심지어 매주 주일 미사에 참례하는 신자들도 고해성사를 보지 않고 성체를 영합니다. 이런 사실은 오늘날의 교회가 지닌 깊은 상처를 보여 주며, 우리의 개인적·사목적 양심에 진지한 질문을 제기하게 만듭니다. 참회의 기준과 고해성사를 쇄신하는 일은 교회의 미래를 위한 중요한 일이 될 것입니다.

오늘날 고해성사가 처한 위기의 원인은 여러 곳에서 찾을 수 있습니다. 많은 신자들이 더 이상 고해성사를 주님의 부활이 가져다준 선물로, 죄에서 해방되는 것으로 체험하지 못합니다. 오히려 고해성사를 종종 구속이나 통제 수단으로, 양심을 조종하고 사람들의 권리를 빼앗으려는 시도로 이해합니다. 심지어 어떤 노인들은 고해성사에서 상처를 받았다고 이야기하지요. 그러나 대부분의 사람들은 그런 부정적 체험을 그저 소문으로만 들어 알 뿐입니다. 나이 많은 세대가 부정적인 체험 때문에 고해성사를 멀리하는 반면, 오늘날의 많은 젊은이들은 고해성사를 본 경험이 없어서 그것을 기피합니다. 그와 더불어 많은 젊은이들이 자신은 죄가 없다는 병적인 망상을 갖고 있지요.[24] 그들은 오로지 다른 사람들과 조직에 잘못이 있다고 생각합니다. 은연중에 거대한 변명 체제가 자리를 잡아 가고 있는데, 그 체제는 궁극적으로 개인의 책임과 인간의 존엄성에 의문을 제기합니다. 그래도 요즈음 상황은 조금씩 나아지는 듯 보입니다. 무엇보다 순례지와 피정 센터, 세계 청년 대회를 찾는 많은 사람들이 고해성사를 보며, 그것을 하느님의 선물로 새롭게 체험하고 있습니다.

고해성사는 우리 죄인들을 위한 피난처입니다. 고해성사에서 우리는 내내 짊어지고 다녔던 짐을 내려놓습니다. 그 밖의 어느 곳에서도 우리는, 마치 하느님이 예수님의 이름으로 "네 죄는 용서받았다."라고 말씀하시는 것처럼, 그분의 자비를 그렇게 직접적이고 구체적으로 체험하지 못합니다. 물론 겸손하게 자기 죄를 자주 고백하는 것은 어느 누구에게도 쉬운 일은 아닙니다. 그러나 죄를 고백하고 "나도 당신의 죄를 사합니다."라는 말을 익명이나 공동으로 듣는 것이 아니라 구체적이며 개인적으로 듣는다면 누구나 내적인 해방감과 내적인 평화, 그리고 고해성사가 주는 기쁨을 느끼게 됩니다. 예수님은 하늘에서는 회개하는 죄인 한 사람 때문에 모두들 기뻐할 것이라고 말씀하셨지요(루카 15,7.10 참조). 고해성사를 받은 사람은 이런 기쁨을 하늘에서만 느끼는 것이 아님을 알게 됩니다. 그는 하늘에서 느끼는 그 기쁨이 자신의 마음속에서도 메아리치는 것을 느낍니다. 그러므로 고해성사의 가치를 늘 새롭게 인식해야 합니다. 특히 사제부터 그렇게 하도록 노력해야 합니다. 죄를 용서하는 사명은 부활하신 예수님이 사도들에게 주신 사명이기 때문입니다. 그러므로 언제라도 고해성사를 베풀 태세를 갖추는 것은 모든 사제에게 있어 의무이자 자비의 행위라 할 수 있습니다.

회개의 형태는 매우 다양합니다. 기도나 자비 행위, 형제애로 서로의 잘못을 바로잡아 주는 것correctio fraterna, 자발적인 소비 포기(극기) 등을 그 예로 들 수 있지요. 미사는 '참회 예절'과 '사죄를 청하는 기도'로 시작됩니다. 회개의 모든 형태는 고유한 가치와 의미를 지니고 있습니다. 그것들은 고해성사를 준비하고 동반하며 복습해야 합니다. 그것들은 고해성사를 대신하려고 하지 않으며, 그럴 수도 없습니다. 영성 상담이나 심리 상담도 고유한 가치를 지니고 있지만, 고해성사의 자리를 대신할 수는 없습니다. 상담가나 심리학자들은, 우리 자신과 우리의 난감한 상황을 보다 잘 이해하고, 비뚤어진 삶을 종합적으로 바라보며, 우리 자신과 다른 이들을 받아들이도록 돕고, 그를 위해 좋은 조언을 해 주기도 합니다. 그들의 전문 지식과 경험은 사목자인 우리에게 종종 큰 도움이 됩니다. 그러나 "당신의 죄는 용서받았습니다. 평안히 가십시오."라는 말은 어떤 상담가나 심리학자도 할 수 없습니다.

고해성사는 예나 지금이나 인간의 깊은 욕구에 따른 것이며, 오늘날에도 현실성을 지닙니다. 고해성사는 신자 개개인뿐만 아니라 교회 공동체를 위한 자비의 행위입니다. 고해성사는 교회 안에 존재하는 공격적 태도와 파벌 형성을 극복하고, 그리스도교 신자가 겸손할 수 있도록 새로운 기회를 제공하며, 교회 구성원들이 서로를 너그럽게 대하여 더욱 자비로운 교회가 되도록 도움을 줄 수 있습니다.

4. 교회의 실천과 자비의 문화

'자비'를 말로만 외치는 것으로 교회의 소임을 다하는 것은 아닙니다. 교회는 진리를 실천해야 합니다(요한 3,21 참조). 특히 오늘날에 교회는 말보다 행동으로 평가받습니다. 따라서 교회의 복음은 교회 전체를 통하여 구체적 실천과 자비의 문화 안에서 효력을 발휘해야 합니다.[25]

고대 그리스와 로마 제국에도 자선과 박애주의가 있었지만, 가난한 이들을 대상으로 한 것이 아니었습니다. 그들은 시민 계급을 대상으로 생필품을 나눠 주거나 보건 시설을 건립하는 일 등을 했습니다. 그에 반해, 교회는 초창기부터 가난한 이들에 대해 활발하게 자선 활동을 벌였습니다. 교회는 유다교의 실천을 계승했지만, 예수님의 가르침을 토대로 자선 활동에서 고유한 길을 개척했지요. 교회는 초창기부터 자선 사업을 개인적 신심에 맡기지 않고, 제도화된 형태로 공동체 차원에서 수행해 나갔습니다.

성체성사를 거행하러 모인 집회는 처음부터, 모임에 참석한 모든 이가 함께 배불리 먹는 사랑의 식사인 '아가페'와 연결되어 있었습니다. 사도행전은 예루살렘 초대 공동체에서 이미 식탁 봉사의 규모가 커져 사도들이 그 일을 더 이상 감당하지 못하게 되었고, 나중에 '부제'라고 불리게 된 일곱 사람에게 그 일을 맡겼다는 이야기를 전합니다(사도 6,1-4 참조). 바오로 사도는 자신의 공동체에서 발생한 폐해 때문에, '주님의 만찬'과 '배불리 먹는 식사'를 명확히 구별할 것을 신자들에게 촉구합니다. 그는 그 두 가지를 혼동하지 말라고 경고했습니다. 그럼에도 그 두 가지가 짝을 이룬다는 것은 의심의 여지가 없습니다(1코린 11,17-34 참조).[26] 이미 교회의 초창기에 신자들 상호간의 지원은 각 개별 공동체의 차원을 넘어섰습니다. 바오로 사도는 자신의 공동체에서 예루살렘에 있는 가난한 이들을 위해 정기적으로 헌금을 거뒀는데(갈라 2,10; 로마 15,26; 2코린 8,9 참조), 다음의 말씀이 근본적으로 적용되었습니다. "서로 남의 짐을 져 주십시오. 그러면 그리스도의 율법을 완수하게 될 것입니다."(갈라 6,2) 이처럼 초대 교회의 신자들은 자신들을 '형제'라고 부르기만 한 것이 아니라, 형제답게 행동했습니다.[27]

자선 활동에 대한 초대 교회의 증언들은 이루 헤아릴 수 없이 많습니다. 그 증언들에 따르면, 주일 미사 끝에 자선 활동을 수행했다고 합니다.[28] 여기에는 과부 · 고아 · 병자 · 약자 · 빈민 · 일할 능력이 없는 사람을 위한 지원, 공동체에서 봉사하는 사람들의 보수 지원, 수감자 · 광부 · 노예를 돌보는 일, 나그네를 따뜻하게 맞이하는 일, 위기에 처한 가난한 공동체를 돕는 일 등이 있었습니다. 테르툴리아누스는 역경에 처한 이들에 대한 그리스도교 신자들의 돌봄이 주변의 이교도들에게 얼마나 큰 경탄을 불러일으켰는지 이야기합니다. 이교도들은 "저들이 서로 얼마나 위하는지 좀 봐!"라는 말을 했다고 테르툴리아누스는 전합니다.[29] 초대 그리스도교 신자들의 삶에 관한 아름다운 증언은 익명의 저자가 2~3세기경에 기록한 것으로 추정되는 〈디오그네투스에게 보낸 편지Brief an Diognet〉에서 확인할 수 있습니다. 편지의 저자는 그리스도인들이 외적으로는 특별할 것이 없는 아주 평범한 삶을 살지만, 실제로는 남들과 완전히 다른 삶을 산다고 기술했습니다. "그들은 모든 사람을 사랑하지만 모든 사람으로부터 박해를 받고 있어. …… 그들은 가난하지만 많은 사람들을 풍요롭게 만들지. 그들은 모든 것이 부족해 고통을 겪으면서도, 모든 것을 넘치도록 갖고 있어."[30]

부제들이 수행하던 일은 본래 주교의 직무였지만, 주교는 그 일을 부제들에게 맡겼습니다. 4세기부터 병원과 순례자와 가난한 이들을 위한 숙소가 세워졌는데, 그것들은 중세의 구빈원과 병원의 모체가 되었습니다. 후대에는 간병이나 빈민 구제를 주된 활동으로 삼는 수도회들이 수없이 창설되었는데, 그들은 오늘날까지 어린이와 가난한 이, 노인, 병자, 장애인을 위해 희생적으로 헌신해 오고 있습니다. 그를 통해 그리스도교는 유럽을 비롯한 전 세계 인류 문화에 영향을 끼쳤고, 그런 영향은 대부분 세속화된 형태로 오늘날까지 지속되고 있습니다. 그리스도교를 빼놓고는 유럽 또는 전 세계의 문화사와 사회 복지의 역사를 이해할 수 없을 것입니다.

오늘날 변화하고 있는 사회 상황에 근거하여 새로운 질문들과 도전들이 대두되고 있는데, 이에 관해서는 앞으로 자세히 살펴볼 것입니다.[31] 여기서는 부유한 서구에서 교회가 시민 사회에 동화됨에 따라 발생한 문제점에 대해서만 언급하고자 합니다. 시민의 생활 양식 기준에 다소 못 미치는 사람들, 도덕적으로 타락해 궁지에 몰린 사람들이 많은 본당에서 설 자리를 찾기가 어려워졌습니다. 이는 예수님의 행동 방식과는 어울리지 않는 상황입니다. 예수님은 세상에 사시는 동안 죄인들에게 특별한 애정을 보이셨고, 그런 예수님의 행동은 커다란 스캔들이 되었기 때문입니다. "저 사람은 어째서 세리와 죄인들과 함께 음식을 먹는 것이오?" 바리사이들과 율법 학자들이 비난에 찬 물음을 던졌습니다. 그에 대해 예수님은 다음과 같이 대답하셨습니다. "건강한 이들에게는 의사가 필요하지 않으나 병든 이들에게는 필요하다. 나는 의인이 아니라 죄인을 부르러 왔다."(마르 2,17) 예수님은 사회적으로 안정된 지위에 있던 사람들보다 세리들과 창녀들에게서 더 큰 믿음을 발견하셨습니다. 그래서 예수님은 스스로 신심이 깊다고 생각한 사람들보다 세리들과 창녀들이 먼저 하느님의 나라에 들어갈 것이라고 말씀하셨습니다(마태 21,31-32 참조). 예수님은 간음하다 붙잡힌 여자를 당신 앞에 끌고 온 고발자들에게 "너희 가운데 죄 없는 자가 먼저 저 여자에게 돌을 던져라."라는 말씀을 하셨습니다. 그녀를 단죄한 사람들이 모두 자리를 뜨자, 그분은 여자에게 "나도 너를 단죄하지 않는다. 가거라. 그리고 이제부터 다시는 죄짓지 마라."라고 하셨습니다(요한 8,7-11 참조).

따라서 교회에 대한 가장 큰 비판은, 교회가 말에 비해 행동이 뒤따르지 않는다는 것과, 교회가 '하느님의 자비'를 말하지만 많은 사람에게 교회는 그저 엄격하고 냉혹하며 매정한 모습만 보인다는 것입니다. 그런 비난은 특히 삶에서 실패와 좌절을 겪는 사람들, 예를 들면, 이혼 후 민법상 재혼한 사람들과, 종교세를 내려고 하지 않거나 낼 수 없는 형편이기에 민법상 교회를 떠난 사람들을 대하는 교회의 태도를 두고 더욱 거세집니다. 또한 그런 비난은, 교회의 가르침이나 교회법에 따라 살지 않는 사람들의 비판 또는 거부에서도 확인할 수 있습니다.

교회가, '용서하시는 하느님'에 관한 예수님의 복음과 당시 소외 계층에 속한 사람들을 대하시는 예수님의 행동 방식을 말씀으로만 선포하지 않고 그분처럼 직접 살려고 한다면, 당시와 마찬가지로 오늘날에도 '경건한 신앙인'에 속하지 않는 사람들을 기피해서는 안 됩니다. 교회는 부자와 상류층 인사들을 싸잡아 비방하는 일 없이, 보잘것없는 이 · 가난한 이 · 병든 이 · 장애인 · 노숙인 · 이민자 · 소외되고 차별받는 이 · 알코올이나 마약 중독자 · 에이즈 환자 · 수감자 · 곤궁에서 벗어날 다른 방도를 찾지 못해 자신의 몸을 팔지만 그로 인해 종종 굴욕을 감수해야 하는 매춘부들에게 관심을 가져야 합니다. 물론 교회는 죄를 정당화할 수는 없지만, 죄인들은 자비롭게 대해야 합니다. 교회는 예수님을 따르는 여정에서, 무엇보다 부자들과 지배자들, 사회적으로 명망 있는 이들의 교회로 결코 인식되어서는 안 됩니다. 교회는 넓은 의미에서, 가난한 이들에 대한 배타적인 선택이 아닌 우선적인 선택을 해야 합니다.

이러한 관점에서 보면 성인들의 이야기는 참으로 교훈적입니다. 레위라는 세리가 마태오 복음사가가 되었고, 그리스도인들을 박해하던 사울이라는 청년이 그리스도교를 이방 세계에 전파한 바오로 사도가 되었습니다. 샤를 드 푸코 복자(1858~1916년)처럼 젊은 시절 방탕한 생활을 하다가 나중에 성인이 된 사람도 많습니다. 아우구스티노 성인조차도 우리가 주교 후보자를 고르기 위한 잣대로 그의 전력前歷을 살펴본다면, 그는 오늘날 기껏해야 수석 복사밖에 하지 못할 것입니다. 이것들은 모두 하느님이 구부러진 나무에서도 쓸모 있는 물건을 만들어 내시는 분임을 보여 주는 사례라 할 수 있습니다.

다행스럽게도 교회에는 '자비'를 실천할 수 있는 공간과 장소들이 도처에 있습니다. 그런 곳에서 '자비'의 봉사를 수행하는 이들에게는 아무리 존경과 감사와 찬사를 표해도 부족할 것입니다. 이는 교회 병원이나 양로원, 장애인 복지관, 노숙인 및 중독자 수용 시설에서 이뤄지는 신체적 돌봄만 이야기하는 것은 아닙니다. 그런 시설들에서는 모두 외적으로 필요한 도움을 베푸는 일을 넘어서 그리스도교의 '자비의 문화'를 드러내 보여야 합니다. 물론 이 시설들은 가능한 한 모든 현대적 의료 장비를 갖추어야 합니다. 하지만 시설 직원들이 기술이나 경제, 행정 지향적인 체제에 얽매여서는 안 됩니다. 그럴 경우 그들은 인간적인 관심과 경청, 위로를 위한 여력과 시간을 더 이상 확보하지 못하겠지요. 그런 여력과 시간을 지니기 위해서는, 수도자이든 평신도이든 상관없이 시설 직원이면 누구나 자비로워야 합니다. 스위스 출신의 장 바니에(Jean Vanier(1928년~)가 설립한 장애인 공동체이자 국제 기구인 '라르쉬L'Arche'('방주'라는 뜻. — 역자 주)는 그리스도교의 '자비의 문화'를 특별한 방식으로 드러낸, 본받을 만한 본보기로 평가받고 있습니다.

어느 성탄절에 저는 주교의 자격으로 교도소를 방문하고, 이듬해에는 노숙인 시설을 방문해서 우리 사회가 기피하는 사람들을 만난 경험이 있습니다. 저는 교회 단체나 인권 단체가 그들의 인간다운 존엄성을 인정하고 존중하여, 그들이 비록 몇 시간이지만 사람들의 따뜻한 정과 보호를 느꼈을 때 커다란 활력을 얻는 모습을 보았습니다. 어둡고 우울한 세상 속에 있는 그들에게도 그처럼 희망의 빛과 따스함이 전달될 수 있습니다.

'자비의 문화'는 다른 사람들을 위한 물질적 도움에 국한되지 않습니다. 서로 자비롭게 대하는 일도 꼭 필요합니다. 바오로 사도는 이미 공동체 안에 파벌이 형성되는 모습을 보고 안타까워했습니다(1코린 1,10-17 참조). 그는 그리스도교 신자들이 성령의 인도에 따라 살기보다는 서로 물어뜯고 잡아먹으려 한다고 단호하게 비판했습니다(갈라 5,15 참조). 교부들도 신자들 간의 애정 없는 태도에 대해 좌시하지 않았습니다. 로마의 클레멘스 성인이 쓴 〈코린토인들에게 보낸 서간〉에 따르면, 그가 코린토 공동체의 분쟁을 조정하기 위해 노력했음을 알 수 있습니다. 나지안조의 그레고리오 성인은 교회 안에, 특히 성직자들 사이에 횡행하는 다툼과 애정 없는 태도를 격렬하고 단호하게 비판했습니다. "치욕이 지도자들 위로 쏟아졌습니다." "우리는 서로에게 달려들어 서로를 잡아먹으려 합니다."[32] 요한 크리소스토모 성인도 단호한 말로 질책했으며, 신자들 간의 애정 없는 태도는 부끄럽기만 하다고 말했습니다.[33] 오늘날의 독자는 이런 교부들의 글들을 읽으며 조금이나마 위안을 얻겠지요. '오늘날 교회에서 종종 보게 되는 가슴 아픈 일들이 전혀 새로운 것이 아니었구나. 옛 교회의 상황도 크게 다르지는 않았던 것 같아.'

'자비의 문화'는 무엇보다 '하느님의 자비'를 의식儀式을 통해 분명하게 기억하는 미사에서 구체화되어야 합니다. 이와 관련하여, 야고보 서간은 우리에게 분명한 가르침을 줍니다. "가령 여러분의 모임에 금가락지를 끼고 화려한 옷을 입은 사람이 들어오고, 또 누추한 옷을 입은 가난한 사람이 들어온다고 합시다. 여러분이 화려한 옷을 걸친 사람을 쳐다보고서는 '선생님은 여기 좋은 자리에 앉으십시오.' 하고, 가난한 사람에게는 '당신은 저기 서 있으시오.' 하거나 '내 발판 밑에 앉으시오.' 한다면, 여러분은 서로 차별하는 것이 아니겠습니까? 또 악한 생각을 가진 심판자가 된 것이 아니겠습니까? 나의 사랑하는 형제 여러분, 들으십시오. 하느님께서는 세상의 가난한 사람들을 골라 믿음의 부자가 되게 하시고, 당신을 사랑하는 이들에게 약속하신 나라의 상속자가 되게 하지 않으셨습니까? 그런데 여러분은 가난한 사람을 업신여겼습니다."(야고 2,2-6) 예수 그리스도는 사람을 차별하시지 않으므로, 그리스도인들도 사람을 차별해서는 안 된다고 야고보 사도는 두 번씩이나 강조합니다(야고 2,1.9 참조).

이와 관련하여 요한 크리소스토모 성인도 분명한 입장을 밝혔습니다. 훌륭한 주교이자 교부인 그의 말을 상세하게 인용하는 것이 우리에게 큰 도움이 될 듯합니다. "우리가 어린양을 먹고 늑대가 된다면, 또한 어린양을 먹고 금세 사자를 잡아먹기 시작한다면 …… 어떻게 우리의 정당함을 증명할 수 있겠습니까? 그 신비('성체성사의 신비'를 말한다. ─ 역자 주)는 우리가 약탈뿐만 아니라 적대 관계에서 완전히 벗어날 것을 요구합니다. 그 신비는 바로 평화의 신비입니다. 그 신비는 의롭지 못한 방법으로 부를 추구하는 것과 어울리지 않습니다. …… 그런 낭떠러지를 피합시다. 고아들과 과부들에게서 약탈한, 보석 박힌 금잔으로 제사를 지내면 구원을 받을 수 있다고 믿지 맙시다. …… 교회는 금은방이 아니라, 천사들의 찬미입니다. …… 최후의 만찬이 놓였던 식탁도 은으로 만든 것이 아니었고, 그리스도께서 제자들에게 당신의 피를 건네주셨던 잔도 금으로 만든 것이 아니었습니다. 그럼에도 모든 것이 소중하고 경외심을 불러일으켰습니다. 모든 것이 성령으로 가득 차 있었으니까요. 그리스도의 몸에 경의를 표하기를 원합니까? 그렇다면 그분이 헐벗은 것을 볼 때 그냥 지나치지 마십시오. 그분이 거리에서 벌거숭이로 추위에 떨며 죽어 갈 때 그분을 돌보지는 않으면서, 성당에서 비단옷을 두르고 있는 그분에게 경의를 표하는 것은 옳지 않습니다. '이는 내 몸이다.'라고 말씀하셨던 바로 그분이 말씀을 통하여 그 사실을 뒷받침하십니다. 그분은 '너희는 내가 굶주렸을 때 먹을 것을 주지 않았다.'라고 하시며, '너희가 이 가장 작은 이들 가운데 한 사람에게 해 주지 않은 것이 바로 나에게 해 주지 않은 것이다.'라고 말씀하셨습니다. 그러기 위해서는 비단 이불이 필요한 것이 아니라, 깨끗한 마음이 필요합니다. 그에 반해, 평화의 신비는 세심함을 필요로 합니다. …… 하느님은 금잔이 아니라, 아름다운 영혼을 필요로 하십니다."[34]

'자비의 문화'는 전례 때뿐만 아니라 교회 전체에서, 특히 교회를 대표하는 이들의 생활양식에서 분명하게 드러나야 합니다. 교회는, 예수 그리스도가 우리를 위하여 당신의 신적인 영광을 포기하시고, 당신 자신을 낮추시어 종처럼 가난한 모습을 취하셨다고 선포합니다(필리 2,6-8; 2코린 8,9 참조). 그러므로 교회가, 특히 성직자들이 부유함과 화려함을 누린다는 인상을 풍길 때, 교회는 우리를 위해 가난한 모습을 취하신 그리스도를 제대로 증언할 수 없습니다. 제2차 바티칸 공의회는 교회 헌장 〈인류의 빛Lumen Gentium〉에서 중요하지만 애석하게도 자주 인용되지는 않는, '가난한 교회'라는 이상에 관한 항項을 작성했습니다.[35] 앞 단락에 나오는 '교회의 제도적 구조'에 관한 내용은 매우 빈번하게 인용되는 반면, '가난한 교회'에 관한 내용은 크게 주목받고 있지 못합니다. 예수님을 따르는 일에서 교회가, 특히 성직자가 가난하지는 않더라도 소박하고 욕심 없는 삶을 살려고 노력할 때에만, 교회는 가난한 이들을 위하는 교회라 할 수 있습니다. 교회는 오늘날 봉건적 삶에서 벗어나야 합니다. 그런 까닭에, 제2차 바티칸 공의회는 교회가 지녔던 세속적 특권을 근본적으로 포기했습니다.[36] 전 세계에서 모인 주교 40명이 공의회 폐막을 2주 앞두고, 부富를 뜻하는 모든 특권을 포기하고 가난한 이들에 대한 봉사를 통해 가난한 교회가 될 것을 약속하는 〈카타콤 협정The Catacomb Pact〉을 맺었습니다.

2011년 9월 25일, 베네딕토 16세 교황이 독일 사목 방문을 마치며 프라이부르크에서 행한 강론은 크게 주목받으며 많은 논란을 불러일으켰습니다. 그 강론에서 교황은 제2차 바티칸 공의회에서 나온 위의 진술을 언급했습니다. 그는 교회의 '탈세속화Entweltlichung'를 이야기했지요. 물론 교회가 세상에서 물러나야 한다는 뜻은 아니었습니다. 그보다 교황은 요한 복음의 말씀을 인용하며, 교회가 세상 안에 있고 세상 안에서 사명을 띠고 있지만 세상에 속한 것은 아니므로, 세상의 척도에 따라서는 안 된다고 경고했습니다(요한 17,11.14 참조). 물론 교회가 자신의 사명에 충실하려면 세상에서 세속적 수단들과 제도적 기구들도 필요로 한다는 점에 이의를 제기할 사람은 없습니다. 그러나 수단은 수단으로 머물러야 하며, 은연중에 목적이 되어서는 안 됩니다. 따라서 제도적·관료적 관점이 영성적 삶에 도움이 되는 것이 아니라, 그 삶을 질식시키고 압박할 정도로 강력해져 모든 일을 좌우해서는 안 됩니다. 세속적 권력과 부에서 벗어나는 것만이 교회의 본래적 사명을 추구하는 데 필요한 교회의 새로운 자유라 할 수 있습니다.

19세기 초 무엇보다 약탈과 부당함으로 여겨졌고 실제로도 그랬던 '세속화'가, '영적 쇄신을 위한 출발점'으로 새롭게 인식되었습니다. 오늘날의 상황을 당시 상황과 동일시할 수는 없더라도, 적어도 독일에서는 교회가 지나치게 제도화되고 관료화된 데 따르는, 당시와 비슷한 세속화의 폐해가 눈에 띕니다. 교회의 제도화와 관료화는 실제로 교회가 세속화된 모습이며, 그를 통해 교회는 세속 기관과 구별 짓기 어렵게 되었고, 그런 기관들과 같은 태도를 보이게 되었습니다. 이로 인해 교회의 영적 속성이 퇴색되었지요. 소박하고 가난한 삶을 누리기 위해 본래 교회에 없던 구조들을 철거함으로써, 교회는 오늘날 다시 신뢰를 회복하고 미래를 위한 길을 열 수 있습니다.

우리가 그 길을 자발적으로 걷지 않는다면, 머지않아 외부의 압력에 의해 어쩔 수 없이 그 길을 걷게 될 것입니다. 지금도 이미 존재하지만 갈수록 더 심해질 경향으로, 교회가 우리 사회를 대변하는 대표성을 상실할수록, 다른 시대에 다른 여건에서 나온 교회의 특전들은 점차 유지되기 어려워지기 때문입니다. 교회가 지금까지 지녔던 사회적 모습은 오늘날 점차 사라지고 있으며, 그런 모습과의 이별은 새로운 시작을 의미합니다.[37]

5. 교회법상의 자비

'자비'라는 말은 개인적 삶의 영역에서뿐만 아니라, 교회의 제도적 영역에서도 잘못 이해되고 사용될 수 있습니다. '자비'를 마음 여린 관대함이나 자유방임적 입장과 혼동할 때, 그런 일은 도처에서 벌어집니다. 그런 혼동이 일어날 때에는 "최선最善을 상실하는 것이 최악最惡이다."라는 말을 유념해야 합니다. 또한 그런 경우에는 십자가 위에서 당신의 피로써 얻은 하느님의 소중한 은총을 값싼 것으로 만들 위험이 있습니다. 본회퍼 목사는 그런 위험성을 단도직입적으로 표현했지요. "값싼 은총은 죄인에 대한 변명이 아닌 죄에 대한 변명을 뜻합니다. …… 값싼 은총은 회개 없는 용서를 설교하는 것이고, 교리 교육 없는 세례와, 죄의 고백 없는 영성체, 사적인 고백 없는 사죄를 의미합니다." [38]

교회 규율을 광범위하게 소실消失한 것은 오늘날 교회의 나약한 모습들 가운데 하나며, 성경과 교회의 사목적 차원에서 '자비'가 의미하는 바를 잘못 이해한 결과라고 할 수 있습니다. 복음 정신에 따르는 교회 규율의 새로운 실행 없이, 구절에 연연하는 엄격한 규율 실행을 폐지한 결과, 법의 공백 상태가 초래되었고, 그로 인해 교회에 중대한 위기를 몰고 온 추문들만 양산했습니다. 최근에야 비로소 교회 안의 성폭력 문제와 관련하여 교회 규율의 필요성에 대해 다시 숙고하는 듯 보입니다.

그러므로 '자비'에 관한 복음과 관련하여, 교회 규율의 의미와 실행에 대해 새롭게 질문해 봐야 합니다. 우리는 교회 규율의 소실 근거를 결코 예수님이나 신약 성경에서 찾을 수 없습니다. 신약 성경에서 교회를 가리킬 때 가장 많이 쓰인 단어인 '에클레시아ἐκκλησία'는 본래부터 법적인 의미를 담고 있었습니다. 따라서 본래 '사랑의 교회'가 후대에 이르러 '법적인 교회'가 되었다는 주장은 입증되지 않습니다.[39] 마태오 복음에 따르면, 예수님은 베드로 사도에게 수위권을 주시면서, 그를 비롯한 모든 사도에게 묶고 풀 권한, 곧 교회 공동체에서 쫓아내거나 교회 공동체로 다시 받아들이는 권한을 주셨습니다. 그리고 이미 마태오 복음사가는 그 권한의 실행과 관련하여 명백한 규칙을 정했습니다(마태 16,19; 18,18 참조).[40]

이미 교회의 초창기에 공동체로부터 쫓겨나는 일이 있었습니다(사도 5,1-11; 19,19 참조). 신약 성경은 여러 구절에서, 하느님의 나라에서 제외되고 교회에서도 설 자리가 없는 죄들을 열거합니다. 바오로 사도는 간음 · 탐욕 · 약탈 · 우상 숭배 등이 그런 죄에 속한다고 말했습니다(1코린 6,9 참조).[41] 그는 근친상간한 사람을 주저 없이 공동체에서 쫓아냈습니다(1코린 5,3-4 참조). 다른 구절들에서 바오로 사도는 공동체 안에서 구별하고 식별하라고 경고합니다. "그들을 멀리하십시오."(로마 16,17 참조) "그런 자와는 상종도 하지 마십시오."(1코린 5,11 참조)[42] 바오로 사도는 자신의 제자 티모테오와 신자들에게 엄숙하게 권고했습니다. "말씀을 선포하십시오. 기회가 좋든지 나쁘든지 꾸준히 계속하십시오. 끈기를 다하여 사람들을 가르치면서, 타이르고 꾸짖고 격려하십시오."(2티모 4,2)

특히 영성체와 관련하여 성찰과 구별은 꼭 필요합니다(1코린 11,26-

34 참조). 성체성사는 교회의 가장 소중한 자산이므로, 그것을 값싼 물건인 양 소홀히 대해서는 안 됩니다. 다시 말해, 모두가 성체를 모실 자격을 갖췄다고 생각하여 구별 없이 모두에게 나눠 줘서는 안 됩니다. 바오로 사도는 매우 엄하게 말했지요. "부당하게 주님의 빵을 먹거나 그분의 잔을 마시는 자는 주님의 몸과 피에 죄를 짓게 됩니다. …… 주님의 몸을 분별없이 먹고 마시는 자는 자신에 대한 심판을 먹고 마시는 것입니다."(1코린 11,27.29) 이 말씀들을 문맥 안에서 읽으면, 가톨릭교회에 속해 있는지 여부가 성체를 모실 수 있는 유일한 구별 기준이 되지 않음을 알 수 있습니다. 물론 교회의 오랜 전통에서는 가톨릭 신자인지 여부를 영성체할 수 있는 기준으로 삼았지요. 가톨릭 신자라 할지라도, 자신의 삶이 그리스도의 죽음과 부활을 기념하는 성체성사에 합당한지 진지하게 성찰해야 합니다. 고대 교회의 참회 예절이 성체성사에서 제외되거나 다시 받아들이는 일과 밀접하게 관련되어 있던 사실에는 그만한 이유가 있었지요. 이러한 구별과 식별은 바로 교회의 거룩함과 관련된 일입니다.[43]

교회의 규율은 복음 정신에 따른 것이므로, 그것의 적용도 복음의 의미와 정신에 맞게 이뤄져야 합니다. 바오로 사도는 공동체에서 제외하는 벌이 교정矯正을 목적으로 한 것임을 분명히 밝혔습니다. 그런 벌은 죄인을 성찰과 회개로 이끌기 위한 것이지요. 바오로 사도는 죄인을 사탄에게 넘겨 '그 영이 주님의 날에 구원을 받게' 되기를 원했습니다(1코린 5,5 참조). 죄인이 뉘우치고 회개한다면, 공동체에는 다시 관대함이 넘실거릴 것입니다(2코린 2,5-11 참조). 그런 벌은 말하자면 '최근의 결산ultima ratio'으로 일시적인 것이며, '자비'에서 나온 단호한 최후의 수단입니다. '참회의 규율'에는 훈육하고 치료하는 기능이 있다고 말할 수 있습니다. '참회의 규율'은 궁극적으로 종말론적인 의미도 지니고 있습니다. '참회의 규율'은 최후 심판을 미리 체험하게 해 주며, 일시적인 벌을 통해 영원한 벌을 받지 않도록 보호해 줍니다. 그러므로 '참회의 규율'은 무자비한 엄격함이 아니라, 자비의 행위입니다.

이처럼 '교회의 훈육'을 입에는 쓰지만 치료에 꼭 필요한 약으로 이해하는 것은, 법 규정을 글자 그대로 지키자는 '율법주의Legalism'도 아니고, 어떤 개연성의 구실이라도 있으면 죄가 아니라고 주장하는 '이완주의Laxism'도 아닙니다. 그러한 이해는, 치유 기적의 관점에서 예수 그리스도를 의사요 구원자로 이해했던 전통에 따른 것입니다. 그러한 전통 안에서 우리는 의사였던 루카 복음사가나 고스마 성인, 다미아노 성인 등을 공경하며, 사목자들 특히 고해 사제들을 재판관이 아닌 영혼의 의사로 이해합니다.[44]

교회법과 교회의 규율을 영혼 치료의 수단으로 이해하는 경우, 교회법의 해석에 관한, 다시 말해 교회법 해석학의 근본적인 문제가 제기됩니다.[45] 그것은 광범위한 주제여서 당연히 우리의 맥락에서는 폭넓게 다룰 수 없으며, 교회법과 자비의 관계라는 관점에서만 새롭게 다룰 수 있습니다.

예수님은 바리사이들과의 논쟁을 통해, 복음 정신에 맞게 교회법을 적용하는 데 도움을 줄 결정적인 기준을 우리에게 제시하셨습니다. 본래의 인도주의적 의미에 어긋나는, '안식일 계명'의 해석에 반대하여 예수님은 다음과 같이 말씀하셨습니다. "안식일이 사람을 위하여 생긴 것이지, 사람이 안식일을 위하여 생긴 것은 아니다."(마르 2,27) "불행하여라, 너희 위선자 율법 학자들과 바리사이들아! 너희가 박하와 시라와 소회향은 십일조를 내면서, 의로움과 자비와 신의처럼 율법에서 더 중요한 것들은 무시하기 때문이다."(마태 23,23) 하지만 그런 말씀을 통해 예수님이 율법을 폐지하신 것은 아닙니다. 예수님은 율법과 예언서들을 폐지하러 오신 것이 아니라, 오히려 완성하러 오셨기 때문입니다(마태 5,17 참조). 예수님은 진리들의 서열에 따라, 다시 말해 '정의'와 '자비'라는 복음의 핵심 메시지에 비추어 율법을 해석하라고 경고하신 것이지요.

그런 의미에서 동방 정교회는 전통적으로 '오이코노미아 원칙'

(그리스어 '오이코노미아οἰκονομία'는 '관리'나 '하느님의 구원 질서'를 뜻한다. ─ 역자

⁽ᵏ⁾을 개발했습니다. 어떤 것도 보태거나 빼지 말고 진리를 분명하고 명확하게 말하라는 것입니다. 또한 진리를 정확ἀκρίβεια하게 해석해야 한다는 것이지요. 그리고 개별적인 경우 진리를 그것의 고유한 의도에 맞게 경제적으로, 다시 말해 '하느님의 전체 구원 질서 οἰκονομία'에 맞게 해석해야 한다는 것입니다.⁴⁶ 서방 가톨릭교회는 전통적으로 '오이코노미아 원칙'은 알지 못했지만, 그와 견줄 만한 '관용의 원칙'을 이야기했습니다. 이미 아리스토텔레스는 일반법이 매우 복잡한 개별 사안들을 충분하게 파악할 수 없다는 것을 알았지요. 따라서 '관용'이 그 틈새를 메워야 하며, '상위의 정의'인 관용이 개별 사안에 대해 객관적인 법 규범을 무효화할 것이 아니라, 오히려 법 규범을 현명한 방식으로 적용해야 한다고 했습니다. 다시 말해 개별 사안에서 법 규범을 실제로 의롭게 적용하여, 사실상 부당한 판결이 나오지 않게 해야 한다는 것이지요.⁴⁷ 토마스 아퀴나스 성인은 아리스토텔레스의 통찰을 성경에서 이야기하는 '자비'의 관점에서 바라보고 심화했습니다. 그는 하느님이 모든 사람을 각자가 처해 있는 고유한 상황 속에서 받아 주시므로, 어느 누구도 비슷한 많은 사안들 가운데 하나가 될 수 없다고 주장했습니다. 따라서 인간이 만든 법들은 대다수의 사안들에만 적용될 수 있는 것이며, 법의 일반적인 특성 때문에 매우 복잡한 개별 사안들을 모두 충족할 수는

없다고 했습니다. '관용'은 정의를 무시하는 것이 아니라, 오히려 '상위의 정의'라는 것이지요.[48]

'자비'는 '정의'를 무효화하는 것이 아니라, 정의를 이루고 정의를 넘어서는 것입니다.[49] 심지어 토마스 아퀴나스 성인은 "자비 없는 정의는 잔인이며, 정의 없는 자비는 소멸의 어머니입니다. 따라서 그 두 가지는 서로 연결되어 있어야 합니다."라고 말했습니다.[50] '자비'는 물적 재화를 의롭게 배분하는 일에만 관련된 것이 아닙니다. '자비'는 다른 사람을 그만의 고유한 존엄성에 비추어 정당하게 평가하는 것을 말합니다. '자비'는 물건이 아니라 사람과 관련된 정의입니다. '자비'는 '인간이 고유한 존엄성을 통해 자신을 드러내는 가치 안에서 서로를 만날' 방도를 찾습니다. 요한 바오로 2세 교황은 '자비'가 "인간을 자기 자신에게 돌려줄 수 있다."라고 했습니다. 또한 '자비'는 "어떤 의미로는, 정의의 가장 완벽한 육화"라고도 했지요.[51]

법적인 측면에서 보자면, '교회법적 공정公正'은 '관용'에 해당합니다. 전통적 정의에 따르면, '교회법적 공정'은 법 정의의 엄격함을 '자비'로 완화한 것입니다.[52] 전통적인 교회법 이론에 따르면 '정의'와 '자비'는 모두 의롭고 공정한 해결책을 얻기 위한 교회법의 구체적이고 실제적인 적용 기준이 됩니다. 그런 맥락에서 교회법전은 '영혼들의 구원은 교회에서 항상 최상의 법이어야 한다.'라는 말로 끝맺고

있습니다.[53]

베네딕토 16세 교황은 2012년 1월 21일 교황청 공소 법원에서 행한 연설에서 법 해석학의 문제에 관해 기본적이고 중요한 설명을 하던 중에, 자비의 해석학과 공정의 해석학, 오이코노미아의 해석학, 그리고 이른바 '법의 사목적 해석'에 대해 비판적 의견을 내놓았습니다.[54] 그러나 그의 설명은 겉으로만 그런 해석들을 반대한 것처럼 보였을 뿐입니다. 교황은, 법의 객관적 특성에 근거해 개별 사안에서 의로운 것이 무엇인지 결정하기보다는 인간적 숙고를 토대로 그런 결정을 내리려는 입장에 대해 비판한 것이기 때문입니다. 그는 그런 해석들을 통해 법 해석학은 의미를 잃게 되고, 법을 자의적으로 해석할 위험에 빠지게 된다고 했습니다. 그런 해석들에서는 객관적인 법이 아니라 상황이 기준이 되고, 따라서 법의 객관적 의미와는 반대로 법을 해석하는 주관적 자의恣意가 판을 칠 위험이 있기 때문이지요.

이렇게 이해된 '자비의 해석학'에 대한 비판은 물론 동의할 만합니다. 법의 객관적 의미에 반하는 주관적이고 자의적인 해석이나 상황 정의가 관건일 수는 없기 때문입니다. 오히려 주어진 상황에서 의롭고 정당한 해결책을 찾기 위해, 법의 객관적 의미를 복잡하고 구체적인 상황에 맞게 적용해야 합니다. 다시 말해 법을 자의적으로 새롭게 해석할 것이 아니라, 법의 객관적 의미를 사실과 상황에 맞게 적용해야 합니다. 그것은 '순수 이성'과 관련된 문제가 아니라, 일반적 원칙을 구체적 상황에 적용할 책임이 있는 '실천 이성' 또는 판단력과 관련된 문제입니다.[55] '실천 이성'은 특정한 상황에서 그와 관련된 법을 의미에 맞게 실제적으로 적용하는 일에 관여합니다. 소크라테스와 플라톤의 주지주의와는 달리, 아리스토텔레스에게 있어 '적용'은 순전히 논리적인 연역법도 아니고 순전히 긍정적인 포괄도 아닙니다. 오히려 구체적 적용을 통해 비로소 법의 객관적인 요구가 효력을 얻게 됩니다.[56]

토마스 아퀴나스 성인은, 일반 원칙을 구체적인 상황에 적용하는 것이 '슬기'라는 덕행과 관련된 일이라고 생각했습니다. 그는 '슬기'를 자의恣意 · 교활 · 약삭빠름 · 영리함 등과 혼동해서는 안 되며, '올바른 이성recta ratio agibilium'으로 이해해야 한다고 말했습니다.[57] '슬기'는 객관적 규범을 사실과 상황에 맞게 적용하는 일에 관여합니다. 그런데 그것은 인간의 판단 능력과 경험을 전제로 한다는 것입니다. 그래서 재판관은 법에 정통해야 할 뿐만 아니라, 인간사에 있어서도 경험이 풍부해야 한다고 했습니다.[58] 그의 학문을 '법 과학'이 아니라 '법철학'이라 부르는 것도 그런 이유에서입니다.

신학적으로 말하자면, 그것은 사랑으로 진리를 실행하는 일(에페

4,15 참조), 곧 사랑으로 의로움을 실천하는 일입니다. 따라서 교회의 재판관은 올바른 판단 능력을 지녀야 할 뿐만 아니라, 예수님을 본받아 의롭고 자비로운 재판관이 되어야 합니다. 교회의 재판관은 친절을 잘못 이해한 나머지 법의 객관적 의미를 상황에 따라 왜곡해서는 안 되며, 개별 상황에서 의롭고 공정한 해결책을 찾기 위해 법의 의미를 상황에 맞게 적용해야 합니다. 더 나아가 그리스도교적 '자비'의 차원에서 다른 사람의 상황에 공감하고 그런 상황에 처한 그를 이해하려고 노력해야 합니다.[59] 그럴 때 그는 단두대와 같은 역할을 하는 판결이 아니라 의로운 판결을 통해 '자비의 피난처'를 열어 주는, 다시 말해 선량한 의지를 지닌 이에게 새롭게 시작할 기회를 주는 판결을 내리게 될 것입니다. 그는 자비로운 재판관이신 예수 그리스도를 본받고,[60] 예수 그리스도의 온유와 관용ἐπικεία을 자신의 척도로 삼아야 합니다(2코린 10,1 참조).

교회법의 해석이 교회 안에서 이뤄져야 한다는 베네딕토 16세 교황의 요구는, 그러한 해석이 그리스도의 영 안에서, 그리스도교적 형제애 안에서 이뤄져야 한다는 것을 뜻하며, 또한 올바로 이해된 '자비'를 통해 줄어드는 것이 아니라 오히려 성취되고 그를 통해 우리 사회에 빛을 발하는 '정의의 영' 안에서 이뤄져야 한다는 것을 뜻합니다.

제8장
자비의 문화를 위하여

1. 현대 복지 국가의 중대성과 한계

　예수님은 제자들과 교회를 세상에 파견하셨습니다. 그러므로 교회는 '자비'에 관한 복음을 개인의 사적인 영역과 교회의 내부 영역에만 국한할 수는 없습니다. 비유적으로 말하자면, 교회는 제의실로 물러나서는 안 됩니다. 교회는 세상의 빛과 소금, 누룩이어야 하고 (마태 5,13-16; 13,33 참조), 세상의 삶에 적극 참여해야 합니다. 하지만 교회는 경제 정책과 사회 복지 정책의 기술적인 문제들에 대해 특별한 권한을 갖고 있지 않습니다. 경제 질서와 사회 질서에 관한 문제들은 사실에 따라 자율성을 지니는 것이 정당하기 때문에, 그런 문제들은 신학자들이 아니라 자격을 갖춘 평신도들이 다뤄야 합니다.[1]

경제 질서와 사회 질서에서 기술적인 문제들만 중요하다는 생각은 근본적으로 잘못된 것입니다. 그 질서들은 인간에 관한 것이고, 인간의 삶과 공동 생활의 형성 그리고 문화에 관한 것이며, 많은 경우 인간의 생존에 관한 것이기 때문입니다. 빵은 인간의 생존에 꼭 필요한 것이지만, 인간은 빵만으로 살지 않습니다. 인간은 그가 먹는 음식보다 더 나은 존재입니다. 인간은 다른 이들의 애정을 필요로 하며, 적어도 그들로부터 너그러운 대접을 받는 것에 의지합니다. 그런 까닭에 우리 사회에 만연한 사회 복지 비용을 절감하려는 시도는 인간의 손발을 자르고 인간을 축소시키는 행위에 해당합니다. 그런 일이 벌어진다면, 우리 사회는 영혼을 잃게 되어 무정하기 그지 없는 체제로 전락하고 말 것입니다.

그러므로 오늘날 우리가 겪고 있는 경제 및 재정 위기는 궁극적으로 인간학적이고 영적인 위기라 할 수 있습니다. 사람들은 가격에 관심을 보이며, 무엇이 적당한 가격의 제품인지 묻습니다. 그러나 그들은 무엇이 인간과 인간 사회에 소중한 것인지에 대해서는 묻지 않습니다. 그들이 인간적인 소중함과 인생의 가치에 대해 묻는 것을 잊지 않게 하려면, 교회는 경제 윤리와 사회 윤리의 근본적인 문제들에 관해 함께 이야기해야 합니다. 또한 교회 내적인 일과 관심사에만 머물 것이 아니라 사람들의 관심사와 우리 사회의 관심사에 개입해야 합니다.²

'정의'는 올바른 사회 질서를 이루는 데 근간이 되는 문제입니다. 고대 로마 제국의 정치인이자 저술가인 키케로Cicero(BC 106~BC 43년) 이후 '정의'를 '각자에게 속한 것을 각자에게 주는 것suum cuique'('각자에게 정당한 몫을 주는 것'을 의미한다. — 역자 주)이라고 정의합니다.³ 이미 아우구스티노 성인은 국가에서 '정의'가 차지하고 있는 비중을 뚜렷하게 밝혔습니다. "정의가 없는 나라와 도둑 떼 사이에 다른 점이 어디 있겠습니까? 도둑 떼 역시 작은 나라라고 할 수 있지 않을까요? 도둑 떼도 우두머리의 명령에 따르고, 약속을 통해 하나의 공동체를 이루며, 철석같은 합의에 따라 전리품을 나눠 갖는 사람들의 무리입니다."⁴

올바른 사회 질서를 유지하는 '정의'의 가치에 대해서는 기본적으로 모두가 동의하는 것과 반대로, '자비'의 가치에 대해서는 많은 사람이 이의를 제기합니다. 어떤 이들은 다음과 같이 비판합니다. "자비는 의심할 여지없는 그리스도교의 기본 덕행이다. 그러나 세속 사회의 강령에서는 찾아볼 수 없는 개념이다. 자비는 정의에 투신하는 일을 어렵게 만들며, 사회를 의롭게 만들려는 노력 없이 그저 사회적 안전망에 뚫린 구멍을 자선으로 메우게 하는 데 기여할 뿐이다. 자비는 사회 복지 체제를 근본적으로 개선하는 대신, 개별적이고 즉흥적인 도움을 통해 사회 복지 체제의 결함을 덮으려고 한다."[5] 콜카타의 마더 데레사 복녀와 가난한 이들 가운데서도 가장 가난한 이들을 위한 복녀의 모범적인 헌신도 그런 비판을 비껴가지 못했습니다.

자유주의적 경제학 이론의 창시자이며 영국의 정치·경제학자인 애덤 스미스Adam Smith(1723~1790년)는 전혀 다른 시각에서 위와 비슷한 비판을 내놓았습니다. 그는 당시 사회 문제들을 이웃 사랑이나 자선 행위를 통해 해결하려 하지 않고, 인간의 이윤 추구를 통해 해결하고자 했습니다. 그는 이타주의가 아닌 이기주의를 신뢰했으며, 시장의 '보이지 않는 손'이 사회 복지를 실현할 것으로 기대했습니다.[6] 그러나 초기 자본주의의 사회적 폐해에서 확인할 수 있듯이, 이러한 그의 생각은 상당히 순진한 것이었습니다.

독일의 정치·경제학자이자 무신론적 급진 자유주의자였던 마르크스는 그런 '예정 조화설'에 엄청난 조롱을 퍼부었습니다. 실제로 19세기의 초기 자본주의는 사회 복지 질서를 가져온 것이 아니라, 산업 노동자들을 끔찍한 가난으로 내몰았습니다. 애덤 스미스의 낙관론이 개인주의적이고 이기적인 인간관에서 출발한 것에 반해, 마르크스와 마르크스주의는 편협하고, 집단주의적이며, 각 개인이 지닌 양도할 수 없는 존엄성을 부인하고 실제로 그 존엄성을 짓밟으며 사정없이 무시하는 인간관에서 출발했습니다. 그는 동정과 자비를 쓸데없는 것으로 여겼지요.

자유주의나 마르크스주의는 편협하고 그릇된 인간관에서 비롯되었습니다. 이에 반해 오늘날 '복지 국가'라는 구상은 19세기 산업화 과정에서 발생한 대중의 빈곤 문제를 해결하기 위한 대응책으로 나왔습니다. 교회가 초창기부터 가난한 이들을 돌본 것과는 달리, 오늘날의 복지 국가는 지원을 통해 개인의 가난을 덜어 주는 일뿐만 아니라, 오늘날 사회적 폐해로 인식되는 집단적 가난을 해소하는 일에도 큰 관심을 기울입니다.[7] 사람들은 개인의 사명과 권리, 정의를 보장하고 국가 공동체 전반에 올바른 질서를 세우는 일이 개인 차원에서만 수행할 수 있는 일이 아니라, 사회 질서와 관련된 국가 정책을 필요로 한다는 것을 깨달았습니다. 그런 맥락에서, 모든 것을 시장 경제에 맡기지 말고 기본 질서의 형성과 유지를 국가가 책임져야 한다는 '사회적 시장 경제'라는 제도가 구상되었습니다.[8] 그런 기본 질서는 각 개인이 자신의 존엄성에 걸맞게 자유 의지에 따라 삶을 살며 사회 발전에 참여할 수 있도록 모든 사람에게 기회를 보장해야 합니다. 더 나아가 그런 기본 질서는 노화 · 질병 · 실직 · 사고와 같은 인생의 위기를 잘 넘길 수 있도록 돕고, 그를 통해 연대감이 제도화되도록 만들어야 합니다.

'사회적 시장 경제'라는 구상은 그 정당성을 입증했습니다. 그 구상은 사회적 삶의 질서를 위한 규정들을 기본적으로 존중합니다. 그런 규정들은 이미 성경에서도 언급한 것으로, 각 개인의 존엄성과, 일을 통해 세상 창조에 참여할 사명, 사유 재산에 대한 권리와 보호, 사유 재산을 통한 사회적 의무와 관련이 있습니다.[9] 그 구상은 인도주의적 관점이나 그리스도교적 관점으로 보아도 진보된 것으로 평가되며, 변화하는 사회 상황에 맞게 더욱 개선되리라 여겨집니다.

그럼에도 오늘날의 복지 국가 구상은 그 사이 여러 가지 이유와 여러 가지 관점에서 한계에 부딪힌 듯 보이며, 따라서 개선이 필요합니다.[10] 지금까지는 복지 체제를 위한 자금을 꾸준한 경제 성장률에서 조달했지만 이제는 어렵게 되었습니다. 인구 통계학상의 변화와 평균적으로 늘어난 기대 수명으로 인해 생산 연령 인구와 부양 인구의 비율이 크게 바뀌었기 때문입니다. 기술의 발달로 지금까지 사람 손으로 해 오던 일을 기계가 대신하게 되어 일자리가 줄어들고 실업자가 늘어난 것도 하나의 원인이라 할 수 있습니다. 특히 청년 실업자들과 장기 실업자들은 경제적인 어려움뿐만 아니라 자존감의 상실이라는 전인적인 어려움을 겪고 있기에 언제든 사회 불안 요소가 될 수 있습니다.

근본적인 원인은 오늘날 경제와 재정의 세계화 과정에 있습니다. 세계화로 인해 각 나라의 경제는 갈수록 자주적으로 행동하지 못하고 세계 경제에 더욱 의존하게 되었습니다. 그러한 경제적 세계화로 인해 안락한 복지 국가의 시대는 끝을 맞이했습니다.[11] 국가와 비슷한 역할을 하는 국제적 세무 기구가 거의 없고, 있어도 영향력이 매우 미미하기 때문에, 종종 아무런 규제도 받지 않는 시장과 자본의 자유로운 경쟁만이 중요해졌습니다. 그런 경쟁에서는 무엇보다 이익과 이자율을 따지기 때문에, 인간적인 가치들과 인간의 소중함이 아니라 경제 관련 자료들만 의미를 지닙니다. 따라서 그런 경쟁에서는 많은 사람들의 개인적 운명뿐만 아니라 전 인류의 운명도 위험에 처할 수 있습니다. 대다수의 사람들이 그런 경쟁의 충격과 그로 인한 위험에 무기력하게 노출되어 있습니다.

또 다른 원인으로, 북반구의 부유한 나라들과 남반구의 가난한 나라들 사이의 격차가, 다르게 말하면, 풍족한 삶을 누리는 부유한 지역과 특히 어린이를 비롯한 많은 사람들이 굶어 죽어 가는 빈곤 지역 사이의 격차가 점점 더 벌어지고 있다는 사실을 들 수 있습니다. 세상의 재화가 매우 불공정하게 분배되어 난민들의 이주 행렬이 끊이지 않게 되었고, 그로 인해 선진국들은 경제 체제와 사회 복지 체제에 과중한 부담을 안게 되었습니다. 그 결과, 선진국들도 위기에 놓이게 되었습니다. 불공정한 상황을 개선하고 세계 경제 질서를 조금이라도 의로운 모습으로 바꾸려는 노력은 지금까지 별다른 진전을 이루지 못했습니다. 우리에게 필요한 것은 '사회적 세계 시장 경제'이며, 그것은 국제적 관리를 전제로 합니다.[12] 현실적으로 볼 때, 국제적 관리는 기껏해야 여러 나라들이 합의를 통해 이룰 수 있는 것인데, 그것 또한 실현되기가 쉽지 않겠지요.

다른 한편으로, 지난 수십 년 동안 소비자들의 동향과 요구, 사회 복지에 대한 요구는 대부분 경제력과 세수稅收를 통해 채울 수 없을 정도로 커졌습니다. 우리는 적정 한도를 뛰어넘어 분수에 넘치는 생활을 했고, 사회 복지 체제에 불균형을 가져왔습니다. 국가들은 빚을 내야 했으며, 그 결과 오늘날 채무 초과와 재정 위기에 시달리게 되었습니다. 이로 인해 개인뿐만 아니라 국가와 지방 자치 단체에 새로운 가난이 찾아왔으며, 국가와 지방 자치 단체는 더 이상 재정 자립을 이루지 못하고 필수적인 사회 복지 사업에도 비용을 조달할 수 없게 되었습니다. 채무 초과 위기는 경제 체제와 사회 복지 체제의 기반을 뒤흔들 수 있습니다. 많은 국가들이 채무 초과 위기로 인해 부득이하게 사회 복지 사업을 축소했습니다. 그런데 복지 국가의 그런 구조 조정은 새로운 사회 문제를 야기할 수 있습니다. 그 밖에도 채무 초과는 이자 부담을 안깁니다. 그런 이자는 현 세대가 갚을 능력도 의지도 없기 때문에, 결국 후손에게 커다란 짐이 됩니다. 여기에서 세대 간 정의의 문제가 나오지요.

그 모든 것은 사람들에게 불안과 두려움을 가져왔습니다. 그들은 세계화와 그 안에서 명확히 드러난 신자본주의적 경향으로 인해 '복지 국가'라는 이상이 새롭게 도전받고 있음을 느낍니다. 신자본주의적 경향은 파렴치한 탐욕에 가득 찬 개인들이 아주 많은 사람들의 희생을 대가로 자신의 배를 채우는 현상을 가리킵니다. 그런 상황에서 교회의 사회 교리도 새로운 도전에 직면해 있다고 할 수 있습니다. 우리는 다음과 같이 질문해 볼 수 있겠지요.

"오늘날의 상황에서 가난한 이들을 돌보는 자비로운 사회를 만들기 위해 그리스도교 신자들이 할 수 있는 일은 무엇일까? 교회의 사회 교리는 어떻게 개선할 수 있고, 어떻게 개선해야 하는가? 오늘날의 상황에서 여전히 근본적으로 중요한 의미를 지닌 '정의'를 뛰어넘어 그리스도교의 '자비'가 그 가치를 새롭게 인정받을 수 있을까?"

2. 교회의 사회 교리의 속행

가톨릭교회는 19세기의 산업 혁명의 여파로 사회적 문제들과 수치스러운 부정不正이 대두된 이후 '사회 교리'를 가르쳐 왔습니다.

그러한 과정에서 교회는 특히 토마스 아퀴나스 성인이 아리스토텔레스의 사상을 받아들여 발전시킨 '정의론'을 근간으로 삼았습니다. 독일 마인츠 교구의 교구장이었던 케텔러Wilhelm Emmanuel von Ketteler(1811~1877년) 주교와 같은 선구자의 뒤를 이어, 레오 13세 교황이 1891년 〈노동 헌장〉이라고도 불리는 회칙 〈새로운 사태Rerum Novarum〉를 발표한 이후, 교황들은 가톨릭교회 사회 운동의 선두에 섰습니다. 그들은 사회적 불의를 맹렬히 비난하며, 현대적 복지 국가의 건설을 독려했습니다.[13]

가톨릭 사회 교리의 출발점이자 토대는, 교회가 이야기하는 '인간상'입니다. 구체적으로 말하면, 모든 사람이 지닌 절대적인 존엄성이지요. 인간의 존엄성은 사회가 준 것이 아니라 하느님께서 주신 것이기에, 인간이 마음대로 이용할 수 없으며 양도할 수도 없습니다. 인간의 존엄성은 모든 사람들에게 공통적으로 주어졌기 때문에, 그것은 모든 사람의 연대성도 포괄합니다. 다른 모든 이들과의 연대성 안에서 자유 의지에 따라 자신의 삶을 사는, 인간다운 삶을 살 권리는 각 사람이 지닌 존엄성에서 나옵니다. 그러므로 각 사람이 지닌 자유와 모든 사람이 공동체로서 갖는 자유가 가톨릭 사회 교리의 구성 원리라고 말할 수 있습니다. 가톨릭 사회 교리의 가장 중요한 자원은 토지 소유나 자본이 아니라, 인식 능력과 자발성 그리고 창조적 노동을 지닌 인간입니다.

교회는 인간의 자유, 그리고 인간의 사회적 연결과 책임이라는 두 가지 관점에서 출발하여 현대적 복지 국가를 건설하도록 독려했습니다. 그를 통해 교회는 자유주의적 자본주의뿐만 아니라, 모든 것을 국유화하는 공산주의 내지 이념적 사회주의와 경계를 분명히 했습니다. 교회의 사회 교리에 따르면, 무엇보다 각 사람은 자기 자신에 대해 책임을 져야 합니다. 그러기 위해서는 자기 자신에 대해 책임을 질 수 있는 실제적인 기회가 각 사람에게 주어져야 합니다.

그런 기본 원리를 통해 교회는 복음서에서, 예를 들면 산상 설교와 같은 가르침에서 어떤 구체적인 사회 구상이나 그리스도교의 사회 정책도 끄집어낼 수 없으며, 그러려고 하지도 않습니다. 제2차 바티칸 공의회는 가톨릭 국가의 구상과 같은, 일종의 그리스도교적 전체주의이기도 한 통합 주의[14]를 거부했으며, 다른 모든 세속적 문화 분야처럼 정책의 정당한 자율성을 대변했습니다.[15] 교회의 사회 교리는 추상적이고 연역적인, 완성된 학설이 아닙니다. 그보다는 뒤바뀌는 인간의 사회적 상황들을 그리스도교적 인간학의 관점에서 숙고하려고 노력합니다. 교회의 사회 교리는 인간에 대한 교회의 이해를 바탕으로, 산업화가 가져온 오늘날의 상황이 제기하는 도전들에 대해 해결책을 제시하려고 노력합니다.

경제에서는 결국 인간이 관건이기 때문에 정당한 자율성이 정치나 경제의 윤리적 중립성을 의미하는 것은 아닙니다. 국가는 권력과 그것의 획득, 성과나 경제적 유용성만을 선택할 것이 아니라, 인간의 존엄성과 기본 인권, 법과 정의, 내적·외적 평화와 같은 공동선을 지향해야 하며, 자유로운 경쟁이 가능하고 자유와 공동의 이익을 위해 필요하기도 한 올바른 기본 질서를 확립해야 합니다.[16]

그런 과정에서 '세대 간의 정의'는 오늘날 더욱 중요해지고 있습니다. 현 세대는 자신이 갚을 의지와 능력도 없는 공공 채무를 미래의 세대가 짊어지게 해서는 안 됩니다. 그 밖에도 우리는 자연과 자연 자원을 책임감 있게 다루어 후손이 인간답게 살 수 있는 자연 환경을 물려줄 수 있도록, 피조물들을 잘 보존해야 합니다. 그와 같은 환경 정의는 궁극적으로 그리스도교의 창조 신앙에 근거한, 피조물에 대한 경외심에 뿌리를 두고 있습니다. 피조물은 사용을 위해서뿐만 아니라 보존을 위해서도 모든 인간에게 맡겨진 것입니다.

레오 13세 교황 이후 여러 교황들은 개인의 존엄성과 개인의 사회성을 토대로, 상호 보완 관계에 있는 '보조성의 원리'와 '연대성의 원리'를 통해 정의를 실천하라고 가르쳤습니다.

'보조성의 원리'는 인격이 지닌 존엄성과 자기 책임을 존중합니다. 그러므로 사회적 도움은 자조自助, 곧 도움받는 사람이 스스로 일어서는 일에 도움이 되어야 합니다. 사회적 도움이 자기 책임 의식과 수행 의지를 꺾어서는 안 되며, 오히려 자기 책임 의식과 수행 의지에 기회를 제공해야 합니다. 그러므로 우리가 추구해야 할 이상은 모든 것을 규정하는 관료적 사회 복지 체제가 아닙니다. '보조성의 원리'는 무엇보다 가정을 비롯하여 지방 자치 단체나 민간단체와 같은 작은 공동체가 자신의 힘으로 할 수 있는 모든 일을 해야 한다는 것을 일깨우고 또한 그것을 할 수 있도록 돕는 것을 의미합니다. 국가와 같은 커다란 공동체는 작은 공동체가 더 이상 자신을 도울 수 없거나 근본적으로 과중한 부담을 안고 있을 때 비로소 지원을 하거나 조정해야 합니다. 국가의 개입은, 모든 책임을 떠맡고 모든 일을 중앙 집권적으로 조정하는 방식으로 이루어져서는 안 되며, 각 개인과 즉각적이고 개인적인 시민운동, 작은 공동체들이 책임 의식 속에 행동할 수 있도록 지원하고 독려하는 방식으로 이루어져야 합니다.

'연대성의 원리'는 인간이 사회적 존재라는 점을 중요하게 생각합니다. 연대감은 무엇보다 '인간에 대한 인간의 마음가짐'이라 할 수 있습니다. 연대감은 가족과 이웃, 친구, 지인 등 가까운 관계에서 시작됩니다. 따라서 '연대성의 원리'는 사회적 따뜻함을 의미합니다. 연대감은 더 나아가 국가 공동체 전체에 각인되어야 하고, 모든 국민이 협심해서 이룬 풍요를 적절한 방식으로 모두에게 배분하는 '제도화된 연대감'이라는 사회 전반의 의로운 질서를 이끌어 내야 합니다.

애석하게도 가까운 관계에서 '보조성의 원리'와 '연대성의 원리'는 대부분 잠식되었고, 중앙 집권적이고 관료적인 체제로 대체되었습니다. 그런 체제는 자조를 돕는 것이 아니라 의존적으로 만들고, 자유도 가져오지 못하며, 사회적 일치의 성장도 촉진하지 못합니다. 오늘날 사회 복지 체제가 수행 능력의 한계에 부딪힌 상황에서, 가톨릭 사회 교리의 토대를 다시 숙고해 보는 일은 도움이 될 것입니다. 그 과정에서 '자비'라는 그리스도교의 이상은 '복지 국가' 구상의 대안으로서가 아니라, 그 구상에 내재해 있으며 그 구상의 보완재로서 새로운 의미를 얻을 수 있을 것입니다.

실제로 교황들의 사회 회칙은 현실적으로 정의를 요구하는 일에만 머물지 않았습니다. 그들은 새로운 사회적 곤경과 도전들을 제때에 인식하기 위해서는 자비로운 시선이 필요하다는 점을 일깨우기 위해 노력했습니다. 그리고 그렇게 인식하게 된 곤경에 적극적으로 대처하고 그를 극복하기 위해서 필요한 추진력을 '사랑'이 제공한다는 점도 끊임없이 일깨우기 위해 노력했습니다.[17] 인권과 정의를 위해 온 힘을 다한 요한 바오로 2세 교황은 더 깊은 깨달음을 주었습니다. "과거와 우리 시대에 걸친 이 같은 경험으로 미루어 보아, 정의만으로는 충분하지 못하다는 사실이 입증됩니다. 인생의 제반 차원에서 사랑이라는 저력 깊은 힘이 인간생활을 형성해 나가도록 허용하지 않는다면, 정의라는 것이 곧 정의 자체를 부정하고 파괴하는 결과를 빚을 수 있다는 사실이 입증됩니다. 그래서 역사적 경험으로 '최고의 정의는 최고의 불의다Summum ius, summa iniuria.'라는 격언이 나오기까지 하는 것입니다."[18] 그런 까닭에 그는 바오로 6세 교황이 처음으로 말한 '사랑의 문화'라는 개념을 받아들여 깊이 사유했습니다. 베네딕토 16세 교황도 그 말을 자주 사용했습니다.[19]

베네딕토 16세 교황은 이미 자신의 첫 번째 회칙 〈하느님은 사랑이십니다Deus Caritas Est〉(2005년)에서 결정적인 진전을 이뤘는데, 그 진가는 아직도 제대로 인정받지 못하고 있습니다. 그는 정의가 아니라 사랑을 사회 교리의 조직 신학적 출발점으로 삼았습니다.[20] 순전히 사회 교리만을 다룬 자신의 세 번째 회칙 〈진리 안의 사랑Caritas in Veritate〉(2009년)에서 베네딕토 16세 교황은 사랑을 "교회의 사회 교리가 중심으로 삼는 원칙이자 핵심"이라고 일컬었습니다.[21] 그는 사랑이 가족과 친구들, 동아리와 같은 '작은 관계'에서뿐만 아니라 사회적·경제적·정치적 관계와 같은 '큰 관계'에서도 결정적인 원리가 된다고 생각했습니다. 그로써 베네딕토 16세 교황은 우리에게 길잡이가 되는 중요한 사상을 교회의 사회 교리 안에 도입했습니다.

물론 우리는 '사랑'이라는 말을 단순한 감상이나 감정으로 이해해서는 안 됩니다. 사랑은 하느님이 주신 인간의 본성에 깊이 자리하고 있는 것입니다. 다시 말해, 사랑은 존재론적 차원을 지니고 있습니다. 그리스도교의 신앙에 따르면, 생명은 우연의 산물이 아니라 선물이기 때문입니다. 우리는 사랑으로, 사랑을 위하여 창조되었습니다. 생명은 선물이라는 특성을 지니기 때문에, 우리는 다른 사람들이 자유로이 거저 베푸는 사랑으로 살아갑니다. 여기서 말하는 사랑은 대단한 사랑이 아니라, 존중하는 마음을 드러내는 작은 표시들을 뜻합니다. 시간을 내주고 이해해 주는 것도 그런 사랑에 해당하지요.

사회 교리의 원리로서 사랑이 물론 정의를 대신하지는 않습니다. 오히려 정의는 최소한의 사랑이고, 사랑은 최대한의 정의라 할 수 있습니다. 사랑은 정의에 뒤처진 것이 아니라, 정의를 넘어서는 것입니다. 그러므로 사랑은 정의의 첨가물이나 부속물이 아닙니다. 인격체로서 사람은 물질적 재화뿐만 아니라 사랑이라는 선물에도 의존하기 때문입니다. 사랑은 법적인 요구 사항을 무상으로 넉넉히 채워 줄 뿐만 아니라 다른 인격체에 대한 정의의 적합한 형태라 할 수 있습니다. 그런 맥락에서 베네딕토 16세 교황은 "선물의 논리"에 관해 이야기했습니다.[22]

그를 통해 베네딕토 16세 교황은 순수 교환 정의에 대한 현대적 비판을 받아들였고, 프랑스의 철학자들인 리쾨르와 마리옹의 기본 사상을 인용했습니다.[23] 회칙 〈하느님은 사랑이십니다〉에서, 베네딕토 16세 교황은 완숙한 사상을 드러냈으며, 가톨릭 사회 교리를 발전시켰습니다. 이 회칙이 우리에게 던지는 질문은 "그런 원리들을 깊이 생각하면 어떤 현실적 결과가 생기는가?"라는 것입니다. 지금부터는 그 문제에 관해 살펴보겠습니다.

3. 정치적 관점에서 바라본 사랑과 자비

위에서 언급한 내용에서 극도로 복잡한 사회적·경제적 삶의 영역에 두루 영향을 미치는 구체적인 결론들을 이끌어 내려 한다면, 그것은 저의 능력을 벗어나는 일입니다. 따라서 저는 몇 가지 사항만 이야기하고자 합니다.

사회 교리의 원리인 '사랑'에서는 먼저 부정적 규정들이 나옵니다. 그 규정들은, 사랑과는 모순적 대립 관계에 있기 때문에 금지된 행동들을 언급합니다. 무엇보다 살인이 거기에 해당합니다. 그 규정들은 살인과 종족 말살, 낙태, 종종 '적극적인 안락사'라고 불리기도 하는 자살 방조도 금지합니다. 또한 그런 규정들은, 다른 사람의 자유를 빼앗는 행위·다른 사람을 노예로 삼는 일·다른 사람의 신체를 훼

손하는 일 · 고문 · 강탈 · 중대한 불의 · 억압 · 성폭력과 성추행 · 외국인에 대한 증오 · 온갖 종류의 차별 대우 · 거짓말 · 중상 · 허위 선전 · 다른 사람의 신체와 삶, 명예에 심각한 손상을 입히거나 다른 사람들을 의도적으로 속이는 광고 등도 금하고 있습니다. 특히 슬픈 일로는 마약 거래와 무기 거래를 꼽을 수 있습니다. 무기 거래를 통해서 엄청난 돈을 벌 수 있겠지만, 무기는 사람을 죽이고 문화재와 물적 재화를 파괴하는 것 이외에는 아무 짝에도 쓸모없는 것이지요.

가장 어려운 문제는 전쟁과 관련된 일입니다. 모든 전쟁에는 살생과 파괴, 전쟁과 무관한 사람들이 받는 고통이 뒤따릅니다. 따라서 전쟁은 하느님의 뜻에 어긋난 행위이며, 사랑과 반대되는 행위입니다. 그러므로 '이웃 사랑'의 계명, 특히 '원수 사랑'과 '폭력 포기'의 계명과 관련하여 그리스도교 신자들이 전쟁 행위에 적극적으로 참여할 수 있는지에 관한 여부와, 참여할 수 있다면 어떤 방식으로 참여해야 하는지에 관한 질문은 중요합니다.[24] 초대 교회의 신자들은 자신을 위해 전쟁 참여를 거부했습니다. 오늘날에도 보헤미아 형제단 사람들이나 퀘이커 교도들, 재세례파 교도들과 같이 이른바 '평화 교회'라고 불리는 자유 교회의 신자들은 전쟁 참여를 거부합니다. 역설적으로 들리겠지만, 폭력과 억압에 대처할 다른 모든 수단이 소용이 없을 때에 한해, 자국이나 외국의 무죄한 이들, 특히 여성과 어린이의 기본 인권을, 적절성을 유지하는 가운데 수호하는 일은 '이웃 사랑'의 행위이며, 경우에 따라서는 '이웃 사랑'의 의무이기도 합니다.

아우구스티노 성인이 토대를 마련하고 토마스 아퀴나스 성인이 발전시킨, '의로운 전쟁' 또는 더 적절하게 표현해서 '정당한 전쟁'에 관한 학설은 윤리적 절충을 보여 주고 있습니다. 평화가 없고 종종 악하기도 한 세상에서 평화를 위해 악을 진압하는 일은 필요한 것이기도 합니다. 그런 의미에서 평화 수호라는 목적을 지닌 전쟁은, 다른 모든 수단이 소용이 없을 때, 그리고 그것이 인간의 기본 자산을 수호하는 데 기여하는 경우, 또한 목적에 적합한 도구들에 한하여 폭력을 사용할 때에만, 다시 말해 잔인함이나 복수 행위와 같은 것들을 포기할 때에만, 그리고 제한적인 전쟁 행위를 통해 상황이 호전될 것이라는 곧 평화를 이룰 수 있을 것이라는 근거 있는 희망이 있을 때에만, 최후의 수단으로 정당화될 수 있습니다. 최후의 수단으로서 적절성을 유지하는 가운데 군사적 도구들을 동원한 인도주의적 개입은 유효합니다.

오늘날 우리는 현대적 무기 체제, 특히 가공할 만한 파괴력을 지닌 핵무기의 개발로 새로운 국면을 맞이했습니다. 문제는 그러한 무기들로 정당화할 수 있는 전쟁이라는 조건들을 채울 수 있는지에 대한 여부에 있습니다. 그와 관련된 어렵고 복잡한 개별 문제들을 다룰 수는 없지만, 어쨌든 도시 전체나 광범위한 지역과 그 주민들에게 무차별 파괴를 진행하는 모든 전쟁 행위는 전적으로 비난받고 배척되어야 한다는 의견을 분명히 밝히고자 합니다.[25]

설령 정당한 전쟁이라 할지라도 목적은 전쟁에 있지 않고 평화에 있으므로, 오늘날 사람들은 '정당한 전쟁'보다는 '정당한 평화'에 대해 이야기합니다. 평화는 총칼이나 탱크 위에 세울 수 있는 것이 아닙니다. '평화는 정의의 업적Opus iustitiae pax'(이사 32,17 참조)입니다. 그런 의미에서 오늘날 사람들은 '전쟁 윤리'가 아닌 '평화 윤리'를 마련하고자 애씁니다. 평화 윤리의 목적은 개별 전쟁을 막는 것뿐만 아니라 전쟁 자체를 구조적으로 불가능하게 만들기 위해 모든 노력을 기울이는 데 있습니다. 베네딕토 15세 교황 이후 교황들은 그런 평화 정책을 마련하기 위해 끊임없이 노력했습니다.[26] 제2차 바티칸 공의회는 그런 생각을 받아들였습니다. "여러 나라가 합의하여 어떠한 전쟁이든 완전히 금지할 수 있는 시대를 온 힘을 다해 준비하여야 한다는 것은 분명하다."[27] 그런 생각은 부정 척결과 저개발국 원조(바오로 6세 교황은 "개발은 평화의 새로운 이름"이라고 말했습니다.), 기본 인권의 보호와 관철을 위한 노력, 소수 민족의 보호와 그들의 권리를 위한 노력, 정당한 이익의 조정을 위한 적법한 소송 절차, 종교 상호 간과 문화 상호 간의 대화, 잠재적 침략자에 대한 제재 등과 같은 선제적 평화 정책을 가져왔습니다. 그를 위해서는 국제적 공권력이 필요한데, 그런 국제적 공권력으로는 오늘날 '국제 연합UN'이 유일하다고 할 수 있습니다.

그런 노력들은 예수님의 계명을 따르는 중요한 발걸음이라 할 수 있습니다. 사랑과 자비는 그런 과정에서 의로우며, 모든 참여자들이 받아들일 수 있는 질서를 가능한 한 비폭력적인 방식으로 이룩하기 위해 창의성을 발휘할 수 있는 요소입니다. 그런 일은 정치가 수행해야 할 과제만은 아닙니다. 그리스도교 신자 각자와 신자 단체 그리고 그리스도교의 사회 운동은 정치적 위임이 없어도 대화와 화해의 노력, 평화를 위한 자원봉사, 저개발국 개발을 위한 자원봉사를 통해 세상의 평화에 효과적으로 기여함으로써 자신이 '평화를 이루는 사람들'임을 드러낼 수 있고 또한 드러내야 합니다.

4. 영감과 자극의 원천인 사랑과 자비

사랑은 근본적으로 부도덕한 행위나 마음가짐을 배제하지만, 경제적이고 정치적인 행동을 위한 '널리 구속력 있으며 구체적이고 상세한 종종 기술적인 규범'('법'을 의미한다. — 역자 주)의 기준이 될 수는 없습니다. 그럼에도 불구하고 사랑은 분쟁을 조정하는 생각이며, 구체적인 해결책을 찾고 그 해결책을 실천하기 위한 자극과 영감의 원천이라는 점은 분명합니다. 제2차 바티칸 공의회는 "빛과 힘"에 관해 이야기했습니다.[28] 사랑은 자비와 정의를 실천하게 해 주고, 자비와 정의의 문화를 볼 수 있게 해 주며, 그것들을 보는 눈을 뜨게 해 주는, 그것들을 위한 원동력이라고 말할 수도 있습니다. 사랑은 정의를 실천하게 하는 힘입니다.[29] 그런 의미에서 사랑은 오늘날 위태로운 상황 속에서도 현대적 복지 국가를 계속 발전시켜 나가는 데 중대한 기여를 할 수 있습니다.

첫 번째 관점에서 시작해 봅시다. '사회적 안전망'이 아무리 빈곤을 막아 내더라도, 법의 보호를 받지 못하는 사람은 늘 있기 마련입니다. 국가와 지방 자치 단체의 복지 지원은 '관청이 파악한 빈곤 사례'에만 연결되어 있을 뿐입니다. 거기에 빈곤은 매우 다양한 모습을 지니고 있으며, 끊임없이 새로운 모습을 보인다는 점도 보태집니다. 그러므로 아무리 주도면밀하게 만든 사회 복지 체제라도 구멍이 있기 마련이고, 앞으로도 그런 구멍은 메워지지 않을 것입니다. 모든 빈곤을 행정적으로 해결하려는 사람은 더디기만 한 관리 체제를 갖춰야 할 테고, 그런 체제는 각 사례에 제대로 대처할 수 없기 때문에 결국 지나친 규정들로 인한 부담만 느끼게 될 것입니다. 결국 규정의 홍수 속에서 숨이 막힐 테고, 빈곤에 시달리는 사람들은 익명의 관리 체제로 넘겨져 하나의 번호로 매겨지고 하나의 사례로 전락하고 말 것입니다. 그런 관리 체제는 어느 정도 유용하기는 해도 사람에게 알맞은 것은 아닙니다.

베네딕토 16세 교황은 회칙 〈하느님은 사랑이십니다〉에서 다음과 같이 기술했습니다. "사랑Caritas은 언제나 필요하며, 가장 정의로운 사회에서도 필요한 것입니다. 사랑의 봉사가 필요 없을 만큼 정의로운 국가 질서는 없습니다. 사랑을 제거하고자 하는 사람은 누구나 인간도 그렇게 제거할 수 있습니다. 위로와 도움을 찾는 고통은 어디에나 있기 마련입니다. 외로움도 어디에나 있습니다. 구체적인 이웃 사랑의 형태를 통한 도움, 곧 물질적 도움이 필요한 상황도 어디에나 있습니다. 모든 것을 제공해 주겠다고 모든 것을 자신에게 끌어들이는 국가는 결국 고통받는 사람, 곧 모든 사람이 필요로 하는 인격적인 사랑의 관심을 제공해 줄 수 없는 관료 체제가 되고 말 것입니다. 우리에게는 모든 것을 규제하고 통제하는 국가가 필요한 것이 아니라, 보조성의 원칙에 따라 다양한 사회 세력의 활동을 관대하게 인정하고 지원하는 국가가 필요합니다. 그러한 활동으로 사람들은 자발적으로 더 가까이 다가가 가난한 이들을 도와줄 수 있습니다. 교회는 그러한 활기찬 세력들 가운데 하나입니다. 교회는 그리스도의 성령께서 불러일으키시는 사랑으로 살아갑니다. 이 사랑은 여기에서 사람들에게 물질적인 도움을 줄 뿐만 아니라, 흔히 물질적 지원보다 훨씬 더 필요한 도움으로 영혼을 돌보고 그 힘을 북돋아 줍니다. 결국, 정의로운 사회 구조가 사랑의 활동을 필요 없게 만들 것이라는 주장의 이면에는 물질주의적인 인간관, 곧 사람이 '빵만으로'(마태 4,4; 신명 8,3 참조) 살 수 있다는 교만한 생각이 숨어 있습니다. 이러한 주장은 인간의 가치를 떨어뜨리고 궁극적으로는 인간의 고유한 모든 속성을 무시하는 것입니다."[30]

두 번째 관점에 대해 이야기해 보겠습니다. 세상은 완성된 것이 아닙니다. 세상에는 가난과 곤경, 위기가 늘 새롭게 등장합니다. 우리에게 자비가 없다면, 우리는 새로운 곤경을 알아보기가 어렵습니다. 느닷없이 새롭게 나타난 곤경을 알아보고, 그 곤경에 관심을 갖고 마음을 쓰며, 능력껏 도움을 펼치는 사람들이 필요합니다. 자비가 없다면, 사회 복지법의 개선을 위한 토대도 사라지고 맙니다. 그러므로 우리 사회는, 사회 복지 체제가 전체적으로 제 기능을 발휘한다 하더라도 자비 없이는 유지될 수 없습니다. 독일의 철학자이자 사회학자인 하버마스는, 특히 오늘날 우리가 직면한 엄청난 문제들과 관련하여 종교적 토대가 없다면 의로운 세상을 위해 온 힘을 다하는 활기도 없게 될 것이라고 말했습니다.[31] 그러므로 자비를 사회 정의를 쇄신하고 촉발하는 원천이라 말할 수 있다는 것이지요.

구체적인 예로 망명과 이주에 관한 문제를 들 수 있습니다. 두 가지 모두 '시대의 징표'이지요. 박해받는 사람들의 망명은 인권 문제에 속합니다. "너희는 내가 나그네였을 때에 따뜻이 맞아들였다."(마태 25,35 참조) 또는 "따뜻이 맞아들이지 않았다."(마태 25,43)라는 예수님의 말씀은 그 문제와 관련이 있습니다. 우리는 법치 국가로 자처하는 많은 나라의 망명 정책이 위의 말씀에 비추어 볼 때 문제가 있는 차원을 뛰어넘어 파렴치한 것은 아닌지 진지하게 물을 필요가 있습니다. 이주 문제는 그보다 더 심각합니다. 이주를 무한정 허용한다는 것은 물론 불가능한 일이지요. 그런 일은 우리 사회를 전체적으로 마비시킬 것이고, 그로 인해 우리 사회는 더 이상 피난처 역할을 하지 못하게 될 것입니다. 이 문제에는 정치가 조정자 역할을 해야 합니다. 문제는 정치가 어떻게 그 일을 수행하는가에 있습니다. 외국인을 받아들이는 것은 구약 성경과 신약 성경, 그리고 교회 전통에서 높이 평가하고 있는 '손님 환대'(마태 25,38.40 참조)와 관련된 일입니다. 우리는 유럽의 여러 나라들이 가난과 굶주림, 박해, 차별 대우로 인해 고향을 떠나 우리에게 오는 이들을 대하는 태도를 두고, 파렴치하다고 말해야 합니다. 그처럼 세계적인 이주 문제는 우리에게 새로운 물음이 되고, 교회의 사회 교리에는 새로운 도전이 됩니다.

세 번째 관점으로, 1인당 국민 소득의 수치로는 충족 정도를 표시하지 못하는 인간의 기본 욕구와 관련된 빈곤과 가난의 형태가 있다는 사실을 들 수 있습니다. 정신적인 가난과 곤경, 대인 관계의 부족·외로움·고립 같은 사회적 가난, 교육 기회의 부족·사회생활과 문화생활에 적극적으로 참여할 기회의 부족과 같은 문화적 가난, 내적인 공허감 등 인생의 의미와 방향을 상실함으로써 영적인 방임 상태에까지 이르는 영적인 가난을 예로 들 수 있습니다.[32] 그것들은 부유한 선진 사회에도 널리 퍼져 있는 빈곤이며, 아무리 훌륭한 사회 복지 체제라도 그것들에는 제한적인 도움만 줄 수 있을 뿐입니다. 그런 상황에서는 대부분 인격적인 관심과 관계만이 도움이 될 수 있습니다. 우정과 공동체, 연대감, 자비가 없다면, 인간다운 삶과 인간을 존중하는 사회는 이룰 수 없습니다.

네 번째 관점으로, '복지 국가'만 내세우면 '자비'를 경제 사업으로 만들 위험에 빠질 수 있다는 사실을 들 수 있습니다. 사회 사업이 상업화되면서 어떤 이들은 심지어 돈벌이를 목적으로 그 사업을 합니다. 그런 사실은 오늘날의 의료 기관이 갈수록 경제적 기준에 따라 조직되고 경제적 이윤을 추구하는 대기업이 되어 가는 모습에서 확인할 수 있습니다. 노인을 돌보는 일에서도 상황은 크게 다르지 않습니다. 노인들을 씻기고 먹이는 데에만 초점을 둔 돌봄은 그들의 인간적인 욕구들을 충족시키지 못합니다. 경제를 우선시하는 상업화된 복지 국가에서는 따뜻함을 느낄 수 없어, 쓸쓸하고 외로운 눈물과 오래된 사적인 문제들을 털어놓을 여지를 찾지 못하게 됩니다. 그런 복지 국가는 여러모로 안락함을 제공하지만, 사람들이 가장 많이 필요로 하는 것, 곧 경청하고 공감하며 동정심을 표하는 사람들은 제공할 수 없습니다. 그런 '공감'이, 단어의 본래적 의미대로 말하자면 '고통과 기쁨을 함께 나누는 태도'가 없다면, 세상에서 따뜻함을 느낄 수 없어 우리의 삶은 힘겨워질 것입니다. 관심과 자비는 우리가 조직할 수 있는 것도 아니고, 국가가 조정할 수 있는 것도 아닙니다. 우리는 그것들에서 어떤 보편적인 이념도 만들어 낼 수 없습니다. 관심과 자비는 인격적인 것이므로, 우리는 그것들을 갖도록 자극하고 격려할 수 있을 뿐입니다.

마지막 관점으로, 사랑과 자비는 무엇보다 가까운 관계에 자리 잡고 있음을 이야기할 수 있습니다. 사랑과 자비는 한 민족 안에서 그리고 민족들 사이에서 공동생활을 위한 기본 조건이 됩니다. 제2차 세계 대전이라는 만행 이후 물질적인 복구 작업보다 더 절실히 필요했던 것은 유대인을 비롯하여 프랑스인, 폴란드인과 독일인이 진정으로 화해하는 것이었습니다. 그러한 화해는 사고의 전환, 곧 회개와 용서를 전제로 합니다. 요한 바오로 2세 교황은 그에 관해 다음과 같이 기술했습니다. "용서가 배제된 세계는 냉혹한 정의의 세계

일 것이며, 거기에서는 인간 개개인이 정의의 이름으로 타인들에 대해서 자신의 권리를 주장할 것입니다. 인간 마음속에 도사리고 있는 갖가지 이기심이 인생과 인간 사회를 강자가 약자를 지배하는 체제로 변모시킬 것이고, 한 집단과 다른 집단 사이에 영구적인 투쟁이 벌어지는 격투장으로 변질시킬 것입니다."[33]

그러므로 바오로 6세 교황이 처음 말했으며, 요한 바오로 2세 교황과 베네딕토 16세 교황이 계승하여 수시로 이야기한, 정의의 문화를 넘어서 "사랑의 문화"를 건설하려는 노력이 필요합니다.[34] 사랑의 문화가 건설되는 곳에서, 교회와 교회 단체들은 사회와 사회 복지 제도를 인간답게 만드는 일에, 그리고 우리의 복지 국가에 혼을 불어넣는 일에 기여할 수 있을 것입니다.

5. 자비의 활동들이 지닌 사회적 의미

지금까지 이야기한 것들을 구체화하기 위하여 앞서 말한 '자비의 육체적 활동들'과 '자비의 영적인 활동들'을 기억해 봅시다.[35] 그것들은 정치와 사회 복지 분야에도 자극과 영감을 불러일으킬 수 있습니다. 자비의 활동을 우리 사회의 중요한 복지 과제 및 도전과 연관 짓고, 그를 통해 오늘날 우리의 상황에서 자비에 관한 교회의 복음이 무엇을 의미하는지 인식하는 것은 어려운 일이 아닙니다. 오늘날 자비에 관한 복음보다 더 중요한 복음은 없습니다.[36]

자비의 육체적 활동들에 관해, 우리는 앞서 언급한 가난의 네 가지 차원과 개인적 가난과 구조적 가난, 그리고 매일같이 어린이들을 비롯한 수많은 사람들이 영양실조와 수백만의 사람들이 오염되지 않은 식수 부족으로 죽어 가고 있다는 사실을 떠올릴 수 있습니다. 또한 우리 시대의 징표요 도전인 난민 문제, 다시 말해 고국에서 빈곤에 시달리다 우리에게 수용을 요청하는 외국인들을 받아들이는 과제도 생각할 수 있겠지요. 같은 맥락에서 갈수록 커져 가는 외국인에 대한 두려움과 적대감에 맞서야 하는 과제도 생각할 수 있습니다. 그리고 전 세계의 수많은 대도시에 있는 노숙자와 부랑아 문제도 떠올릴 수 있습니다. 병든 이들을 돌보라는 요구는 오늘날 의료 기관의 경제 최우선 정책 및 그를 통한 익명화 과정과 연관 지어 볼 수 있고, 감옥에 갇힌 이들을 방문하라는 요구는 형 집행 방식을 보다 인간답게 만드는 과제와 연결 지을 수 있습니다.

자비의 영적인 활동들도 현실적으로 생각해 볼 수 있습니다. 다른 사람들을 가르치라는 요구는 사회적 신분 상승의 기회를 가로막는 교육 및 훈육의 기회가 부족한 것과 연관 지을 수 있고, 위로하라는 요구는 유가족을 돌보라는 뜻으로 이해할 수 있습니다. 의심을 품은 이들에게 조언하라는 요구는 상담 직무의 과제로 이해할 수 있는데, 오늘날 많은 사람들이 복잡한 삶에 지치고, 일반적·공통적 기준이 거의 사라진 상황에서 더 중요성을 띤다고 할 수 있습니다. 죄인들을 훈계하라는 요구는 무엇보다 불의不義의 구조를 일깨우고 구조적인 불의도 폭로하라는 뜻으로, 불쾌한 일을 참으라는 요구는 오늘날 다원화된 사회에서 관용을 베풀라는 의미로 이해할 수 있습니다. 끝으로 용서하라는 요구에서는, 평화를 위한 사업들과 화해가 지닌 정치적 의미를 떠올릴 수 있습니다.

교회가 사회 안에서 그런 일들을 수행하려면 인적 수단이 필요합니다. 하지만 교회가 커다란 행정 기구를 조직해 막대한 권한을 행사할 필요는 없습니다. 교회는 세속적 특권에 의존하지 않으며 스스로 그런 특권들을 포기했지요.[37] 교회는 세상에서 살며 활동해야 하지만 세상에 속하지는 않으며(요한 17,11.14 참조), 따라서 세상의 방식과 기준대로 행동해서는 안 됩니다. 우리는 요한 보스코 성인(1815~1888년)의 생애에서, 그가 자기 사업의 대부분을 아주 적은 것만 갖거나 아예 아무것도 갖지 않은 채 시작했으며, 결국 하느님의 섭리에 대한 신뢰가 한 번도 그를 저버린 적이 없었다는 사실을 확인합니다. 교회는 열정적인 자원봉사자들을 다른 어떤 기관보다 더 많이 활용할 수 있고, 또한 더 많이 활용해야 합니다. 교회는 '가난한 이들을 위한 가난한 교회'로서 정신적으로도 가난한 이 시대에 그만큼 더 도덕적인 권위와 새로운 선교적 설득력과 영향력을 보여 줄 수 있습니다.[38] 하느님의 나라는 아주 작지만 커다란 나무로 자라는 겨자씨의 모습으로 옵니다(마태 13,31-32 참조). 하느님의 나라는 밀가루 서 말을 온통 부풀리는 한 줌의 누룩과도 같습니다(마태 13,33 참조). 교회도 작지만 창의적인 소수 집단으로서 도덕적·정신적·영적인 영향력을 크게 발휘할 수 있습니다.[39]

6. 자비와 하느님에 관한 질문

구체적인 문제들은 많은 사람들에게는 목숨과 관련될 만큼 중요합니다. 그럼에도 복잡하고 구체적인 문제들에서 신학이 사라지면 안 됩니다. 신학은 하느님에 관한 이야기이고, 그런 이야기로 머물러야 합니다. 신학은 오늘날 우리가 직면한 구체적인 문제들에서 근본적인 질문들과 궁극적으로 하느님에 관한 질문들이 어떻게 제기되는지 보여 줘야 합니다. 그 점을 다른 관점에서도 이야기할 수 있지요. 우리가 직면한 문제들에 관해서 우리 마음을 불편하게 하는 것은 하느님이고, 그분의 정의이며, 그분의 자비입니다. 이제부터 그 점에 관해 살펴볼까 합니다.

저는 앞서 가톨릭 사회 교리의 구성 원리가 인간의 양도할 수 없는 존엄성과 자유라고 말했습니다. 그것을 통해 교회의 사회 교리는 우리 시대의 문제에서 출발하여, 각 개인의 삶에 구체적으로 적용할 수 있습니다. 하지만 각 개인의 삶에 구체적으로 적용하는 것은 자기중심적인 태도와는 전혀 다릅니다. 그러므로 다음과 같이 질문해 볼 수 있습니다. "자유란 무엇이고, 무엇을 의미합니까?" 물론 개인주의적인 방종한 자유를 뜻하는 것은 아닙니다. 그런 자유는 스스로 생각하는 것보다도 훨씬 더 순간의 기분과 흥미, 감정에 좌우되기 때문입니다. 개인주의적인 방종한 자유는 정치와 관련해서도 매우 위험합니다. 그런 자유는 정치적 선전과 광고를 통해 쉽게 이용당하며, 그를 통해 공개된 또는 위장된 전체주의로 급변할 수 있기 때문입니다.

자신의 고유한 존엄성을 의식하는 자유는 늘 다른 사람의 자유도 존중하고, 그 자유와 연대하며, 그 자유를 옹호합니다. 그러므로 자유는 '다른 사람들의' 자유가 아니라, '다른 사람들과 함께하는' 자유, '다른 사람들을 위한' 자유입니다. 자유는 각자에게 속한 것을 각자에게 주는 정의 안에서 실현됩니다. 자유는 구체적인 일에서, 다른 모든 사람들이 각자의 고유한 자유를 존중해 주는 것을 전제로 합니다. 따라서 자유는 정의의 질서를 전제로 합니다. 그 질서는 동시에

자유의 질서이기도 합니다.[40]

그렇다면 정의란 무엇이고, 의로운 사회는 무엇을 뜻할까요? 이미 아리스토텔레스는 정의와 불의가 여러 가지 개념을 뜻한다고 지적했습니다. 그리고 그 자신은 정의를 균형 개념으로, 다시 말해 너무 많은 것과 너무 적은 것 사이에 있는 중간으로 생각했습니다. 그 밖에도 그는, 법이 삶의 모든 다양한 사례들을 규정할 수 없으며, 정의가 상위의 가치인 관용에 의존하고 있다는 것을 알았습니다.[41]

아리스토텔레스에게서 시작하여 중세의 전통을 거쳐 근대에 이르기까지 자연법에 있던 '정의' 개념은 근대에 와서 상당 부분 사라졌습니다. 그때부터 '정의'에 대해 상이한 해석들이 나오기 시작했지요.[42] 의견의 일치는 눈에 띄지 않습니다. 많은 사람들이, 정의와 의로운 사회에 관한 이야기는 대중의 인기를 끌려는 정치적 선전에나 어울리며, 따라서 권력을 얻는 데 오용될 수 있는 빈말에 지나지 않는다고 생각합니다. 러시아의 문호 도스토옙스키는 자신의 소설 《카라마조프 가의 형제들》에서 최고 종교 재판장이라는 인물을 통해 그런 위험성을 인상적으로 묘사했습니다. 그는 사람들이 빵을 얻기 위해 권력에게 자신의 자유를 바치며 "저희를 종으로 삼아도 좋습니다. 그저 배만 부르게 해주십시오."[43]라고 말할 용의가 있음을 보여주었습니다. 절대적 가치들을 지니지 못한 민주주의는 공개된 또는

위장된 전체주의로 급변할 수 있습니다.[44]

독일의 법철학자이자 헌법 학자인 뵈켄푀르데Ernst-Wolfgang Böckenförde(1930년~)의 유명한 명언은 자주 인용되고 있습니다. "민주주의는 자신이 보장하지 못하는 전제 조건들로 살아간다."[45] 그런 전제 조건들이 더 이상 충족되지 못하거나, 처음에는 당연한 것으로 여겼던 전제 조건들이 잊히거나 억압될 때 상대주의가 나오게 됩니다. 상대주의는 절대적 가치를 인정하지 않으며 오로지 목적과 이익, 권력만을 쫓아 모든 일을 결정하는 태도를 가리키는데,[46] 오늘날 교회로부터 많은 비판을 받고 있습니다. 상대주의가 위험한 까닭은 그보다 훨씬 더 위험한 전체주의로 급변할 수 있다는 데 있습니다. 많은 사람들이 형이상학의 종식을 선언한 이후 정치적 행위를 이끌고 그것에 방향을 제시했던 최고 진리와 절대적 가치들이 더 이상 존재하지 않게 되자, 민주주의라는 가장 고귀한 정치적 구상은 발판과 나아갈 방향을 잃었을 뿐만 아니라 대중주의적으로 오용될 위기에 처했습니다. 그런 경우 '관용'은 주류에서 벗어난 주장을 내놓는 사람을 거부하는 '배척'으로 쉽게 바뀔 수 있습니다. 그런 위험한 징조들이 늘어나고 있지요.

이런 경우에는 '각자에게 속한 것을 각자에게 주는 것'이라는 정의의 일반 개념에서 다시 출발하는 것이 유익합니다. 여기서 우리는

'각자에게 속한 것이 무엇인가?'라고 질문해 볼 수 있습니다. 그 질문에 대한 답변에서 의견이 갈리며, 그에 대한 답변을 두고 정치적 논쟁이 끊임없이 벌어지고 있습니다. 아리스토텔레스가 추구했던, '너무 많은 것과 너무 적은 것 사이에 있는 중간'은 영구히 규정할 수 있는 것이 아닙니다. 그것은 이해관계 때문에 대부분의 경우 논쟁의 여지가 남지만, 구체적인 상황에서 늘 새롭게 산출하고 측량해야 합니다. 그런 일에서는 그리스도교 신자들 사이에서도 서로 다른 의견이 나올 수 있습니다.

위의 질문을 근본적으로 숙고하는 과정에서 다음과 같은 질문들도 나옵니다. "인간을 인간답게 만드는 것은 무엇인가? 인간답게 살기 위해, 다시 말해 적절한 자유 의지에 따라 자신의 삶을 살기 위해 본래 인간에게 귀속된 권리는 무엇인가?" 물론 인간답게 살려면 적정한 양의 빵과 물적 재화도 있어야 합니다. 어느 정도가 적정한지에 대해서는, 논란이 끊이지 않으며 상황에 따라 의견이 갈립니다. 그런 논쟁에서 너무나 자주 간과하는 것은, 인간을 인간답게 만드는 것이 물적 재화일 수만은 없다는 사실입니다. 이념적 마르크스주의가 실패하고 종식된 이후 개인주의 그리고 인간의 행복을 물질 소비에서만 찾는 소비 지향적인 복지 질서와 사회 질서가 널리 퍼진 것만큼 불행한 일은 없습니다. 그를 통해 마르크스주의적이고 공산주의적인 유물론이 소비 지향적인 유물론으로 대체되었을 뿐이지요. 이러한 공산주의적인 유물론과 소비 지향적인 유물론 모두 너 나 할 것 없이 인간의 참된 존엄성을 인식하지 못하고 무시합니다. 위의 두 유물론은 서로 다른 방식으로 인간의 물질화를 가져옵니다.

자유를 지닌 존재로서 인간에게 귀속된 권리는 무엇보다 인간으로서의 존엄성을 존중받는 일입니다. 존엄성에 근거하여 모든 인간에게 귀속된 권리는 인격 존중과 인격의 수용, 인격에 대한 관심입니다. 그런 의미에서, 우리는 정의를 "사랑의 '최소 척도'"로, 사랑은 '정의의 완성'으로 이해할 수 있습니다.[47]

형이상학의 종식 선언으로 우리에게서 사라진 절대적인 권리는, 다른 사람의 상이함을 대하는 일에서나 다른 사람을 존중해야 할 의무에서 새롭게 인식될 수 있습니다.[48] 인간 상호 간의 만남에서, 모든 상대주의를 근본적으로 배제하는 인간의 절대적인 권리가 모습을 드러냅니다. 그것은 본래 구체적으로 명확하게 요구할 수 없는 정의를 사랑의 빛과 사랑의 절대적 요구 안에서 해석할 수 있으며, 다른 사람을 사랑하는 자비로운 관심을 통해 실제로 정의를 넘어서야 한다는 것을 의미합니다.

"우리 인간은 구부러진 나무다."라는 칸트의 말처럼 악으로 기우는 경향을 우리에게서 없앨 수 없다는 것이지요.[49] 우리의 모든 인간

관계도 그런 경향에 영향을 받습니다. 그러므로 우리는 이상적인 만남에서 출발할 수 없으며, 그래서도 안 됩니다. 우리의 모든 인간관계는 우리보다 앞선 불의, 곧 우리가 물려받은 불의를 통해, 또한 우리 자신이 경험하고 우리 자신이 저지르기도 하는 불의를 통해, 방해받고 고통을 겪습니다. 깊은 상처를 남긴 과거의 불의를 용서하고, 다시 그것과 화해하는 일은 관계와 사회 전체의 생존을 위해 꼭 필요합니다. 오로지 화해를 통해서만 죄와 보복의 악순환을 끊고 새로 시작할 기회를 얻으며 공동의 미래를 새롭게 꿈꿀 수 있기 때문입니다. 그처럼 정의는 용서와 화해, 자비로 살아갑니다. 앞서 보았듯이 자비는 절망적인 상황에서 출구와 새로운 미래를 열어 주는 것이라 할 수 있습니다.

용서와 화해에서는 어떤 일이 벌어지나요? 용서와 화해는 근본적으로 불가능한 일을 수행합니다. 정의의 관점에서 도저히 용서할 수 없는 일을 용서하는 것이니까요. 살인과 전쟁, 종족 말살과 같은 일들은 용서할 수 없습니다. 근본적으로 용서할 수 없는 그런 행위를 용서하는 것은 보상을 지향하는 정의에 어긋납니다. 그러나 보상을 요구하는 정의를 거스름으로써, 용서와 화해는 새롭고 의로운 공동생활을 위한 토대와 출발점을 마련합니다.[50]

이미 예수님도 무슨 권한으로 죄를 용서하느냐는 질문을 받으셨고,

죄를 용서해 준다고 고발당하기도 하셨습니다. 오로지 하느님만이 죄를 용서하실 수 있다는 그들의 반론(마르 2,5-7 참조)은 언뜻 일리가 있어 보입니다. 인간으로서 우리는 죄 속에 살고 있는 다른 사람을 그저 도울 수 있을 뿐이지, 그 죄를 용서할 수는 없습니다. 용서는 세상에서는 나올 수 없는, 창조에 해당하는 새로운 시작입니다. 우리가 서로 용서하고 화해한다면, 본래 우리 능력에서 벗어나기에 선물로 주어져야 하는 일을 우리가 수행하는 것이 됩니다. 정의 안에서 하나 된 삶이 우리에게 주어지는 화해의 선물 안에서, 우리는 우리를 초월하는 존재를 가리키게 됩니다. 우리는 다른 사람에게 우리가 갖지 않은 것을 선물하며, 신학이 '은총'이라 부르고 성경이 '하느님의 무한하신 자비'라고 증언하는 것을 의식적으로나 무의식적으로 앞서 체험합니다.

근본적으로 정의에 대한 요구나 용서할 태세를 갖춘 자비가 세상에서 소멸할 수는 없습니다. 완전한 정의는 오로지 강제적인 체제를 통해 세워질 수 있겠지만, 그런 체제 자체가 다시 악한 것이 될 수 있습니다. 그동안 우리가 전체주의 체제의 쓰라린 경험을 통해 알게 되었듯이, 하늘나라를 이 땅에 세우려고 하는 사람이 하늘나라가 아닌 지옥을 이 땅에 세우기도 합니다. 그런 모습은 강제적으로 '깨끗한 이들καθαροί'의 교회를 세우려고 하는 교회 안의 완벽주의자들에게서도 볼 수 있습니다. 카타리파 운동(12~14세기에 프랑스 남부 지역을 중심으로 스페인, 이탈리아, 독일에 걸쳐 일어났던 신심 운동으로, 교회는 이들을 이단으로 선포하고 종교 재판과 무력을 동원하여 탄압했다. ― 역자 주)과 종교 재판은 여전히 끔찍한 일로 기억되고 있습니다.

  사회와 교회 안에서 아무 일도 하지 말아야 한다는 이야기를 하려는 것은 물론 아닙니다. 그와는 정반대로 우리는 힘닿는 데까지 불의와 악을 저지해야 합니다. 우리는 사회와 교회 안에서 정의와 자비가 성과를 내도록 온 힘을 기울여야 합니다. 그것을 실천할 수 있는 곳이면 어디서나 육체적·영적 곤경 속에서도, 자비의 따뜻한 빛이 빛나게 하고, 희망을 주는 사랑의 불을 밝혀야 합니다.

  그러나 세상에는 무자비한 불의와 냉혹한 완벽주의뿐만 아니라, 무정한 현세주의도 존재합니다. 오늘날에는 일반적으로 내세에 대한 기약 없는 약속보다 순전히 현세적인 행복에 대한 기약 없는 약속이 더 큰 힘을 얻고 있습니다. 현세적 행복에 대한 약속은 완전한 정의와 완전한 자비 곧 완전한 행복을 현세에서 누리려고 합니다. 그런 약속은 모든 것을 즉시 누리길 원합니다. 그래서 삶은 점점 바빠지고, 고달파지며, 과중한 부담이 됩니다. 우리는 지나치게 일할 뿐만 아니라, 지나치게 즐기기도 합니다. 우리는 다른 사람의 사랑을 통해 이 땅에서 하늘나라를 체험하길 바라며, 그럼으로써 무정하게도 다른 사람에게 과중한 부담을 지웁니다.[51]

세상에서 불의를 완전히 없앨 수 없으며 자비와 사랑도 완전하게 실현할 수 없다는 사실을 생각하면, 결국 많은 경우에는 하느님의 자비에 호소할 수밖에 없다는 결론이 나옵니다. 오로지 하느님의 자비만이, 결국엔 살인자가 자신이 죽인 무죄한 희생자를 이길 수 없으며 모든 이가 법과 정의를 누리게 되리라는 것을 보증할 수 있습니다. 죽은 이들이 부활할 때 이뤄질 종말론적인 정의와 종말론적인 화해에 대한 희망이 비로소 이 세상 삶을 살 만한 보람과 가치가 있는 것으로 만들어 줍니다. 종말론적 희망은 '인내하는 조급함이며 조급해하는 인내'인 평정을 선물합니다.[52]

　절망의 위협과 소비 지향적인 우둔함과 관련하여, 완전한 정의와 최종적인 화해에 대한 희망의 빛 속에서 세상과 삶을 바라보고, 그 희망을 지키는 일만이 결국 해결책이 됩니다. 그러므로 "주님, 자비를 베푸소서Kyrie eleison."라는 외침은 세상에서 결코 사라지지 않을 것이며, 점점 더 목소리를 크게 내게 될 것입니다. 그 기도를 공적인 자리에서 큰 목소리로 바칠 수 있으며 바쳐도 된다는 사실은, 그 기도가 인류의 문화유산에 속하고, 정의와 자비의 문화에 속하며, 진정한 자유 사회의 인도주의에 속한 행위임을 증명합니다.

제9장
자비의 어머니이신 마리아

1. 복음서에 나오는 마리아에 관한 증언

성경과 교회가 '하느님의 자비'에 관해 추상적이고 근본적인 이야기만 하는 것은 아닙니다. 성경과 교부들의 신학은 표상을 이용한 신학입니다. 성경과 교부들은 마리아를 통해서 구체적인 표상을 우리에게 뚜렷하게 보여 줍니다. 다시 말해 마리아는 하느님 자비의 투영이요 인간의 자비와 그리스도교의 자비의 본보기입니다. 마리아는 교회의 원형原型이므로 그리스도교의 자비의 원형이기도 합니다.[1] 그런 확신은 초대 교회뿐만 아니라 오늘날의 가톨릭교회와 동방 교회의 신앙 안에도 깊이 자리하고 있습니다. 그런 확신은 갈수록 많은 개신교 신자들의 의식과 마음속에도 다시 자리 잡고 있지요.[2]

물론 마리아에 관한 지나친 생각들은 비판해야 합니다. 이를 위해 그리스도교 신앙의 영원한 근거이자 중심이신 예수 그리스도에 관한 성경의 증언들을 잣대로 삼아야 할 것입니다. 그러나 마리아를 경시하는 입장에 대해서도, 모든 시대에 걸쳐 다양한 외적·내적 곤경 속에 자비의 어머니이신 성모님께 도움을 청하여 그분의 도우심과 위로를 체험한 수많은 사람들의 증언을 그저 경건한 체하는, 도를 넘은 과잉 감정이라고 경솔하고 오만하게 무시해도 좋은지 질문해야 합니다. 아무튼 우리는 마리아가 복음서에 나오는 인물이며, 그것도 아주 중요한 구절에 등장한다는 사실에 유념해야 합니다.

신약 성경에는 무엇보다 마리아의 영성에 탄탄한 토대를 마련해 주는 구절이 두 군데 나옵니다. 한 구절은 구세주의 탄생을 예고하는 장면을 묘사하고 있으며(루카 1,26-38 참조), 다른 구절은 마리아가 십자가 밑에 서 있는 장면을 묘사하고 있습니다(요한 19,25-27 참조). 두 번째 장면은 요한 복음에 기록되어 있는 예수님의 공생활 초기에 있었던 '카나의 혼인 잔치'(요한 2,1-12 참조)를 떠올리게 합니다. 그처럼 마리아론에서 중대한 의미를 지니는 두 사건은 복음서 전체를 포괄하며, 외형적으로도 구세사에서 두드러진 지위를 마리아에게 할애

합니다. 그를 통해 마리아에 관한 성경의 몇 안 되는 구절들은 우리와 함께하시는 하느님의 역사 안에서 중요한 지위와 유일무이한 의미가 마리아에게 주어졌다는 사실을 분명하게 밝히고 있습니다.

복음서의 첫 부분에 나오는 '예수님의 탄생 예고' 사건은 예수님의 공생활 이전의 일들을 전하는 이야기 전체와 마찬가지로, 역사적이고 문학비평적인 문제들을 보여 줍니다. 그 문제들에 관해서는 우리의 주제와 관련하여 필요한 사항들을 이미 이야기했습니다.[3] 그때 우리는 루카 복음사가가 이 사건에 중요한 신학적 의미를 부여하고 있음을 확인한 바 있습니다. 그 이야기는 마치 서곡序曲처럼 복음서의 모든 중요한 주제들을 담고 있습니다. 마리아는 엘리사벳의 인사에 화답하는 노래에서 구세사 전체를 요약하며, 구세사를 '하느님의 자비'의 역사로 묘사합니다. "그분의 자비는 대대로 당신을 경외하는 이들에게 미칩니다."(루카 1,50) 예수님의 탄생 예고에 관한 이야기는, 마리아가 구세주의 어머니로 선택받고 그런 소명을 지니게 되었다는 언급을 통해 결정적인 국면으로 접어듭니다. 이제 하느님이 당신의 무한하신 자비로 당신 백성과 인류를 구원하시겠다는, 최종적이고 결정적이며 뒤집을 수 없는 계획을 실행하신다는 것이지요.

마리아는 그 거대한 구원 사업에 협력하도록 선택받았습니다. 그녀는 "하느님의 총애"를 받았습니다(루카 1,30 참조). 그 말은, 그녀에게서 일어나는 모든 일이 그녀의 능력에서 비롯된 것이 아니라 순전히 하느님의 은총에 따른 것임을 뜻합니다. 그녀는 그저 "주님의 종"일 뿐입니다(루카 1,38 참조). 모든 영광은 그녀에게가 아니라 하느님에게만 돌려져야 합니다. 그분께는 불가능한 일이 없기 때문입니다(루카 1,37 참조). 그런 까닭에 마리아는 다음과 같이 노래합니다. "내 영혼이 주님을 찬송하고 내 마음이 나의 구원자 하느님 안에서 기뻐 뛰니 …… 전능하신 분께서 나에게 큰일을 하셨기 때문입니다. 그분의 이름은 거룩합니다."(루카 1,46-47.49 참조) 그녀는 하느님의 자비를 담는 그릇이고, 그분 자비의 겸손한 도구일 뿐입니다. 루터는 〈성모의 노래Magnificat〉를 해석하면서 그 점을 아주 훌륭하게 설명했습니다.[4] 그는 마리아가 오로지 은총에서 비롯된 존재의 본보기라고 생각했습니다.

오로지 은총에서 비롯된 존재이기 때문에 마리아는 오로지 신앙만으로 살아갑니다. 그녀는 무엇보다 자신을 놀라게 했으며 이해할 수 없었던, 그래서 지나친 요구이기도 했던 천사의 통지에 믿는 마음으로 "네."라고 응답했습니다. 그녀는 이로써 '하느님의 자비'의 도구가 되었습니다. 그러면서 마리아는 자신을 주님의 '종δούλη'이라 말합니다. 이 말을 통해 그녀는 구원 사업에 협력하겠다는 적극적인 의지와 함께, 주님이 마음대로 쓰실 수 있는 도구로 자신을 내놓겠다는 결단을 표현한 것입니다. 마리아는 하느님이 기적을 행하실 수 있도록 그분께 여지를 마련해 드린 것입니다.[5] 오로지 "하느님의 총애를 받은 사람"으로서 그녀는 인간의 상상력을 완전히 뛰어넘는 일에 대해 "네."라고 응답할 수 있었습니다.

마리아의 순명을 통해 하느님은 이 세상에 오실 수 있었고, 그분을 통해 그녀는 새로운 하와가 되었습니다. 첫 번째 하와가 하느님의 뜻에 순종하지 않아 인류에게 고통과 괴로움을 가져왔던 것에 반해, 마리아는 하느님의 뜻에 순명함으로써 인류 전체에 매여 있던 불순명의 매듭[6]을 풀었습니다. 그로써 마리아는 살아 있는 모든 사람들의 어머니가 되었습니다.[7] 자신의 순명을 통해 마리아는 하느님께 선택받았으며, 그분의 자비를 입은 종이 되었습니다. 하느님이 당신에게만 기인하고 당신만이 하실 수 있는 자비의 행위에, 인간으로서, 소박한 처녀로서, 당신 자비의 도구로서 인간이자 소박한 처녀인 마리아를 선택하시고, 자비롭게 그녀에게 능력을 주셨다는 사실은, 인간의 모든 기대와 요구를 뛰어넘는 그분 자비의 또 다른 표현이라 할 수 있습니다.

마리아가 하느님의 선택과 은총을 받음으로써, 또한 하느님이 이 세상에 오실 수 있는 여지를 마련하고 그녀를 그리스도의 어머니 · 새로운 계약의 방주 · 성령의 성전으로 만든 그녀의 순명을 통해 교회는 마리아 안에서 실재하게 되었습니다. 마리아는 구약 시대 하느님 백성의 역사를 자신 안에 통합하고, 신약 시대 하느님 백성의 원세포가 되었습니다. 마리아는 사도들이 부름을 받고 구원 계획에 따르기 전에 이미 그런 존재가 되었지요. 시골에서 소박하고 조용한 삶을 사는 사람들의 전형이며 성가에 나오는 가사처럼 "우리 가운데 한 사람"[8]인 마리아는, 교회 안에서 성직 제도의 토대가 마련되기도 전에 하느님의 자비에서 나온 교회가 되었습니다. 그에 앞서 마리아는 온전히 하느님의 자비로운 은총으로 살아가는 신앙인이며, 봉사할 태세가 되어 있는 도구라는 그녀의 가장 깊은 본성을 통해, 교회의 전형典型이라 할 수 있습니다. 교회 안에서 마리아가 지닌 특별한 지위에 비추어 볼 때 남성 위주의 교회가 내놓은 여성의 이상적인 모습은 억눌린 듯한 인상을 줍니다.[9] 따라서 마리아론은 남성 위주의 교회에 대한 가장 극단적인 신학적 비판이 될 수 있습니다.

 마리아도 신앙의 여정을 걸어야 했습니다. 외경이나 전설이 마리아의 삶을 과장하고 미화하려는 것과는 달리, 복음서들에 따르면 마리아의 삶에는 신비함이 전혀 존재하지 않습니다. 그와는 정반대로, 서민 가운데 한 사람이었던 마리아는 삶에서 많은 어려움과 역경을 견디고 이겨 내야 했습니다. 마구간에서의 출산과 이집트로의 피난, 성전에서 아이를 잃었던 일, 아들의 공생활에서 느꼈던 낯섦과 불편함 때문에 아들을 집으로 데려오려고 했던 일, 끝으로 아들의 십자가 밑에서 슬픔과 고통을 꿋꿋하게 견뎌 냈던 일을 떠올릴 수 있을 것입니다. 어떤 고통도 그녀를 피해 가지는 않았습니다.

한밤중에도 마리아는 십자가에 매달린 아들 곁을 지켰습니다. 그녀는 피하거나 도망치지 않았습니다. 성경은 명확하게, "그분의 어머니가 서 있었다."(요한 19,25 참조)라고 전하고 있습니다. 〈피에타 Pietà〉라는 제목을 지닌 수많은 미술 작품에서 보듯이, 결국 마리아는 상처투성이인 아들의 시신을 품에 안았는데 어머니로서 그보다 더한 고통은 겪을 수 없을 것입니다. 그처럼 마리아는 산상 설교에 나오는 '가난한 이들, 슬퍼하는 이들, 박해받는 이들에 대한 행복 선언'(마태 5,3-12; 루카 6,20-23 참조)을 〈성모의 노래 Magnificat〉에서 먼저 이야기했을 뿐만 아니라 몸소 그런 사람으로 살았습니다.

요한 복음의 끝부분에서 마리아에 관한 이야기는 완결됩니다. 신약 시대 구세사의 시작에 있던 마리아는 이제 그 구세사의 절정에서 중요한 지위를 차지합니다. 십자가에 못 박히신 예수님은 당신의 제자인 요한에게 마리아를 어머니로 맡기시고, 마리아에게는 요한을 아들로 맡기셨습니다(요한 19,26-27 참조). 그 장면은 심오한 의미를 지니고 있습니다. 요한은 예수님이 사랑하셨던 제자입니다(요한 19,26 참조). 요한 복음에서는 그가 제자들의 본보기로 나옵니다. 따라서 예수님은 요한을 통해, 제자들 모두를 마리아에게 아들로 맡긴 것이고, 제자들 모두에게 마리아를 어머니로 맡긴 것입니다.[10] 우리는 예수님의 말씀을 그분의 유언이자 마지막 바람으로 이해할 수 있습니다. 그 말씀을 통해 예수님은, 미래의 교회에 구속력이 있는 결정적인 사항을 말씀하신 것입니다.[11]

우리는 요한 복음의 말씀을 자세히 살펴볼 필요가 있습니다. 요한은 그때부터 마리아를 자기 집에 모셨다고 합니다. 그리스어 원문을 직역하자면, 요한은 마리아를 "자신의 것으로εἰς τὰ ἴδια" 받아들였다는 것입니다. 아우구스티노 성인은, "자신의 것"이 무엇을 의미하는지 깊이 숙고했습니다. 그는 요한이 마리아를 '자신의 소유물'로 받아들인 것이 아니라, '자신의 활동 범위' 안에 받아들인 것이라고 생각했습니다.[12] 예수님이 다시 오실 때까지 요한은 죽지 않을 것(요한 21,22 참조)이라는 말이 나오기 때문에, 위의 말씀은 마리아가 그때까지 남아 있을 요한의 활동 범위와 증언 안에 받아들여졌다는 뜻으로 해석할 수 있습니다. 마리아는 여전히 '하느님의 자비'에 관한 복음 안에 속하는 인물입니다. 마리아는 '하느님의 자비'를 증언하는 살아 있는 증인이며 도구입니다.

2. 교회의 신앙에 나오는 증언

마리아에 대한 몇 안 되는, 그러나 중요한 성경의 증언들은 전 시대에 걸쳐 신자들의 마음속에 깊이 새겨졌으며, 전 시대에 걸쳐 그리스도교의 영성에 엄청난 반향을 불러일으켰습니다. 마리아 자신도 "이제부터 모든 세대가 나를 행복하다 할 것입니다."라고 예언했지요(루카 1,48 참조). 그처럼 신약 성경의 증언들은 오늘날에도 영향을 끼치는 풍부하고 살아 있는 전통이 되었습니다.

이 살아 있는 전통에서 가장 중요한 교의가 나온 것은 에페소 공의회(431년) 때의 일로, 공의회는 마리아를 "하느님을 낳으신 분(그리스어 '테오토코스Θεοτόκος')"로 고백했습니다.[13] 중요한 점은 그 호칭을 두고 네스토리우스파와 알렉산드리아의 치릴로 성인(375/380년경~444년) 사이에 벌어진 논쟁이 본래 마리아에 관한 것이 아니라 그리스도에 관한 것이었다는 사실입니다. 논쟁의 주안점은 예수님이 실제로도, 위격으로도 하느님의 아드님인지 여부에 있었습니다. 그와 같이 마리아론적인 전통은 처음부터 그리스도론과 관계없는 지엽적인 관심사였던 것이 아닙니다. 오히려 그리스도론과 밀접한 관련이 있고 그리스도론을 토대로 한 가르침이었습니다. 따라서 그리스도론과의 밀접한 관계 속에서 그리스도론을 토대로 할 때에만 마리아론은 건전함을 유지하며, 영적으로 풍부한 열매를 맺을 수 있습니다.

그리스도론을 토대로 교회의 수많은 기도와 찬미가, 성가는 마리아에 관한 신약 성경의 증언들을 점점 더 많이 받아들여, 그 증언들을 해석하고 풍부한 열매를 맺었습니다. 그처럼 전례에서 가장 풍부한 열매를 확인할 수 있습니다. 교부 시대의 수많은 설교와 논문도 마리아에 관한 성경의 증언을 다뤘습니다. 그런 영적인 성경 해석은 11세기에 이르기까지 그리스 교부들과 라틴 교부들을 비롯해, 콥트 교도들과 시리아, 아르메니아, 러시아의 동방 교회뿐만 아니라 서방 가톨릭교회까지 교회의 모든 전통에서 볼 수 있습니다.¹⁴ 그런 영적인 성경 해석은 16세기 종교 개혁자들의 마리아 공경에도 뚜렷한 흔적을 남겼습니다.¹⁵

마리아에게 드리는 기도는 300년경에 나오기 시작해 널리 퍼졌는데, 이미 그 기도에 "거룩하신 하느님의 어머니시여, 당신의 보호와 그늘 아래 저희가 피신하나이다."라는 표현이 나옵니다. 아마 본래는 "하느님의 어머니시여, 당신의 자비 아래 저희가 피신하나이다."라고 했을 것입니다.¹⁶ 그와 같은 신뢰를 후대의 수많은 기도에서도 발견할 수 있습니다. 우리는 9세기에 나온 〈바다의 별이신 성모Ave Maris Stella〉라는 기도를 떠올릴 수 있습니다. 그 기도에는 "당신을 통한 자녀들의 간청이 당신의 자녀에게 이뤄지도록, 저희의 어머니가 되어 주소서."라는 문구가 나옵니다.[17] 11세기에 나온 마리아에게 드리는 가장 잘 알려진 기도 〈살베 레지나Salve Regina〉(모후이시여, 하례하나이다)에서 우리는 마리아를 "자비의 어머니"라고 부르며, 그분께 "자비로우신 눈으로 저희를 굽어보소서."라고 청합니다. 12세기에 나왔으며, 《성무일도》 끝기도 노래 중 하나인, 〈구세주의 존귀하신 어머니Alma Redemptoris Mater〉는 "죄인들에게 자비를 베푸소서."라는 말로 끝납니다. 12세기에 동방 교회에서 유래한 〈성모 호칭 기도Litaniae Lauretanae〉에서 우리는 마리아를 '천상 은총의 어머니', '병자의 나음', '죄인의 피신처', '근심하는 이의 위안', '신자들의 도움'이라고 부르고 있습니다. 우리는 예측할 수 없는 자연재해나 기근, 페스트, 우박뿐만 아니라 전쟁이나 폭정 등 모든 곤경 중에 조력자이신 성모님께 간청합니다.

  위대한 교부였던 리옹의 이레네오 성인은 이미 2세기에 하와가 묶었던 매듭을 마리아가 풀었다고 아주 적절하게 표현한 바 있습니다. 마리아는 수많은 그리스도교 신자들을 위해서도 그런 매듭을 풀어 주는 분이 되셨습니다.[18] 마리아는 우리의 개인적인 삶에 존재하는 여러 형태의 매듭들, 곧 인간관계에서 발견하는 매듭이나 자신의 영혼 안에서 발견하는 매듭, 죄에 얽매인 매듭을 그들이 풀 수 있도록 도우십니다.

성모 신심은 때때로 기이한 형태를 취하기도 했습니다. '도둑들의 성모'란 호칭을 예로 들 수 있는데, 그렇게 말하는 사람들은 마리아가 도둑이나 간음한 이와 같은 죄인들, 실패자들을 두둔한다고 생각하여 심지어 마리아가 그들의 공범자인 것처럼 여기기도 했습니다. 그것을 두고 자비의 개념을 너무 폭넓게 해석했다고 할 수도 있습니다. 그러나 그런 생각은 무례함의 표현이라기보다는 신앙을 속되고 익살스럽게 이해한 것으로 보입니다.[19]

전 시대에 걸쳐 기도문의 내용이 조각이나 그림을 통해, 특히 은총을 전구轉求하기 위한 성상과 성화, 순례지의 그림을 통해 다양한 방식으로 묘사되었습니다.[20] 이미 7세기에서 9세기에 이르기까지 시리아에서는 '자비의 성모' 그림들이 그려진 것을 볼 수 있는데, 그 그림들에는 마리아가 아기 예수님을 품에 안고 있는 모습이 형상화되어 있습니다. 그런 모습을 그린 가장 유명한 이콘은, 12세기에 콘스탄티노플에서 그려진 것으로 오늘날 모스크바의 국립 트레티야코프 미술관에 소장된 〈블라디미르의 성모Wladimirskaja〉입니다. 그것을 본뜬 서방 교회의 그림들은 오늘날 프랑스 캉브레에 있는 노트르담 드 그라스 성당Notre-Dame de Grâce과 이탈리아 로마의 트라스폰티나에 있는 성모 마리아 성당S. Maria in Traspontina에서 볼 수 있습니다. 독일의 화가 크라나흐Lucas Cranach(1472~1553년)의 〈도움의 성모

Mariahilfbild〉도 그중 하나라고 할 수 있습니다. 13세기의 것으로 추정되며, 루카 복음사가의 전승에 따라 그려진 다른 유명한 이콘은 로마의 성모 설지전 성당S. Maria Maggiore에 있는 〈로마 시민의 구원Salus Populi Romani〉도 유명한 이콘인데 13세기에 그려진 것으로 추정됩니다. 이를 본뜬 이콘이 독일 슈투트가르트의 성 에버하르트 주교좌 성당에 있는 〈위로의 어머니Mutter der Tröstung〉입니다. 비잔틴 양식에 따라 그린 성모 전구 성화인 〈영원한 도움의 어머니Mutter von der immerwährenden Hilfe〉도 빼놓을 수 없습니다. 이 그림은 15세기에 오스만튀르크족의 침공을 피해 그리스의 크레타 섬에서 로마로 옮겨졌는데, 오늘날에도 로마에서 큰 공경과 사랑을 받고 있으며 묵상을 위한 성화로도 잘 알려져 있습니다.

아들의 시신을 품에 안고 있는 하느님의 어머니, 마리아를 묘사한 〈피에타 상Pietà〉도 언급하지 않을 수 없습니다. 〈피에타 상〉들은 14세기부터 만들기 시작했는데, 세계적으로 가장 유명한 〈피에타 상〉은 로마의 성 베드로 대성당에 있는 미켈란젤로의 작품입니다. 〈피에타 상〉들을 통해 마리아는 고통받는 이들, 슬퍼하는 이들, 억압받는 이들의 어머니요 가난한 이들의 위로자로 묘사됩니다. 그것들을 통해 신심 깊은 관람객들, 특히 그와 비슷한 상황에 있는 수많은 어머니들이 자신을 마리아와 동일시하게 됩니다. 그보다 덜 알려졌지만 같은 맥락에 있는 것이 '마리아의 실신'을 묘사한 작품들입니다.[21] 그 작품들은 마리아가 아들의 실신에 동참하고 있으며 하느님의 자비로운 전능이 마리아를 지탱하고 있다는 것을 보여 줍니다. 그 작품들도 고통에 신음하는 많은 사람들에게 위로가 되며, 그들이 신앙 안에서 다시 힘과 굳건함을 얻을 수 있게 해 줍니다.

끝으로, 초기 바로크 시대의 작품들로 "칼에 찔린 영혼"(루카 2,35 참조)의 아픔을 묘사한 〈통고의 어머니Mater dolorosa〉도 빼놓을 수 없습니다. 그 그림과 밀접한 관계에 있는 것으로 마리아의 가슴에 박힌 일곱 개의 칼들로 그녀의 일곱 가지 고통을 묘사한 작품들이 있습니다. 그 작품들은 사실적 묘사에 있어 오늘날의 우리에게 낯설게 느껴지지만, 어쨌든 그것들은 마리아가 아들의 처참한 죽음에 동참하고 있음을 보여 줍니다.

모든 작품들이 마리아를 개인적 인물뿐만 아니라, 교회의 원형이요 본보기이며 또한 그리스도교 신자들의 지지자로 묘사한다는 점은, '보호의 외투' 자락을 펼쳐 든 마리아를 묘사한 그림들에서 더욱 분명하게 알 수 있습니다. 이러한 형태의 작품 가운데 특별한 명성을 얻은 작품은 독일 라벤스부르크에 있는 〈보호의 외투 자락을 펼친 성모Schutzmantelmadonna〉입니다. 그 그림은, 전쟁의 위험과 같은 모든 어려움 속에서도 우리가 어머니이신 마리아의 보호 아래 있음을 믿을 수 있게 해 줍니다. 15~16세기의 옛 독일법에 따르면, 결혼 전에 생긴 자녀에게 외투 자락을 걸침으로써 그 자녀가 적자嫡子임을 선언했다고 합니다. 그러므로 그런 그림들은 죄 중에 태어난(시편 51,7 참조) 우리 모두가 마리아의 모범에 따라 하느님의 자비를 통해 그분의 자녀가 되었다는 것을 보여 줍니다. '보호 외투'라는 소재는 17세기에 만든 성모 성가 〈외투를 펼친 마리아Maria breit den Mantel aus〉에서도 볼 수 있는데, 마지막 구절에 "오, 자비의 어머니시여. 저희 위에 외투 자락을 펼치소서."[22]라는 표현이 나옵니다. 저는 제2차 세계대전 시기에 밤에 공습이 있을 때면 이 성가의 가사가 저의 마음에 얼마나 크게 와 닿았는지를 아직도 생생하게 기억합니다.

3. 자비의 전형인 마리아

수많은 기도들과 예술 작품이 인상적으로 묘사한 내용을 암브로시오 성인은 신학적으로 표현했습니다. 그는 자신이 쓴 《루카 복음서 강해》에서 마리아를 "교회의 전형τύπος"으로 묘사했습니다.[23] 제2차 바티칸 공의회는 이 명칭을 분명하게 받아들였습니다.[24] 마리아는 처음으로 구원받은 사람으로서 모든 사람들의 전형입니다. 구세주의 어머니인 마리아는 구원받은 모든 사람들의 어머니이기도 합니다. 은총의 세계에서도 마리아는 우리의 어머니입니다.[25] 제2차 바티칸 공의회는 수많은 그리스도교 신자들의 그런 확신을 다음과 같이 표현했습니다. "(마리아는) 당신의 모성애로 아직도 나그넷길을 걸으며 위험과 고통을 겪고 있는 당신 아드님의 형제들을 돌보시며 행복한 고향으로 이끌어 주십니다."[26]

교회는 자신의 역사 안에서 마리아를 증인과 모범으로서뿐만 아니라, '하느님의 자비'의 특별한 피조물로서 이해해 왔습니다. 마리아는 구원받은 모든 사람들 가운데 한 사람이지만, 그들과는 다르게 실존의 첫 순간부터 죄의 모든 얼룩에서 벗어나 있었습니다.[27] 그런 까닭에 동방 교회에서는 마리아를 "온전히 거룩하신 분Παναγία"이라고 부릅니다. 마리아 안에서 또한 마리아의 전 생애에서, 죄를 저지하고 격퇴하며 삶에 새로운 기회를 주는 하느님의 자비가 승리했습니다. 그처럼 마리아는 죄의 위력이 인류에 대한 하느님의 본래적 구원 계획을 좌절시키지 못함을 보여 주는 표지입니다. 마리아는 홍수 속의 안전한 방주이고, 온전히 살아남은 인류이며, 새로운 피조물의 여명입니다. 전 시대에 걸쳐 종교적 시와 예술이 찬양한 마리아의 아름다움 안에서 피조물의 본래적이고 결정적이며 완전한 아름다움이 빛을 발합니다. 마리아는 완전한 피조물입니다. "어떤 의미에서 우리는 마리아를 통해 창조주 하느님의 본래적 계획과 목적

을, 곧 인간의 구원을 알게 됩니다."²⁸

  위축되고 부족하기만 한 현실 인식, 그러나 역설적이게도 전혀 거룩하지 않은 현실 인식을 지닌 세속화된 사고思考에는 마리아에 관한 교회의 진술들이 세상과 동떨어진 것처럼 보일지도 모릅니다. 그럼에도 오늘날까지 변함없이 마리아를 소재로 삼고 있는 문학 작품들을 들여다보면 우리는 더 많은 깨달음을 얻을 수 있습니다. 무엇보다 괴테의《파우스트》에 나오는 그레트헨을 떠올릴 수 있습니다. "오, 슬픔에 가득 찬 성모님. 저의 곤경을 굽어보소서." 독일의 낭만주의를 대표하는 작가들인 브렌타노Clemens Brentano(1778~1842년)와 아이헨도르프Joseph von Eichendorff(1788~1857년)에게서도 같은 소재를 발견할 수 있습니다. 독일의 시인 횔덜린Johann Christian Friedrich Hölderlin(1770~1843년)과 보헤미아 태생의 독일 시인 릴케Rainer Maria Rilke(1875~1926년)도 마리아에 관한 교회의 전통적 소재를 사용했습니다. 그들은 그 소재를 교회의 영성적 방식과는 다르게 사용했지만, 어쨌든 마리아가 이상적인 모습을 갖춘 인간의 모범으로서 지속적인 영향을 끼치고 있음을 보여 줍니다. 그들과는 대조적으로, 독일 작가 르포르Gertrud von Le Fort(1876~1971년)는《교회 찬가Hymnen an die Kirche》에 마리아에 관한 교회의 전통적 소재를 받아들였으며, 그것을 힘찬 시어로 새롭고 생생하게 그려 냈습니다.²⁹

마리아가 하느님의 자비의 구체적 투영이며 특별한 실행이라는 이야기는 오늘날 세상에서 낡아 빠져 쓸모없는 것이 되지 않았습니다. 오늘날 그 이야기는 우리에게 하느님의 자비에 관한 그리스도교의 복음이 구체적이고 세속적이며 인간적인 형상을 취했으며, 그를 통해 하느님의 자비에 있는 변화의 힘을 우리가 머리뿐만 아니라 마음으로도 느낄 수 있게 되었다는 것을 보여 줍니다.

모든 피조물 가운데에서 마리아는 하느님의 자비에 관한 복음을 가장 완전하고 가장 훌륭하게 구현했습니다. 마리아는 하느님의 자비를 가장 완전하게 드러낸 피조물이며, 복음의 핵심과 총체를 있는 그대로 보여 줍니다. 마리아는 하느님의 자비가 지닌 매력을 되비치며, 하느님이 당신의 자비로 세상에 내려주시는 모든 것을 변화시키는 아름다움과 광채를 보여 줍니다. 그처럼 마리아는 종종 궁핍하기만 한 오늘날의 생활 여건과 종종 천박하기만 한 삶의 인식과 관련하여 자비의 새로운 문화를 위한 전형이며 빛나는 모범이 될 수 있습니다. 마리아는 그리스도교 신자 각 개인의 삶을 위한 본보기이자 교회의 본보기요 자비의 사상에서 나오는 교회의 쇄신을 위한 본보기일 뿐만 아니라 우리 사회에 자비의 문화를 건설하는 일에도 본보기가 될 수 있습니다. 그러므로 우리는 당연히 마리아를 '자비의 문화와 영성을 지향하는 교회의 쇄신을 위한 전형이며 모범'이라고 부를 수 있습니다.

가톨릭교회는 여기서 한 걸음 더 나아갑니다. 마리아는 전형이며 모범일 뿐만 아니라 교회와 신자들을 편드는 자비로운 전구자입니다. 그런 까닭에 마리아에게 드리는 기도로 가장 잘 알려져 있고 가장 널리 사용되며 가브리엘 천사와 엘리사벳의 인사(루카 1,28.42 참조)에서 유래한 〈성모송〉에, "이제와 저희 죽을 때에 저희 죄인을 위하여 빌어 주소서."라는 청원이 15세기부터 덧붙여졌습니다.[30] 젊은 시절의 루터에게도 마리아에게 드리는 기도는 낯설지 않았습니다. 〈성모의 노래 Magnificat〉에 대한 그의 해석을 보면, 그가 마리아에게 드리는 기도에서 피조물의 중재를 통해 하느님이 행동하실 것이라는 희망을 보고 있음을 확인할 수 있습니다.[31] 그는 자신의 해석을 "그리스도께서 당신이 사랑하시는 어머니 마리아의 전구와 뜻을 받아들이시어, 그것을 저희에게 베풀어 주시기를 바랍니다."라는 말로 맺었습니다.[32]

오늘날 대다수의 개신교 신자들은 마리아의 전구에 대한 신뢰가 예수 그리스도의 유일무이한 중개자 역할을 부인하는 결과를 초래한다고 우려합니다. 그런 우려는 명백한 오해로 말미암은 것입니다. 물론 우리는 마리아를 그리스도와 동급에 놓거나 심지어 그분의 경쟁 상대로 만들려고 의도하지 않습니다. 마리아 자신이 하느님의 자비에 온전히 의지해 살았고, 예수 그리스도 안에서 드러난 하느님의 자비를 일깨웠으며, 하느님의 자비를 증언했습니다. 교회가 그리스도에 견줄 만하거나 그분에게 덧붙일 만한 독자적 역할을 마리아에게 부여할 이유가 어디 있겠습니까? 마리아는 구원의 유일한 중개자이신 그리스도의 존엄과 능력에서 아무것도 빼지 않고 아무것도 보태지 않습니다.[33] 오히려 마리아는 당신의 전구를 통해 유일무이하고 특별한 방식으로 모든 그리스도교 신자들을 대신하고 그들을 옹호합니다. 이러한 점을 스콜라 신학의 언어로 표현하면 다음과 같습니다. "마리아는 온전히 구원의 제1원인의 힘으로 살고 일합니다. 그 힘에서 능력을 받고 전적으로 그 힘에 의지하는 제2원인으로서, 그녀는 그 힘에 참여합니다."

그런 까닭에 우리는 마리아를 흠숭하지 않습니다. 흠숭은 오로지 하느님께만 드릴 수 있습니다. 우리는 마리아를 모든 피조물에 앞서는 하느님의 가장 완전한 피조물로, 또한 하느님 손 안에 있는 도구로 공경합니다.[34] 하느님은 사람들의 하느님이시며, 그분은 사람들을 위한 구원을 사람들을 통해 성취하길 원하시기 때문입니다. 그 점은 그분이 지니신 인간다움의 표지이며, 마리아 안에서 모범적이고 유일한 방식으로 빛나는 그분 자비의 표지입니다.

그처럼 마리아는 심오한 신앙의 신비들을 자신 안에서 요약하고 그것들을 되비칩니다.[35] 마리아 안에서 구원되고 화해를 이룬 새로운 인간과 성스러운 새 세상의 모습이 빛납니다. 그 모습은 모방할 수 없는 아름다움으로 우리를 매혹하며, 무감각과 부족함에서 우리를 구해 냅니다. 마리아는 우리에게 예수 그리스도 안에서 드러난 '하느님의 자비'에 관한 복음이 우리가 들을 수 있는 가장 좋은 소식이라는 것을, 그리고 다른 한편으로 그 복음은 하느님의 자비 안에서 드러난 그분의 영광을 통해 우리와 세상을 변화시킬 수 있기 때문에 존재하는 것들 가운데 가장 훌륭한 것이라는 점을 말하고 보여줍니다. '하느님의 자비'는 그분의 선물인 동시에 우리 그리스도교 신자들의 사명이기도 합니다. 우리는 자비를 베풀어야 하고, 말과 행동으로 자비를 살며 증언해야 합니다. 그렇게 할 때 종종 어둡고 춥기만 한 세상이 자비의 빛을 통해 더욱 따뜻하고 밝은, 더욱 살 만하고 사랑할 만한 곳으로 변화될 수 있습니다. '자비'는 하느님의 영광을 이 세상에 되비치는 일이며, 우리가 선물로 받고 계속해서 선물해야 할 예수 그리스도에 관한 복음의 총체입니다.

미주

제1장 자비: 이 시대에 필요하지만 잊힌 주제

1 변신론과 관련한 상세한 내용은 이 책의 제5장 7을 참조할 것.
2 마르크바르트O. Marquard, Der angeklagte und der entlastete Mensch in der Philosophie des 18. Jahrhunderts, in: 같은 이, Abschied vom Prinzipiellen, Stuttgart 1981, 39~66p.
3 도스토옙스키F. M. Dostojewski, Die Brüder Karamasoff, München 1977, 394~399p.
4 비저E. Biser, Interpretation und Veränderung, Paderborn 1979, 132p 이하.
5 전통적 무신론의 문제점에 관해서는 다음 책을 참조할 것: 카스퍼

W. Kasper Der Gott Jesu Christi(《발터 카스퍼 전집》 4권), Freiburg i. Br. 2008, 63~108p.
오늘날의 무신론에 관해서는 다음 책들을 참조할 것: 슈트리트M. Striet, Wiederkehr des Atheismus. Fluch oder Segen für die Theologie?, Freiburg i. Br. 2008; 호프G. M. Hoff, Die neuen Atheismen. Eine notwendige Provokation, Kevelaer 2009.

6 하버마스J. Habermas, Glauben und Wissen, Frankfurt a. M. 2001, 27p 이하.

7 하버마스J. Habermas, Ein Bewusstsein von dem, was fehlt, in: 레더M. Reder/슈미트J. Schmidt, Ein Bewusstsein von dem, was fehlt, Frankfurt a. M. 2008, 26~36p.

8 하버마스J. Habermas, Zeitdiagnosen, Frankfurt a. M. 2003, 47p.

9 카뮈A. Camus, Der Mythos von Sisyphos. Ein Versuch über das Absurde, Düsseldorf 1960, 9p.

10 자프란스키R. Safranski, Romantik. Eine deutsche Affäre, München, 2007.

11 니체F. Nietsche, Die fröhliche Wissenschaft(슐레히타Schlechta가 편집한 《니체 전집》 2권), 126~128p. 205p 이하.

12 같은 책, 127p.

13 하이데거M. Heidegger, Erläuterungen zu Hölderlins Dichtung, Frankfurt a. M. 1951, 27p.

14 부버M. Buber, Gottesfinsternis. Betrachtungen über die Beziehungen zwischen Religion und Philosophie(《부버 전집》 1권), München 1962, 503~603p.

15 제2차 바티칸 공의회 사목 헌장 〈기쁨과 희망Gaudium et Spes〉 19항.

16 호르크하이머M. Horkheimer, Die Sehnsucht nach dem ganz Anderen. Ein Interview mit Kommentar von H. Gumnior, Hamburg 1970, 69p.

17 아도르노T. W. Adorno, Negative Dialektik, Frankfurt a. M. 1966, 376p.

18 아도르노T. W. Adorno, Minima Moralia. Reflexionen aus dem beschädigten Leben, Frankfurt a. M. 1970, 333p.

19 이에 관한 상세한 내용은 이 책의 제2장 1을 참조할 것.

20 슈페만R. Spaemann, Das unsterbliche Gottesgerücht. Die Frage nach Gott und die Täuschung der Moderne, Stuttgart 2007.

21 '세속화'라는 포괄적 주제에 관해서는, 테일러의 정평 있는 책을 참조할 것: 테일러C. Taylor, A Secular Age, Cambridge(Mass.) – London 2007.

22 그에 관해서는 다음 책을 참조할 것: 카스퍼W. Kasper, Der Gott Jesu Christi, 20~22p (미주 5 참조); vgl. o. Anm. 5.

23 아우구스티노, 《고백록》, 최민순 옮김, 바오로딸 2011, 제6권 16 죽음과 심판의 공포, 241쪽.

24 같은 책, 제6권 7 원형극장에 혹한 알리피우스, 223쪽.

25 요한 23세 교황Johnnes XXIII., Il giornale dell'anima e altri scritti di pietà, a cura di L. F. Capovilla, Cinisello Balsamo (Milano) 1989, 452p.

26 같은 책, 149p.

27 Herder-Kornespondenz 1 (Fr 1946)ff. (이하에서는 HerKorr로 표기한다. — 역자 주)

28 요한 23세 교황Johnnes XXIII., Il giornale dell'anima, 465p (주석 25 참조).

29 그에 관해서는 카스퍼W. Kasper, Katholische Kirche. Wesen – Wirklichkeit – Sendung, Freiburg i. Br. 2011, 32. 39~41. 453p 이하.
30 이 주제에 관한 요한 바오로 2세 교황의 글들이 담긴 좋은 책: 요한 바오로 2세 교황Johannes Paul II., Barmherzigkeit Gottes. Quelle der Hoffnung, Ausgewählt und eingeleitet von E. Olk, Einsiedeln 2011. 요한 바오로 2세 교황이 '자비'에 관해 쓴 기고문들을 출간한 일련의 책들이 있는데, 위의 책에서는 단 2권만 언급함: 쇤보른C. Schönborn, Wir haben Barmherzigkeit gefunden. Das Geheimnis göttlichen Erbarmens, Freiburg i. Br. 2009; 올크E. Olk, Die Barmherzigkeit Gottes. zentrale Quelle des christlichen Lebens, St. Ottilien 2011(이 책에 다른 기고문들에 관한 상세한 개요가 나와 있음).
31 독일어 번역본: 요한 바오로 2세 교황Johannes Paul II., Dives in Misericordia(1980).
이 책에 대한 레만 추기경의 주해: Dives in Misericordia, Mit einem Kommentar von K. Lehmann, Freiburg i. Br. 1981.
32 독일어 번역본: Tagebuch der Schwester Maria Faustina Kowalska, Hauteville 1993.
다음 책도 참조할 것: 부오프H. Buob, Die Barmherzigkeit Gottes und der Menschen. Heilmittel für Seele und Leib nach dem Tagebuch der Schwester Faustina, Hochaltingen 2007.
33 요한 바오로 2세 교황Johannes Paul II., Erinnerung und Identität, Augsburg 2005, 75p.
34 이 책의 제3장과 제4장을 참조할 것.
35 디캄프F. Diekamp, Katholische Dogmatik, Bd. 1, Münster 1957, 225p(하느님의 다른 속성들을 거론하는 가운데 그분의 '자비'에 관해 모두 11줄에 걸

쳐 언급했다. 그 점은, '하느님의 자비'에 관해 수많은 진술을 한 '토마스 아퀴나스의 기본 원칙'을 따르는 교의 신학에서는 상상조차 할 수 없는 일이다.); 폴레J. Pohle/구머스바흐J. Gummersbach, Lehrbuch der Dogmatik, Bd. 1, Paderborn 1952, 338~340p(하느님의 본성을 설명하는 가운데 부수적인 사항처럼 그분의 '자비'를 다뤘다.); 오트L. Ott, Grudriss katholischer Dogmatik, Freiburg i. Br. 1970, 57p 이하(하느님의 윤리적 속성들 가운데 하나로 그분의 '자비'를 설명하는 데 1쪽 정도 지면을 할애했다.); 슈마우스M. Schmaus, Katholische Dogmatik, Bd. 1, München 1960(678쪽에 달하는 하느님에 관한 그의 학설 결론과는 아주 대조를 이루고, 따라서 그의 학설 체계에 영향을 끼쳤다고 볼 수 없을 만큼인 2쪽 반에 걸쳐 '하느님의 자비'를 언급했다.); 바이네르트W. Beinert 발행, Glaubenszugänge. Lehrbuch der katholischen Dogmatik, Bd. 1, Paderborn 1995, 392p('창조론'의 일부 내용으로 짤막하게 '하느님의 자비'가 거론되고 있다.)

이상은 임의로 뽑은 책들이며, 이외에도 '하느님의 자비'를 부수적으로 언급한 교의 신학 서적들은 헤아릴 수 없을 만큼 많다.

36 구세사의 관점에서 본 교의 신학 요강인 Mysterium salutis: Grundriss heilsgeschichtlicher Dogmatik, Bd. 2, Einsiedeln 1967, 264. 268. 279. 1113p에서 '하느님의 자비'는 성서 신학적 의미로만 거론될 뿐, 조직 신학적 의미로는 언급되지 않고 있다. 그 점은 프랑스 책 Initiation à la pratique de la théologie, tom. 3, 로레B. Lauret und 르풀F. Refoulé 발행, Paris 1983(독일어: 아이허P. Eicher 발행, Neue Summe Theologie, Bd. 1, Freiburg i. Br. 1988)에서도 발견된다. 슈나이더T. Schneider 발행, Handbuch der Dogmatik, Bd. 1, Düsseldorf 1992; 뮐러G. L. Müller, Katholische Dogmatik, Freiburg i. Br. 1995, 238. 241p; 바그너H. Wagner, Dogmatik, Stuttgart 2003, 361p 이하에도 '하느님의 자비'에 관한 언급은 나오지 않는다. 페슈O. H. Pesch, Katholische Dogmatik,

Bd. I/2, Ostfildern 2008에서 저자가 자신의 교회 일치 운동 경험을 토대로 구상한 학설에 '하느님의 자비'에 관한 언급이 전혀 없다는 점도 이채롭다. 그의 학설은 바로 루터의 경험에서 나온 것이 틀림없음에도 불구하고 말이다. 유감스럽게 나 자신도 '하느님의 자비'를 제대로 다루지 못했다는 비판에서 자유롭지 못하다. 카스퍼W. Kasper, Der Gott Jesu Christi(WKGS 4), Freiburg i. Br. 2008에서 그 주제를 간과했다.

37 무엇보다 다음의 책들은 칭찬할 만하다: 셰벤M. J. Scheeben, Handbuch der katholischen Dogmatik, Bd. 2(《셰벤》 전집 4권), Freiburg i. Br. 1948, §101, 265~267p.
    비교적 최근에 나온 책으로는: 마르제리B. de Margerie, Les perfections du Dieu de Jésus Christ, Paris 1981, 255~268p.
38 이 책의 제5장 1을 참조할 것.
39 이 책의 제5장 6을 참조할 것.
40 토마스 아퀴나스Thomas von Aquin, Summa Theologica I, q. 21 a. 3.
41 이 책의 제3장을 참조할 것.
42 그와 관련한 페슈O. H. Pesch의 견해는 타당하다: 페슈O. H. Pesch, Art. Gerechtigkeit Gottes II, in: Lexikon für Theologie und Kirche 3(이하에서는 LThK로 표기한다. — 역자 주), 6, 506p.
43 다음 책에 수록된 〈의화론에 관한 루터교 세계 연맹과 가톨릭교회의 공동 선언〉을 참조할 것: Dokumente wachsender Übereinstimmung, Bd. 3, hg. 마이어H. Meyer 외, Paderborn. Frankfurt a. M. 2003, 419~430p. 이 책의 제5장 3도 참조할 것.
44 마르크스K. Marx, Zur Kritik der Hegelschen Rechtsphilosophie(1843/44), in: 같은 이, Frühe Schriften, Bd. 1, Darmstadt 1962, 488p.

45 이 책의 제8장 1을 참조할 것.
46 그라닌D. Granin, Die verlorene Barmherzigkeit. Eine russische Erfahrung, Freiburg i. Br. 1993.
47 니체F. Nietzsche, Menschliches, Allzu-Menschliches, in:《니체 전집》1권, 485p 이하. 1004~1017p
48 니체F. Nietzsche, Also sprach Zarathustra, in:《니체 전집》2권, 346~348p.
49 니체F. Nietzsche, Ecce homo, in:《니체 전집》2권, 1159p.
50 같은 책, 404p.
51 니체F. Nietzsche, Jenseits von Gut und Böse. Vorspiel einer Philosophie der Zukunft, in:《니체 전집》2권, 730p.
52 니체F. Nietzsche, Aus dem Nachlass der Achtzigerjahre, in:《니체 전집》3권, 521p.
53 이 책의 제8장을 참조할 것.
54 다음 책에서 또 다른 예를 찾아볼 수 있다: 함부르거K. Hamburger, Das Mitleid, Stuttgart 2001. 함부르거는, '동정'이 거리를 두며, 윤리적인 영향은 끼치지 않는 현상이라는 견해를 대변한다.
그의 견해를 비판하는 책으로는 다음과 같은 것이 있다: 귈허 N. Gülcher/뤼에I. von der Lühe, Ethik und Ästhetik des Mitleids, Freiburg i. Br. 2007.
55 로저스C. Rogers, Empathie – eine unterschätzte Seinsweise, in: 같은 이/로젠베르크R. Rosenberg, Die Person als Mittelpunkt der Wirklichkeit, Freiburg i. Br. 1980; 힐페르트K. Hilpert, Art. Mitleid, in: LThK³ 7, 334~337p도 참조할 것.
56 메츠J. B. Mezt/쿨트L. Kuld/바이스브로트A. Weibrod, Compassion,

Weltprogramm des Christentums. Soziale Verantwortung lernen, Freiburg i. Br. 2009.
다음 글도 참조할 것: 미트D. Mieth, Mitleid, in: 같은 책, 21~25p.

57 본래 2007년 12월 24일자 독일 일간지 Süddeutsche Zeitung의 '문예란'에 실렸던 기고문. 이후 메츠J. B. Metz, Compassion. Zu einem Weltprogramm des Christentums im Zeitalter des Pluralismus der Religionen und Kulturen, in: Compassion(미주 56 참조), 메츠J. B. Metz/쿨트L. Kuld/바이스브로트A. Weisbrod 발행, 9~18p.

58 무엇보다 다음 글이 대표적이다. 메츠J. B. Metz, Plädoyer für mehr Theodizee. Empfindlichkeit in der Theologie, in: Worüber man nicht schweigen kann, hg. 욀뮐러W. Oelmüller, München 1992, 125~137p; 메츠J. B. Metz, Theodizee-empfindliche Gottesrede, in: 같은 이, Landschaft aus Schreien. Zur Dramatik der Theodizeefrage, Mainz 1995, 81~102p; 같은 이, Memoria Passionis. Ein provozierendes Gedächtnis in pluraler Gesellschaft, Freiburg i. Br. 2006.

59 다음 책을 참조할 것: 휘너만P. Hünermann/쿠리A. T. Khoury, Warum leiden?, Die Antwort der Weltreligionen, Freiburg i. Br. 1987.

제2장 자세한 고찰

1 다음 책들에서는 개략적인 내용만 확인할 수 있다.
철학사적인 포괄적 기술: 삼손L. Samson, Art. Mitleid, in: Historisches Wörterbuch der Philosophie(이하에서는 HWPh로 표기한다. — 역자 주) HWPh 5(1980) 1410~1416p; 하우저R. Hauser/슈퇴어J. Stöhr, Art.

Barmherzigkeit, in: HWPh 1 (1971) 754p 이하 수록.
포괄적인 기술: 안조르게D. Ansorge, Gerechtigkeit und Barmherzigkeit Gottes. Die Dramatik von Vergebung und Versöhnung in bibeltheologischer, theologiegeschichtlicher und philosophiegeschichtlicher Perspektive, Freiburg i. Br 2009.

2   이 책의 제3장 1을 참조할 것.
3   클루게F. Kluge, Etymologisches Wörterbuch der deutschen Sprache, bearb. von E. Seebold, Berlin 1999, 82p.
4   플라톤Palton, Apologia, 34c 이하; Politeia, 415c.
5   아리스토텔레스Aristoteles, Rhetorik, 1385b.
6   아리스토텔레스Aristoteles, Poetik, 1449b.
7   세네카Seneca, Über die Milde II, 6.
8   아우구스티노Augustinus, De civitate Dei IX, 5.
9   토마스 아퀴나스Thomas von Aquin, S. th. I, q. 21 a. 3; II/II, q. 30 a. 1 ad 2; a. 2 und 3; Super Ioannem 2, lect.1, n.3
10 토마스 아퀴나스Thomas von Aquin, S. th. II/II, q. 30 a. 1 c. a.
11 토마스 아퀴나스Thomas von Aquin, S. th. I, q. 21 a. 3.
    다음 책도 참조할 것: 마르제리B. de Margerie, Les perfections du Dieu de Jésus Christ, Paris 1981, 255~257p.
12 콩가르Y. Congar, La miséricorde. Attribut souverain de Dieu, in: Vie spirituelle 106 (1962) 380~395p
    다음 책들도 참조할 것: 안조르게D. Ansorge, Gerechtigkeit und Barmherzigkeit Gottes (미주 1 참조), 301~326p; 올크E. Olk, Die Barmherzigkeit Gottes als zentrale Quelle des christlichen Lebens, St. Ottilien 2011, 97~102p.

13 토마스 아퀴나스Thomas von Aquin, S. th. I, q. 21 a. 1 ad 2 und 3.
14 토마스 아퀴나스Thomas von Aquin, S. th. I, q. 21 a. 3 ad 2.
    그에 관한 자세한 내용은 이 책의 제5장 1을 참조할 것.
15 이 책의 제7장 4를 참조할 것.
16 루소J.-J. Rousseau, Émile, Œuvres IV(1969), 503~505p.
17 리터H. Ritter, Nahes und fernes Unglück. Versuch über das Mitleid, München 2004
    다음 책도 참조할 것: 볼츠N. Bolz, Diskurs über die Ungleichheit. Ein Anti-Rousseau, München 2009.
18 레싱G. E. Lessing, Hamburgische Dramaturgie, 1767~1768p.
19 같은 이, Briefwechsel über das Trauerspiel(Briefe an Friedrich Nicolai), 1756p. 11.
20 실러F. Schiller, Was kann eine gute, stehende Schaubühne eigentlich wirken?(1784), in: Schillers Werke IV, Frankfurt a. M. 1966, 7~19p; 비극적 주제들을 기꺼워해야 할 이유에 관해서는, 같은 책 60~73p를 참조할 것.
21 헤겔G. W. F. Hegel, Ästhetik, 《헤겔 전집》(ed. Glockner), 14권, 531p 이하.
22 쇼펜하우어A. Schopenhauer, Über die Grundlage der Moral, in: 《쇼펜하우어 전집》 3권, Darmstadt 1974, 811p; 《쇼펜하우어 전집》 1권, 110p 이하 참조.
23 칸트I. Kant, Grundlegung zur Metaphysik der Sitten, B 52p.
24 같은 책, A 131p.
25 같은 책, A 132p.
26 칸트I. Kant, Kritik der praktischen Vernunft, A 223p 이하.

27 같은 책, A 233p 이하.
28 칸트I. Kant, Die Religion innerhalb der Grenzen der bloßen Vernunft, B 54p.
29 같은 책, B 94p.
30 같은 책, B 62p.
    다음 책도 참조할 것: 안조르게D. Ansorge, Gerechtigkeit und Barmherzigkeit Gottes(미주 1 참조), 435p 이하에 나오는 다음 책의 인용 부분: 호핑H. Hoping, Freiheit im Widerspruch. Eine Untersuchung zur Erbsündenlehre im Ausgang von Immanuel Kant(IThS 30), Innsbruck - Wien 1990.
31 그와 관련하여, 동정과 자비에 대한 니체F. Nietzsche의 비판을 다시 다룰 필요는 없을 것이다. 그에 관해서는 이 책의 제1장 4를 참조할 것.
32 슈타인E. Stein, Zum Problem der Einfühlung, Halle 1917.
33 셸러M. Scheler, Wesen und Formen der Sympathie(1912), Köln ^{5}1926.
34 호르크하이머M. Horkheimer/아도르노T. W. Adorno, Dialektik der Aufklärung, Frankfurt a. M. 1972, 109p 이하. 127p; 아도르노 T. W. Adorno, Negative Dialektik, Frankfurt a. M. 1966, 279p 이하. 356p.
35 슐츠W. Schulz, Philosophie in einer veränderten Welt, Pfullingen 1972, 749~751p. 여기서는 751p.
36 레비나스E. Levinas, Die Spur des Anderen. Untersuchungen zur Phänomenologie und Sozialphilosophie. herausgegeben und eingeleitet von W. N. Krewani, Freiburg i. Br. - München ^{4}1999; 카스퍼B. Casper, Angesichts des Anderen. E. Levinas. Elemente seines

Denkens, Paderborn 2009.

37 안조르게D. Ansorge, Gerechtigkeit und Barmherzigkeit Gottes(미주 1 참조), 469~486p.

38 하이데거M. Heidegger, Sein und Zeit, Tübingen ⁹1960, 22p 이하.

39 데리다J. Derrida/비비오르카M. Wieviorka, Jahrhundert der Vergebung, in: Lettre internationale 48(2000) 10~18p; 튀크J. H. Tück, Versuch über die Auferstehung, in: Internationale Katholische Zeitschrift Communio(이하에서는 IKaZ로 표기한다. — 역자 주) 31(2002) 279p Anm. 25.

40 플라톤Platon, Politeia 509 b 9 이하.

41 안조르게D. Ansorge, Gerechtigkeit und Barmherzigkeit Gottes(미주 1 참조), 486~504p. 데리다J. Derrida의 이론은 종종 비판을 받기도 했는데, 대표적인 예가 분석 철학의 비판이다. 미국의 언어학자 촘스키 N. Chomsky(1928년 출생)는 데리다의 이론에 명백함이 부족하다고, 다시 말해 그의 이론은 수준 높고 고상하지만 불분명하여 이해하기 어려운 수사학에 불과하다고 비난했다.
비평 이론에서도 데리다의 이론을 비판했는데, 다음 글을 예로 들 수 있다: 하버마스J. Habermas, Die Moderne. ein unvollendetes Projekt, in: 같은 이, Kleine Politische Schriften(I~IV), Frankfurt a. M. 1981, 444~464p.

42 리쾨르P. Ricoeur, Liebe und Gerechtigkeit, Amour et Justice, Tübingen 1990. 안조르게D. Ansorge, Gerechtigkeit und Barmherzigkeit Gottes(미주 1 참조), 504~524p도 참조할 것.

43 마리옹J.-L. Marion, Étant donné. Essai d'une phénoménologie de la donation, Paris 1997.

44 같은 이, La croisée du visible, Paris 1996;
    독일어 번역본: Die Öffnung des Sichtbaren, Paderborn 2005.
45 그에 관해서는 다음 책을 참조할 것: 카스퍼W. Kasper, Katholische
    Kirche. Wesen-Wirklichkeit-Sendung, Freiburg i. Br. 2011, 91~93.
    99~101. 156~159p와, 각주 67에 '한계determinatio'의 문제에 관한 토
    마스 아퀴나스의 주장에 이어 나오는 설명.
46 카를 라너K. Rahner, Hörer des Wortes. Zur Grundlegung einer
    Religionsphilosophie(1941), 메츠J. B. Metz의 개정판, München 1963.
    맥락과 배경, 토론에 관해서는, Gesamtausgabe der Werke von Karl
    Rahner Bd. 4, Freiburg i. Br. 1997을 참조할 것.
47 특히 주목해야 할 것은 다음 책에 요약된 프뢰퍼T. Pröpper의 글이다:
    Theologische Anthropologie, 2Bde., Freiburg i. Br. 2011.
    다음 책도 마찬가지로 중요하다: 페어바이엔H. -J. Verweyen, Gottes
    letztes Wort. Grundriss der Fundamentaltheologie, Düsseldorf 1991.
    이 두 가지 의견 사이에 벌어진 논쟁을 여기서 다루지는 못한다.
48 제2차 바티칸 공의회 비그리스도교와 교회의 관계에 대한 선언 〈우리
    시대Nostra Aetate〉, 서론.
49 글라제나프H. Glasenapp, Die fünf Weltreligionen, Düsseldorf 1963;
    브루너 트라우트E. Brunner-Traut, Die fünf großen Weltreligionen,
    Freiburg i. Br. ^{2}1974.
50 힌두교에 관해서는 다음 저자들을 참조할 것: 하커P. Hacker, 오버하
    머G. Oberhammer, 뷔르클레H. Bürkle, 미하엘스A. Michaels; 요약
    한 책으로는, 슈티텐크론H. Stietencron, Der Hinduismus, München
    ^{2}2006.
51 뷔르클레H. Bürkle, Art. Hinduismus VII und X, in: LThK^3 5,

139~142p을 참조할 것.

52 불교에 관해서는 다음 저자들을 참조할 것: 에노미아 라살레 H.M.Enomya-Lasalle, 두물린H.Dumoulin, 발덴펠스H.Waldenfels; 요약한 책으로는, 브뤼크M. von Brück, Einführung in den Buddhismus, Frankfurt‑Leipzig 2007.

53 이슬람교에 관한 책으로는 다음과 같은 것들이 있다: 심멜 A.Schimmel, Im Namen Allahs des Allbarmherzigen, Düsseldorf 2002; 같은 이, Die Religion des Islam. Eine Einführung, Stuttgart 2010; 나겔T.Nagel, Geschichte der islamischen Theologie von Mohammed bis zur Gegenwart, München 2008; 티비B.Tibi, Die islamische Herausforderung. Religion und Politik im Europa des 21. Jahrhunderts, Darmstadt 2008.
성경과 코란의 관계에 대해서는 다음 책들을 참조할 것: 그닐카 J.Gnilka, Bibel und Koran, Freiburg i.Br. 2004; 같은 이, Der Nazarener und der Koran. Eine Spurensuche, Freiburg i.Br. 2007.

54 제2차 바티칸 공의회 비그리스도교와 교회의 관계에 대한 선언〈우리 시대Nostra Aetate〉, 3항.

55 스위스 태생의 독일 가톨릭 신학자 큉H.Küng의 그런 주장은 많이 인용되고 있다: 큉H.Küng, Projekt Weltethos, München 1990, 139p 이하.

56 제2차 바티칸 공의회 비그리스도교와 교회의 관계에 대한 선언〈우리 시대Nostra Aetate〉, 2항.

57 종교들 간의 대화를 위한 토대 마련에 관해서는 다음 책을 참조할 것: 카스퍼W.Kasper, Katholische Kirche(미주 45 참조), 439~452p.

58 다음 책들을 참조할 것: 마티스H. P. Mathys/하일리겐탈

R. Heiligenthal/슈라이H. H. Schrey, Art. Goldene Regel, in: Theologische Realenzyklopädie(이하에서는 TRE로 표기한다. — 역자 주) 13, 570~583p; 슈라이H. H. Schrey, Goldene Regel, in: HWPh 8, 450~464p; 잔트A. Sand/후놀트G. Hunold, Art. Goldene Regel, in: LThK³ 4, 821~823p.

59 슈트라크H. L. Strack/빌러베크P. Billerbeck, Kommentar zum Neuen Testament aus Talmud und Midrasch(이하에서는 Bill로 표기한다. — 역자 주) 1, 459p 이하 참조.

60 다음 책들을 참조할 것: 쉬르만H. Schürmann, Das Lukasevangelium, in: Herders Theologischer Kommentar zum Neuen Testament(이하에서는 HThKNT로 표기한다. — 역자 주), III/1, Freiburg i. Br. 1969, 349~352p; 루츠U. Luz, Das Evangelium nach Matthäus, in: Evangelisch-katholischer Kommentar zum Neuen Testament(이하 에서는 EKK로 표시한다. — 역자 주), I/1, Neukirchen 1985, 387~394p; 그 닐카J. Gnilka, Das Matthäusevangelium(HThKNT I/1), Freiburg i. Br. 1986, 264~268p. "황금률은 어리석은 이기주의적 도덕"이라는 불트만R. Bultmann의 의견(같은 이, Die Geschichte der synoptischen Tradition, Göttingen ⁴1958, 107p)은 위 책들의 해석에 비춰 볼 때 시대착오적인 것이라 할 수 있다.

61 아우구스티노Augustinus, De ordine II, 25; Confessiones I, 18, 29; Ennarrationes in Psalmos 57, 1이하; Sermo IX, 14.
그에 관한 다음 책을 참조할 것: 쇼켄호프E. Schockenhoff, Das umstrittene Gewissen. Eine theologische Grundlegung, Mainz 1990, 70~77p.

62 '황금률'은 특히 큉H. Küng이 주창한 이래 커다란 주목을 받은 '세

계 윤리 프로젝트'의 토대가 되었다: 큉H. Küng, Projekt Weltethos, München - Zürich 1990(미주 55 참조), 84p.

63 특히 아스만J. Assmann과 지라르R. Girard가 제기하여 오늘날 널리 논의되고 있는 '종교의 폭력 문제'를 이 책에서 자세히 다룰 수는 없다. 어쨌든 '황금률'에 대한 언급을 통해, 우리는 그 문제에 대한 일반적인 평가를 되짚어 볼 필요가 있음을 알 수 있다. 특히 구약 성경에서 볼 수 있는 '종교의 폭력 문제'는 신중하게 살펴봐야 한다. 그에 관해서는 다음 글들을 참조할 것: 니비아돔스키J. Niewiadomski, Unbekömmlicher Monotheismus? Der christliche Gott unter Generalverdacht, in: HerKorr 2011 Spezial: Streitfall Gott, 6~11p; 튀크J. -H. Tück, Arbeit am Gottesbegriff. Ein Erkundungsgang anhand jüngerer Veröffentlichungen, in: 같은 책 24p 이하.

64 아우구스티노Augustinus, De civitate Dei XIV, 8.

65 칸트I. Kant, Grundlegung zur Metaphysik der Sitten, B 69.

66 Didache XII apostolorum 1, 2 이하; 유스티노Justin, Dialogus 93, 2; 알렉산드리아의 클레멘스Clemens von Alexandrien, Paedagogus II, 2.

67 토마스 아퀴나스Thomas von Aquin, S. Th. I/II, q. 100 a. 11; vgl. III q. 84 a. 7 ad 1; q. 60 a. 5; q. 61 a. 3 ad 2. 이 문제는 이미 철학과 신학의 관계에서 대두되었고(이 책 제2장 1, 미주 44 참조), 하느님에 관한 철학적 이해와 신학적 이해의 관계 규명(이 책 제5장 1 참조)과, 하느님에 관한 일신론적 이해와 삼위일체론적 이해의 관계(이 책 제5장 2 참조)에서 다시 대두된다.

68 독일의 종교 개혁자인 루터M. Luther도 그와 같은 방식으로 '황금률'을 비판적으로 해석했다: 슈라이H. H. Schrey, Art. Goldene Regel, in: TRE 13(미주 58 참조), 576p 이하 참조.

제3장 구약 성경이 전하는 하느님의 자비

1 니체F. Nietzsche, Jenseits von Gut und Böse, in: 《니체 전집》 2권, 566p.
2 저주 시편의 이해에 관해서는 다음 책을 참조할 것: 쳉거E. Zenger, Art. Fluchpsalmen, in: LThK³ 3, 1335p 이하. 이 책 제2장의 미주 63도 참조할 것.
3 쾨스터H. Köster, Art. σπλάγχνον, in: Theologisches Wörterbuch zum Neuen Testament(이하에서는 ThWNT로 표기한다. — 역자 주) 7, 553~557p.
4 불트만R. Bultmann, Art. οἰκτίρω, in: ThWNT 5, 162p 이하.
5 바움게르텔F. Baumgärtel/벰J. Behm, Art. καρδία, in: ThWNT 3, 609~616p; 볼프H. W. Wolff, Anthropologie des Alten Testaments, München 1973, 68~95p.
6 헤셸A. J. Heschel, The Prophets, New York – Evanston 1955; 쿤P. Kuhn, Gottes Selbsterniedrigung in der Theologie der Rabbinen, München 1968; 같은 이, Gottes Trauer und Klage in der rabbinischen Überlieferung, Leiden 1978.
7 불트만R. Bultmann, Art. ἔλεος, in: ThWNT 2, 474~482p.
8 치멀리W. Zimmerli, Art. χάρις, in: ThWNT 9, 366~377p.
9 창세 18,18; 22,18; 26,4; 18,14; 집회 44,21; 갈라 3,6-18.
10 바이어W. Beyer, Art. εὐλογέω, εὐλογία, in: ThWNT 2, 751~763p.
11 이런 표현과 시각은 읽을 가치가 있는 다음 책에서 빌려 온 것이다: 로핑크G. Lohfink/바이머L. Weimer, Maria – nicht ohne Israel. Eine neue Sicht der Lehre von der unbefleckten Empfängnis, Freiburg i. Br. 2008.

12 '야훼'란 이름의 해석에 관해서는 다음 책들을 참조할 것: 치멀리W. Zimmerli, Ich bin Jahwe, in: Gottes Offenbarung (Theol. Bücherei 19), München 1963; 라트G. von Rad, Theologie des Alten Testaments, Bd. 1, München 1969, 1982(8쇄). 최근의 연구에 관해서는 다음 글들을 참조할 것: 로제M. Rose, Art. Jahwe, in: TRE 16, 438~441p; 브란트샤이트R. Brandscheidt, Art. Jahwe, in: LThK³ 5, 712p 이하.
13 Die fünf Bücher der Weisung, 부버M. Buber gem. m. 로젠츠바이크F. Rosenzweig, Heidelberg, 1981; 부버M. Buber, Moses, in: Werke 2, München - Heidelberg 1964, 특히 62~66p, 144~146p를 참조할 것.
14 테르툴리아누스Tertullian, De praescriptione haereticorum VII, 9.
15 파스칼B. Pascal, Über die Religion (Pensées), hg. 바스무트E. Wasmuth, Heidelberg 1963, 248p.
    조직 신학적 문제에 관해서는 이 책의 제5장 1을 참조할 것.
16 빌켄스U. Wilckens, Theologie des Neuen Testaments 2/1, Neukirchen - Vluyn 2007, 93p. '누군가를 위한 존재'(독일어로 '프로엑시스텐츠Proexistenz')라는 개념은 개신교 성경 주석 학자인 슈마우흐W. Schumauch에게서 나왔으며, 가톨릭교회의 신약 성경 주석 학자인 쉬르만H. Schürmann과 튀징W. Thüsing이 그 개념을 받아들였다. 그런 맥락에서 몇몇 학자들은 '야훼'라는 이름이 '존재하다'를 뜻하는 히브리어 단어 '하야hajah'보다는, '열정적으로 사랑하다'를 뜻하는 '하사hasah'에서 왔다고 주장한다. 그들의 해석에 따르면, '야훼'란 이름은 '당신 백성을 열정적으로 사랑하시는 분'을 뜻한다. 올크E. Olk, Die Barmherzigkeit Gottes - zentrale Quelle des christlichen Lebens, St. Ottilien 2011, 46p 참조.

17　빌켄스U. Wilckens, Theologie des Neuen Testaments 2/1 (미주 16 참조), 96p.
18　같은 곳.
19　신명 4,31; 시편 86,15; 103,8; 116,5; 145,8; 요나 4,2; 요엘 2,13 참조.
20　볼프H. W. Wolff, Dodekapropheten (Biblischer Kommentar AT, XIV/1), Neukirchen - Vluyn 1976, 261p.
21　프로크슈O. Proksch/쿤G. Kuhn, Art. ἅγιος, in: ThWNT 1, 87~112p.
22　니체F. Nietzsche, Also sprach Zarathustra, in: 《니체 전집》 2권, 348p.
23　피히트너J. Fichtner/슈텔린G. Stählin, Art. ὀργή, in: ThWNT 5, 395~410p. 442~448p; 보른캄G. Bornkamm, Die Offenbarung des Zornes, in: Studium zum NT, München 1985, 136. 189p; 그로스 W. Groß, Zorn - ein biblisches Theologumenon, in: 바이네르트 W. Beinert, Gott - ratlos vor dem Bösen?, Freiburg i. Br. 1999, 47~85p.
24　크벨G. Quell, Art. δικαιοκριδία, in: ThWNT 2, 176~180p.
25　이사 44,26.28; 49,10~13; 예레 3,12; 12,15; 26,13 등 참조.
26　크벨G. Quell/키텔G. Kittel/불트만R. Bultmann, Art. ἀλήθεια, in: ThWNT 1, 233~251p.
27　니체F. Nietzsche, Götzen-Dämmerung, in: 《니체 전집》 2권, 968p.
28　하우크F. Hauck, Art. πένης, in: ThWNT 6, 37~40p; 하우크 F. Hauck/바멜E. Bammel, Art. πτωχός, in: ThWNT 6, 885~902p; 로핑크N. Lohfink, Lobgesänge der Armen, Stuttgart 1990; 파브리 H.-J. Fabry, Art. Armut, in: LThK³ 1, 1005~1008p.
29　신명기에 관해서 다음 글을 참조할 것: 로핑크N. Lohfink, Das deuteronomistische Gesetz in der Endgestalt. Entwurf einer

Gesellschaft ohne marginale Gruppen, in: Biblische Notizen 51 (1990), 25~40p.

30 하우크Hauck/바멜E. Bammel, Art. πτωχός, in: ThWNT 6(미주 28 참조), 894~902p.

제4장 예수님이 전하는 하느님의 자비

1 그닐카의 그런 의견은 타당하다: 그닐카J. Gnilka, Das Matthäus-evangelium(HThKNT I/1), Freiburg i. Br. 1986, 1p 이하.
2 여기서 마태오 복음과 루카 복음에 나오는 '전사前史'의 문학 장르와 역사성에 관한 문제를 자세히 다룰 수는 없다. 나는, '전사'를 그저 교화적인 설화로 보지 않고, 후기 유다교의(사실은 초기 유다교로 보는 것이 타당함) '하가다Haggada' 방식을 사용한 이야기로 이해한 쉬르만H. Schürmann 의 의견에 동의한다. 그런 특성이 있기 때문에, '전사'의 역사성을 섣불리 판단해서는 안 된다: 쉬르만H. Schürmann, Das Lukas evangelium(HThKNT III/1), Freiburg i. Br. 1969, 18~25p.
3 이 자리에서 '동정녀의 잉태'에 관해 자세히 살펴볼 수도 없고, 그럴 필요도 없다. 그 주제에 관해 나는 이미 다음 책들에서 의견을 제시한 바 있다: 카스퍼W. Kasper, Jesus der Christus(1974)(《카스퍼 전집》 3권), Freiburg i. Br. 2007, 374p; 같은 이, Katholische Kirche, Freiburg i. Br. 2011, 219p.
주석학적 논쟁에 관해서는 다음 책들을 참조할 것: 그닐카J. Gnilka, Exkurs: Das Matthäusevangelium(미주 1 참조), 22~33p; 뮐러G. L. Müller, Art. Jungfraugeburt, in: LThK³ 5, 1090~1095p.
4 그런 의견은 다음 책들에서 확인할 수 있다: 루츠U. Luz, Das

Evangelium nach Matthäus(EKK I/1), Zürich 1985, 85p; 그닐카 J.Gnilka, Das Matthäusevangelium(미주 1 참조), 1p.
5 그닐카J.Gnilka, Das Matthäusevangelium(미주 1 참조), 33~37p. 교회론적 의미에 관해서는 다음 책을 참조할 것: 카스퍼W. Kasper, Katholische Kirche(미주 3 참조), 131~133p.
6 블로흐E.Bloch, Das Prinzip Hoffnung, Frankfurt a.M. 1959, 1482p.
7 안티오키아의 이냐시오Ignatius von Antiochien, Epistula ad Magnesios 8, 23.
8 다음 논문을 참조할 것: 하스A.M. Haas, Im Schweigen Gott zur Sprache bringen, in: 아우구스틴G. Augustin/크레머K. Krämer 발행, Gott denken und bezeugen, Freiburg i.Br. 2008, 344~355p.
9 페슈R.Pesch, Das Markusevangelium(HThKNT II/1), Freiburg i.Br. 1976, 100~104p; 그닐카J.Gnilka, Das Evangelium nach Markus(EKK II/1), Zürich 1978, 64~69p.
10 그닐카J.Gnilka, Das Matthäusevangelium(미주 1 참조), 409p 이하; 루츠U.Luz, Das Evangelium nach Matthäus(미주 4 참조), Bd.I/2, Zürich 1990, 168~170p.
11 쉬르만H.Schürmann, Das Lukasevangelium(미주 2 참조), 231p; 루츠 U.Luz, Das Evangelium nachMatthäus(미주 10 참조), 204~207p.
12 Jüdische Parallelen bei Bill IV/1, 559~610p.
13 빌켄스U.Wilckens, Theologie des Neuen Testaments, Bd.II/1, Neukirchen 2007, 190~195p.
14 슈렝크G.Schrenk, Art. πατήρ, in: ThWNT 5, 984~996p; 예레미아스J.Jeremias, Abba. Studien zur neutestamentlichen Theologie und Zeitgeschichte, Göttingen 1966; 라칭거J.Ratzinger(베네딕토 16

세 교황Benedict XVI.), Jesus von Nazareth, Bd. 1, Freiburg i. Br. 2006, 169~176p에서는, 하느님에 관한 예수님 가르침의 핵심이 하느님을 아버지로, 특히 "당신의 아버지"로 알려 주신 데 있다는 것을 매우 인상 깊게 설명하고 있다.

15 쉬르만H. Schürmann, Das Lukasevangelium(미주 2 참조), 358~365p.
16 다음 책들은 그런 해석에 근간을 제시한다: 도드C. H. Dodd, The Parables of the Kingdom, Glasgow 1978; 예레미아스J. Jeremias, Die Gleichnisse Jesu, Göttingen ^{11}1998.
최근의 해석을 담은 책으로는 다음과 같은 것이 있다: 린네만 E. Linnemann, Die Gleichnisse Jesu. Einführung und Auslegung, Göttingen ^{6}1975; 클라우크H. -J. Klauck, Allegorie und Allegorese in synoptischen Gleichnistexten, Münster ^{2}1986.
비유 해석이 지닌 문제점을 소개하는 책에는 다음이 있다: 라칭거 Ratzinger(Benedict XVI.), Jesus von Nazareth(미주 14 참조), 222~233p.
17 이 두 비유에 관해서는 바로 위의 책, 234~252p를 보라.
18 요한 바오로 2세 교황Johannes Paul II., 회칙 〈자비로우신 하느님 Dives in Misericordia〉(1980년), 6항.
19 그에 관한 책으로는 다음과 같은 것이 있다: 빌켄스U. Wilckens, Theologie des Neuen Testaments(미주 13 참조), Bd. I/1, Neukirchen 2002, 316~319p; Bd. II/1, Neukirchen 2007, 201~204p.
이 책의 제5장 3도 참조할 것.
20 예수님이 자신의 죽음을 미리 아셨다는 것과, 그분이 자신의 죽음을 어떻게 이해하셨는지에 관해서는 다음 책을 참조할 것: 카스퍼 W. Kasper, Jesus der Christus(미주 3 참조), 176~190p.
21 그 말씀에 관한 전문적인 논쟁에 관해서는 다음 책을 참조할 것: 빌켄

스U. Wilckens, Theologie des Neuen Testaments(미주 13 참조), Bd. I/2, Neukirchen 2003, 15~18p.

22 그룬트만W. Grundmann, Art. δεῖ, in: ThWNT 2, 21~25p.

23 리젠펠트H. Riesenfeld, Art. ὑπέρ, in: ThWNT 8, 510~518p; 쉬르만 H. Schürmann, Gottes Reich – Jesu Geschick. Jesu ureigener Tod im Licht seiner Basileia-Verkündigung, Freiburg i. Br. 1983.

24 다음 책은 그에 관한 수많은 증거를 제시하고 있다: 발타자르H. U. von Balthasar, Theodramatik, II/2, Einsiedeln 1978, 224p 이하.

25 발타자르H. U. von Bathasar는 카를 라너K. Rahner와 스킬레벡스 E. Schillebeeckx, 큉H. Küng 등이 제시한 그런 의견을 '대속' 개념의 의미를 축소한 것이라 비판한다: 발타자르H. U. von Balthsar, Theodramatik III, Einsiedeln 1980, 247~262p.
그에 반해, 멩케K. -H. Menke는 적극적이고 건설적인 해석을 내놓았다: 멩케K. -H. Menke, Stellvertretung. Schlüsselbegriff christlichen Lebens und theologische Grundkategorie, Einsiedeln – Freiburg i. Br. 1991; 같은 이, Jesus ist Gott der Sohn. Denkformen und Brennpunkte der Christologie, Regensburg ²2011, 377~408p.
개신교 책으로는 다음이 있다: 게스트리히C. Gestrich, Christentum und Stellvertretung, Tübingen 2001.

26 게제H. Gese, Die Sühne, in: 같은 이, Zur biblischen Theologie, München 1977, 85~106p.

27 라칭거J. Ratzinger(베네딕토 16세 교황Benedict XVI.), Jesus von Nazareth, Bd. 2, Freiburg i. Br. 2011, 153p.

28 아우구스티노Augustinus, Sermo 169 c. 11 n. 13.

29 멩케K. -H. Menke는 자신의 책 Gott der Sohn(미주 25 참조)에서, 바르

트K. Barth와 발타자르H. U. von Balthasar의 의견을 반박하는 가운데 그 차이점을 분명하게 부각시켰다. 그 결과, 멩케 이후에 '대속'에서 '배상' 개념은 사라졌다(같은 책, 133p).

30 예레미아스J. Jeremias, Die Abendmahlsworte Jesu, Göttingen ³1960, 217~223p; 같은 이, Art. πολλοί, in: ThWNT 6, 544p 이하.

31 그런 의견은 다음 책들에서 볼 수 있다: 예레미아스J. Jeremias, Die Abendmahlsworte Jesu(미주 30 참조); 페슈R. Pesch, Wie Jesus das Abendmahl hielt, Freiburg i. Br. 1977, 76p 이하; 빌켄스U. Wilckens, Theologie des Neuen Testaments, I/2, (미주 21 참조), 84p; 죄딩 T. Söding, Für euch – für viele – für alle. Für wen feiert die Kirche Eucharistie?, in: M. Striet(Hg.), Gestorben für wen? Zur Diskussion um das "pro multis", Freiburg i. Br. 2007, 22~26p; 테오발트 M. Theobald, "Pro multis" – ist Jesus nicht für alle gestorben, in: 같은 책, 30~34p; 라칭거J. Ratzinger(Benedict XVI.), Jesus von Nazareth, Bd. 2, (미주 27 참조), 155p.

32 그 문제는, 2006년 10월 17일자 교황청 경신성사성 장관의 글에서 미사 중 '성찬식' 때 성체성사를 제정하는 말씀에 나오는 "프로 물티스 pro multis"라는 라틴어 표현을 "많은 사람을 위하여"로 번역할 계획이라는 언급에 따라 대두되었다. 그런 번역은, 전례학과 교부학의 전통적 의미 안에서 그 말을 글자 그대로 옮기려는 형식적 관점이 강조된 것이라 하겠다. 따라서 그런 번역에는, 하느님의 보편적 구원 의지에 대해 의문의 여지가 없게 만들고, 각 개인의 구원을 위해서는 신앙에 입각한 응답이 필수적으로 요청된다는 점을 분명하게 밝히는 교리적 설명이 필요하다. 새 〈미사 통상문〉이 출간된 후인 2012년 4월 14일에야 비로소 그런 사실을 해명하는 베네딕토 16세 교황Benedict

33 XVI.의 서한이 독일 주교회의에 전달되었다. 그에 관한 상세한 내용은 이 책의 제5장 3을 볼 것.

34 하느님의 아드님이 각 사람과 하나가 되셨다는, 제2차 바티칸 공의회 사목 헌장〈기쁨과 희망Gaudium et Spes〉22항의 말씀도 그런 의미로 해석해야 한다.

35 클레르보의 베르나르도Bernhard von Clairvaux, Cantus 62, 5. 다음 책도 참조할 것: 같은 이, 셸렌베르거B.Schellenberger 번역 및 발행, Rückkehr zu Gott. Die mystischen Schriften, Düsseldorf ²2002, 27~33p.

36 Gotteslob 179.

37 '부활 신학'에 관해서는 다음 책을 볼 것: 카스퍼W.Kasper, Jesus der Christus(미주 3 참조), 191~242p.

38 그에 관해서는 다음 책을 참조할 것: 무스너F. Mussner, Der Jakobusbrief(HThKNT XII/1), Freiburg i.Br. 1964, 126p 이하.

39 바오로 사도가 '하느님의 정의'를 어떻게 이해했는지에 관해서는 다음 책을 볼 것: 슈렝크G.Schrenk, Art. δικαιοσύνη, in: ThWNT 2, 204~214p; 슈툴마허P.Stuhlmacher, Gerechtigkeit Gottes bei Paulus, in: Forschungen zur Religion und Literatur des Alten und Neuen Testaments(이하에서는 FRLANT로 표기한다. — 역자 주) 87, Göttingen 1965; 케르텔게K.Kertelge, Rechtfertigung bei Paulus, in: Neutestamentliche Abhandlungen(이하에서는 NTA로 표기한다. — 역자 주), NF 3, Münster ²1971; 같은 이, Art. Gerechtigkeit Gottes I, in: LThK³ 4, 504~506p(Lit.); 빌켄스U.Wilckens, Der Brief an die Römer, Bd.1(EKK IV/1), Zürich – Neukirchen 1978, 202~233p; 클라이버W.Klaiber, Gerecht vor Gott, Göttingen 2000.

40　카스퍼W. Kasper, Jesus der Christus(미주 3 참조), 234~242p.
41　아우구스티노Augustinus, De spiritu et littera 9, 15.
42　포세트F. Posset, The Real Luther. A Friar at Erfurt and Wittenberg, Saint Louis 2011.
43　다음 책에 수록된 〈의화론에 관한 루터교 세계연맹과 가톨릭교회의 공동 선언〉을 참조할 것: 마이어H. Meyer 외 발행, Dokumente wachsender Übereinstimmung, Bd. 3, Paderborn – Frankfurt a. M. 2003, 419~430p.
44　리옹의 이레네오Irenäus von Lyon, Adversus haereses, III, 19, 1. V, 1, 1을 참조할 것.
그리스도론에 결정적인 영향을 끼친 책으로는 다음이 있다: 아타나시오Athanasius, Contra Arianos, III, 34; 같은 이, De incarnatione, 54 참조.
다음 책들도 참조할 것: 발타자르H. U. von Balthasar, Theodramatik, II/2, (미주 24 참조), 218~225p; III (미주 25 참조), 226~230p; 헤르츠M. Herz, Art. Commercium, in: LThK² 3, 20~22p; 파버E. M. Faber, Art. Commercium, in: LThK³ 2, 1274p 이하.
45　다음 책을 예로 들 수 있다: 루터M. Luther, Von der Freiheit des Christenmenschen(1520), in: WA VII, 25p 이하.
그런 해석에 큰 도움을 주는 책으로는: 뢰베니히W. von Loewenich, Luthers Theologia crucis, Witten 1967. 발타자르H. U. von Bathasar를 비롯한 가톨릭 신학자들은 종종 루터의 의견을 무비판적으로 받아들여, 그것을 가톨릭교회의 입장과 상반된 견해로 여기는 실수를 범했다.
다음 책도 루터의 의견을 잘못 해석한 예라고 할 수 있다: 베어T. Beer,

Der fröhliche Wechsel und Streit. Grundzüge der Theologie Martin Luthers, Einsiedeln 1980.

베어T. Beer의 견해를 비판한 글로는 다음이 있다: 이제를로 E. Iserloh, Catholica, in: Vierteljahresschrift für Ökumenische Theologie(이하에서는 Cath(M)으로 표기한다. — 역자 주) 36(1982) 101~114p; 빅스J. Wicks, ThRv 78(1982), 1~12p.

46 '그리스도 찬가'의 해석을 위해서는 다음 책들을 참조할 것: 케제만 E. Käsemann, Kritische Analyse von Phil 2,5-11, in: Exegetische Versuche und Besinnungen, Bd.1, Göttingen 1960, 51~95p; 그닐카J. Gnilka, Der Philipperbrief(HThKNT X/3), Freiburg i. Br. 1968, 111~147p; 빌켄스U. Wilckens, Theologie des Neuen Testaments, Bd.I/3, Neukirchen 2005, 247~249p; Bd.II/1 (미주 13 참조), 250~253p.

47 헤겔G. W. F. Hegel의 이 말에 대해서는 다음 책을 참조할 것: 윙엘E. Jüngel, Gott als Geheimnis der Welt. Zur Begründung der Theologie des Gekreuzigten im Streit zwischen Theismus und Atheismus, Tübingen 1977, 83~132p.

48 요한 바오로 2세 교황Johannes Paul II., 회칙 〈자비로우신 하느님 Dives in Misericordia〉(1980년), 7항.

제5장 조직신학적 고찰

1 1클레 28,1.
2 리옹의 이레네오Irenäus von Lyon, Demonstratiopraedicationis apostolicae 60.
3 테르툴리아누스Tertullian, De paenitentia 7; 치프리아노Cyprian, Ep.

55, 22 등. 그에 관한 카를 라너K. Rahner와 포시만B. Poschmann 등의 계속적인 연구를 다룬 다음 책도 참조할 것: 포어그리믈러 H. Vorgrimler, Buße und Krankensalbung(Handbuch der Dogmengeschichte (이하에서는 HDG로 표기한다. ― 역자 주) IV/3), Freiburg i. Br. 1978.

4 마르키온 이단을 논박한 교부로는 특히 리옹의 이레네오Irenäus von Lyon와 테르툴리아누스Tertullian, 오리게네스Origenes를 꼽을 수 있다. 다음 책을 참조할 것: 안조르게D. Ansorge, Gerechtigkeit und Barmherzigkeit Gottes, Freiburg i. Br 2009, 203~232p.

5 이 책의 제3장 3을 참조할 것.

6 그런 모습은 다음과 같은 이들에게서 확인된다: 토마스 아퀴나스 Thomas von Aquin, S. th. I, q. 13 a. 11.; 아우구스티노Augustinus, u. Anm. 14~16 이하; 보나벤투라Bonaventura, u. Anm. 17~18 이하 참조.

7 라칭거J. Ratzinger는 1959년 본 대학 교수로서 첫 강의 때 그 점을 분명히 밝혔다: 같은 이, Der Gott des Glaubens und der Gott der Philosophen. Ein Beitrag zum Problem der Theologia naturalis, Trier ³2006. 레겐스부르크 대학에서 행한 강연에서 베네딕토 16세 교황 Benedict XVI.은 그 점을 다시 한 번 언급했다(Freiburg i. Br. 2006). 나의 튀빙겐 대학 고별 강의도 참조할 것: 카스퍼W. Kasper, Zustimmung zum Denken. Von der Unerlässlichkeit der Metaphysik für die Sache der Theologie, in: Theologische Quartalschrift(이하에서는 ThQ로 표기한다. ― 역자 주) 169(1989) 257~271p.

나의 다음 기고문도 참조할 것: 같은 이, Glaube und Vernunft. Zur protestantischen Diskussion um die Regensburger Vorlesung von Papst Benedikt XVI, in: Studies and Documents (이하에서는 StdZ로 표기한다. ― 역자 주)132 (2007), 219~228p에 수록.

8   테르툴리아누스Tertullian, De praescriptione haereticorum VII, 9.
9   파스칼B. Pascal, Über die Religion (Pensées), 바스무트E. Wasmuth, Heidelberg 1963, 248p.
10 그리스도교의 헬레니즘화와 탈헬레니즘화의 문제점에 관해서는 다음 설명을 참조할 것: 드룸J. Drumm, Art. Hellenisierung, in: LThK³ 4, 1407~1409p.
11 다음 책들은 서로 다른 견해를 보이고 있다: 판넨베르크W. Pannenberg, Die Aufnahme des philosophischen Gottesbegriffs als dogmatisches Problem der frühchristlichen Theologie (1959), in: Grundfragen systematischer Theologie, 괴팅겐Göttingen 1967, 296~346p; 윙겔E. Jüngel, Gott als Geheimnis der Welt. Zur Begründung der Theologie des Gekreuzigten im Streit zwischen Theismus und Atheismus, Tübingen 1977.
12 나는 다음 책에서 그런 사유를 처음으로 수행한 바 있다: Das Absolute in der Geschichte. Philosophie und Theologie der Geschichte in der Spätphilosophie Schellings (1965)(《카스퍼 전집》 2권), Freiburg i. Br. 2010. 나는 쿤J. E. Kuhn의 견해(쿤J. E. Kuhn, Katholische Dogmatik Bd. 1/2, Tübingen 1862, 758p 이하)를 본받아 다음 책에서 사유를 계속 이어 갔다: Der Gott Jesu Christi(《카스퍼 전집》 4권), Freiburg i. Br 2008, 253p 이하. 449p 이하. 그런 사유는 특히 프뢰퍼T. Pröpper와 그의 제자들에 의해 계속 수행되었다. 이 책의 제2장 미주 47을 참조할 것.
13 이 책의 제2장 미주 45와 미주 67 참조.
14 아우구스티노Augustinus, Confessiones VII, 10, 16.
15 아우구스티노Augustinus, De Trintate V, 3; VII, 5, 10.
16 아우구스티노Augustinus, De Trinitate XV, 19, 37.

17 보나벤투라Bonaventura, Itinerarium mentis in Deum, Prolog 3.
18 같은 책, cap. V, 1.
19 그 점은 아우구스티노Augustinus의 De Trinitate과, 보나벤투라 Bonaventura의 I Sent. d. 2 q. 2 und q. 4, Itinerarium mentis in Deum V, 1, Breviloquium I c. 2 – 3.에서 명확히 확인할 수 있다.
20 카를 라너K. Rahner, Theos im Neuen Testament, in: Schriften, Bd. 1, Einsiedeln 1954, 91~167p.
21 이 책의 제1장 3절을 참조할 것.
22 토마스 아퀴나스Thomas von Aquin, S. th. I, q. 21 a. 3: misericordia est Deo maxime attribuenda: tamen secundum effectum, non secundum passionis affectum.
    다음 책도 참조할 것: 마르제리B. de Margerie, Les perfections du Dieu de Jésus Christ, Paris 1981, 253p.
23 이 책의 제3장 5를 참조할 것.
24 셰벤M. J. Scheeben, Handbuch der katholischen Dogmatik, Bd. 2, Freiburg i. Br. ³1948, 265p.
25 그에 관한 상세한 내용은 다음 책을 참조할 것: 디캄프F. Diekamp, Katholische Dogmatik, Bd. 1, Münster ¹²/¹³1958, 144~148p.
    하느님의 속성들에 관한 가르침의 계속적인 발전 과정에 관해서는 다음 책들을 참조할 것: 마르제리B. de Margerie, Les perfections du Dieu de Jésus Christ, (미주 22 참조);
    개신교적 시각에서 쓴 책으로는 다음이 있다: 크뢰트케W. Krötke, Gottes Klarheiten. Eine Neuinterpretation der Lehre von den Eigenschaften Gottes, Tübingen 2001.
26 이 책의 제4장 5를 참조할 것.

27 이 책의 제5장 3을 참조할 것.
28 숄렘G. Scholem, Die jüdische Mystik in ihren Hauptströmungen, Zürich 1957.
29 요나스H. Jonas, Der Gottesbegriff nach Auschwitz. Eine jüdische Stimme, Frankfurt a. M. 1987.
30 이 책의 제3장 3을 참조할 것.
31 다음 책들에서 그런 의견을 확인할 수 있다: 키르케고르S. Kierkegaard, Die Tagebücher. 1834~1855, München ^{4}1953, 239p 이하; 바르트K. Barth, Kirchliche Dogmatik II/1, 597p; 프뢰퍼T. Pröpper, Art. Allmacht III, in: LThK^3 1, 416p.
32 토마스 아퀴나스Thomas von Aquin, S th. I, q. 25 a. 3 ad 3; II/II, q. 30 a. 4; 성령 강림 대축일 이후 제10주일에 해당하는, 오늘날의 연중 제26주일 미사 본기도에 수록.
33 아기 예수의 데레사 성녀Therese vom Kinde Jesu, Selbstbiographische Schriften, Einsiedeln 1971, 185p.
34 이 책의 제1장 2를 참조할 것.
35 콩가르Y. Congar, La miséricorde. Attribut souverain de Dieu, in: VS 106 (1962) 380~395p. 콩가르는 마르제리B. de Margerie, Les perfections du Dieu de Jésus Christ(미주 22 참조), 264p에 수록된 Laberthonnière의 인용문을 예증으로 내세우고 있다.
다음 책도 콩가르와 같은 의견을 제시한다: 크리스트만H. M. Christmann, Thomas von Aquin als Theologe der Liebe, Heidelberg 1958, '사랑의 존재론'의 실마리를 제공한 이들로는 아우구스티노와 보나벤투라, 현대 철학을 대표하는 몇몇 학자들(이 책의 제2장 1을 참조)을 들 수 있다.

36 그에 관해서는 카스퍼W.Kasper, Katholische Kirche, Freiburg i.Br. 2011, 47p의 각주 70과, 그곳에서 언급하는 참고 문헌들을 참조할 것.
37 이 자리에서 삼위일체론이 지닌 근본 문제를 성서학과 역사학, 조직 신학의 관점에서 모두 다룰 수는 없다. 그에 관해서는 카스퍼 W.Kasper, Der Gott Jesu Christi(미주 12 참조), 31~38p. 425~479p, 그곳에서 언급하는 참고 문헌들을 참조할 것.
38 그에 관해서는 카스퍼W.Kasper, Katholische Kirche(미주 36 참조), 78~80p. 91~93p를 참조할 것.
39 그런 분석은 특히 마리옹J.-L. Marion에게서 찾아볼 수 있다; 이 책의 제2장 1도 참조할 것.
40 이 말은 제4차 라테란 공의회(1215년)에서 나온 유명한 공리公理다: Enchiridion symbolorum(덴칭거H.Denzinger가 가톨릭교회의 교의들을 정리한 책으로, 이하에서는 DH로 표기한다. — 역자 주) 806.
41 그에 관해서는 쿤J.E.Kuhn의 의견을 따랐다: 카스퍼W.Kasper, Der Gott Jesu Christi(미주 12 참조), 450p.
42 다음 책들을 참조할 것: 보나벤투라Bonaventura, Itinerarium mentis in Deum VI, 1; Breviloquium I c. 2~3과 I Sent d. 2 q. 2와 q. 4.
43 구세사적, 내재적 삼위일체론과의 관계에 관해서는 다음 책을 참조할 것: 카스퍼W.Kasper, Der Gott Jesu Christi(미주 12 참조), 420~425p.
44 하느님의 '자기 철회'라는 생각은, 19세기 개신교의 '자기 비움 신학 Kenotic Theology'에서 "하느님은 자신의 신성을 포기하셨다."라는 진술로 대변된다. 비오 12세 교황은 1951년 회칙 〈영원한 임금 Sempiternus Rex〉에서 그런 학설을 당연히 단죄했다. 그에 관해서는, 카스퍼W.Kasper, Das Absolute in der Geschichte(미주 12 참조), 521~530쪽을 참조할 것. 이 문제에 있어서 중요한 점은, 하느님이 '자

기 비움'을 통해 자신의 신성을 포기하신 것이 아니라 오히려 자신의 신성을 드러내 보이셨다는 사실에 있다. 정교회 신학에서는 불가코프 S.Bulgakow가, 개신교의 현대 신학에서는 몰트만J.Moltmann이 '자기 비움Kenosis'을 그런 의미로 해석하고 있다.

45 〈미사 통상문〉, '부활 감사송' 1을 참조할 것.
46 나는 셸링Schelling의 그런 의견에 전적으로 동의한다: 카스퍼 W.Kasper, Katholische Kirche(미주 36 참조), 120p 이하.
47 제2차 바티칸 공의회 사목 헌장 〈기쁨과 희망Gaudium et Spes〉 22항.
48 윙겔Jüngel, Gott als Geheimnis der Welt(미주 11 참조), 383~408p. 393p에 요점을 부각시키는 공식과 같은 표현들이 나온다. 윙겔은 공식과 같은 두 가지 표현을 서로 대치시켰지만, 사실상 표현 하나는 본성적 차원에서, 또 다른 표현은 은총 차원에서 옳다고 할 수 있다.
49 그런 해석을 소개하며 비판한 책으로 다음이 있다: 슈나켄부르크R. Schnackenburg, Das Johannesevangelium(HThKNT IV/3), Freiburg i.Br. 1975, 333p.
50 '내재'에 관한 요한 복음사가의 관용적 표현에 대해서는 다음 책의 부록을 참조할 것: 슈나켄부르크R.Schnackenburg, Johannesbriefe(HThKNT XIII/3), Freiburg i.Br. 1953, 91~102p.
51 에커트J.Eckert/바이스마이어J.Weismayer, Art. Christusmystik, in: LThK³ 2, 1179~1182p 참조할 것.
52 카스퍼W. Kasper, Katholische Kirche(미주 36 참조), 122~129p. 161~165p. 201~211p. 241~242p 참조할 것.
53 토마스 아퀴나스Thomas von Aquin, In Psalmos 24《불가타 역본》의 시편 번호, 이하 시편 번호도 《불가타 역본》에 따름) n. 7; 50 n. 1; 4~6; 9. S. th. III, q. 1 a. 2. 토마스 아퀴나스는 아우구스티노(Sermo 138)를 직접 인용하고

있다.

54 보나벤투라Bonaventura, Itinerarium, Prolog 2; cap. VII, 3.

55 같은 책, VII, 2~4.

56 그에 관한 근본적 이론은 다음 책에서 볼 수 있다: 후고 라너 H. Rahner, Symbole der Kirche. Die Ekklesiologie der Väter, Salzburg 1964, 11~87p.

57 삼위일체의 엘리사벳Elisabeth de la Trinité 지음/발타자르H. U. von Balthasar 옮김 (그라이너Susanne Greiner가 원문을 추리고 머리말을 씀), Der Himmel im Glauben, Einsiedeln 2000; 발타자르H. U. von Balthasar, Schwestern im Geist: Therese von Lisieux und Elisabeth von Dijon, Einsiedeln 1990.

58 '삼위일체 신비주의'는 '헤시카즘'(14세기 동방 정교회의 그레고리오 팔라마스 수사가 주창한 이론으로, 인간의 이성으로 하느님을 이해하려 한 당시 서방 교회의 신학 주류와는 완전히 반대되는 이론이다. 헤시카즘은, 인간의 이성으로 하느님을 이해하는 것은 불가능하다는 전제 아래 논리적인 생각을 거부하고, 단순한 기도와 묵상을 통해 하느님을 맞이할 수 있다고 주장한다. — 역자 주)을 두고 서방 교회와 동방 교회의 영성 사이에서 중요한 가교 역할을 했다. 무엇보다 러시아 정교회의 영향을 받은 동방 교회의 영성이 중요하다. 다음 책을 참조할 것: 메예르손 M. A. Meerson, The Trinity of Love, Quiercy 1998.
17~18세기에 독일에서 일어났던 개신교 경건주의Pietismus의 전통(아른트J. Arndt, 한M. Hahn 등)도 언급함이 마땅하다.

59 카스퍼W. Kasper, Jesus der Christus(1974)(《카스퍼 전집》 3권), Freiburg i. Br. 2007, 259~280p.

60 카스퍼W. Kasper, Katholische Kirche(미주 36 참조), 173~177p.

61 토마스 아퀴나스Thomas von Aquin, S. th. III, q. 8 a. 3.

62 토마스 아퀴나스Thomas von Aquin, S. th. I, q. 21 a. 3.
63 토마스 아퀴나스Thomas von Aquin, S. th. I, q. 21 a. 4.
64 토마스 아퀴나스Thomas von Aquin는 대大 알베르토Albert den Großen와 헤일스의 알렉산더Alexander von Hales를 생각했다(S. th. III. q. 1. a. 3.). 토마스 아퀴나스 이후 시대에는 누구보다 요하네스 던스 스코투스Johannes Duns Scotus를 거론해야 할 것이다.
65 토마스 아퀴나스Thomas von Aquin, S. th. III, q. 1 a. 1 - 6.
66 '예정설'에 관해서는 다음 책과 글을 참조할 것: 크라우스 G. Kraus, Vorherbestimmung, Freiburg i. Br. 1977; 같은 이, Art. Prädestination, in: LThK³ 8, 467~473p.
67 아우구스티노Augustinus, Confessiones IV, 4. 7; V, 2. 2; VI, 7. 12; 16. 26.
68 그에 관해서는 다음 책들을 참조할 것: 그레샤케G. Greshake, Gnade als konkrete Freiheit, Mainz 1972, 47~157p; 안조르게D. Ansorge, Gerechtigkeit und Barmherzigkeit Gottes(미주 4 참조), 232~256p; 발타자르H. U. von Balthasar, Was dürfen wir hoffen?, Einsiedeln 1989, 52~58p.
69 아우구스티노Augustinus, Enchiridion 8, 27; De dono perseverantiae 35; De civitate Dei XXI, 12.
아우구스티노의 원죄론에 대한 비평은 다음 책을 참조할 것: 프뢰퍼 T. Pröpper, Theologische Anthropologie, Bd. 2, Freiburg i. Br. 2011, 981~1025p.
신적인 자유와 인간의 자유 사이의 관계에 관해서는: 같은 책, 1351~1401p 참조할 것.
70 이미 제2차 아라우시카노 공의회(529년)는 모든 인간이 악으로 기울었

다는 예정설을 거부했으며(DH 397), 퀴어치 시노드(853년)는 고트샬크 수사의 예정설을 단죄했다(DH 621~624). 발렌체 시노드(855년)는 다른 견해를 보였다:(DH 625~633) 트리엔트 공의회는 1547년 종교 개혁자들이 주장한 '이중 예정설'을 단죄했다(DH 1567).

71 암브로시오Ambrosius, Expositio evangelii secundum Lucam 2, 90.

72 암브로시오Ambrosius, De fide II, 2, 28.

73 발타자르H.U.von Balthasar, Kleiner Diskurs über die Hölle. Apokatastasis, Einsiedeln 42007, 42~45p.

74 캔터베리의 안셀모Anselm von Canterbury, Proslogion 8~12. 다음 글들도 참조할 것: 페어바이엔H.-J.Verweyen, Die Einheit von Gerechtigkeit und Barmherzigkeit bei Anselm von Canterbury, in: IKaZ 14(1985) 52~55p에 수록; 안조르게D.Ansorge, Gerechtigkeit und Barmherzigkeit Gottes(미주 4 참조), 256~280p. 안조르게는 안셀모에 관한 장章에 'Gottes Barmherzigkeit als Achtung geschaffener Freiheit'이라는 제목을 붙였다.

75 토마스 아퀴나스Thomas von Aquin, S. th. I, q. 21 a. 1 ad 2 und 3; vgl. IV Sent d. 46, q. 2, a. qla. 2.

76 토마스 아퀴나스Thomas von Aquin, S. th. I, q. 21 a. 4.

77 바르트K.Barth, Kirchliche Dogmatik II/2, § 33.

78 달케B.Dahlke, Die katholische Rezeption Karl Barths. Theologische Erneuerung im Vorfeld des Zweiten Vatikanischen Konzils, Tübingen 2010.
중대한 가치를 지니게 된 책으로는 다음과 같은 것들이 있다: 큉 H.Küng, Rechtfertigung. Die Lehre Karl Barths und eine katholische Besinnung. Mit einem Geleitbrief von Karl Barth, Einsiedeln 1957;

발타자르H. U. von Balthasar, Karl Barth. Darstellung und Deutung seiner Theologie, Köln ²1962.
79 같은 책, 210~259p. 비판은 253p 이하를 볼 것.
80 멩케K. -H. Menke, Jesus ist Gott der Sohn, Regensburg 2008, 378~385p.
81 이는 칼체돈 공의회(451년)에서 선포된 유명한 교의 양식이다: DH 302.
82 이는 교회의 전례적 기도 전승에 나오는 수많은 전형적 표현들 가운데 하나이다. 카스퍼W. Kasper, Katholische Kirche(미주 36 참조), 123p 이하를 참조할 것.
83 제2차 바티칸 공의회 사목 헌장 〈기쁨과 희망Gaudium et Spes〉 10항.
84 제2차 바티칸 공의회 사목 헌장 〈기쁨과 희망Gaudium et Spes〉 45항; 교회의 선교 활동에 관한 교령 〈만인에게Ad Gentes Divinitus〉 3항과 8항 참조.
85 칸트I. Kant, Kritik der reinen Vernunft, B 833.
86 리옹의 이레네오Irenäus von Lyon, Adversus haereses III, 18, 1. 7.
87 라이저M. Reiser, Die Gerichtspredigt Jesu, Münster 1990; 클라우크 H. -J. Klauck, Weltgericht und Weltvollendung, Freiburg i. Br. 1994.
88 그에 관한 자세한 설명은, 다섯 권으로 구성된 Das Hanbuch der Dogmengeschichte, Freiburg i. Br. 1980~1990; 제4권에서 확인할 수 있다.
간결한 요약은 다음 글들에서 찾을 수 있다: 아우어J. Auer, Siehe ich mache alles neu. Der Glaube an die Vollendung der Welt, Regensburg 1984, 121~128p; 켈M. Kehl, Art. Gericht Gottes III und IV, in: LThK³ 4, 517~519p.
89 사도 신경(DH 30); 니케아 콘스탄티노플 신경(DH 125; 150). 더 오래된 양

식은 다음을 볼 것: DH 10 이하; 46; 48; 50; 61~64; 76.
90 언어 습관에 관해서는 다음 글들을 참조할 것: 외프케A. Oepke, Art. ἀποκατάστασις, in: ThWNT 1, 388~390p; 렌츠C. Lenz, Art. Apokatastasis, in: Reallexikon für Antike und Christentum(이하에서는 RAC로 표기한다. — 역자 주) 1, 510~516p; 발타자르H. U. von Balthasar, Kleiner Diskurs über die Hölle(미주 73 참조), 73~101p.
본 주제에 관해서는 다음 글들을 참조할 것: 브로이닝W. Breuning, Zur Lehre von der Apokatastasis, in: IKaZ 10(1981), 19~31p; 셰프치크L. Scheffczyk, Apokatastasis. Faszination und Aporie, in: IKaZ 14(1985), 35~46p; 그레샤케G. Greshake, Gottes Heil – Glück des Menschen, Freiburg i. Br. 1984, 245~276p.
브로이닝W. Breuning은 전체적인 개관을 훌륭하게 제시하기도 했다: 브로이닝W. Breuning, Art. Apokatastasis, in: LThK³ 1, 821~824p.
최근의 논쟁에 관해서는 다음 글을 참조할 것: 슈트리트M. Striet, Streitfall Apokatastasis. Dogmatische Anmerkungen mit einem ökumenischen Seitenblick, in: ThQ 184(2004), 185~201p.
91 제클러M. Seckler, Das Heil in der Geschichte. Geschichtsdenken bei Thomas von Aquin, München 1964, 26~57p 참조할 것.
92 오리게네스Origenes, De principiis, I, 6, 1 und 3.
93 DH 411; 433과 801도 참조할 것.
94 다음 책들을 참조할 것: 크루젤H. Crouzel, 오리게네스Origène, Paris 1985, 331~342p; 뤼박H. de Lubac, Geist aus der Geschichte. Das Schriftverständnis des Origenes, Einsiedeln 1968, 23~61p; Du hast mich betrogen, Herr, Einsiedeln 1984; 발타자르H. U. von Balthasar, Kleiner Diskurs über die Hölle(미주 73 참조), 85~99p.

95 역사적 개관과 해석에 관해서는 다음 글을 참조할 것: 라칭거 J.Ratzinger, Art. Hölle II, in: LThK² 5, 446~449p.

96 메츠J.B.Metz, Kampf um jüdische Traditionen in der christlichen Gottesrede, in: Israel und Kirche 2(1987), 16p 이하. 비슷한 견해를 다음 책에서 확인할 수 있다: 셰프치크L.Scheffczyk, Apokatastasis(미주 90 참조), 4p.

97 발타자르H.U.von Balthasar의 이론은 뤼박H.de Lubac과 롱데 H.Rondet과 같은 프랑스의 저명한 신학자들의 견해를 따른 것이기도 하다. 발타자르H.U.von Balthasar의 견해를 긍정적으로 받아들인 신학자로는, 라칭거J.Ratzinger와 그레샤케G.Greshake, 페어바이엔 H.-J.Verweyen 등을 꼽을 수 있다. 비평가들과의 논쟁은 다음 책들에서 확인할 수 있다: 발타자르 H.U.von Balthasar, Was dürfen wir hoffen?, Einsiedeln 1989; 같은 이, Kleiner Diskurs über die Hölle(미주 73 참조). 나는 모든 기존 지식을 배제하는 발타자르H.U.von Balthasar의 견해를 소개하고 싶지만, 그의 설명 가운데 상당 부분은 다시 너무 많은 지식을 요하며, 하느님의 내면에 관한 영지주의적 사변의 위험성도 지닌 것처럼 보인다. 다음 책들을 참조할 것: 발타자르H.U.von Balthasar, Theodramatik, Bd.4, Einsiedeln 1983, 273~288p; 같은 이, Theologik, Bd.2, Einsiedeln 1985, 314~332p.

98 신약 성경은, 유다가 예수님을 배반한 행위를 '넘기다παραδίδοναι'라는 단어로 표현했다(마르 14,10.18). 성경은 '하느님과 인간의 결정의 신비스러운 뒤섞임'을 표현할 때 그 단어를 사용한다. 성경의 전승 역사와, 유다에 대한 점증하는 부정적 묘사에 관해서는 다음 글을 참조할 것: 뒤커스P.Dückers, Art. Judas Iskariot, in: LThK³ 5, 1024~1025p.

99 리옹의 이레네오Irenäus von Lyon, Adversus haereses IV, 20, 7.
100 카를 라너K. Rahner, Grundkurs des Glaubens, Freiburg i. Br. 1976, 109p 참조할 것.
101 리옹의 이레네오Irenäus von Lyon, Adversus haereses V, 1, 1.
102 아우구스티노Augustinus, Sermo 169 c. 11 n. 13.
103 마이스터 에크하르트Meister Eckhart와 레비나스E. Levinas, 슈타인 E. Stein bei H.-B.의 사상을 분석한 다음 글을 참조할 것: 게를 팔코비츠H.-B. Gerl-Falkowitz, Von der Gabe zum Geber, in: 아우구스틴G. Augustin/크레머K. Krämer, Gott denken und bezeugen (발터 카스퍼 기념 논문집), Freiburg i. Br. 2008, 356~373p.
104 슈타인E. Stein, Welt und Person. Beiträge zum christlichen Wahrheitsstreben, Freiburg i. Br. 1962, 158~160p.
105 '연옥론'에 관해서는 다음 글들을 참조할 것: 카를 라너K. Rahner, Art. Fegfeuer III~V, in: LThK^2 4, 51~55p; 뮐러G. L. Müller, Art. Fegfeuer III, in: LThK^3 3, 1205~1208p; 라칭거J. Ratzinger, Eschatologie - Tod - ewiges Leben (Kleine kath. Dogmatik IX), Regensburg ^{6}1990, 179~190p.
106 그런 견해는 발타자르H. U. von Balthasar와 라칭거J. Ratzinger, 그레샤케G. Greshake, 켈M. Kehl 등에게서 찾아볼 수 있다. 베네딕토 16세 교황Benedikt XVI.의 회칙 〈희망으로 구원된 우리Spe Salvi〉(2007년), 45~48항 참조.
107 발타자르H. U. von Balthasar, Kleiner Diskurs über die Hölle (미주 73 참조), 59~70p.
다음 글도 같은 견해를 보이고 있다: 카를 라너K. Rahner, Art. Hölle, in: Sacramentum mundi II, Freiburg i. Br. 1968, 737p.

108 해석 역사에 관해서는 다음 책을 참조할 것: 발타자르H.U.von Balthasar, Kleiner Diskurs über die Hölle(미주 73 참조), 53p 이하.
109 토마스 아퀴나스Thomas von Aquin, S. th. II/II, q. 17 a. 3.
110 발타자르H.U.von Balthasar, Was dürfen wir hoffen(미주 97 참조), 79~92p; 같은 이, Kleiner Diskurs über die Hölle(미주 73 참조), 62~70p.
111 같은 책, 62p 이하에 나오는 인용문.
112 시에나의 가타리나 성녀Katharina von Siena, Engagiert aus Glauben. Briefe, Zürich ²1990, 30~33p. 35p 이하. 51p 이하. 79p 등.
113 아기 예수의 데레사 성녀Therese vom Kinde Jesu, Selbstbiographische Schriften, Einsiedeln ⁶1958, 186p 이하.
114 발타자르H.U.von Balthasar, Die Gottesfrage des modernen Menschen. Erweiterte Neuausgabe aus dem Nachlass, hg. und eingeleitet von A.M.Haas, Einsiedeln 2009, 175~188p. 207~225p. 발타자르H.U.von Balthasar의 다른 책들도 참조할 것: Was dürfen wir hoffen(미주 97 참조), 65~68p; Kleiner Diskurs über die Hölle(미주 73 참조), 14p.
115 그레샤케G.Greshake, Leben – stärker als der Tod. Von der christlichen Hoffnung, Freiburg i.Br. 2008, 232~236p.
116 셰벤U.Scheeben, Handbuch der katholischen Dogmatik, Bd.2(미주 24 참조), 266p.
117 그에 관해서는 다음 글들을 참조할 것: 카를 라너K.Rahner, Einige Thesen zur Theologie der Herz-Jesu-Verehrung, in: Schriften 3, Einsiedeln ²1957, 391~414p; 라칭거J.Ratzinger, Schauen auf den Durchbohrten, Einsiedeln 1984, 44~46p.

118 보나벤투라Bonaventura, Itinerarium III, 5. 라칭거J.Ratzinger도 그 사실을 이야기했다: Schauen auf den Durchbohrten(미주 117 참조), 46p.

119 DH 259; 431.

120 그에 관한 상세한 논증은 비오 12세 교황의 회칙 〈물을 길으리라 Haurietis Aquas — 예수 성심께 대한 신심에 관하여〉(1956년)에서 확인할 수 있다.
교의사적인 배경지식은 다음 글들에서 얻을 수 있다: 라칭거 J.Ratzinger, Schauen auf den Durchbohrten(미주 117 참조), 41~59p; 셰프치크L.Scheffczyk, Art. Herz Jesu II, in: LThK^3 5, 53p 이하.

121 비오 11세 교황Pius XII., 회칙 〈예수 성심께 드리는 보상에 관하여 Miserentissimus Redemptor〉(1928년).

122 후고 라너H.Rahner, Symbole der Kirche(미주 56 참조), 177~235p.

123 아우구스티노Augustinus, In evangelium Ioannis 120, 2.

124 클레르보의 베르나르도Bernhard von Clairvaux, Sermones super Cantica canticorum, 61, 4, in: WWVI, 315p 이하.

125 같은 책, III, 6.

126 보나벤투라Bonaventura, Vitis mystica III, 4(《베르나르도 전집》 8, 164p).

127 리히트슈테터C.Richtstätter, Die Herz-Jesu-Verehrung des deutschen Mittelalters. Nach gedruckten und ungedruckten Quellen dargestellt, Paderborn 1919.

128 독일어 번역본: Tagebuch der Schwester Maria Faustina Kowalska, Hauteville ^{3}1993.

129 이 책의 제1장을 참조할 것.

130 누구보다 카를 라너가 그 점을 지적했다: 카를 라너K.Rahner, Einige

Thesen zur Theologie der Herz-Jesu-Verehrung(미주 117 참조), 400p 이하.
131 파스칼B.Pascal, Pensées, Fr. 554.
132 같은 책, Fr. 553.
133 발타자르H.U.von Balthasar, Das Herz der Welt, Ostfildern ⁴1988.
134 마스W.Maas, Unveränderlichkeit Gottes. Zum Verhältnis von griechisch-philosophischer und christlicher Gotteslehre, München 1974; 카스퍼W.Kasper, Der Gott Jesu Christi(미주 12 참조), 237~241p; 코슬로프스키P.Koslowski, Der leidende Gott. Eine philosophische und theologische Kritik, München 2001.
135 하느님에 관한 그런 개념은 유다교의 신비주의인 '카발라Kabbala'에서 발견되며, 헤겔G.W.F.Hegel과 말년의 셸러M.Scheler, 그리고 '과정 신학'을 주장한 화이트헤드A.N.Whitehead와 하츠혼C.Hartshorne, 코브J.Cobb 등과, '아우슈비츠 이후 신학'의 맥락에서도 다른 형태로 발견된다: 요나스H.Jonas, Der Gottesbegriff nach Auschwitz(미주 29 참조).
136 카를 라너K.Rahner, Schriften zur Theologie, Bd.15, Einsiedeln 1983, 211p 이하; 임호프P.Imhof/비엘로윈스H.Biallowons 발행, Karl Rahner im Gespräch, Bd.1, München 1982, 245p 이하.
137 헤셸A.J.Heschel, The Prophets, New York – Evanston 1955; 쿤P.Kuhn, Gottes Selbsterniedrigung in der Theologie der Rabbinen, München 1968; 같은 이, Gottes Trauer und Klage in der rabbinischen Überlieferung, Leiden 1978.
138 셰벤U.Scheeben, Handbuch der katholischen Dogmatik, Bd.2(미주 24 참조), 266p.

139 〈미사 통상문〉, '부활 감사송' 1.
140 키르케고르S. Kierkegaard, Die Tagebücher 1834~1855, München 1949, 239p 이하; 바르트K. Barth, Kirchliche Dogmatik II/1, 597p; 윙겔E. Jüngel, Gottes ursprüngliches Anfangen als schöpferische Selbstbegrenzung, in: Wertlose Wahrheit, München 1990, 151~162p; 프뢰퍼T. Pröpper, Art. Allmacht III, in: LThK³ 1, 416p.
141 〈미사 통상문〉, '연중 제26주 주일 미사 본기도.'
142 여기서는 몇 사람의 이름만 거론하겠다: 발타자르H. U. von Balthasar, 라칭거J. Ratzinger, 큉H. Küng, 갈로J. Galot, 뮐렌 H. Mühlen; 개신교 학자로는, 몰트만J. Moltmann, 윙겔E. Jüngel 등이 있다;
다음 글도 참조할 것: 카스퍼W. Kasper, Das Kreuz als Offenbarung der Liebe Gottes, in: Cath(M) 61(2007) 1~14p.
143 오리게네스Origenes, Homilia in Ezechielem VI, 8.
144 클레르보의 베르나르도Bernhard von Clairvaux, Sermones super Cant. cant. 26, 5.
145 아우구스티노Augustinus, Ennarrationes in Psalmos 87, 3.
146 베네딕토 16세 교황Benedikt XVI., 회칙 〈희망으로 구원된 우리Spe Salvi〉(2007년), 39항.
147 변신론에 관한 개관은 다음 글들을 참조할 것: 프뢰퍼T. Pröpper/슈트리트M. Striet, Art. Theodizee, in: LThK³ 9, 1396~1398p; 게를리츠P. Gerlitz/M. 쾰모스M. Köhlmoos 외, Art. Theodizee I-IV, in: TRE 33, 210~237p.
그에 관한 전문 서적들도 풍부하다: 카를 라너K. Rahner, Schriften zur Theologie, Bd. 14, Einsiedeln 1980, 450~466p에 수록; 휘

너만P. Hünermann/쿠리A. -T. Khoury 발행, Warum leiden? Die Antwort der Weltreligionen, Freiburg i. Br. 1987; 프뢰퍼 T. Pröpper, Erlösungsglaube und Freiheitsgeschichte. Eine Skizze zur Soteriologie, München ²1988; 욀뮐러W. Oelmüller 발행, Worüber man nicht schweigen kann. Neue Diskussionen zur Theodizee-Frage, München 1992; 그레샤케G. Greshake, Preis der Liebe, Freiburg i. Br. 1992; 그로스W. Groß/쿠셸K. -J. Kuschel, Ich schaffe Finsternis und Unheil! Ist Gott verantwortlich für das Übel?, Mainz 1992; 메츠J. B. Metz 발행, Landschaft aus Schreien. Zur Dramatik der Theodizeefrage, Mainz 1995; 같은 이, Memoria passionis. Ein provozierendes Gedächtnis in pluraler Gesellschaft, Freiburg i. Br. 2009; 바그너H. Wagner 발행, Mit Gott streiten. Neue Zugänge zum Theodizee-Problem(QD 169), Freiburg i. Br. 1998; 크라이너A. Kreiner, Gott im Leid. Zur Stichhaltigkeit der Theodizee-Argumente, Freiburg i. Br. ³2005; 슈트리트M. Striet, Das Versprechen der Gnade. Rechenschaft über die eschatologische Hoffnung, in: 프뢰퍼T. Pröpper, Theologische Anthropologie, Bd. 2, Freiburg i. Br. 2011, 1490~1520p.

148 그런 논증은 고대 그리스 철학자인 에피쿠로스(Epikur, BC 341년경~BC 270년경)가 세운 것으로, 초대 그리스도교의 호교론자인 락탄치오(Lactantius, 250년경~320년경)가 후대에 전했다.

149 '아우슈비츠 이후 신학'은, 메츠J. B. Metz와 몰트만J. Moltmann, 죌레 D. Sölle 등과 같은 유다교와 가톨릭교회, 개신교의 몇몇 신학자들에게서 다양한 형태로 발견된다.
다음 글들을 참조할 것: 메츠J. B. Metz, Art. Auschwitz II, in: LThK³

1, 1260p 이하; 자로트M.Sarot, Art. Holocaust, in: Die Religion in Geschichte und Gegenwart (이하에서는 RGG로 표기한다. — 역자 주) 3, 1866~1868p; 무스너F.Mussner, Theologie nach Auschwitz. Eine Programmskizze, in: Kirche und Israel. Neukirchener theologische Zeitschrift 10(1995), 8~23p.

중요한 가치를 지닌 책: 요나스H.Jonas, Der Gottesbegriff nach Auschwitz. Eine jüdische Stimme, Frankfurt a.M. 1987.

150 칸트I.Kant, Über das Mißlingen aller philosophischen Versuche in der Theodicee, in:《칸트 전집》6권, 103~124p.

151 이 책의 제2장 1을 참조할 것.

152 하버마스J.Habermas, Glauben und Wissen, Frankfurt a.M. 2001, 28p.

153 같은 책, 24p 이하.

154 레더M.Reder/J.슈미트J.Schmidt 발행, Ein Bewusstsein von dem, was fehlt. Eine Diskussion mit Jürgen Habermas, Frankfurt a.M. 2008.

155 그레샤케G.Greshake/크레머J.Kremer. Resurrectio mortuorum. Auferstehung der Toten in bibeltheologischer Sicht, Darmstadt 1986.

156 슈티어F.Stier, Das Buch Ijob, München 1954, 252~255p; 슈피케르만H.Spieckermann, Art. Hiob/Hiobbuch, in: RGG[4] 3, 1777~1781.

157 비슷한 견해를 다음 글에서 확인할 수 있다: 게제H.Gese, Die Krisis der Weisheit bei Koheleth, in: Vom Sinai zum Zion, München 1974, 168~179p.

158 야노브스키B.Janowski, Art. Klage II, in: RGG[4] 4, 1389~1391p.

159 예수님의 울부짖음의 의미에 관해서는 다음 글을 참조할 것: 게제 H. Gese, Psalm 22 und das Neue Testament. Der älteste Bericht vom Tode Jesu und die Entstehung des Herrenmahls, in: Vom Sinai zum Zion, München 1974, 180~201p.
160 Didache XII apostolorum 10,6도 참조할 것.
161 쿤G. Kuhn, Art. μαραναθά, in: ThWNT 4, 470~475p.
162 베네딕토 16세 교황Benedikt XVI., 회칙 〈희망으로 구원된 우리Spe Salvi〉(2007년), 35항.
163 디제U. Diese, Art. Gelassenheit, in: HWPh 3, 219~224p, 쾨르너R. Körner, Art. Gelassenheit, in: LThK³ 4, 403p 이하.
164 로욜라의 이냐시오Ignatius von Loyola, Exerzitien, Prinzip und Fundament.
165 프뢰퍼T. Pröpper, Evangelium und freie Vernunft. Konturen einer theologischen Hermeneutik, Freiburg i. Br. 2001, 275p.
166 같은 이, Erlösungsglaube und Freiheitsgeschichte. Eine Skizze zur Soteriologie, München ²1988, 179p.

제6장 행복하여라, 자비를 베푸는 사람들

1 부버M. Buber, Nachahmung Gottes, in: 《부버 전집》 2 1964, 1953~1965p; 루츠U. Luz, Das Evangelium nach Matthäus(EKK I/1), Neukirchen 1985, 312p.
2 이 책의 제3장을 참조할 것.
3 Bill I, 203~205p; IV, 559~610p.
4 이 책의 제4장을 참조할 것.

5   그런 해석과 해석 전통에 관해서는 다음 책들을 참조할 것: 그닐카 J. Gnilka, Das Evangelium nach Markus(EKK II/2), Neukirchen 1979, 162~168p; 루츠U. Luz, Das Matthäusevangelium(EKK I/3), Neukirchen 1997, 269~285p.

6   유다교의 해석에 관해서는, Bill. I, 900~908p.

7   De trinitate VIII, 8. 인용문에서 빠진 부분은 다음 논문에서 확인할 수 있다: 바벨T. J. van Bavel, Art. Love, in: 피츠제럴드A. Fitzgerald, Augustine through the Ages. An Encyclopedia, Grand Rapids(Mich.) – Cambridge(U.K.) 1999, 510p 이하.

8   다음 책을 참조할 것: 루츠U. Luz, Das Matthäusevangelium(EKK I/3)(미 주 5 참조), 275p 이하.

비록 결론이 한쪽으로 치우친 감이 없지 않으나, 하느님 사랑과 이웃 사랑의 동질성과, 그것의 현실적 의미에 관한 설득력 있는 숙고는 카를 라너에게서 볼 수 있다: 카를 라너K. Rahner, Über die Einheit von Nächsten- und Gottesliebe, in: Schriften zur Theologie, Bd. 6, Einsiedeln 1965, 277~298p;

그의 다음 논문도 참조할 것: 같은 이, Das Gebot der Liebe unter den anderen Geboten, in: Schriften zur Theologie, Bd. 5, Einsiedeln 1962, 494~517p.

9   다음 책을 참조할 것: 슈라게W. Schrage, Der erste Brief an die Korinther(EKK VII/3), Zürich 1999, 273~373p, 특히 319p 이하에 나오는 '요약' 부분을 볼 것.

10 아우구스티노Augustinus, In evangelium Ioannis 76, 2.

11 레오 1세 교황Leo der Große, Tractatus 74.

12 대大 바실리오Basilius, Homilie 6.

13　요한 크리소스토모Chrysostomos, Matthäus-Kommentar, Homilie 18, n. 8.
14　대大 바실리오Basilius, Predigt an die Reichen 3.
15　요한 크리소스토모Chrysostomos, Matthäus-Kommentar, Homilie 77, n. 5 이하.
16　같은 책, Homilie 47, n. 4.
17　토마스 아퀴나스Thomas von Aquin, Summa Theologica II/II, q. 30 a. 4 ad 2.
18　본회퍼D.Bonhoeffer, Nachfolge, München [10]1971, 86p.
19　루츠U.Luz, Das Matthäusevangelium(EKK I/3)(미주 5 참조), 307~309p.
20　아테나고라스Athenagoras, Bittschrift für die Christen 11; 테르툴리아누스Tertullian, An Scapula 1; 오리게네스Origenes, Gegen Celsus 59~61.
21　클레멘스 1세 교황Clemens I., 2 Clem. 13 이하.
22　테르툴리아누스Tertullian, Über die Geduld 6.
23　요한 크리소스토모Chrysostomos, Matthäus-Kommentar, Homilie 18, n. 3.
24　암브로시오Ambrosius, Über die Pflichten 48, nn. 233~239.
25　암브로시오Ambrosius, Enchiridion, 73 이하.
26　토마스 아퀴나스Thomas von Aquin, S. th. II/II, q. 25 a. 8; vgl. a. 9.
27　루츠U.Luz, Das Matthäusevangelium(EKK I/3)(미주 5 참조), 314p 이하.
28　같은 책, 315p. 전쟁 문제에 관해서는 이 책의 제7장을 참조할 것.
29　루츠U.Luz, Das Matthäusevangelium(EKK I/3)(미주 5 참조), 316p.
30　그에 관해 '교황청 국제신학위원회'의 문헌을 참조할 것: Erinnern und Versöhnen. Die Kirche und die Verfehlungen in ihrer Vergangenheit,

Einsiedeln 2000.
31 다음 책을 참조할 것: 츨레너P.M.Zulehner, Gott ist größer als unser Herz, Ostfildern 2006, 146~152p.
32 《가톨릭교회교리서》, 2447항을 참조할 것.
33 베네딕토Benedikt, 베네딕토규칙서Benediktregel IV, 74.
34 쇤보른C. Schönborn, Wir haben Barmherzigkeit gefunden. Das Geheimnis göttlichen Erbarmens, Freiburg i. Br. 2009, 129p 이하.
35 Tagebuch der Schwester Maria Faustina Kowalska, Parvis 1990, 80p 이하.
36 슐리어H. Schlier, Vom Wesen der apostolischen Ermahnung, in: Die Zeit der Kirche, Freiburg i. Br. 1958, 74~89p.
37 리옹의 이레네오Irenäus, Adversus haereses III, 25, 7.
38 에프렘Ephräm der Syrer, Hymnen gegen die Irrlehrer 1.
39 피츠제랄드A. Fitzgerald, Art. Mercy, works of mercy, in: Augustine through the Ages(미주 7 참조), 558p.
40 아우구스티노Augustinus, Sermo 38, 8.
41 다음 책을 참조할 것: 차울라N. Chawla 지음/슈티어K. Stier 독일어로 옮김, Mutter Teresa, Die autorisierte Biographie, München 1997.
42 콜카타의 마더 데레사Mutter Teresa, Worte der Liebe. Übers. und erweitert von F. Johna, Freiburg i. Br. ^{5}1977, 117p 이하.
43 이 책의 제8장을 참조할 것.
44 셸클레K.-H. Schelkle, Jüngerschaft und Apostelamt, Freiburg i. Br. 1957; 베츠H. D. Betz, Nachfolge und Nachahmung Jesu Christi im Neuen Testament, Tübingen 1967; 헹겔M. Hengel, Nachfolge und Charisma. Eine exegetisch-religionsgeschichtliche Studie zu

Mt 8,21f. und Jesu Ruf in die Nachfolge (Beihefte zur Zeitschrift für die neutestamentliche Wissenschaft und die Kunde der älteren Kirche 34), Berlin 1968; 본회퍼D. Bonhoeffer, Nachfolge (미주 18 참조).

45 멩케K.-H. Menke, Stellvertretung: Schlüsselbegriff christlichen Lebens und theologische Grundkategorie, Freiburg i. Br. - Einsiedeln 21997.

46 루츠U. Luz/프랑크K. S. Frank/리치스J. K. Riches/클림카이트H.-J. Klimkeit, Nachfolge Jesu, in: TRE 23, 678~713p.

47 테르툴리아누스Tertullian, Apostolicum 50, 14.

48 클레르보의 베르나르도Bernhard von Clairvaux, Cantus 62, 5. 다음 책도 참조할 것: 같은 이 지음/셸렌베르거B. Schellenberger 번역 및 발행, Rückkehr zu Gott. Die mystischen Schriften, Düsseldorf ²2002, 27~33p.

49 멩케K.-H. Menke, Jesus ist Gott der Sohn, Regensburg 2008, 291~299p.

50 신비주의에서 이야기하는 '자기 비움' 내지 '밤'이라는 주제에 관해서는 다음 글을 참조할 것: 라인바이P. Rheinbay, Voller Pracht wird die Nacht, weil dein Glanz sie angelacht, in: 아우구스틴G. Augustin/크레머K. Krämer, Gott denken und bezeugen (FS Walter Kasper), Freiburg i. Br. 2008, 384~386p.

51 아기 예수의 데레사 성녀Therese vom Kinde Jesu, Selbstbiographische Schriften, Einsiedeln ⁶1958, 203p. 그에 관해 다음 책들도 참조할 것: 발타자르H. U. von Balthasar, Schwestern im Geist. Therese von Lisieux und Elisabeth von Dijon, Einsiedeln 1970, 316~320p; 같은 이, Was dürfen wir hoffen?,

Einsiedeln 1989, 83~86p.
52 아기 예수의 데레사 성녀Therese vom Kinde Jesu, Selbstbiographische Schriften(미주 51 참조), 219p 이하.
53 같은 책, 226p 이하. 266p.
54 같은 책, 269p.
55 로이벤R.Leuven, Heil im Unheil. Das Leben Edith Steins: Briefe und Vollendung《에디트 슈타인 전집》10권, Druten – Freiburg i.Br. 1983, 166p: "Komm, wir gehen für unser Volk."
그에 관해 다음 책도 참조할 것: 치게나우스A.Ziegenaus, Benedicta a Cruce – Jüdin und Christin, in: 엘더스L. Elders 발행, Edith Stein. Leben, Philosophie, Vollendung, Würzburg 1991, 129~143p. 특히 137~139p를 참조할 것.
56 콜카타의 마더 데레사Mutter Teresa 지음/콜로디에추크B.Kolodiejchuk 엮음, Komm sei mein Licht, München 2007.
57 본회퍼D.Bonhoeffer, Nachfolge(미주 18 참조), 68p.

제7장 자비를 잣대로 삼는 교회

1 카스퍼W.Kasper, Katholische Kirche, Freiburg i.Br. 2011, 126~129p. 190~196p. 247~254p.
2 아우구스티노Augustinus, In evangelium Ioannis 13, 15~17; 6, 23.
3 아우구스티노Augustinus, De baptismo I, 8, 10 등.
4 같은 책, VI, 28, 39; 제2차 바티칸 공의회 교회 헌장 〈인류의 빛Lumen Gentium〉 14항, 각주 26.
5 제2차 바티칸 공의회 교회 헌장 〈인류의 빛Lumen Gentium〉 15항;

제2차 바티칸 공의회 일치 운동에 관한 교령 〈일치의 재건Unitatis Redintegratio〉 3항.

6 보프K. Bopp, Barmherzigkeit im pastoralen Handeln der Kirche. Eine symbolisch-kritische Handlungstheorie zur Neuorientierung kirchlicher Praxis, München 1998; 출레너P. M. Zulehner, Gott ist größer als unser Herz(1Joh 3,20). Eine Pastoral des Erbarmens, unter Mitarbeit von J. Brandner, Ostfildern 2006.

7 HerKorr 17(1962/63) 87.

8 요한 바오로 2세 교황Johannes Paul II., 회칙 〈자비로우신 하느님Dives in Misericordia〉(1980년), 7장.

9 사실상 '새로운 복음화'란 기본 정책은 새로운 것이 아니다. 교회 역사에는 회개와 쇄신을 호소하던 감동적인 설교가들과 신심 운동이 끊임없이 존재해 왔다. 트리엔트 공의회(1545~1563년) 이후 시기에는 동족에 대한 선교가, 그 후에는 지역과 도시를 상대로 한 선교가 '새 복음화'를 위한 효율적 방법으로 진가를 발휘했다. 근대에는 '프랑스 외방전교회'와 '파리 외방전교회'를 떠올릴 수 있다. 제2차 바티칸 공의회 후에는 바오로 6세 교황Paul VI.의 사도적 권고 〈현대의 복음 선교Evangelii Nuntiandi〉(1975년)와 요한 바오로 2세 교황Johannes Paul II.의 회칙 〈교회의 선교 사명Redemptoris Missio〉(1990년)(32~38항)이 기준을 제시했다. 베네딕토 16세 교황Benedikt XVI.은 자의 교서 〈언제나 어디서나 Ubicumque et Semper〉(2010년)를 통해 교황 자문 기구인 '새복음화촉진평의회'를 설치하고, 2012년 가을에 '새 복음화'를 주제로 주교 시노드를 열겠다고 선포했다.

'새 복음화'에 관해서는: 카스퍼W. Kasper, Neue Evangelisierung als theologische, pastorale und geistliche Herausforderung, in:

Das Evangelium Jeus Christi《카스퍼 전집》4권), Freiburg i.Br. 2009, 284~291p.
10 〈미사 통상문〉, '예수 성탄 대축일 셋째 미사 본기도.'
11 아우구스티노, 《고백록》, 최민순 옮김, 바오로딸 2011, 제1권 1 주여, 당신을 부르옵나이다, 30쪽.
12 요한 크리소스토모Chrysostomos, Kommentar zum Römerbrief 2.
13 신약 성경이 바리사이들을 묘사한 방식이나, 베드로의 둘째 서간이 반대자들을 언급한 방식을 그 예로 들 수 있다.
14 카스퍼W.Kasper, Katholische Kirche(미주 1 참조), 47p 이하. 417p 이하.
15 같은 책, 170~172p.
16 아우구스티노Augustinus, In evangelium Ioannis 26, 6, 13; 토마스 아퀴나스Thomas von Aquin, S. th. III, q. 73 a. 6; 제2차 바티칸 공의회 전례 헌장 〈거룩한 공의회Sacrosanctum Concilium〉 47항; 교회 헌장 〈인류의 빛Lumen Gentium〉 3항; 7항; 11항; 26항.
17 카스퍼W.Kasper, Die Liturgie der Kirche(《카스퍼 전집》 10권), Freiburg i.Br. 2010, 70~74p.
18 후고 라너H.Rahner, Der Schiffbruch und die Planke des Heils: Symbole der Kirche. Die Ekklesiologie der Väter, Salzburg 1964, 432~472p.
19 나지안조의 그레고리오Gregor von Nazianz, Oratio 39, 17; DH 1672.
20 고해성사에 관한 기고문들을 참조할 것: 카스퍼W.Kasper, Die Liturgie der Kirche(미주 17 참조), 337~422p.
21 그에 관해서는, 포시만B.Poschmann, 카를 라너K.Rahner, 포어그리믈러H.Vorgrimler 등이 연구했다.

22 트리엔트 공의회: DH 1680; 1707;
피스토이아 시노드에 대한 반박: DH 2639; 요한 바오로 2세 교황Johannes Paul II., 교황 권고 〈화해와 참회Reconciliatio et Paenitentia〉(1984년).

23 카를 라너K. Rahner, Vom Sinn der häufigen Andachtsbeichte, in: Schriften zur Theologie, Bd. 3, Einsiedeln ^{2}1957, 211~225p.

24 메츠J. B. Metz가 전체적인 초안을 잡은, 독일 가톨릭교회 시노드의 결의문 〈우리의 희망Unsere Hoffnung〉, I, 5, in der offiziellen Gesamtausgabe I, Freiburg i. Br. 1976, 93~95p.

25 여기서는 물론 교회의 빈민 구제 활동과 사회사업의 역사에 관해 자세히 기술할 수도 없고, 그럴 의도도 없다. 그에 관해서는 다음 글들을 참조할 것: 슈버W. Schwer, Art. Armenpflege B. Christlich, in: RAC 1, 693~698p; 하우크F. Hauck, Art. πτωχός, in: ThWNT 1, 887p 이하; 하우실트W. -D. Hauschild, Art. Armenfürsorge II, in: TRE 4, 14~23p; 베커T. Becker, Art. Armenhilfe III, in: LThK^3 1, 999p. 여전히 유익한 정보를 주는 책으로: 하르나크A. von Harnack, Die Mission und Ausbreitung des Christentums in den ersten Jahrhunderten, Wiesbaden 1924, 170~220p.

26 주석 역사에 관해서는 다음 책을 참조할 것: 슈라게W. Schrage, Der erste Brief an die Korinther(EKK VII /3), Einsiedeln 1999, 58~107p.

27 그에 관해서는 다음 글들을 참조할 것: 라칭거J. Ratzinger, Die christliche Brüderlichkeit(1958년), in: Gesammelte Schriften, Bd. 8/1, Freiburg i. Br. 2010, 37~118p; 카스퍼W. Kasper, Christliche Brüderlichkeit, in: 샬러C. Schaller(Hg.), Kirche - Sakrament - Gemeinschaft. Zur Ekklesiologie bei Joseph Ratzinger(Ratzinger-

Studien 4), Regensburg 2011, 55~66p.
28 유스티노Justin der Märtyrer, 1 Apol. 67; 테르툴리아누스Tertullian, Apol. 39.
29 같은 책.
30 Brief an Diognet 5.
31 그에 관해서는 이 책의 제8장을 참조할 것.
32 나지안조의 그레고리오Gregor von Nazianz, Zweite Rede 78~90p, 인용문은 78. 81p에 나옴.
33 요한 크리소스토모Chrysostomos, Kommentar zum Römerbrief 9; Homilie n. 7 이하.
34 요한 크리소스토모Chrysostomos, Matthäus-Kommentar 50; Homilie, n. 3.
35 제2차 바티칸 공의회 교회 헌장 〈인류의 빛Lumen Gentium〉 8항; 3항.
36 제2차 바티칸 공의회 사목 헌장 〈기쁨과 희망Gaudium et Spes〉 76항.
37 카스퍼W. Kasper, Katholische Kirche(미주 1 참조), 463~468p.
38 본회퍼D. Bonhoeffer, Die teure Gnade, in: Nachfolge, München ^{10}1971, 13p 이하.
39 카스퍼W. Kasper, Katholische Kirche(미주 1 참조), 141~148p. 274~276p. 다음 글도 참조할 것: 본회퍼D. Bonhoeffer, Die Kirche Jesu Christi und die Nachfolge, in: Nachfolge(미주 38 참조), 264~269p.
40 에른스트E. Ernst, Art. Binden und Lösen, in: LThK^2 2, 463p 이하.
41 다음 구절들도 참조할 것: 갈라 5,19-21; 에페 5,5; 콜로 3,5; 1테살 4,4-8; 묵시 21,8; 22,15.
42 다음 구절들도 참조할 것: 2테살 3,6.14; 1티모 6,4; 2티모 3,5.
43 카스퍼W. Kasper, Katholische Kirche(미주 1 참조), 238~254p.

44 헤어초크R. Herzog, Art. Arzt, in: RAC 1, 723p 이하; 아이트V. Eid, Art. Arzt III, in: LThK² 1, 1049p 이하.

45 가다머H. G. Gadamer는 자신의 책 Wahrheit und Methode (Tübingen ²1965) 290~323p에서 해석학적 근본 문제와 관련한 법해석학적인 문제와 신학적 해석학과의 유사성을 잘 부각시켰으며, 그 과정에서 아리스토텔레스의 현실성도 강조했다. 그의 설명은 아리스토텔레스와 그를 계승한 토마스 아퀴나스의 생각을 따르고 있으므로, 우리의 맥락에도 중대한 의미를 지닌다.
신학적 관점에 관해서는 다음 글들을 참조할 것: 뮐러H. Müller, Barmherzigkeit in der Rechtsordnung der Kirche?, in: Archiv für katholisches Kirchenrecht (이하에서는 AKathKR로 표기한다. ― 역자 주) 159 (1990) 353~367p; 쉴러T. Schüller, Die Barmherzigkeit als Prinzip der Rechtsapplikation in der Kirche im Dienst der salus animarum. Ein kanonistischer Beitrag zu Methodenproblemen der Kirchenrechtstheorie, Würzburg 1993; 카스퍼W. Kasper, Gerechtigkeit und Barmherzigkeit. Überlegung zu einer Applikationstheorie kirchenrechtlicher Normen, in: Theologie und Kirche, Mainz 1999, 183~191p; 같은 이, Canon Law and Ecumenism, in: The Jurist 69 (2009) 171~189p.

46 콩가르Y. Congar, Kat'oikonomian, in: Diversités et communion, Paris 1982, 80~102p.

47 Nikomachische Ethik V, 14; 1127b~1138a.
다음 책도 참조할 것: 비르트G. Virt, Epikie-verantwortlicher Umgang mit Normen. Eine historisch-systematische Untersuchung, Mainz 1983.

48 토마스 아퀴나스Thomas von Aquin, S. th. II/II q. 120 a. 2.
49 토마스 아퀴나스Thomas von Aquin, S. th. I, q. 21, a. 3 ad 2.
50 토마스 아퀴나스Thomas von Aquin, Super Ev. Matthaei cap. 5 lc. 2.
51 요한 바오로 2세 교황Johannes Paul II., 회칙 〈자비로우신 하느님〉(1980년), 14항.
52 카스퍼W. Kasper, Gerechtigkeit und Barmherzigkeit(미주 45 참조), 188p.
53 CIC c. 1752.
54 La legge canonica si interpreta nella Chiesa, in: Osservatore Romano 152(2012) n. 18, 8.
55 그에 관해서는: 가다머H. G. Gadamer, Wahrheit und Methode(미주 45 참조), 27~31p.
56 같은 책, 295p 이하.
57 토마스 아퀴나스Thomas von Aquin, S. th. II/II, q. 47.
다음 책들도 참조할 것: 피퍼J. Pieper, Traktat über die Klugheit, München 1973; 론하이머M. Rhonheimer, Praktische Vernunft und Vernünftigkeit der Praxis. Handlungstheorie bei Thomas von Aquin in ihrer Entstehung aus dem Problemkontext der aristotelischen Ethik, Berlin 1994; 쇼켄호프E. Schockenhoff, Art. Klugheit, in: LThK³ 6, 151p 이하.
58 토마스 아퀴나스Thomas von Aquin, S. th. II/II, q. 47 a. 2 ad 1: "따라서 슬기가 인간의 영역에서 이야기하는 지혜임은 분명하다. 그러나 단적으로 말해, 슬기가 진리는 아니다. 그것이 제1원인과는 아무 상관도 없기 때문이다. 슬기가 인간의 자산이라고 해서, 인간이 존재하는 모든 것 가운데 최고는 아니다. 그러므로 별나게도, 슬기는 '남자의 지

혜'이지 완전한 지혜는 아니라고들 한다."
59 가다머 H. G. Gadamer는 충고의 전제 조건인 우정 어린 연대감에 관해 훌륭하게 설명했다: 가다머 H. G. Gadamer, Wahrheit und Methode (미주 45 참조), 306p.
60 다음 책들을 참조할 것: 무싱호프 H. Mussinghoff, Nobile est munus ius dicere iustitiam adhibens aequitate coniunctam, in: 라인하르트 H. J. F. Reinhardt (Hg.), Theologia est ius canonicum (FS H. Heinemann), Essen 1995, 21~37p.

제8장 자비의 문화를 위하여

1 다음을 참조할 것: 제2차 바티칸 공의회 교회 헌장 〈인류의 빛Lumen Gentium〉 36항 이하; 사목 헌장 〈기쁨과 희망Gaudium et Spes〉 36항; 42항; 56항; 76항; 평신도 사도직에 관한 교령 〈사도직 활동 Apostolicam Actuositatem〉 7항.
2 교황청 정의평화평의회 발행, Kompendium der Soziallehre der Kirche, Freiburg i. Br. 2006.
전통적인 가르침에 관해서는 다음 책들을 참조할 것: 넬 브로이닝 O. von Nell-breuning, Gerechtigkeit und Freiheit. Grundzüge katholischer Soziallehre, Wien 1980; 회프너 J. Höffner, Christliche Gesellschaftslehre, 로스 L. Roos, 수정 보완 및 발행, Kevelaer 1997.
인간학적 전환을 바라보는 시각에서 나온 최근의 구상들에 관해서는 다음 책들을 참조할 것: 코르프 W. Korff, Art. Sozialethik, in: LThK³ 9, 767~777p; 마르크스 R. Marx, Das Kapital. Ein Plädoyer für den Menschen, München 2008.

3   키케로Cicero, De legibus 1, 6, 19.
    다음 책도 참조할 것: 토마스 아퀴나스Thomas von Aquin, S. th. II/II, q. 58 a. 1.
    '정의' 개념의 문제점에 관해서는 아래의 미주 42를 참조할 것.
4   아우구스티노Augustinus, De civitate Dei IV, 4.
5   그에 관해서는 다음 글을 참조할 것: 빙그렌G. Wingren, Art. Barmherzigkeit IV, in: TRE 5, 233~238p.
6   마르크스R. Marx, Das Kapital(미주 2 참조), 72p 이하.
7   카우프만F. X. Kaufmann, Herausforderungen des Sozialstaates, Frankfurt a. M. 1997; 같은 이, Varianten des Wohlfahrtsstaates. Der deutsche Sozialstaat im internationalen Vergleich, Frankfurt a. M. 2003; 같은 이, Sozialpolitik und Sozialstaat. Soziologische Analysen, Wiesbaden 2005.
8   '사회적 시장 경제'를 주장한 대표적 학자로는, 오이켄E. Eucken, 룁케 W. Röpke, 뤼스토프A. Rüstow, 뮐러 아르마크A. Müller-Armack, 에르하르트L. Erhard 등이 있다;
    다음 글도 참조할 것: 안첸바허A. Anzenbacher, Soziale Marktwirtschaft, in: LThK³ 9, 759~761p.
9   이 책의 3장 6절 참조.
10 하버마스J. Habermas, Die Krise des Wohlfahrtsstaates und die Erschöpfung utopischer Energien, in: Zeitdiagnosen, Frankfurt a. M. 2003, 27~49p; 같은 이, Glauben und Wissen, in: 같은 책, 249~262p; 오켄펠스W. Ockenfes, Was kommt nach dem Kapitalismus?, Augsburg 2011.
11 마르크스R. Marx, Das Kapital(미주 2 참조), 16~18p.

12 논란을 불러일으켰으며 비현실적이도 한 그런 요구는, 교황청 정의평화평의회에서도 내놓은 적이 있다: Für eine Reform des internationalen Finanzsystems im Hinblick auf eine öffentliche Behörde mit universaler Kompetenz(2011).

13 가톨릭 사회 교리에 관한 문헌들은 다음 책에서 확인할 수 있다: 넬 브로이닝O. von Nell-Breuning과 샤싱J. Schasching이 머리말을 씀, Die sozialen Rundschreiben der Päpste und andere kirchliche Dokumente, Kevelaer 1989; 힐페르트K. Hilpert, Art. Sozialenzykliken, in: LThK^3 9, 763~765p.

14 넬 브로이닝O. von Nell-Breuning, Art. Integralismus, in: LThK^2 5, 717p 이하.

15 제2차 바티칸 공의회 사목 헌장 〈기쁨과 희망Gaudium et Spes〉 36항; 미주 1 참조.

16 제2차 바티칸 공의회 사목 헌장 〈기쁨과 희망Gaudium et Spes〉 73항 이하.

17 레오 13세 교황Leo XIII., 회칙 〈새로운 사태Rerum Novarum〉(1891년), 45항; 비오 11세 교황Pius XI., 회칙 〈사십 주년Quadragesimo Anno〉(1931년), 88항; 137항.

18 요한 바오로 2세 교황Johannes Paul II., 회칙 〈자비로우신 하느님 Dives in Misericordia〉(1980년), 12항.

19 바오로 6세 교황Paul VI., 성년聖年 폐막에 즈음한 권고(1975년), 145항; 같은 이, '세계 평화의 날' 담화(1977년); 요한 바오로 2세Johannes Paul II., 회칙 〈자비로우신 하느님Dives in Misericordia〉(1980년), 14항; 같은 이, 회칙 〈백주년Centesimus Annus〉(1991년), 10항; 같은 이, '세계 평화의 날' 담화(2004년); 베네딕토 16세 교황Benedikt XVI., 회칙 〈진

리 안의 사랑Caritas in Veritate〉(2009년), 33항.
20 베네딕토 16세 교황Benedikt XVI., 회칙 〈하느님은 사랑이십니다 Deus Caritas Est〉(2005년), 제2부.
21 베네딕토 16세 교황Benedikt XVI., 회칙 〈진리 안의 사랑Caritas in Veritate〉(2009년), 2항; 6항.
22 같은 책, 34항; 37항.
23 이 책의 제2장 1 참조.
24 그에 관해서는 다음 책들을 참조할 것: 제2차 바티칸 공의회 사목 헌장 〈기쁨과 희망Gaudium et Spes〉 77~84항; 교황청 정의평화평의회 발행, 〈교회의 사회교리 편람Kompendium der Soziallehre der Kirche〉, Freiburg i. Br. 2006, Nr. 500 이하.
25 제2차 바티칸 공의회 사목 헌장 〈기쁨과 희망Gaudium et Spes〉 80항.
26 베네딕토 15세 교황Benedikt XV., 회칙 〈하느님의 멋진 선물인 평화 Pacem, Dei munus pulcherrimum〉(1920년); 요한 23세 교황Johannes XXIII., 회칙 〈베드로좌에 관하여Ad Petri Cathedram〉(1959년); 요한 23세 교황Johannes XXIII., 회칙 〈지상의 평화Pacem in Terris〉(1963년); 바오로 6세 교황Paul VI., 회칙 〈민족들의 발전Populorum Progressio〉(1967년); 요한 바오로 2세 교황Paul II.을 비롯한 교황들의 '세계 평화의 날' 담화들.
27 제2차 바티칸 공의회 사목 헌장 〈기쁨과 희망Gaudium et Spes〉 82항.
28 제2차 바티칸 공의회 사목 헌장 〈기쁨과 희망Gaudium et Spes〉 42항 이하.
29 마르크스K. Marx, Das Kapital(미주 2), 143p.
30 베네딕토 16세 교황Benedikt XVI., 회칙 〈하느님은 사랑이십니다 Deus Caritas Est〉(2005년), 28항 나.

31 하버마스Habermas, Die Krise des Wohlfahrtsstaates und die Erschöpfung utopischer Energien(미주 10); 같은 이, Glauben und Wissen(미주 10); 오켄펠스Ockenfels, Was kommt nach dem Kapitalismus?(미주 10).
32 츨레너P.M.Zulehner, Gott ist größer als unser Herz(1Joh 3,20). Eine Pastoral des Erbarmens, Ostfildern 2006, 74p.
33 요한 바오로 2세 교황Johannes Paul II., 회칙 〈자비로우신 하느님 Dives in Misericordia〉(1980년), 14항.
34 미주 19 참조.
35 이 책의 제6장 3 참조.
36 그에 관한 자세한 내용은 다음 책을 참조할 것: 츨레너Zulehner, Gott ist größer als unser Herz(미주 32), 70~152p.
37 제2차 바티칸 공의회 사목 헌장 〈기쁨과 희망Gaudium et Spes〉 76항.
38 카스퍼W.Kasper, Katholische Kirche, Freiburg i.Br. 2011, 65p 이하. 482p 이하.
39 같은 책, 65p 이하.
40 제도의 신학적 문제에 관해서는 다음 책을 참조할 것: 켈M.Kehl, Kirche als Institution. Zur theologischen Begründung des institutionellen Charakters der Kirche in der neueren deutschsprachigen katholischen Ekklesiologie, Frankfurt a.M. 1976.
41 아리스토텔레스Aristoteles, Nikomachische Ethik V, 1299a 이하.
42 피퍼J.Pieper, Über die Tugenden. Klugheit, Gerechtigkeit, Tapferkeit, Maß, München 2004; 롤스J.Rawls, Eine Theorie der Gerechtigkeit, Frankfurt a.M. 1975; 같은 이, Gerechtigkeit als Fairness. Ein Neuentwurf, Frankfurt a.M. ^{2}2007; 회페O.Höffe,

43   Gerechtigkeit. Eine philosophische Einführung, München ³2007.
43   도스토옙스키F.M.Dostojewski, Die Brüder Karamasoff, München 1977, 401~432p. 인용문은 412p.
44   요한 바오로 2세 교황Johannes Paul II., 회칙 〈백주년Centesimus Annus〉(1991년), 46항
45   뵈켄푀르데E.-W.Böckenförde, Die Entstehung des Staates als Vorgang der Säkularisation, in: Recht, Staat, Freiheit, Frankfurt a.M. 1991, 112p.
46   상대주의의 문제에 관해서는 다음 책을 참조할 것: 카스퍼W.Kasper, Katholische Kirche(미주 38 참조), 42. 494p 각주 47.
47   그처럼 베네딕토 16세 교황Benedikt XVI.은 사랑과 정의에 관한 바오로 6세 교황Paul VI.과 요한 바오로 2세 교황Johannes Paul II.의 생각을 이어 갔다: 베네딕토 16세 교황Benedikt XVI., 회칙 〈진리 안의 사랑Caritas in Veritate〉(2009년), 6항.
48   이 책의 제2장 1을 참조할 것.
49   같은 곳.
50   같은 곳.
51   출레너Zulehner, Gott ist größer als unser Herz(미주 32 참조), 22~30p.
52   '평정'에 관해서는 이 책의 제5장 7을 참조할 것.

제9장 자비의 어머니이신 마리아

1   이에 관한 자세한 설명과 참고 문헌들은 다음 책에 나와 있다: 카스퍼 W.Kasper, Katholische Kirche, Freiburg i.Br. 2011, 215~222p.

2   타폴렛W. Tappolet/에프네터A. Ebneter, Das Marienlob der Reformatoren, Tübingen 1962; 페트리H. Petri, Maria in der Sicht evangelischer Christen, in; 바이네르트W. Beinert/페트리H. Petri 발행, Handbuch der Marienkunde, Bd.1, Regensburg ²1996, 382~419p; 자이델T. A. Seidel/샤흐트U. Schacht 발행, Maria, Evangelisch, Leipzig - Paderborn 2011.
3   그에 관해서는 이 책의 제4장을 참조할 것.
4   마르틴 루터Martin Luther는 1521년 〈성모의 노래Magnificat〉을 해석하는 가운데 그 점을 매우 인상적으로 설명했다: Der Text mit einer Einführung von H. Riedlinger, Freiburg i. Br. 1982.
5   쉬르만H. Schürmann, Das Lukasevangelium(HThKNT III/1), Freiburg i. Br. 1969, 58p.
6   토마스 아퀴나스Thomas von Aquin, S. th. III, q. 30 a. 1.
7   리옹의 이레네오Irenäus von Lyon, Adversus haereses III, 22, 4.
8   Gotteslob Nr. 594.
9   여성 신학 안에서 극단적 경향을 보이는 그런 입장에 관해서는 다음 글을 참조할 것: 라들베크 오스만R. Radlbeck-Ossmann, Maria in der Feministischen Theologie, in; 바이네르트W. Beinert/페트리Petri 발행, Handbuch der Marienkunde, Bd.1(미주 2 참조), 438~441p.
   마리아를 신앙인으로 보는 견해를 뛰어넘어 성경에 근거해 '하느님의 어머니'요 '우리의 어머니'인 마리아에 관해 이야기해야 하더라도, 마리아를 신앙인으로 보는 것에서 출발한 긍정적인 실마리들이 더 많다는 점을, 이 글은 보여 준다: 같은 책, 461~465p 참조.
10 이런 해석은 중세의 학자들에게서 나온 것으로, 오늘날의 학자들도 이를 받아들이고 있다: 슈나켄부르크R. Schnackenburg, Das

Johannesevangelium, (HThKNT IV/3), Freiburg i.Br. 1975, 326p; 빌켄스U.Wilckens, Das Evangelium nach Johannes(Das Neue Testament Deutsch 4), Göttingen [17]1998, 296p 이하.

11 쉬르만H.Schürmann, Jesu letzte Weisung, in: Ursprung und Gestalt, Düsseldorf 1970, 13~28p; 슈나켄부르크R.Schnackenburg, Das Johannesevangelium(미주 10 참조), 323~325p.

12 아우구스티노Augustinus, In evangelium Ioannis 119, 3.

13 DH 250 이하; 252 이하.

14 피오레스S.de Fiores, Maria in der Geschichte von Theologie und Frömmigkeit, in: 바이네르트Beinert/페트리Petri 발행, Handbuch der Marienkunde, Bd.I(미주 2 참조), 99~266p.

15 미주 2 참조.

16 쇤보른C.Schönborn, Wir haben Barmherzigkeit gefunden. Das Geheimnis göttlichen Erbarmens, Freiburg i.Br. 2009, 146p.

17 Gotteslob Nr. 596; 578.

18 독일 아우크스부르크의 페를라흐에 있는 '성 베드로 순례 성당'은 이를 묘사한 성모님 그림으로 유명하다.

19 그와 비슷한 유쾌한 생각들은 다음 책에서 찾을 수 있다: 뤼데 M.-E.Lüdde, Unter dem Mantel ihrer Barmherzigkeit, in: 자이델 Seidel/샤흐트U.Schacht 발행, Maria(미주 2 참조), 153p.

20 이에 관한 역사적 개관을 얻으려면 다음 글을 참조할 것: 콜프K.Kolb, Typologie der Gnadenbilder, in: 바이네르트W.Beinert/페트리H. Petri 발행, Handbuch der Marienkunde, Bd.2, Regensburg [2]1997, 449~482p.

21 독일 네카르 강 연안의 로텐부르크 근교 베겐탈에 있는 순례 성당에서

그런 그림을 볼 수 있다.
22　Gotteslob Nr. 595.
23　암브로시오Ambrosius, Ad Lucam II, 7.
24　제2차 바티칸 공의회 교회 헌장 〈인류의 빛Lumen Gentium〉 63항.
25　제2차 바티칸 공의회 교회 헌장 〈인류의 빛Lumen Gentium〉 61항.
26　제2차 바티칸 공의회 교회 헌장 〈인류의 빛Lumen Gentium〉 62항. 요한 바오로 2세 교황Johannes Paul II., 회칙 〈자비로우신 하느님Dives in Misericordia〉(1980년), 9항의 인용문.
27　DH 2803. 그에 관해 다음 책을 참조할 것: 로핑크G.Lohfink/바이머 L.Weimer, Maria - nicht ohne Israel. Eine neue Sicht der Lehre von der Unbefleckten Empfängnis, Freiburg i.Br. 2008.
28　쇤보른Schönborn, Wir haben Barmherzigkeit gefunden(미주 16 참조), 154p.
29　샤흐트U.Schacht, "Meerstern, wir dich grüßen ⋯." Eine literarisch-theologische Exkursion in die deutsche Marien-Dichtung, in: 자이델Seidel/샤흐트U.Schacht 발행, Maria(미주 2 참조), 117~136p.
30　하인츠A.Heinz, Art. Ave Maria, in: LThK³ 1, 1306p 이하.
31　루터M.Luther, Magnifikat(미주 4 참조), 99p.
32　같은 책, 125p.
33　제2차 바티칸 공의회 교회 헌장 〈인류의 빛Lumen Gentium〉 62항.
34　제2차 바티칸 공의회 교회 헌장 〈인류의 빛Lumen Gentium〉 66항.
35　제2차 바티칸 공의회 교회 헌장 〈인류의 빛Lumen Gentium〉 65항.

약어 표시

이 책에 나오는 참고 문헌 약어들은 《신학과 교회 사전Lexikon für Theologie und Kirche》(Freiburg i.Br. 2009), 3판, 11권, 692~746쪽에 수록된 '약어 표시'를 그대로 따랐습니다.

위의 책에 실리지 않은 약어로는, 《발터 카스퍼 전집Walter Kasper Gesammelte Schriften, WKGS》(아우구스틴G. Augustin/크레머K. Krämer 발행, Freiburg i.Br. 2007)이 있음을 밝힙니다.

인명 색인

[ㄱ]
가다머, H. G. 443, 444, 445
가밀로 데 렐리스 272
간디, M. 70
갈로, J. 430
게르하르트, P. 145
게를 팔코비츠, H.-B. 430
게틀리츠, P. 426
게스트리히, C. 409
게제, H. 409, 432, 433

과르디니, R. 15, 455
귈허, N. 393
그닐카, J. 400, 401, 406, 407, 413, 434
그라닌, D. 393
그라이너, S. 420
그라티아누스 76
그레샤케, G. 208, 421, 424, 425, 426, 427, 431, 432
그로스, W. 405, 431
그룬트만, W. 409

글라제나프, H. 399

[ㄴ]
나겔, T. 400
나지안조의 그레고리오 197, 309, 440, 442
넬 브로이닝, O. von 445
노리치의 율리아나 207
뉴먼, H. 217
니비아돔스키, J. 402
니사의 그레고리오 197, 198
니체, F. W. 18, 37, 38, 81, 102, 108, 259, 388, 393, 397, 403, 405, 432

[ㄷ]
다미안 드 베스테르 272
달라이 라마 72
달케, B. 422
대大 바실리오 251, 435
대大 알베르토 421
던스 스코투스 421
데리다, J. 62, 63, 64, 65, 398
도드, C. H. 408
도스토옙스키, F. M. 15, 39, 357, 387, 450
두물린, H. 93, 400
뒤커스, P. 426

드룸, J. 415
디제, U. 433
디캄프, F. 390, 416

[ㄹ]
라다크리슈난 70
라들베크 오스만, R. 451
라우렌시오 272
라이, S. 6
라이저, M. 423
라이프니츠, G. W. 228
라인바이, P. 437
라인하르트, H. J. F. 445
라칭거, J. = 베네딕토 16세 26, 27, 408, 409, 410, 414, 425, 426, 427, 428, 430, 441
라트, G. von 404
레더, M. 388, 432
레만, K. 390
레비나스, E. 62, 64, 397, 426
레싱, G. E. 54, 55, 396
레오 1세 434
레오 13세 214, 334, 336, 447
렌츠, C. 424
로레, B. 391
로스, L. 445
로욜라의 이냐시오 145, 215, 238,

278, 433
로이벤, R. 438
로저스, C. 393
로제, M. 404
로젠베르크, R. 393
로젠츠바이크, F. 61, 91, 404
로핑크, G. 403, 405, 453
론하이머, M. 444
롤스, J. 449
롱데, H. 425
뢰베니히, W. von 412
륍케, W. 446
루소, J.-J. 53, 54, 396
루츠, U. 401, 407, 433, 434, 435, 437
루터, M. 8, 16, 34, 115, 123, 145, 149, 152, 167, 168, 187, 196, 368, 383, 392, 402, 412, 413, 451, 453
뤼데, M.-E. 452
뤼박, H. de 424, 425
뤼스토프, A. 446
뤼에, I. von der 393
르포르, G. von 381
르풀, F. 391
리옹의 이레네오 156, 193, 197, 202, 375, 412, 413, 414, 423, 426, 436, 451
리젠펠트, H. 409
리치스, J. K. 437

리쾨르, P. 64, 65, 341, 398
리터, H. 396
리히트슈테터, C. 428
린네만, E. 408
릴케, R. M. 381

[ㅁ]
마그데부르크의 멕틸다 180, 213
마르가리타 마리아 알라코크 213
마르제리, B. de 392, 395, 416, 417
마르크바르트, O. 15, 387
마르크스, K. 35, 36, 37, 328, 329, 359, 392, 447, 448
마르크스, R. 445, 446
마르키온 157, 158, 414
마리아 파우스티나 코발스카 25, 26, 169, 214, 264, 297
마리옹, J.-L. 65, 66, 341, 398, 418
마스, W. 429
마이스터 에크하르트 72, 122, 180, 213, 238, 278
마이어, H. 392, 412, 419
마티스, H. P. 400
막시모 197, 195
막시밀리아노 마리아 콜베 208, 281
메예르손, M. A. 420
메츠, J. B. 42, 199, 393, 394, 399,

425, 431, 432, 441
멩케, K.-H. 190, 409, 410, 423, 437
몰트만, J. 419, 430, 431
무스너, F. 411, 432
무싱호프, H. 445
뮐러, G. L. 391, 406, 426
뮐러, H. 443
뮐러아르마크, A. 446
미라의 니콜라오 272
미셸 푸코 62
미켈란젤로 195, 377
미트, D. 394
미하엘스, A. 399

[ㅂ]
바그너, H. 391, 431
바니에, J. 308
바르트, K. 188, 189, 199, 410, 417, 422, 430
바멜, E. 405, 406
바벨, T. J. van 434
바스무트, E. 404, 415
바오로 6세 339, 344, 352, 439, 447, 448, 450
바움게르텔, F. 403
바이네르트, W. 391, 405, 451, 452
바이머, L. 403, 453

바이스마이어, J. 419
바이스브로트, A. 393, 394
바이어, W. 403
발덴펠스, H. 400
발타자르, H. U. von 181, 189, 200, 207, 409, 410, 412, 420, 421, 422, 423, 424, 425, 426, 427, 429, 430, 437
베네딕토 15세 344, 448
베네딕토 16세 26, 27, 214, 225, 312, 322, 324, 339, 340, 341, 347, 352, 408, 409, 411, 414, 426, 430, 433, 439, 448, 450
베네딕토 261
베어, T. 413
베츠, H. D. 436
베커, T. 441
벰, J. 403
보나벤투라 163, 164, 165, 173, 179, 210, 213, 414, 416~418, 420, 428
보른캄, G. 405
보프, K. 439
본회퍼, D. 252, 282, 315, 435, 437, 438, 442
볼츠, N. 396
볼테르 228
볼프, H. W. 403, 405
뵈켄푀르데, E.-W. 358, 450

부버, M. 19, 61, 91, 388, 404, 433
부오프, H. 390
불트만, R. 401, 403, 405
뷔르클레, H. 399
뷔히너, G. 14
브란트샤이트, R. 404
브렌타노, C. 381
브로이닝, W. 424, 445
브루너 트라우트, E. 399
브뤼크, M. von 400
블로흐, E. 407
블루아, L. 282
비닝거, M. 6
비르트, G 443
비비오르카, M. 398
비엘로웡스, H. 429
비오 11세 212, 214, 428, 447
비오 12세 214, 221, 418, 428
비저, E. 387
빅스, J. 413
빈첸시오 드 폴 272
빌켄스, U. 404, 405, 407, 408, 409, 410, 411, 413, 452
빙그렌, G. 446
빙엔의 힐데가르트 180

[ㅅ]

삼손, L. 394
삼위일체의 엘리사벳 180, 420
샤를 드 푸코 307
샤싱, J. 447
샤호트, U. 451, 452
세네카 395
셰벤, M. J. 166, 222, 392, 416, 427, 429
셰프치크, L. 424, 425, 428
셸러, M. 59, 60, 397, 429
셸렌베르거, B. 411, 437
셸클레, K.-H. 436
쇤보른, C. 390, 436, 452, 453
쇼, G. B. 77
쇼켄호프, E. 401, 444
쇼펜하우어, A. 55, 56, 72, 396
숄렘, G. 417
쉬르만, H. 401, 404, 406~409, 451, 452
쉴러, T. 443
슈나이더, T. 391
슈나켄부르크, R. 419, 452
슈라게, W. 434, 441
슈라이, H. H. 401, 402
슈렝크, G. 407, 411
슈마우스, M. 391
슈마우흐, W. 404

슈미트, J. 388, 432
슈바이처, A. 70
슈버, W. 441
슈타인, E. 60, 204, 281, 397, 426
슈텔린, G. 405
슈퇴어, J. 394
슈툴마허, P. 411
슈트리트, M. 388, 424, 430, 431
슈티어, F. 432
슈티어, K. 436
슈티텐크론, H. 399
슈페만, R. 389
슈피케르만, H. 432
슐라이어마허, F. 199
슐리어, H. 436
슐츠, W. 61, 397
스미스, A. 328
스즈키, D. T. 72
스킬레벡스, E. 409
스탕달 14
시에나의 가타리나 25, 207, 297, 427
실러, F. 55, 396
심멜, A. 400
십자가의 요한 280

[ㅇ]
아기 예수의 데레사 25, 169, 207, 280,
417, 427, 437, 438
아도르노 19, 389, 397
아른트, J. 420
아리스토텔레스 49, 50, 51, 54, 55,
320, 323, 334, 357, 359, 395, 443, 449
아스만, J. 402
아시시의 프란치스코 123, 179, 277
아우구스티노 21, 51, 76, 77, 142,
149, 163~165, 173, 179, 183~187,
191, 198, 200, 203, 212, 224, 247,
256~258, 271, 272, 286, 287, 293,
296, 307, 327, 343, 372, 389, 395,
401, 402, 409, 412, 414~417, 420,
421, 426, 428, 430, 434, 436, 438,
440, 446, 452
아우구스틴, G. 6, 407, 426, 437, 454
아우어, J. 423
아이헨도르프, J. von 381
아타나시오 412
아테나고라스 435
안조르게, D. 395, 397, 398, 414, 421,
422
안첸바허, A. 446
안티오키아의 이냐시오 122, 407
알렉산드리아의 치릴로 373
알렉산드리아의 필로 92
알폰소 마리아 데 리구오리 297

암브로시오 186, 256, 379, 422, 435, 453
암스트롱, K. 41
야노브스키, B. 433
에노미아 라살레, H. M. 400
에르하르트, L. 446
에른스트, E. 442
에브너, F. 61
에커트, J. 419
에프네터, A. 451
에프렘 436
엘더스, L. 438
예레미아스, J. 407, 408, 410
오리게네스 197, 198, 200, 224, 414, 424, 430, 435
오버하머, G. 399
오상의 비오 297
오이켄, W. 446
오켄펠스, W. 446, 449
오트, L. 391
올크, E. 390, 395, 404
외프케, A. 424
윌뮐러, W. 394, 431
요나스, H. 168, 417, 429, 432
요한 23세 22~24, 288, 389, 448
요한 마리아 비안네 297
요한 바오로 2세 24~27, 169, 214, 288, 321, 338, 351, 352, 390, 408, 413, 439, 441, 444, 447~450, 453
요한 크리소스토모 198, 251, 256, 293, 309, 310, 435, 440, 442
윙겔, E. 415, 419, 430
유스티노 402, 442
유스티니아누스 198
이제를로, E. 413
임호프, P. 429

[ㅈ]
자이델, T. A. 451~453
자프란스키, R. 388
잔트, A. 401
제클러, M. 424
죄딩, T. 410
죌레, D. 431
지라르, R. 402

[ㅊ]
차울라, N. 436
쳉거, E. 403
촘스키, N. 398
출레너, P. M. 436, 439, 449, 450
치게나우스, A. 438
치멀리, W. 403, 404

[ㅋ]

카를 라너 67, 165, 220, 297, 399, 409, 414, 416, 426, 427, 429, 430, 434, 440, 441
카뮈, A. 17, 388
카스퍼, B. 397
카우프만, F. X. 446
칸트, I. 19, 20, 56~59, 77, 191, 229, 230, 360, 396, 397, 402, 423, 432
캔터베리의 안셀모 187, 422
케르텔게, K. 411
케제만, E. 413
케텔러, W. E. von 334
켈, M. 423, 426, 449
코르프, W. 445
코브, J. 429
코슬로프스키, P. 438
콜로디에추크, B.
콜카타의 마더 데레사 272, 281, 328, 436, 438
콜프, K. 452
콩가르, Y. 52, 169, 395, 417, 443
쾨르너, R. 433
쾨스터, H. 403
쾰모스, M. 430
쿠리, A. T. 394, 431
쿠셀, K.-J. 431

쿤, G. 405, 433
쿤, J. E. 415, 418
쿤, P. 403, 429
쿨트, L. 393, 394
큉, H. 400~402, 409, 422, 430
크라나흐, L. 431
크라우스, G. 421
크라이너, A. 431
크레머, J. 432
크레머, K. 407, 426, 437, 454
크뢰트케, W. 416
크루젤, H. 424
크리스트만, H. M. 417
크링스, H. 68
크벨, G. 405
클라우크, H.-J. 408, 423
클라이버, W. 411
클레르보의 베르나르도 145, 149, 212, 224, 278, 411, 428, 430, 437
클레멘스 256, 309, 402
클레멘스 1세 156, 435
클루게, F. 395
클림카이트, H.-J. 437
키르케고르, S. 223, 417, 430
키케로 327, 446
키텔, G. 405

[ㅌ]
타울러, J. 180, 213, 238, 278
타폴렛, W. 451
테르툴리아누스 92, 160, 256, 303, 404, 414, 415, 435, 437, 442
테오발트, M. 410
테일러, C. 389
토마스 아 켐피스 145, 278
토마스 아퀴나스 51, 52, 79, 163~165, 169, 178, 183, 184, 188, 198, 207, 251, 257, 258, 320, 321, 323, 334, 343, 391, 392, 395, 396, 399, 402, 414, 416, 417, 419, 420~422, 427, 435, 440, 443, 444, 446, 451
투르의 마르티노 272
튀징, W. 404
튀크, J. H. 398, 402
트뢸치, E. 199
티비, B. 400

[ㅍ]
파버, E. M. 412
파스칼, B. 93, 160, 161, 217, 218, 404, 415, 429
판넨베르크, W. 415
페기, C. 208, 239, 282
페슈, O. H. 391, 392

페슈, R. 407, 410
페어바이엔, H.-J. 399, 422, 425
페트리, H 451, 452
포세트, F. 412
포시만, B. 414, 440
포어그리믈러, H. 414, 440
폴리뇨의 안젤라 180, 270
프랑크, K. S. 61, 437
프로이트, S. 259
프로크슈, O. 405
프뢰퍼, T. 68, 239, 399, 415, 417, 421, 430, 431, 433
플라톤 49, 64, 81, 163, 323, 395, 398
피오레스, S. de 452
피츠제랄드, A. 436
피퍼, J. 444, 449
피히테, J. G. 68
피히트너, J. 405

[ㅎ]
하르나크, A. von 441
하만, J. G. 61
하버마스, J. 16, 230, 348, 388, 398, 432, 446, 449
하스, A. M. 407
하우실트, W.-D. 441
하우저, R. 394

하우크, F. 405, 406, 441
하이네, H. 259
하이데거, M 19, 62, 65, 388, 398
하인츠, A. 453
하일리겐탈, R. 400
하츠혼, C. 429
하커, P. 399
한, M. 420
함부르거, K. 393
헝가리의 엘리사벳 272
헤겔, G. W. F. 55, 171, 396, 413, 429
헤르더, J. G. 61
헤르츠, M. 412
헤셸, A. J. 403, 429
헤어초크, R. 443
헤일스의 알렉산더 421
헨리코 수소 145, 180, 213, 238, 278
헬프타의 멕틸다 180, 207, 213
헬프타의 제르트루다 180, 213
헹겔, M. 436
호르크하이머, M. 19, 389, 397
호프, G. M. 388
호핑, H. 397
화이트헤드, A. N. 429
회스, C. 279
회페, O. 450
회프너, J. 445

횔덜린, F. 381
후고 라너 212, 420, 428, 440
후놀트, G. 401
후설, E. 59, 60, 61, 62, 65
휘너만, P. 394, 431
힐페르트, K. 393, 447